U0114009

做一个理想的法律人
To be a Volljurist

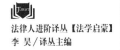

法律人进阶译丛【法学启蒙】

李 昊/译丛主编

如何高效学习法律

第8版

Jurastudium erfolgreich,
8. Auflage

〔德〕芭芭拉·朗格/著

谭晓晓/译

北京大学出版社
PEKING UNIVERSITY PRESS

著作权合同登记号　图字:01-2015-4537

图书在版编目(CIP)数据

如何高效学习法律：第8版／（德）芭芭拉·朗格著；谭晓晓译. —北京：北京大学出版社，2020.5
（法律人进阶译丛）
ISBN 978-7-301-31272-8

Ⅰ.①如… Ⅱ.①芭… ②谭… Ⅲ.①法学教育 Ⅳ.①D90

中国版本图书馆 CIP 数据核字（2020）第 030075 号

Jurastudium erfolgreich, 8. Auflage, by Barbara Lange
© Verlag Franz Vahlen GmbH, München 2015
本书中文版由原版权方弗兰茨·瓦伦公司授权翻译出版

书　　　名	如何高效学习法律（第8版） RUHE GAOXIAO XUEXI FALÜ（DI-BA BAN）
著作责任者	〔德〕芭芭拉·朗格　著　谭晓晓　译
丛 书 策 划	陆建华
责 任 编 辑	陆建华　李慧腾
标 准 书 号	ISBN 978-7-301-31272-8
出 版 发 行	北京大学出版社
地　　　址	北京市海淀区成府路 205 号　100871
网　　　址	http://www.pup.cn　http://www.yandayuanzhao.com
电 子 邮 箱	编辑部 yandayuanzhao@pup.cn　总编室 zpup@pup.cn
新 浪 微 博	@北京大学出版社　@北大出版社燕大元照法律图书
电　　　话	邮购部 010-62752015　发行部 010-62750672 编辑部 010-62117788
印 　刷 　者	北京宏伟双华印刷有限公司
经 销 者	新华书店
	880 毫米×1230 毫米　A5　17.625 印张　496 千字 2020 年 5 月第 1 版　2023 年 10 月第 3 次印刷
定　　　价	68.00 元

献 给

我的朋友和同事——本书第一、二版合著者Elisabeth Hilligardt（1961-2000）

还有我的母亲和我永远的支持者Elfriede Lange（1935-2009）

做一个理想的法律人（代译丛序）

近代中国的法学启蒙受之日本，而源于欧陆。无论是法律术语的移植、法典编纂的体例，乃至法学教科书的撰写，都烙上了西方法学的深刻印记。即使中华人民共和国成立后兴盛一段时期的苏俄法学，从概念到体系仍无法脱离西方法学的根基。20世纪70年代末，借助于我国台湾地区法律书籍的影印及后续的引入，以及诸多西方法学著作的大规模译介，我国重启的法制进程进一步受到西方法学的深刻影响。当前中国的法律体系可谓奠基于西方法学的概念和体系基础之上。

自20世纪90年代开始的大规模的法律译介，无论是江平先生挂帅的"外国法律文库""美国法律文库"，抑或许章润、舒国滢先生领衔的"西方法哲学文库"，以及北京大学出版社的"世界法学译丛"、上海人民出版社的"世界法学名著译丛"，诸多种种，均注重于西方法哲学思想尤其英美法学的引入，自有启蒙之功效。不过，或许囿于当时西欧小语种法律人才的稀缺，这些译丛相对忽略了以法律概念和体系建构见长的欧陆法学。弥补这一缺憾的重要转变，应当说始自米健教授主持的"当代德国法学名著"丛书和吴越教授主持的"德国法学教科书译丛"。以梅迪库斯教授的《德国民法总论》为开篇，德国法学擅长的体系建构之术和鞭辟入里的教义分析方法进入到了中国法学的视野，辅以崇尚德国法学的我国台湾地区法学教科书和专著的引入，德国法学在中国当前的法学教育和法学研究中日益受到尊崇。然而，"当代德国法学名著"丛书虽然遴选了德国当代法学著述中的上乘之作，但囿于撷取名著的局限及外国专家的视角，丛书采用了学科分类的标准，而未区分注重体系层次的基础教科书与偏重思辨分析的学术专著，与戛然而止的"德国法学教科书译丛"一样，在基础教科书书目的选择上尚未能充分体现当代德国法学教育的整体面貌,是为缺憾。

职是之故,自 2009 年始,我在中国人民大学出版社策划了现今的"外国法学教科书精品译丛",自 2012 年出版的德国畅销的布洛克斯和瓦尔克的《德国民法总论》(第 33 版)始,相继推出了韦斯特曼的《德国民法基本概论》(第 16 版)(增订版)、罗歇尔德斯的《德国债法总论》(第 7 版)、多伊奇和阿伦斯的《德国侵权法》(第 5 版)、慕斯拉克和豪的《德国民法概论》(第 14 版),并将继续推出一系列德国主流的教科书,涵盖了德国民商法的大部分领域。该译丛最初计划完整选取德国、法国、意大利、日本诸国的民商法基础教科书,以反映当今世界大陆法系主要国家的民商法教学的全貌,可惜译者人才梯队不足,目前仅纳入"日本侵权行为法"和"日本民法的争点"两个选题。

系统译介民商法之外的体系教科书的愿望在结识季红明、查云飞、蒋毅、陈大创、葛平亮、夏昊晗等诸多留德小友后得以实现,而凝聚之力源自对"法律人共同体"的共同推崇,以及对案例教学的热爱。德国法学教育最值得我国法学教育借鉴之处,当首推其"完全法律人"的培养理念,以及建立在法教义学基础上的以案例研习为主要内容的教学模式。这种法学教育模式将所学用于实践,在民法、公法和刑法三大领域通过模拟的案例分析培养学生体系化的法律思维方式,并体现在德国第一次国家司法考试中,进而借助于第二次国家司法考试之前的法律实训,使学生能够贯通理论和实践,形成稳定的"法律人共同体"。德国国际合作机构(GIZ)和国家法官学院合作的《法律适用方法》(涉及刑法、合同法、物权法、侵权法、劳动合同法、公司法、知识产权法等领域,由中国法制出版社出版)即是德国案例分析方法中国化的一种尝试。

基于共同创业的驱动,我们相继组建了中德法教义学 QQ 群,推出了"中德法教义学苑"微信公众号,并在《北航法律评论》2015 年第 1 辑策划了"法教义学与法学教育"专题,发表了我们共同的行动纲领:《实践指向的法律人教育与案例分析——比较、反思、行动》(季红明、蒋毅、查云飞执笔)。2015 年暑期,在谢立斌院长的积极推动下,中国政法大学中德法学院与德国国际合作机构法律咨询项目合作,邀请民法、公法和刑法三个领域的德国教授授课,成功地举办了第一届"德国法案例分析暑期班"并延续至今。2016 年暑期,季红明和夏昊晗也积极策划并参与了由西南政法大学黄家镇副教授牵头、民商法学院举办的"请求权基础案例分析法课程"暑期培训班。2017 年暑期,加盟中南财经政法大学法学院的"中德法教义学苑"团队,成功举办了"案例分析暑期培训班",系统地在民法、公法和刑法三个领域以德国的鉴定式模式开展了案例分析教学。

中国法治的昌明端赖高素质法律人才的培养。如中国诸多深耕法学教育的启蒙者所认识的那样,理想的法学教育应当能够实现法科生法律知识的体系化,培养其运用法律技能解决实践问题的能力。基于对德国奠基于法教义学基础上的法学教育模式的赞同,本译丛期望通过德国基础法学教程尤其是案例研习方法的系统引入,能够循序渐进地从大学阶段培养法科学生的法律思维,训练其法律适用的技能,因此取名"法律人进阶译丛"。

本译丛从法律人培养的阶段划分入手,细分为五个子系列:

——法学启蒙。本子系列主要引介关于法律学习方法的工具书,旨在引导学生有效地进行法学入门学习,成为一名合格的法科生,并对未来的法律职场有一个初步的认识。

——法学基础。本子系列对应于德国法学教育的基础阶段,注重民法、刑法、公法三大部门法基础教程的引入,让学生在三大部门法领域能够建立起系统的知识体系,同时也注重增加学生在法理学、法律史和法学方法等基础学科上的知识储备。

——法学拓展。本子系列对应于德国法学教育的重点阶段,旨在让学生能够在三大部门法的基础上对法学的交叉领域和前沿领域,诸如诉讼法、公司法、劳动法、医疗法、网络法、工程法、金融法、欧盟法、比较法等有进一步的知识拓展。

——案例研习。本子系列与法学基础和法学拓展子系列相配套,通过引入德国的鉴定式案例分析方法,引导学生运用基础的法学知识,解决模拟案例,由此养成良好的法律思维模式,为步入法律职场奠定基础。

——经典阅读。本子系列着重遴选法学领域的经典著作和大型教科书(Grosse Lehrbücher),旨在培养学生深入思考法学基本问题及辨法析理之能力。

我们希望本译丛能够为中国未来法学教育的转型提供一种可行的思路,期冀更多法律人共同参与,培养具有严谨法律思维和较强法律适用能力的新一代法律人,建构法律人共同体。

虽然本译丛先期以德国法学教程和著述的择取为代表,但并不以德国法独尊,而注重以全球化的视角,实现对主要法治国家法律基础教科书和经典著作的系统引入,包括日本法、意大利法、法国法、荷兰法、英美法等,使之能够在同一舞台上进行自我展示和竞争。这也是引介本译丛的另一个初衷。通过不同法系的比较,取法各家,吸其所长。也希望借助于本译丛的出版,展示近二十年来中国留学海外的法学人才梯队的更新,并借助于新生力量,在既有译丛积累的丰富经验基础上,逐步实现对外国法专有术语译法的相对统一。

本译丛的开启和推动离不开诸多青年法律人的共同努力,在这个翻译难以纳入学术评价体系的时代,没有诸多富有热情的年轻译者的加入和投入,译丛自然无法顺利完成。在此,要特别感谢积极参与本译丛策划的季红明、查云飞、蒋毅、陈大创、黄河、葛平亮、杜如益、王剑一、申柳华、薛启明、曾见、姜龙、朱军、汤葆青、刘志阳、杜志浩、金健、胡强芝、孙文、唐志威(留德)、王冷然、张挺、班天可、章程、徐文海、王融擎(留日)、翟远见、李俊、肖俊、张晓勇(留意)、李世刚、金伏海、刘骏(留法)、张静(留荷)等诸位年轻学友和才俊。还要特别感谢德国奥格斯堡大学法学院的托马斯·M.J.默勒斯(Thomas M. J. Möllers)教授慨然应允并资助其著作的出版。

本译丛的出版还要感谢北京大学出版社副总编辑蒋浩先生和策划编辑陆建华先生,没有他们的大力支持和努力,本译丛众多选题的通过和版权的取得将无法达成。同时,本译丛部分图书得到中南财经政法大学法学院徐涤宇院长大力资助。

回顾日本和我国台湾地区的法治发展路径,在系统引介西方法律的法典化进程之后,将是一个立足于本土化,将理论与实务相结合的新时代。在这个时代,中国法律人不仅需要怀抱法治理想,更需要具备专业化的法律实践能力,能够直面本土问题,发挥专业素养,推动中国的法治实践。这也是中国未来的"法律人共同体"面临的历史重任。本译丛能预此大流,当幸甚焉。

李 昊

2018 年 12 月

第八版前言

> 申请人应当在考试中证明他们已经理解并能够应用法律,掌握通过学科考试所必备的知识……在设置问题和打分时首先要考查申请人对法律体系的掌握,对法学知识的理解能力和有条理的工作能力。

> 《2003 年拜恩州法学教育考试规定》
> 第 16 条第 1 款第 3 句、第 2 款第 2 句

如果您希望学习法律并且高效地完成学习任务:就像在上文考试规定中提到的,希望理解并能够应用法律;希望深入并专注地学习;希望参与到法律问题的思考和讨论中;希望在某个法律学习阶段结束时已经能够系统掌握一个法学领域并且将其中的知识正确应用在闭卷考试中;希望一步步实现通过第一次国家考试的目标;希望在学习之外毫无愧疚感地享受空闲时间并且花时间培养法律学习之外的兴趣。

我衷心希望能够帮助您优化每个学习阶段的学习方法,实现这些目标。法律学习的要求很高,因此有关如何正确地学习,有条理地完成案例分析和在学习过程中有效地分配时间与任务,也尤为重要。本书就是整个学习阶段——从新生到国家考试考生的"私人伴读"。所有的法学专业的学生都要学会如何学习法律,有效地储存知识,有条理地完成案例分析以及在日常学习生活中高效地管理自己的时间。如果能了解在学习过程中的哪个阶段应当把什么内容掌握到何种程度,那么您的个人学习规划将会简单很多。所有学生都可以从如何成功地运行学习小组的建议中受益。此外,作为新生,您可以在接触不熟悉的法律新材料时得到帮

助。而高年级学生将就如何规划重点领域和进行闭卷考试备考,如何协调国家考试和大学考试以及学校或者私人辅导机构等问题在决策时得到帮助。另外,本书还会就完成主题研究论文和提升口头论证能力给出建议。

我将会就如何通过国家考试和开始职业生涯为您提供详细的解答。您可以自己决定采取哪些建议并应用在学习中。在学习之初,您可能会由于缺少学习经验而不能理解某些问题,因为它们只有在学习过程中才会出现。因此,本书需要反复地阅读和查阅。从本书与主题相关的文献列表中您可以找到进一步的文献。

出版社今后会继续在网站上开放各种任务设置表格、计划表格和其他表格供下载。

本书的全部内容,尤其是涉及新的学习媒体的部分,都经过彻底修订和更新。新版本中的内容参考了我担任拜恩州州司法考试部门第一次国家考试阅卷人的经验。

再次感谢我的课程教学参与者与我多年深入的交流,感谢他们提出的很多问题和创新性的建议。也感谢之前版本的读者们发给我的验证性的结论和提出建设性建议的邮件。我在新的版本中充分考虑了很多邮件的内容。我希望继续展开这样的对话,并且希望收到任何形式的反馈(电子邮件:an barbara. lange @ lange-law. de)。我也衷心感谢校对人 Petra Grunenberg-Gomaa、Sibylle Krug-Wetzel、Elfriede Kurz、Svenja Kurz、Beate Lange-Kriegler、Egon Lange、Regina Stuchlik 和 Ulrich Krug-Wetzel 认真的校对,和 Karina Kramer、Susanne Krell、Hannah Kriegler、Simon Kriegler 的鼎力相助。在出版方面,我再次得到 Bärbel Smakman 的帮助。最后,感谢我的丈夫和我的两个儿子 Florian 和 Manuel 给予我的支持。

芭芭拉·朗格(Barbara Lange)

慕尼黑,2015 年 8 月

第三版前言

2000 年 8 月，本书的合著者 Elisabeth Hilligardt 和她的丈夫在一次车祸中遇难。Elisabeth Hilligardt 是我的同事和亲密友人，她最喜欢的座右铭之一是："不要梦见生活，而要活在梦想里。"她深知如何把梦想转化为目标并且将其实现。我们共同的目标之一就是通过编写这样一本指导书籍让学生的法律学习之路更加轻松一些，因为这条路有时会让人有严重的挫败感。我们为完成这本书一起工作，追求共同的目标。在团队工作中，我们能够立刻解决出现的问题，进行了很多激动人心的专业和私人的对话。虽然这些已经成为往事，但是继续完成这本书，完成共同的工作是我最大的愿望。

芭芭拉·朗格（Barbara Lange）

图宾根，2001 年 9 月

第一版前言

出版本书的目标有两个：一是为您量身定制个性化的学习和国家考试备考理念，让您度过一个有趣又高效的学习阶段；二是为您提供实践中的详细指导和高效学习必不可少的工具。这些学习方法包括有效掌握专业文献的阅读技巧，掌握不同的学习方法，了解制作索引卡片和组建学习小组的相关知识，还有系统掌握不同法学领域的知识和案例分析的具体方法。由于个人的学习理念以掌握相应的工具为前提，因此本书的两个目标是紧密联系在一起的。

过去几年出版的法律学习指导书籍建议学生尽早开始对学习进行规划并且掌握有效的学习技巧。但是，我们的课程教学显示，虽然这些笼统的建议是对的，却并不全面。比如，虽然有建议学生对国家考试相关内容应了解并系统地掌握，但是对具体怎样做却没有相关的指导。另一个经常给出的建议是使用索引卡片学习。然而，对怎样制作索引卡片，哪种索引卡片系统对法律学习比较有意义，却极少有详细的回答。笼统的建议很少有所帮助，却催生了一些特殊的课程，如以"高效学习和高效通过考试"为主题的课程。那些对学生应当如何作出有效的学习规划和完成国家考试备考的指导，获得了非常积极的反馈，这促使我们决定采用本书所列举的方法来回答一些非常细微、具体的问题，哪怕这在经验丰富的人看起来可能会比较乏味。

本书中的建议仅是一种指导而不是需要严格遵守的规则。通过展示特定处理方式的优点和缺点，赞同和反对特定解决方案的标准，您可以从书中提供的所有方案中选择让自己信服的建议和适合您的个性的学习理念。

本书适合处在各个阶段的法学专业的学生，从新生到国家考试考生。书中有很多基础且可操作的建议（主要在第二编），也可以作为整个学习阶段，甚至在一定程度上作为实习阶段的指导。可以这样说：越早阅读这本书，就可以越早认清自己的弱点，把这些有效的认识应用到法律学习中的机会就越大。很多提示、建议和指导对国家考试备考阶段也会有所帮助。高考考生可以通过这本书知晓法律学习的特殊要求和学习过程中可能遇到的困难，从而对其是否选择法学专业有一定帮助。

目　录

导　读　本书概要和阅读建议 ⋯⋯⋯⋯⋯⋯⋯⋯⋯⋯ 001

第一节　本书内容简介 ⋯⋯⋯⋯⋯⋯⋯⋯⋯⋯ 001

第二节　本书的阅读方式 ⋯⋯⋯⋯⋯⋯⋯⋯⋯⋯ 003

第一编　制作个人学习计划指南

第一章　进行学习规划的重要性 ⋯⋯⋯⋯⋯⋯⋯⋯⋯ 008

第一节　学生 A 和学生 B 的学习进度 ⋯⋯⋯⋯⋯⋯⋯ 009

第二节　制作一个具体的学习计划的好处 ⋯⋯⋯⋯⋯ 015

第三节　目标是规划的基石 ⋯⋯⋯⋯⋯⋯⋯⋯⋯⋯ 016

第四节　B 的学习计划 ⋯⋯⋯⋯⋯⋯⋯⋯⋯⋯ 018

第五节　总结 ⋯⋯⋯⋯⋯⋯⋯⋯⋯⋯⋯⋯⋯⋯ 039

第二章　学习成绩要求、修读学科和总结 ⋯⋯⋯⋯⋯⋯ 041

第一节　目标和方法 ⋯⋯⋯⋯⋯⋯⋯⋯⋯⋯ 041

第二节　法学教育的法律依据 ⋯⋯⋯⋯⋯⋯⋯⋯⋯ 043

第三节　法学教育情况简介 ⋯⋯⋯⋯⋯⋯⋯⋯⋯⋯ 045

第四节　在学习期间必须取得的成绩及得到的认识 ⋯⋯⋯ 048

第五节　法学学习中的考试科目有哪些 ⋯⋯⋯⋯⋯ 076

第六节　第一次国家考试的考试形式 ⋯⋯⋯⋯⋯⋯ 091

第七节　重要的认识和文献 ⋯⋯⋯⋯⋯⋯⋯⋯⋯ 106

第三章　学院提供的课程 ･････････････････････････････ 110

　第一节　目标和方法 ････････････････････････････････ 110

　第二节　必修课领域的课程教学（不包括国家考试准备课程）･････ 111

　第三节　重点学科的课程教学 ････････････････････････ 125

　第四节　案例分析和考试培训的课程安排 ･･････････････ 125

　第五节　口试备考的课程安排 ････････････････････････ 128

　第六节　国家考试备考的课程安排 ････････････････････ 129

　第七节　本章最重要的总结 ･･････････････････････････ 133

第四章　怎样制作具体的学习规划 ･･････････････････････ 135

　第一节　法学学习的目标和学习模式 ･･････････････････ 136

　第二节　总计划 ････････････････････････････････････ 142

　第三节　学期规划 ････････････････････････････････････ 166

　第四节　周计划 ････････････････････････････････････ 167

　第五节　天计划 ････････････････････････････････････ 179

　第六节　附学习目标的学习计划 ･･････････････････････ 180

　第七节　国家考试备考计划 ･･････････････････････････ 181

　第八节　规划国外学习 ･･････････････････････････････ 195

　第九节　"出状况了"怎么办 ････････････････････････ 199

　第十节　重要的认识 ････････････････････････････････ 200

第二编　重要的学习能力

第五章　阅读能力 ･･････････････････････････････････････ 206

　第一节　SQ3R 阅读法或者五步阅读法 ････････････････ 206

　第二节　文本或者书目选择 ･･････････････････････････ 213

　第三节　阅读速度 ････････････････････････････････････ 215

第六章　系统掌握不同法学领域 ････････････････････････ 220

　第一节　知识来源 ････････････････････････････････････ 221

第二节　学习法学知识 ·························· 241

第三节　补充式的知识储备 ·················· 264

第四节　复习、深化、考查 ·················· 265

第五节　掌握法学领域之间的横向联系 ·········· 273

第六节　总结和重要的认识 ·················· 276

第七章　课堂笔记和摘录 ······················· 278

第一节　为什么要记笔记 ···················· 278

第二节　记多少、记哪些 ···················· 279

第三节　外部表现形式 ······················ 280

第四节　制作读书摘录的要点 ················ 283

第五节　认识 ······························ 283

第八章　使用索引卡片学习知识 ·················· 285

第一节　为什么要使用索引卡片完成知识储备 ····· 285

第二节　关键词卡片和法条卡片 ·············· 288

第三节　自主选择索引卡片体系 ·············· 305

第四节　制作索引卡片的软件 ················ 310

第五节　总结 ······························ 311

第九章　案例分析 ····························· 313

第一节　概况和目标 ························ 313

第二节　案例分析和解答技巧作为学习重点 ······ 314

第三节　案例分析准备工作 ·················· 315

第四节　回答案例问题 ······················ 320

第五节　时间分配 ·························· 375

第六节　案例分析练习 ······················ 378

第七节　在案例分析中对自身技能的考查 ········ 385

第八节　案例分析中的概念阐释和文献 ·········· 389

第十章　学习小组 ·· 395

　　第一节　概况和目标 ·· 395

　　第二节　学习小组成员的数量 ······················· 398

　　第三节　哪些才是合适的成员 ······················· 399

　　第四节　怎样寻找合适的成员 ······················· 400

　　第五节　学习小组的任务 ······························· 402

　　第六节　怎样管理学习小组 ·························· 412

　　第七节　学习小组的活动时间 ······················· 415

　　第八节　在学习小组中遇到困难怎么办 ·········· 416

　　第九节　学习小组协议的内容 ······················· 421

　　第十节　总结和认识 ····································· 422

第十一章　学会学习 ·· 424

　　第一节　概况和目标 ·· 424

　　第二节　学习心理学和神经科学的研究成果在法学学习中

　　　　　　的应用 ··· 426

　　第三节　个人学习偏好和促进学习因素的确定 ············ 435

　　第四节　思维导图作为一种可视化学习和工作技巧的范例 ····· 461

　　第五节　认识 ·· 469

第十二章　时间管理 ·· 471

　　第一节　概况和目标 ·· 471

　　第二节　您的个人时间管理出了什么问题 ············ 472

　　第三节　目标即是动力 ································· 476

　　第四节　时间管理规则 ································· 482

　　第五节　活动列表和计划 ······························· 488

　　第六节　文献 ·· 492

第十三章　课程论文和口试 ·································· 495

　　第一节　国家考试或者大学考试的主题研究论文 ············ 496

第二节　口试作为国家考试和大学考试的一部分 ················· 499

第十四章　法律咨询和法律关系形成 ················· 503

第十五章　掌握关键技能 ················· 507
　第一节　什么是关键技能、有哪些关键技能 ················· 508
　第二节　怎样在法律学习中掌握关键技能 ················· 511
　第三节　进一步的文献有哪些 ················· 516

第十六章　高效学习法律的要领 ················· 522

引用文献缩写目录 ················· 525

清单与问题、调查问卷、图表和特殊文献一览表 ················· 531

导读　本书概要和阅读建议

第一节　本书内容简介

表导 1-1　本书内容的构成 [1]

如何高效学习法律		
制作个人学习计划指南 （第一编）	重要的学习能力（第二编）	
	一般学习能力	法律学习能力
进行学习规划的重要性 （第一章）	阅读能力 （第五章）	系统掌握不同法学领域 （第六章）
学习成绩要求、修读学科和总结 （第二章）	课堂笔记和摘录 （第七章）	使用索引卡片学习知识 （第八章）
学院提供的课程 （第三章）	学会学习 （第十一章）	案例分析 （第九章）
怎样制作具体的学习规划 （第四章）	时间管理 （第十二章）	学习小组 （第十章）
	掌握关键技能 （第十五章）	课程论文和口试 （第十三章）
		法律咨询和法律关系形成 （第十四章）
高效学习法律的要领 （第十六章）		

---

〔1〕 "表导 1-1"表示"导读"部分第一节的第一个表。——译者注

本书主要由两编内容构成。第一编以学习规划为主题。第一章到第四章的内容循序渐进，指导您形成自己的学习理念并引导您对学习过程进行规划。第二编将传授一些重要的法律专业学习技能。在法律学习过程中，您将需要利用这些学习技能来实现自己的学习理念。当因为缺少必要的执行工具而无法实现时，再完美的计划也是没有意义的。在每一编的开头，本书均会对其内容进行详细的描述。本书最后一章并不是全书总结，而是罗列了一些必需的行为方式。这些行为方式在整个法律学习过程中扮演非常重要的角色，谨慎地遵守这些行为方式会在学习中产生事半功倍的效果，忽视它们则将导致法律学习中出现典型失误。鉴于这些行为方式对成功的法律学习起到如此重要的作用，我将其命名为"高效学习法律的要领"。

第二节 本书的阅读方式^[1]

为了更有效地从本书所传授的内容中获益，您应当按照顺序对第一编的各个章节（第一章到第四章）进行阅读。因为本书的第二编（第五章到第十五章）分别介绍若干独立的模块，您可以按照自己喜好的顺序进行阅读而不影响对各章节内容的理解。如果您希望在阅读之前提高自己的阅读能力，笔者建议您首先阅读第五章的内容。如此您便可把第五章传授的阅读技巧用于其他章节的阅读中。如果您打算在阅读中制作笔记，可以首先阅读本书第七章，学习如何撰写摘录。

本书是一本指南和工作手册。本书为您提供了积极协作的机会；您可以从方框中找到任务和问题。

示例（来自第六章）：

> ✐请您制作一份民法总则中与考试相关的主题的清单，并在制作过程中使用上文提到的处理方法。

只有认真完成本书中的任务或者回答相关的调查问卷，您才能真正将本书中提到的很多建议和提示付诸实践。您的参与决定了您的收获。

> ☞本书以加方框的形式强调重要的结论和知识。

利用这种方法，您可以在再次浏览本书时迅速找到重要的结论。除了放在方框中的重要结论之外，您在阅读本书过程中根据自身的学习情况、所在学院的特定学习条件和阅读本书时获得的学习能力也同样重要。因此我非常真诚地建议您，在阅读本书时将对您非常重要的知识做好记录。

除此之外，为了方便您快速找到特定领域中合适的书籍，本书在灰色方框中提供了 40 个与主题相关的参考文献。在本书中您可以通过完

---

〔1〕 脚注中出现的关于本书各章节内容的页码均为原书页码（即本书边码）。——译者注

整的引用获知这些参考书目的出版地点和出版年限，对特定主题的信息及其时效性立刻有充分了解。虽然在本书开头的参考文献中只罗列了在脚注中多次使用的文献，您也可以从脚注中找到那些只出现过 1 次的书名的完整索引。正文和脚注中都会出现特别引用的原文（有特殊标记）。通过不同方式的表达，您将对引文中所介绍的好想法产生更深刻的印象。正文和脚注中来自于网络的引用都在 2015 年 7 月 31 日进行了最后一次验证，因此在引用中没有附加日期数据。

为了帮助您迅速查找到相关信息，书中所有的清单与问题、调查问卷、图表和特殊文献均在文后的一览表中列出。

第一编

制作个人学习计划指南

本书的第一编将指导您制作有关学习内容和学习进度的详细计划。　　3

第一章回答了制作学习计划有哪些好处。此外，第一章以 B 学生为例，介绍了这种学习理念的具体实施方式。

第二章阐述了法学学习的内容和目标。通过本章的阅读您将了解完成法学学习和参加考试需要满足的要求。本章将指导您怎样根据所在联邦州的教育和考试规定及所在学校的学习和考试规定，对与考试相关的法律领域有概括的了解。

第三章研究学院提供的课程。您应当研究学院教学规划，并在此基础上制定自己的学习计划并准备国家考试。

第四章为您完成个人学习计划提供具体的、细致入微的指导。您应当　　4
思考如何制订学习计划（长期、中期、短期）才能高效学习，和朋友共同学习并且有时间从事与考试无关的、专业以外的兴趣活动。

因为第一章到第四章在内容上是互为基础的，笔者推荐您按照本书拟订的顺序进行阅读。如果您想要立刻见到实际效果，也可以在阅读第一章后马上按照第四章的指导开始制订个人的计划。若您认为第二章和第三章的知识对制订个人计划是必要的，可以稍后进行这部分内容的研究。在这种情形下，您可以按照需求逐步掌握第二章和第三章的内容。

第一章　进行学习规划的重要性

5 走得最慢的人，只要有坚定的目标，也比漫无目的而徘徊的人走得快。（Der Langsamste, der sein Ziel nicht aus den Augen verliert, geht noch immer geschwinder als jener, der ohne Ziel umherirrt）[1]

对法学学习进行规划？难道学习的进度没有被预先规定吗？在第二个学期就考虑国家司法考试的日期有意义吗？规划是不是意味着"没有自由时间"？在已经知道将要参加哪些课程的情况下再制订总计划、学期计划、周计划是不是多余的？所有这些关于学习规划的顾虑都合理吗？那些一直没有计划就可以应对自如并且能够高效学习的人显然不需要制订详细的计划。但是，很多法学专业的学生（以下简称"法学学生"）却感觉无法统观全局或者不能掌握学习材料。学生们也表示内心非常不安，因为他们认为自己学习太少或者掌握得太少了。出现以上问题的一个非常重要的原因就是，只被动接受安排好的学习进度而不是自己主动进行学习规划。制订计划才能专心学习并系统掌握不同部门法；制订计划才能感受到达成目标时的成就感；制订计划的学生通常更有学习动力。通过下文描述学生 A 和学生 B 的学习进程而形成的鲜明对照，您可以发现对学习进行规划的重要意义。

---

[1] Gotthold Ephraim Lessing.

第一节 学生 A 和学生 B 的学习进度

1. 学生 A 和学生 B 的学习情况

学生 A 当初自己决定选择法学专业。他认为自己不具备从事自然科学研究的天赋，且研究日耳曼语言没有任何职业前景。但是对为什么要选择法学专业的问题，他却没有清晰的想法。他认为，反正最好不要坚持从事某一项职业，否则没有取得必要的成绩时就会非常失望。

他认为在第二学期就研究国家司法考试中可能会出现的问题太夸张了，况且，只要参加过规定的课程，肯定就能够掌握最重要的内容。他通常都会去上课，但也不是规律的。当然，最"糟糕"的课程他一次也没有去过。作为补偿，他坚决要求自己学习教科书上的知识。抱着这个想法，他来到图书馆尝试仔细阅读一本教科书。然后他忽然想到，他也应该阅读正在参加的一个课程的一些有关材料。再说，他对那个课程中讲述的内容更感兴趣。他多次尝试在学期中通过阅读教科书来掌握不再参加的课程所涉及的知识，但均以失败告终。最后，他决定把这项任务推迟到假期完成。

在假期中他先去度假了，然后着手完成家庭作业。完成家庭作业花费的时间比预计的要长，以致他一直忙到提交日期。因为提交日期正是第一个上课周结束之时，所以他只能从第二周开始上课。想到他原本计划在假期中学习专业知识，A 感到非常内疚。但是，他发现刚开始的学期也没有机会学习这方面的知识了，他又把学习计划推迟到下一个假期。

经过一周规律地上课之后，他决定将学习重心放在准备考试上，因此刚刚培养的学习节奏也被打乱了。教授提醒学生们在闭卷考试中会出现物权法的问题，但是他根本没有学习这个方面的内容。考试结束之后，他发现自己已经跟不上这些课程的进度了。事已至此，他决定抓大放小、有所侧重，努力跟上三门最重要的课程的进度。为此，他不再旁听其他的课程，而是打算在假期的或者国家司法考试备考的某个时间自

6

学这些教学内容。同样的事情出现了很多次，但他最终都没有做到。最后他也无法估计自己还需要自学或者补修多少课程。此外，他也学到了一些专业知识，顺利拿到了考试证明，并且学习成绩还过得去。他经常安慰自己说，大部分同学的学习情况也没什么两样。

他有时候突发奇想，如果制订一个合理的计划，分配固定的学习和上课时间的话，肯定会对他大有帮助。因为担心自己之后没有自由支配的时间，所以他一直没有把这个想法付诸实施。况且，他打算至少在学习上随意支配自己的时间。这不正是被广为赞颂的学生自由吗？无论如何都要享受大学期间轻松的学生生活，因为他并不十分确定将来要从事什么行业。第五个学期开始就参加了以经济法为重点领域的课程，当然，他并没有真正投入这个重点领域的研究。

第六个学期结束之后他修完了全部的学分。跟其他一些学生一样，他计划参加第一次国家司法考试的自由试考。拿到第一批笔试科目成绩之后他非常紧张，然后就对通过考试不抱期望了。他慢慢意识到，还有太多的课程没有学习。他尝试坐下来制订一个计划，对将来在什么时间完成哪些学习内容进行规划。但是在制订学习内容一览表时，他既不清楚是否已经把需要学习的法律学科都列入清单，也不清楚在每个学科中哪些内容是与国家司法考试相关的。在估计时间花费的问题上他也感觉力不从心。他应该什么时候完成为时 6 周的大学毕业考试的论文呢？学院网站上学习进度一览表的第九个学期一栏赫然写着大学考试。但是他不知道自己应该什么时候完成大学毕业考试的论文，什么时候参加重点领域的笔试，是否有机会在学习阶段的末期参加几乎同时进行的 2 次口试，即国家司法考试口试和大学考试的口试。问题一个接着一个。而一些比较明智的同学在第七个学期之前就写完这篇论文了。但是他目前必须首先尽快学习必修课的内容。尽管会有额外支出，对他来说参加一个 6 个月的私人辅导课程是最好的选择。该辅导课程承诺上课期间会讲授与考试相关的内容。因为课程 4 个月之后才开始，他决定在这期间完成自己的重点领域论文。他非常走运，因为论文的选题刚巧被分配下来。但是，写论文的时候还要兼顾学习重点领域的基本知识对他来说并不轻松。接着他就去上私人辅导班了。当从辅导班拿到材料概述时，他计算了一下，如果打算在剩下的时间（9 个月）里掌握所有的复习材料，按照一周工作 5 天的进度，他每天至少应当学习 11 个小时。

他迅速投入到一天 11 个小时的学习计划中。第一天他在辅导课结束之后在图书馆消磨了 5 个小时，感觉非常劳累。但是，实际上除去所有短暂休息的时间和因为各种原因导致的时间比较长的中断以外，他真正投入学习的时间只有 3 个半小时。经过一天的学习，他意识到参加辅导班的时候每天只能再学习 4 个小时，不参加辅导班的时候每天最多也只能学习 8 个小时。而当他破天荒地一天坚持学习 8 个小时的时候，第二天就只能非常勉强地学习 4 个小时了。因此，他开始放弃一些"与国家考试不是特别相关"的学习内容，并打算抱着无所谓的态度冒险参加国家考试的自由试考。此外，他必须在国家考试的 3 个月前最终决定是否参加考试。他几乎放弃了所有的娱乐活动，因为他晚上必须继续完成当天的学习任务。虽然他往往早上 8 点钟就开始着手了，到了最后也是凑合着做完。即使这样，也得在他严格遵守自己制订的时间表的时候才能实现。这些情况都是他制订学习计划的时候没有预料到的。他经常自我反省，如果他从开始就规律地多学习 1~2 个小时的话，现在就只需要每天学习 4~6 个小时了，对他来说，那样的学习节奏比起现在的情况肯定好很多，也会容易很多。撇开这些不谈，他发现，在复习已经学习过的领域时对很多内容理解得更好了。

虽然准备不足，A 最后还是参加了国家考试的自由试考并且凭借一个还过得去的成绩通过了考试（还算满意）。但是，他绝对不想再过像国家考试备考这样压力大的日子了。考虑到他最后一年才开始系统学习，考试的分数他还比较满意。但是，他也非常确定，如果他能早一点持之以恒地学习，拿到更好一点的成绩是没有问题的。

像 A 这样学生并不占少数。[1] 虽然他们一开始就决心用 8 个或者 9

---

[1] Stefen Edenfeld, Strukturiertes Lernen und Überzeugen, JURA 2004, 604："高年级的学生回顾以前的学习情况时大多认为当初应更有效规划大学第一个学期的学习。"很多学生认为应完善自己的规划能力。

个学期的时间完成学业，但是他们的学习行为和这个决心并不相符，在前几个学期甚至有的在国家考试备考期间的学习都毫无计划性。通常导致出现这样学习状态的原因除了懒散之外，还因为一种先入为主的观念：只有在非常有压力或者时间紧急的情况下才有必要制订明确的学习计划。只有少数人想到，只有制订计划，才能避免陷入压力或者时间紧急的困境。

8　　虽然6个星期后国家考试的笔试就要开始了，学生B感觉非常轻松。他已经把考试相关的内容全都复习过了，在考试之前他主要花时间解决一些让他感觉比较困难的问题。尽管他不是那么希望国家考试尽快开始，但是，他感觉自己准备得非常好。他的目标是在一家国际律师事务所里从事律师职业，考试之后他将在实现目标的道路上跨进一大步。

刚来法学院的时候，一个法学专业并且即将参加国家考试的朋友建议他一开始就要对自己的学习作出规划。刚入学的时候，他所在学院的学生会代表也在迎新活动中建议新生最好从一开始就坚持按照课程的进度学习。但是，在第一个学期期末B才几经修改制订了一个详细的计划。他研究了学校的《法学教育法》《法学职业教育实施细则》《基础课结业考核规定》和所在学院的教学规定，对他必须在8个学期之内需要掌握的学习内容有了概括了解。为了能够在6个学期之后完成对所有专业课程的学习，他对这些专业课程进行了一定的划分。具体的计划[1]是：他通过听课加上课后借助教科书复习或者仅仅通过自己阅读教科书的方式学习一个法学领域。他使用关键词对课程内容做笔记，并且稍后根据关键词制作索引卡片。国家考试之前的最后两个学期他用来复习学过的内容和参加学校组织的国家考试备考课程（可能也会去参加私人复习班）。

虽然开始遇到一些困难，但是他的划分策略后来运行良好。第一学期的停课阶段过去之后，他发现自己总是不能完成规定的学习任务，原因是他把这段时间当作假期。从那以后他允许自己每年享受6个星期的

----

〔1〕　参见B在学期中制定的周课程表，本书边码23。

假期，剩下的时间则用来写家庭作业、实习和学习。此外，他很快就发觉，如果参加教学计划规定的全部专业课程，他就无法同时完成自己的定额学习任务。他立刻作出选择，将在上课时间不能掌握的部分专业课程放在假期来学习。

从第二个学期开始他就从周一到周五每天至少花费 6 个小时（净时间，除去所有休息时间）学习（听课、自学或者其他方式）。如果学习时间再长一点，他会感觉自己的生活质量和学习质量都无法保证了。他也不想因为学习而限制自己的娱乐活动。他的同学 A 每天可以学习 8 个小时或者更长时间（净时间），对他来说是非常难以理解的。

他在制作自己的学习计划时发现，第六个学期是完成所在学校的课程论文（大学毕业考试的一部分）的最合理时间。他不想因为写论文而中断从第七个学期开始的国家考试备考的强化阶段。为此，他在第四个学期就开始重点领域的学习。为了配合自己的职业目标，他选择企业法和经济法作为自己的重点研究方向。天道酬勤，因为他从第二个学期开始就持续不断地学习，能够游刃有余地兼顾给高年级学生开设的讨论课和重点领域学习。而此时有些同学整个学期都还为参加各自的讨论课和闭卷考试备考而忙碌。第七学期开始他就提交了大学毕业考试的论文并且在私人辅导班试听了 2 个星期的课。他最后决定放弃参加私人辅导班的课程，因为辅导班讲的很多内容他已经掌握了，他想要深入研究的问题经常因为课程本身讲解概况被很快一笔带过。考虑到花费的时间和高昂的费用，尤其是考虑到必须自己赚钱支付这笔开支，私人辅导班对他来说实用性太低。况且，学院也设有辅导班，辅导班开课时间固定又合理，让他能够有充分自由的时间安排自己的学习。虽然他一直打算在临近国家考试时再报名参加一个私人辅导班开设的关于最新司法判例的冲刺课程，但是学院开设的课程已经把最新司法判例讲述得足够清楚，所以他也放弃了这个计划。

B 以"非常满意"（10.5 分）的成绩通过了自由试考，超额实现最初的目标（国家考试成绩达到 10 分）。他特别高兴，因为这个考试成绩让他在实现职业目标的道路上又迈进一大步。最重要的是，在大学期间他努力学习，不弃功于寸阴。他并不像他的同学那样认为学习非常有压力。而且大学期间有两样东西特别让他享受：经常可以享受比较长的午休，很多可以把法学抛之脑后的晚上（甚至是在国家考试准备期间）。

2. 是什么让 B 比 A 更加高效

（1）B 有职业目标，他愿意为之选择法学专业并努力取得优秀的考试成绩。而 A 没有这样的目标。

（2）B 在第一学期期末就对国家考试有关的内容有了全面了解，他明白必须在什么时间掌握哪些学习内容。A 则在第七学期，也就是国家考试准备阶段才完成这项工作。

（3）B 通过设定阶段性目标的方式明确了在哪个阶段应当掌握哪个领域的专业知识，并且完全遵照计划实现了这些目标。而 A 则没有设定目标，这导致他在国家考试准备期间没有足够的时间学习某些领域的专业知识。

（4）B 对每天应当学习几个小时进行了思考，也就是说，他每天都设置了当天的学习目标。A 则只是计划去上课。

（5）B 十分清楚他在学习的同时还要参加哪些娱乐活动，他为这些活动留出了相应的时间，并对自己的学习时间作出安排。A 经常在娱乐活动上花时间而不考虑会不会和自己的课程学习有冲突。而在国家考试准备期间他基本上没有时间参加非法学活动。

（6）此外，B 在整个学习阶段都会挤出时间去度假。而 A 由于在前六个学期预支了太多假期，以致在国家考试期间完全没有时间去度假了。

（7）B 的目标之一就是在国家考试之前的两个学期充分利用辅导班的功能，因此在国家考试准备阶段开始之前就掌握了几乎所有领域的专业知识。而 A 没有太多的时间参加辅导班。他没有时间来学习所有的国家考试相关的专业知识。

第二节　制作一个具体的学习计划的好处

学生 B 在学习阶段有意识地进行规划，对法学学习有一个非常清晰的理解。而学生 A 则将大学生的自由和无计划性混为一谈。虽然对学习进行规划会花费一些本该用于学习的时间，但是 B 不想在学习阶段再犯伐木工人故事中的错误：

> 有人在散步穿过森林的时候遇到一个伐木工人，这个伐木工人正在非常匆忙而且艰难地把一块已经砍伐下来的树干锯成小块。这个散步的人走近伐木工人想要看清楚他为什么如此辛苦。发现问题之后散步的人对伐木工人说："非常抱歉打扰您，但是我发现您的锯子已经钝得没有办法继续使用了！您难道不想把它磨快一点吗？"伐木工人精疲力竭地小声说："我哪里有时间磨锯子啊？我必须把所有时间都用在锯木头上！"[1]

对已经毕业的学生的调查和报道都表明，优异的国家考试成绩和好的学习计划直接相关。一个统一的计划带来的好处不仅体现在取得优异的考试成绩上，在学习期间还会对您有以下帮助：

- ☺ 您能够随时对自己的学习状态和掌握的知识有清晰的了解；
- ☺ 您专心学习的同时有清晰的学习目标；
- ☺ 您通过完成阶段性的目标而获得成就感；
- ☺ 您可以对自己的国家考试备考情况作出判断；
- ☺ 您有更多的时间从事对您来说很重要的兴趣爱好；
- ☺ 您可以享受空闲时间而不必心存愧疚。

法学学习非常依赖每个人自我管理的能力。没有阶段性的规划会导致在学习过程中出现以下问题：

- ☹ 无法了解自己的学习情况；
- ☹ 自欺欺人地认为已经完成学习定额；

---

[1] Seiwert, S. 37.

☹ 始终感觉内心不安；

☹ 感觉自己无法跟上学习进度；

☹ 在国家考试准备阶段没办法掌握所有的内容。

一个好的个人学习计划需要满足以下条件：

- 定义个人目标；
- 制作一个达成目标所需的必要行动的一览表；
- **11** 制订书面计划；
- 制订整个学习阶段的总计划；
- 具体到学期计划、周计划和天计划；
- 确定需要优先完成的任务；
- 关注自己的学习效率变化情况；
- 将休息时间列入学习计划中；
- 预留缓冲时间。

列表中每一项内容的详细展开，笔者将在下文以学生 B 为例进行说明。本书之前版本的一些读者写信告诉我，学生 B 让他们对自己很失望，因为他们没有办法做得像 B 那样好。本书以学生 B 为例是为了向您指出进行规划的多种可能性。因此，您并不需要完全像学生 B 一样，而是应当按照您的想法对学习进行规划，让您能够愉快地学习并取得成功。与学生 A 和学生 B 类似的学习情况事实上都是存在的，您可以参考那些已经完成法学学业、正在工作的法律工作人员的经验报告。[1]

第三节　目标是规划的基石

一、职业目标作为学习动机

学生 A 和学生 B 一个非常显著的区别体现在：学生 B 很早设定了明

---

[1]　参见 Niedostadek/Lorenz 中 21 个以 "未经粉饰的个人成长历程" 为题的经验报告。一篇报告（Niedostadek/Lorenz, S. 111）指出："这个时候我对将来要从事的职业还没有任何具体的想法，甚至可以说完全没有想法……在法学学习方面，我只做了拿到学分而必须做的事情。"

确的目标，而学生 A 则更愿意"事到临头再考虑"。在一个国际律师事务所中从事律师职业对学生 B 来说是一个非常具有吸引力的工作（他的梦想职业）。这个想法激励着他遇到困难时毫不犹豫地披荆斩棘，勇往直前。[1]因为他知道自己这样做的意义何在。相反，A 则更像是在仙境中的爱丽丝一样：

爱丽丝："您能告诉我，从这里出去，我该走哪条路？"（"Würdest du mirbitte sagen, wie ich von hier aus weitergehen soll？"）

猫："这可要看你想去哪里了？"（"Das hängt zum größten Teil davon ab, wohin du möchtest", sagte die Katze.）

爱丽丝："事实上，对我来说去哪里都无所谓。"（"Ach wohin ist mir eigentlich gleich…", sagte Alice.）

猫："那你要从哪个方向走也就无所谓了。"[2]（"Dann ist es auch egal, wie du weitergehst", sagte die Katze.）

如果你和很多法学生一样[3]目前还没有清晰的职业目标，研究一下各种法律职业形象和法律人的职业发展道路也是非常有益的。在这个方面您可以从第十二章中获得详细的信息。此外，您还可以从第十二章中找到关于法律人多种职业选择的大量文献清单。[4]

12

二、法学学习的目标

除了清晰的职业目标外，学生 B 也为法学学习设定了目标。[5] 比如，他想拿到两位数的国家考试成绩。在积累学分时，他也决心在闭卷考试和家庭作业中拿到一个好分数。因此，在学习是否勤奋，特别是学

---

〔1〕 参见 Hartmut Kilger, Anwaltsausbildung und die Frage der Beufswahl, JuS 2003, 309: "及早并坚持不懈追求一个职业目标的人在结束学习之后得到的就业机会好得多……"

〔2〕 Lewis Carroll, Alice im Wunderland, in: Alice im Wunderland und was Alice hinter dem Spiegel fand, Aus dem Einglischen von Barbara Teusch, Hamburg, 1991, S. 61 f.

〔3〕 Niedostadek/Lorenz, S. 11: "回避（甚至排除）有关职业设定的问题，在法学教育的理念上也同样存在。"

〔4〕 关于职业形象作为学习动力参见本书第十二章（时间管理），该章提供了大量的参考文献，见本书边码 369 及以下。

〔5〕 关于"确定法学学习的目标"参见本书第十二章（时间管理），边码 373。

习方式是否正确的问题上，他有一个明确的参考标准。他经常把实现这些目标看作和自己比赛的过程，因此这些目标没有实现或者立刻实现，对他来说特别重要。比如，他决心在为初学者开设的练习课的家庭作业和至少一门笔试中取得"非常满意"的成绩，结果他在停课阶段中完成的家庭作业只得了7分。他有些失望，因为他做出了很多努力却没有实现目标。而第一次闭卷考试，就像他担心的那样，他仅仅以6分通过。尽管如此，他还是很高兴拿到了初级课程的学分。考试成绩证明他掌握的知识还有欠缺，更重要的问题是，他还不能按照闭卷考试的要求运用所学的知识。因此，他继续坚持不懈地学习并且特别关注了如何在闭卷考试中运用知识和将知识用于何处的问题。这些努力没有白费。在第二次闭卷考试中他以9分的成绩通过。他非常高兴，结合案例的学习方式值得一试。接下来的学习目标就是，在学习期间有时间兼顾其他事务而不耽误8个学期之后参加国家考试的自由试考。

第四节 B 的学习计划

当B在第一个学期期末开始制订他的学习计划时，他打算首先为与考试相关的法学领域制作一个内容概览。当他查阅完有关材料，了解在国家考试之前要掌握多少知识的时候，他并没有变得更加胸有成竹，而是被将来沉重的学习负担吓呆了。他偶然看到了一本有关时间管理的书。书里讲到，规划的意义就在于，将大的目标划分为小步骤、小目标或者若干单元，从而更容易完成任务。

> 登山也是一步一步向上攀登的过程。
>
> （Auch einen Berg besteigt man Schritt für Schritt.）

一、学生 B 制作的详细的学习内容一览表

B把学习内容一览表中各法学领域分成小的学习单元并且确定自己

选择的教科书是否涉及这些小的学习单元。[1] 用这种方式他把所有与
国家考试相关的专业知识（来自于民法、公法、刑法和重点研究范围）**13**
划分为 30 到 35 个法学领域。在国家考试之前，他必须全部掌握这些学
习领域。这时，他对将来的学习已经了然于心，而且也深刻认识到了对
学习进行规划的重要意义。

二、非法学活动清单

除了学习内容一览表之外，B 还制定了另一个清单，即他在学习期
间想要参加、在进行规划的时候已经想到的活动清单。他每年预留了大
约 6 周的度假时间。他认为，对他来说远离法律的时间是不可或缺的。
他估计将来成为律师之后没有很多机会度假。预留参加娱乐活动和兴趣
爱好的时间对他来说也是毋庸置疑的。他估算了每学期参加这些活动需
要花费的时间。为了得出参加这些活动需要实际花费的时间，他不光把
活动本身耗费的时间，也把在路上的时间或者其他时间都算在内（总时
间）。因为他发现，想要跑步 1 小时的话，加上路上时间、换衣服、洗
澡和休息的时间总计要花费 2 个半到 3 个小时。他制作的计划中非法学
活动的清单如下：

表 1-1　非法学活动清单

优先级	非法学活动清单	时间花费
1	假期工	每年 6 周，在学期假工作
1	兼职	每周 1 晚
1	度假	6 周，其中夏季 4 周
1	跑步	每周 2 次，每次 3 个小时
2	手球	每周 1 晚 每个周末 1 次比赛 每学期 3 个比赛周末

---

〔1〕 笔者在本书第二章（学习成绩要求、修读学科和总结）中逐步解释了制订详细
的学习内容一览表的方法。

优先级	非法学活动清单	时间花费
1	乐团	每周 1 晚 每学期 1 个排练周末 每个学期 2 个音乐会周末
3	去澳大利亚旅行	在假期旅行 4 周

B 在活动清单中将优先级作为一列。添加优先级这一列对他来说特别重要，因为他喜欢同时做很多事情。"1"对 B 来说是非常重要的活动，"2"是重要但可以推迟的活动，"3"是比较不重要的活动。

B 把假期工、兼职、度假、跑步和乐团设为最高优先级，因为这些是他绝对不能放弃的活动。虽然手球对他来说也重要，但是为了积极参加乐团活动他宁愿放弃手球。去澳大利亚旅行属于最低优先级。如果他能在学习期间实现这个目标固然很好，但是对他来说并不是特别重要。因为他知道，可能的话，他也可以在澳大利亚度过他见习期的自选阶段（Wahlstation des Referendariats）。

三、B 的总学习计划

接着，B 制作了整个学习阶段的总计划（总计划的片段见下文）。在完成总计划时他参考了所在学院的教学计划。学院的教学计划把掌握不同的法学领域的任务划分到特定学期。虽然在制订学习计划的时候第一学期已经快结束了，他也把第一学期纳入到学习计划中，因为他想要知道根据学院的课程规划截至那个时候他应当掌握哪些领域的内容。制订总计划时 B 把一个上课阶段（Vorlesungszeit）和接下来的停课阶段（vorlesungsfreien Zeit）算作一个学期。

为了在 9 个学期之内以"非常满意"的成绩完成自己的学业，他首先确定了打算在每个学期和假期完成或者必须完成的任务：以学院的教学计划为首要参考标准，他对在各个学期应当学习的专业领域进行了规划。他把这项内容写入了"法学活动"一列中。在括号中他标记了该课程按照学院的课程规划的规定在其所在的法学领域中占多少学分。[1]
因为他可以通过学分大致估计掌握相应的法学领域需要花费多长时间。
此外，如果他想要参加所有的课程，可以用这种方式计算单为这些课程
每周应该安排多长时间。就算不去旁听某一门课程，他也必须为自学这
项专业领域预留时间。因此，不管将来会出现什么情况，标记这些数字
都是非常有意义的。他把家庭作业也记入了"法学活动"一列中，预计
会花费 3 周时间。最后一列是他的学习目标。每当学期末，他可以浏览
一下该列的内容并且在已经完成的目标后面打勾。这样他可以非常轻松
地检查自己是否完成阶段性目标。如果没有完成，可以尽早采取措施。
在"非法学活动"一列中他把已经制定的"非法学活动清单"中的所
有活动列上去。

　　重要提示：这是学生 B 个人总计划的一个片段。您不必全盘接受他 **15**
的计划，而应当按照您所在学校的实际情况作出调整。

表 1-2　学生 B 总学习计划的片段（第三个学期）

时间	非法学活动	法学活动	学习目标：截至学期末/假期我已经完成
第三学期上课时间冬季学期（15 周）	-每周 1 晚上做兼职 -每周跑步 2 次 -每周 1 晚乐队练习 -圣诞假期度假 1 周	-学习《物权法》（4个学分） -学习《非合同之债》（3 个学分） -学习《行政法概论》（4+2 学分） -学习《欧洲宪法基础》（3 个学分） -深入学习公民基本权利 -学习《刑法分则》（3+2 学分） -准备并参加为初学者开设的刑法练习课闭卷考试（2 个学分）	-掌握了物权法的基础知识，尤其是关于动产和不动产的取得和转让的部分的内容 -掌握了不当得利和侵权行为法的基础知识 -掌握了欧洲宪法的基础知识 -掌握了关于基本权利的解释深层次的知识 -掌握了所有权和财产侵权的知识 -参加了闭卷考试，拿到了给初学者开设的《刑法》课程的成绩证明

〔1〕　每个上课周有几个学时（每学时为 45 分钟）即占几个学分。

时间	非法学活动	法学活动	学习目标：截至学期末/假期我已经完成
课程结束时间春季（9周）	-每周1晚上做兼职 -每周跑步2次 -每周1晚乐队练习 -1周滑雪假期	-完成给有一定基础的学生设置的刑法练习课的家庭作业 -实习（刑法方向） -复习学习材料	-深入了解了与家庭作业的题目相关领域的知识 -对刑法实务有所认识并拿到实习证明

注：学生 B 完整的总计划请查阅 http://www.vahlen.de。关键词"Jurastudium erfolgreich"，板块"online-Materielien"。

16　　按照规定，B 应当每个学期修 20 或者 23 个学分。如果他根据建议再安排与课程相同的时间用来完成这门课程后续的学习任务的话，即使在没有时间用来复习学习内容和参加私人的学习小组的情况下，他每周也要花费 40 或者 46 个小时[1]用在学习上。但是，上课周的时间已经排满，课程结束后的时间也已绝大部分用来完成家庭作业或者实习。这时 B 想计算出在国家考试备考之前他还有多少时间可以用来做假期工、复习或者掌握学习材料。为了减轻上课阶段的学习压力，他希望将课后的复习任务推迟到停课阶段完成。

表 1-3　学生 B 对停课阶段可利用时间的规划

	停课周（总计）	家庭作业（按周计）	实习（按周计）	剩余时间（按周计）	度假（按周计）	剩余时间中用于复习、假期工作等（按周计）
第一学期（冬季学期）	2（圣诞节、新年）	0	0	2	1	1
假期（春季）	8	6（2×3）	0	2	1	1

---

[1]　每个小时对应 45 分钟的上课时间。

	停课周（总计）	家庭作业（按周计）	实习（按周计）	剩余时间（按周计）	度假（按周计）	剩余时间中用于复习、假期工作等（按周计）
第二学期（夏季学期）	0	0	0	0	0	0
假期（夏季）	13	3	4	6	4	2
第三学期（冬季学期）	2（圣诞节、新年）	0	0	2	1	1
假期（春季）	9	3	4	2	1	1
第四学期（夏季学期）	0	0	0	0	0	0
假期（夏季）	12	6（2×3）	0	6	4	2
第五学期（冬季学期）	2（圣诞节、新年）	0	0	2	1	1
假期（春季）	8	3	4	1	1	0
第六学期（夏季学期）	0	0	0	0	0	0
假期（夏季）	13	6	0	7	4	3

他在统计时发现，上课期间必须专心学习而没有多余的可支配时间。因此在制作这个表格时他仅仅把停课阶段考虑在内。表格的第二列停课周数：冬季学期中 2 周的圣诞假期、8 周到 9 周的春季学期假、12

或者 13 周的夏季学期假。[1] 他必须把这些时间用于完成家庭作业、研讨课的小论文、大学毕业考试的论文和实习，因此上述各项必须在表格中列出。根据总计划的安排，他在第三列中列出了完成家庭作业需要花费的时间[2]，在第四列中列出了用于实习的时间。在整个学习阶段他必须共完成 6 项家庭作业（3 项小练习课家庭作业，3 项大练习课家庭作业）、1 篇研讨课论文、1 篇大学毕业考试的课程论文。此外，他还需要完成 3 次实习，每次实习时间为 4 个星期。为了计算他还有多少剩余时间可以度假、复习学习材料、参加研讨课以及做假期工，即非强制性的活动，他将第五列用于中期结算。因为不想放弃度假的机会，他将度假花费的时间在第六列中单独列出。根据计划，他在夏季学期假度假 4 周、春季学期假假 1 周、圣诞假 1 周。第七列为除去度假之后剩余的时间。

他被规划得出的结果震惊了。他发现，到第六学期期末为止他每学期只有 1 周多一点的时间用来复习、学习新的内容或者在假期打工。其他的停课阶段都被家庭作业和实习占用了。因此，在假期完成深入研究已经学过的课程领域的愿望也只能是幻想。相反，他只能考虑怎样才能利用假期时间把学过的内容至少复习一遍的问题。B 突然明白了，为什么这段时间被称为停课阶段而不是假期。

B 在活动清单上计划每年花 6 周的时间用来做假期工。这时他已经意识到，除非放弃度假的机会，否则他在第二个学期之后根本没有时间从事假期兼职。接下来的学期他显然没有多余的时间。另外一个反对在第二个学期之后做假期工的理由是，他在第一个学期很少持续地学习，因此不想把知识上的漏洞带到国家考试备考之前。

像 B 一样，很多学生制作总学习计划之后才发现，虽然大学提供了学术自由的空间，但是在大学学习期间既没有很多可以自由支配的时间，"放任自流"也是行不通的。法学学习中的停课阶段基本上被用来完成家庭作业、研讨课论文、大学毕业考试的课程论文，完成实习和必

---

〔1〕 春季和夏季的学期假在时间长度上都可能会有一周的变动，但是每年一般共有 23 周假期。（包括圣诞假期）。

〔2〕 按照 B 所在大学的规定，家庭作业也可在假期完成。

要的度假。[1]如果打算在上课阶段连续工作并且之后顺利完成家庭作业和实习，必须预留休息的时间。不重视休息就会对下学期的学习效率产生不利的影响。只有尽早地进行规划才能在停课阶段得到短暂的休息机会。

☞在上课阶段完不成的学习任务，在停课阶段更难完成。

四、B 的学期计划

B 根据自己的总计划为接下来的新学期进行了具体的规划（参见下文 B 第三学期的学期计划）。B 以总计划中相应的片段为基础对该学期计划进行检查，决定列入计划中的非法学和法学活动应当保留、删掉、添加新的活动或者进行必要的修改。B 在学期计划中安排了 3 个星期的周末参加乐团排练和音乐会，这些是他在总计划中没有预料到的。他计划将停课阶段的 3 周用于完成家庭作业、1 周用于复习。他把在刑法练习课的闭卷考试中拿到至少"满意"的成绩作为第三学期的学习目标写入学习计划中。在停课阶段剩余的 1 周里，他打算根据自己制作的索引卡片的内容尽可能多地复习上个学期的学习内容。

B 在学期计划中列举了接下来的学期具体要参加哪些活动。通过听课并在课后拓展学习的方式，他可以非常好地掌握新学习的内容。尽管如此，他并没有在计划中列出"听课"一项。原因在于，是否整个学期都去听课并不重要，重要的是他是否能够在学期期末掌握这个法学领域的知识。因此，在法学活动中，他只写出打算学习哪个法学领域和准备参加哪门课程的闭卷考试。

---

[1] 需要在停课阶段去工作来自己解决绝大部分的学习费用的学生很难在 8 个或者 9 个学期之内毕业。资助方式和奖学金见本书边码 287 部分内容的脚注。

表 1-4　学生 B 第三学期的学期计划〔1〕

时间	非法学活动	法学活动	学习目标：截至学期末/假期我已经完成
第三学期（冬季学期）上课阶段（共 16 周）	- 每周跑步 2 次 - 每周 1 晚乐队练习 - 2 个周末参加乐队排练或者音乐会演奏 - 度假 2 周（圣诞假期）	- 学习《物权法》（4 个学分） - 学习《非合同之债》（3 个学分） - 学习《行政法概论》（4+2 学分） - 学习《欧洲宪法基础》（3 个学分） - 深入学习公民基本权利 - 学习《刑法分则》（3+2 学分） - 准备并参加为初学者开设的刑法练习课闭卷考试（2 个学分）	- 掌握了物权法的基础知识，尤其是关于动产和不动产的取得和转让的部分的内容 - 掌握了不当得利和侵权行为法的基础知识 - 较好掌握法律渊源的知识、基本的法律制度、行政行为的形式和行政诉讼法的基础知识 - 掌握了欧洲宪法的基础知识 - 掌握了关于基本权利的解释深层次的知识 - 较好掌握了所有权和财产侵权及其人身侵权的知识 - 参加了闭卷考试的练习，拿到了为新生开设的《刑法》课程的成绩证明，*并且在闭卷考试中取得"满意"的成绩*
停课阶段（春季，共 9 周）	*- 每周 1 晚做兼职（目标：至少赚 250 欧元）* *- 每周跑步 2 次* *- 每周 1 晚参加乐队活动* *- 1 周的滑雪假期*	- 用 3 周时间完成为高年级学生开设的《刑法》练习课的家庭作业 - 实习（刑法方向）4 周 *- 1 周时间根据索引卡片复习上学期的学习内容*	- 深入了解了与家庭作业的题目相关领域的知识 - 对刑法事务有所认识并拿到实习证明 *- 形成本学期学习内容的长期记忆*

〔1〕　对总计划的补充和修改以斜体的方式标记。——译者注

为了确定下学期是否有时间参加安排好的各项活动，以及活动日程之间是否有冲突，学生 B 制定了一份日程表，通过这份表格他可以了解上课阶段的时间安排（见下文）。他将下学期重要的日程（上交家庭作业、闭卷考试、圣诞假期、停课、天主教万圣节等）和私人日程（排练、周末乐团表演、度假等）标注在日程表中。查看日程表的时候他很快发现，在乐团和闭卷考试备考之间存在冲突：在第一次闭卷考试之前刚好有一个周末乐团表演的排练，第二次闭卷考试之前恰好是周末演奏会。

现在 B 发现，如果他还想参加演奏会，就必须预留出自学刑法的时间。因为他刚好在第一次闭卷考试之前因为排练不能学习，必须在闭卷考试前一周开始备考。B 非常清楚，这样的安排会让他非常有压力，但是参加演奏会对他来说是非常重要的。然而，他必须最晚在停课周补上错过的内容。

只有借助日程表，B 才能及时发现乐团和刑法闭卷考试的冲突。现在他可以在每周课程计划中记入一些自学刑法的时间。B 计算了上课周的数量，他发现，冬季学习时间很长，共有 16 周。在圣诞假期之前有 11 周，圣诞之后 5 周。因此，他把各学科的学习列入备忘录中，在圣诞假期之前他必须掌握这些材料的 2/3。

表 1-5   学生 B 第三学期的日程表

2016 年 10 月	2016 年 11 月	2016 年 12 月	2017 年 1 月	2017 年 2 月
1 日（周六）	1 日（周二）天主教万圣节	1 日（周四）	1 日（周日）新年	1 日（周三）
2 日（周日）	2 日（周三）	2 日（周五）	2 日（周一）假期结束	2 日（周四）
3 日（周一）德国统一日	3 日（周四）	3 日（周六）	3 日（周二）	3 日（周五）

2016 年 10 月	2016 年 11 月	2016 年 12 月	2017 年 1 月	2017 年 2 月
4 日（周二）	4 日（周五） 16 点钟开始	4 日（周日）	4 日（周三）	4 日（周六） 课程结束
5 日（周三）	5 日（周六） 排练	5 日（周一）	5 日（周四）	5 日（周日）
6 日（周四）	6 日（周日） 周末	6 日（周二）	6 日（周五） 圣三王节	6 日（周一）
7 日（周五）	7 日（周一） 第一次闭卷考试	7 日（周三）	7 日（周六）	7 日（周二）
8 日（周六）	8 日（周二）	8 日（周四）	8 日（周日）	8 日（周三） 发布 2017 年 夏季学期的 家庭作业
9 日（周日）	9 日（周三）	9 日（周五）	9 日（周一）	9 日（周四）
10 日（周一） 开始上课 上交第一次 家庭作业	10 日（周四）	10 日（周六）	10 日（周二）	10 日（周五）
11 日（周二）	11 日（周五）	11 日（周日）	11 日（周三）	11 日（周六）
12 日（周三）	12 日（周六）	12 日（周一） 第一次闭卷 考试评论	12 日（周四）	12 日（周日）
13 日（周四）	13 日（周日）	13 日（周二）	13 日（周五）	13 日（周一）
14 日（周五）	14 日（周一）	14 日（周三）	14 日（周六）	14 日（周二）
15 日（周六）	15 日（周二）	15 日（周四） 结束	15 日（周日）	15 日（周三）
16 日（周日）	16 日（周三）	16 日（周五）	16 日（周一）	16 日（周四）
17 日（周一）	17 日（周四）	17 日（周六） 音乐会	17 日（周二）	17 日（周五）
18 日（周二）	18 日（周五）	18 日（周日） 周末	18 日（周三）	18 日（周六）

2016 年 10 月	2016 年 11 月	2016 年 12 月	2017 年 1 月	2017 年 2 月
19 日（周三）	19 日（周六）	19 日（周一）第二次闭卷考试	19 日（周四）	19 日（周日）
20 日（周四）	20 日（周日）	20 日（周二）	20 日（周五）	20 日（周一）
21 日（周五）	21 日（周一）	21 日（周三）	21 日（周六）	21 日（周二）
22 日（周六）	22 日（周二）	22 日（周四）	22 日（周日）	22 日（周三）
23 日（周日）	23 日（周三）	23 日（周五）假期开始	23 日（周一）	23 日（周四）
24 日（周一）	24 日（周四）	24 日（周六）圣诞前夕	24 日（周二）	24 日（周五）
25 日（周二）	25 日（周五）	25 日（周日）节日第一天	25 日（周三）	25 日（周六）
26 日（周三）	26 日（周六）	26 日（周一）节日第二天	26 日（周四）	26 日（周日）
27 日（周四）	27 日（周日）	27 日（周二）空闲	27 日（周五）	27 日（周一）
28 日（周五）	28 日（周一）收到第一次家庭作业成绩	28 日（周三）空闲	28 日（周六）	28 日（周二）
29 日（周六）	29 日（周二）	29 日（周四）空闲	29 日（周日）	29 日（周三）
30 日（周日）	30 日（周三）	30 日（周五）空闲	30 日（周一）第二次闭卷考试评论	
31 日（周一）		31 日（周六）年末	31 日（周二）	

六、周课程表

使用添加注释的课程表，B 可以了解在第三学期开设什么课程。他发现，这学期没有开设欧洲法的课程。一个在修第六个学期课程的女同学告诉他，虽然行政法概论的大课上也会讲行政程序法和行政诉讼法的基础内容，但是想要全面掌握行政程序法和行政诉讼法中最重要的问题，仅上这门课是远远不够的。这位女同学给他推荐了一本书，他可以利用这本书较好地掌握这部分内容。因此，他也必须安排额外的自学时间。

他制作了第一份（临时的）周课程表（见下文）。在制作周课程表时，他能保证每天晚上、周日，尽可能保证周六用来参加娱乐活动。但是，他把第三学期教学计划中安排的必修课程都列入了周课程表中。他的课程表安排非常紧：18 个学时的必修课程和 4 个学时的案例讨论课程。

他并不像其他一些同学那样——对课后复习采取三天打鱼两天晒网的随意态度，轻易选择放弃其他的辅助课程。原因是他从亲身经历得知，不安排课后复习他只能掌握上课内容中的很少一部分。[1] 此外，他通过分析得出，与其仅仅通过听课的方式学习多个内容领域而没有时间通过复习加深理解，不如推迟其中一个内容领域的学习时间。在这种情况下，他就取消该学期的这门课程并将其放在下一学期学习。

B 非常清楚，他大概只能在最初的几周遵守第一个周课程表。当不想继续修特定的课程时，他必须及时对周课程表作出调整。即使如此，他也为规范前 2~3 周的学习制作了这个学习计划。他发现，如果在最初的几周只去听课想着以后反正还有复习阶段的话，就无法养成良好的学习习惯。开始时 B 仅通过阅读教科书的方式进行复习，但稍后他发现，阅读并不能让他记住多少知识。采取对上课内容制作索引卡片的方式[2]，他的学习效果明显好多了。原因是，比起纯粹听课或者仅阅读教科书，他在制作索引卡片时必须对教学内容作进一步的思考。他将制作索引卡片看成学生生活的调整方式。此外，他通过阅读得知，学过的知识应当在 48 小时内安排复习。[3] 这种学习方式有助于形成清晰的长期

---

〔1〕 详见本书第十一章（学会学习）。
〔2〕 不同的索引卡片体系和制作索引卡片详见本书第八章（使用索引卡片学习知识）。
〔3〕 详见本书第十一章（学会学习）。

记忆。因此，他也尽力在课后尽快安排复习。在周课程表中，他没有特别标出两个课程之间 15~30 分钟的休息时间，因为学校已经作出安排。

表 1-6　学生 B 第三个学期上课阶段的第一个周课程表

	周一	周二	周三	周四	周五	周六	周日
8：00		复习刑法分则	复习物权法		深入学习公民基本权利		
8：30	刑法分则（讲课）						
9：00		物权法（讲课）	物权法（讲课）				
9：30				欧洲宪法	休息		
10：00					准备行政法案例分析		
10：30							
11：00	刑法案例分析	非合同债权法（讲课）	复习物权法	行政法概论（讲课）		缓冲时间	
11：30			非合同债权法（讲课）		准备刑法案例分析		
12：00							
12：30							
13：00	午间休息	午间休息	午休	午休	午休		自由时间
13：30							
14：00	为初学者开设的刑法练习课（讲课）		行政法概论（讲课）				
14：30		复习非合同债权法		复习行政法概论	参加学习小组，复习本周学习内容	使用索引卡片复习本周学习内容	
15：00							
15：30		休息	休息				
16：00	休息			休息			
16：30	复习刑法分则和练习课内容/练习案例解答技巧	行政法概论案例分析	复习非合同债权法	复习刑法分则			
17：00							
17：30						休息	
18：00							
18：30		晚饭/休息	自由支配时间	自由支配时间	跑步	在小酒馆做服务生	
19：00	跑步						
19：30							
20：00		乐团					

为了找到可以真正学到东西的课程，B 在两周内旁听了所有的课 **24** 程。如果课程规划得较好，讲师授课形象生动、体现重点的话，B 同学

就能通过听课取得良好的学习效果。但是，这个学期 B 显然运气不太好。在他听过的课程里，要么不适应讲课的方式，要么在复习时发现讲师把太多时间花在特定的课题上。况且，讲师在第三周的时候还在讲解导论的内容。[1]这样的话，B 根本不可能"复习"这门课程，还必须在上课的同时提前学习教科书的内容。虽然思考的过程对他来说很困难，他还是决定不再旁听特定的课程。[2] B 在第三上课周修改了周课程表（见下文）。在这项计划中，B 首先把晚上和周日标记为自由支配时间。此外，他也预留了固定的休息时间。

> ☞为了避免出现在忙碌情形下完全忘记休息或者在放松的时候休息时间过分延长的问题，必须在学习规划里写上固定的休息时间。
>
> ☞没有休息时间和休息时间过长都会对专注力和学习效果产生不利的影响。

除了周一要参加刑法练习课时间紧张外，B 在学习规划中都预留了极长的午间休息时间（从 13 点到 15 点），因为他发现自己在 14 点到 15 点之间通常有至少半个小时的时间都特别困倦。即使在周一 14 点开始的课程上他也经常很难保持清醒。因此，除周一之外他都会根据自己的学习效率曲线而采取一些行动。比如，夏天午饭过后他会到附近的公园打个盹儿。当他不是特别累时就做点其他事情或者跟朋友稍微聊聊天。

> ☞通过注意自己学习效率变化的方式，可以提高自己的学习能力并避免出现注意力分散或没有学习动力的情况。

B 是一个"晨型人"。因此，他每天早上 8 点就开始一天的学习。周二和周三早上 9 点上物权法课，开始他也怀疑安排 1 小时自学时间是否有意义。但是，他稍后就发现，当他提前预习或者温习物权法讲课的

---

〔1〕 他通过比较课程的提纲和不同教科书的目录了解到这个情况，并发现，在几本教科书中构成重点内容的教学课题，讲师还没有开始讲解。

〔2〕 因为旁听有用且教学方式好的课程非常有意义，只有经过足够的试听阶段和谨慎地衡量利弊之后才能放弃参与一门课程。关于决定因素的具体内容见本书第六章（系统掌握不同法学领域）。

内容时，上课的效果会特别好。此外，他还发现，每天同一时间起床的话，学习对他来说也更轻松。如果必须在早上更早起床或者晚上延长学习时间中选择其一的话，他更趋向于早起。而且，规律又充足的课后时间对他来说也非常重要。

表 1-7　学生 B 第三学期上课阶段修改后的周课程表

	周一	周二	周三	周四	周五	周六	周日
8：00	刑法分则（讲课）	复习/总结物权法学习内容	复习/总结物权法学习内容	学习刑法分则	深入学习公民基本权利	缓冲时间	
8：30							
9：00		物权法（讲课）	物权法（讲课）		休息		
9：30					学习行政法概论		
10：00							
10：30	休息			休息			
11：00	刑法案例分析	休息	复习/总结物权法学习内容	学习刑法分则			
11：30		准备行政法案例分析			休息		
12：00					学习行政法概论		
12：30							
13：00	午休	午休	午休	午休	午休		自由时间
13：30							
14：00	为初学者开设的刑法练习课（讲课）						
14：30		学习行政诉讼法	学习非合同债权法	学习非合同债权法		使用索引卡片复习本周学习内容	
15：00							
15：30			休息	休息	参加学习小组，复习本周学习内容		
16：00	休息	行政法概论案例分析					
16：30	复习刑法分则和练习课内容/练习案例解答技巧		学习非合同债权法	参加学习小组复习非合同债权法			
17：00						休息	
17：30							
18：00		晚饭/休息					
18：30			晚上自由支配时间	晚上自由支配时间		在小酒馆做服务生	
19：00	跑步				跑步		
19：30							
20：00		乐团					

而 C 学生是一个典型的"夜猫子"。他的周课程表和 B 的课程表就有所不同。

26 表 1-8　学生 C 上课阶段的周课程表

	周一	周二	周三	周四	周五	周六	周日
10：00 10：30	学习刑法	学习非合同债权法	参加非合同债权法学习小组	总结行政法概论内容	学习刑法案例分析技术，准备案例分析课程	缓冲时间	自由支配时间
11：00 11：30	刑法案例分析	非合同债权法（讲课）		行政法概论（讲课）	休息		
12：00 12：30			非合同债权法（讲课）		刑法案例分析技术		
13：00 13：30	午休	午休	午休	午休	午休		
14：00 14：30 15：00 15：30	为初学者开设的刑法练习课（讲课）	学习物权法（中间可休息）	行政法概论（讲课）	总结行政法概论学习内容	学习刑法分则		
				咖啡休息时间	咖啡休息时间		
16：00	咖啡休息时间	咖啡休息时间	咖啡休息时间				
16：30 17：00 17：30	总结刑法练习课内容	参加物权法的学习小组，中间可休息	学习行政法概论	学习刑法分则	深入学习公民基本权利		
			休息				
18：00	休息		行政法案例分析	休息			
18：30 19：00 19：30	打排球			参加学习小组，复习前几天的学习内容	打排球	如有可能，则打排球	
	晚饭					
20：00 20：30 21：00 21：30	学习刑法分则	电影协会的工作	晚间自由支配时间		准备行政法案例分析/学习行政诉讼法基础知识		
22：00 22：30	自由支配时间	自由支配时间		自由支配时间	自由支配时间		

对 C 来说，10 点之前出现在学校基本不可能。但如果当别人已经在晚上开始享受休息时间的时候她还必须学习的话，对她来说也同样困难。然而，当她最后坐在书桌前时，她也非常高兴自己能够认真学习。她在早上的学习状态并不好。当晚上学习时间比较长时，她喜欢在学习结束后约朋友一起去小酒馆聚聚，她特别喜欢这样的生活节奏。因为酒吧夜生活很少在晚上 10 点之前开始，所以她不会因此耽误别的事情。**27** 而且，她还可以借着酒意在第二天睡长长的懒觉。

尽量有规划设计的因素，对 B 和 C 来说，上课阶段的周课程表都是在妥协的基础上制定的：在考虑到自己的学习效率曲线的同时，留出参加特定课程和复习课程内容的时间。

在停课阶段，B 和 C 可以完全按照自己的节奏安排学习。B 在完成家庭作业和复习上学期的学习内容时也会制作一个周课程表（见下文）。

像往常一样，B 每天上午 8 点开始学习，因为这段时间他的学习状态最好。这个时间段图书馆还非常空，他可以非常轻松地找到最新版本的教科书或者（在完成家庭作业时）特定的专题论文。他计划每天花 6 个小时的时间写家庭作业（净工作时间），因为他必须最晚在 3 周之内完成。他希望，或许每天 6 小时的学习强度让他提前两三天完成作业，这样他就可以提前几天去度假了。若是从周一到周五因为其他事情不能完成每天 6 个小时的学习任务的话，他就把周六作为缓冲来弥补耽误的时间。如果能够按照计划完成家庭作业的话，周六就作为"无法学"时间。他认为，上课阶段加上当前的学习强度已经足够疲劳了。根据自己的学习效率曲线，他将这 6 个小时放在白天的不同时段，这样他晚上就有空闲时间。如果他晚上跑步，就提前结束白天的学习。每天的学习时间和休息时间固定，他感到非常满意。因为这样他就可以定期和朋友们约喝咖啡聊天。就算偶然遇到熟人约他喝咖啡，他也可以更轻松地建议安排在更合适的时间而避免打乱自己的学习节奏。停课阶段他允许自己享受一个长长的午休。他认为在午间疲劳时间段强制自己学习没有意义，因为他下午 1 点到 3 点之间很难集中注意力。他在停课周复习的时候每天只学习 4 个小时。考虑到下个学期的上课时间还需要继续努力学习，他觉得这些复习时间已经足够。所以他在复习周会取消部分或者全部下午的复习任务。

表 1-9　学生 B 停课阶段的周课程表

	周一	周二	周三	周四	周五	周六	周日
8：30	两个学习时段，中间短暂休息	两个学习时段，中间短暂休息	两个学习时段，中间短暂休息	两个学习时段，中间短暂休息	两个学习时段，中间短暂休息	缓冲时间	空闲时间
10：30	咖啡休息时间	咖啡休息时间	咖啡休息时间	咖啡休息时间	咖啡休息时间		
11：00	两个较短的学习时段，中间短暂休息	两个较短的学习时段，中间短暂休息	两个较短的学习时段，中间短暂休息	两个较短的学习时段，中间短暂休息	两个较短的学习时段，中间短暂休息		
12：30	午休	午休	午休	午休	午休		
15：30	两个学习时段，中间短暂休息	两个学习时段，中间短暂休息	两个学习时段，中间短暂休息	两个学习时段，中间短暂休息	两个学习时段，中间短暂休息		
17：15		休息	休息		休息		
17：30	跑步	最后学习阶段	最后学习阶段	跑步	最后学习阶段		
18：30							
19：00	自由支配时间	自由支配时间	自由支配时间	自由支配时间	自由支配时间	在酒馆工作	
19：30							
20：00		乐团					

作为一个夜猫子，C 把学习时间分配在 10 点到 22 点半。像 B 一样，C 为了保证每天 6 个小时的学习时间也制订了自己的学习计划。在复习或者自学周，她会取消前两个学习时段或者最后两个学习时段。虽然 C 早上开始学习较晚，下午学习效率低下，但是她在停课阶段会学习到比 B 更晚一些。她在停课阶段的周学习计划表内容如下：

表 1-10　学生 C 停课阶段的周学习计划

	周一	周二	周三	周四	周五	周六	周日
10：00	两个学习时段，中间短暂休息	两个学习时段，中间短暂休息	两个学习时段，中间短暂休息	两个学习时段，中间短暂休息	两个学习时段，中间短暂休息	缓冲时间 可能去打沙滩排球	空闲
12：00	咖啡休息时间	咖啡休息时间	咖啡休息时间	咖啡休息时间	咖啡休息时间		
12：15	两个学习时段，中间短暂休息	两个学习时段，中间短暂休息	两个学习时段，中间短暂休息	两个学习时段，中间短暂休息	两个学习时段，中间短暂休息		
14：00	午休	午休	午休	午休	午休		
16：30	两个学习时段，中间短暂休息	两个学习时段，中间短暂休息	两个学习时段，中间短暂休息	两个学习时段，中间短暂休息	两个学习时段，中间短暂休息		
18：15	沙滩排球	休息时间	休息时间	沙滩排球	休息时间	在电影协会工作	
18：30		一个学习时段	两个较短的学习时段，中间短暂休息		两个较短的学习时段，中间短暂休息		
19：00							
19：30		晚餐					
20：00			自由支配时间				
20：30	自由支配时间	在电影协会工作		休息时间	自由支配时间		
21：00				两段学习时间，中间短暂休息			
21：30							
22：00		空闲					
22：30				空闲	空闲		

　　B 和 C 把周六定为缓冲时间，是为了弥补周一到周五期间因为计划外的突发活动而耽误的学习时间。就算直接把周六定为休息时间也是不现实的，因为他们的计划里并没有为可能持续时间比较长的活动留出时间（尤其是购物、在政府部门办事的等候时间、看医生、语言测试、因

留学而需要教授开具证明等）。这些活动既不能提前计划也无法避免，把一个固定的时间段作为缓冲时间来补上耽误的学习时间是最好的选择。这样就可以避免因不能遵守计划导致不能实现学习目标而产生挫败感。有时候 B 和 C 也可以自由调整学习时段和休息时段。比如，在一个炎热的夏日，他们更愿意下午去游泳，晚上再学习。

七、B 的天计划

因为还没有在圣诞节之前买完圣诞礼物，圣诞节前几天他除了学习之外，还要做完这件事。这段时间他为自己制订了天计划，把其他的活动列入每天日程中，以达到尽量少"牺牲"自己的学习时间的目的。从周三到圣诞节之前的天计划见下表。

为了不把每天最好的学习时间用来挑选圣诞礼物，他选择在难以集中精力学习的时间去购物。为了提醒自己完成当天要实现的目标，B 将其写在天计划中。学习 2×60 分钟是天计划的重要事项之一，但是他也要注意目标的可行性。

B 的规划使他对自己的学习行为和学习状况有非常清晰的认识。这让他能有充足的时间专心学习，在国家考试备考阶段也有空闲时间而不至于使自己因为过度忙碌而承受巨大压力。在学习过程中，B 学会了不断完善自己的计划。随着规划经验的增加，他完成规划需要的时间也不断减少。规划也培养了他发现重要事项的洞察力和评估优先级的能力。这种不断完善的时间管理和组织能力不仅在大学学习中非常重要，对他将来的职业生涯也意义非凡。在将来的见习工作中他也需要制订相应的计划。他知道，规划让人事半功倍，通过规划不断实现短期目标也能让他获得更多的成就感。

表 1-11　学生 B 第三学期的天计划　　**31**

2016 年 12 月 21 日，第 51 周，周三

时间	日程	√
07 _		
08 _	复习并总结物权法学习内容	
09 _	物权法课程	
10 _	物权法课程休息	
11 _	继续系统学习刑法	
12 _	午饭，也许和 Tom、Alina 一起	
13 _	给朋友写圣诞邮件	
14 _	买火车票	
15 _	购买礼物	
16 _	购买礼物	
17 _	购买礼物	
18 _		
19 _	包装礼物、打电话	
20 _	乐队的圣诞庆祝活动	
21 _		

电话	邮件	联系	已完成
×		Tom（学习小组的活动）	
×		Alina（学习小组的活动）	

优先级	小时	任务	已完成
C	0.5	买车票/预订座位	
A	1.5	物权法课程	
A	1	总结并复习物权法学习内容	
B	0.2	包装圣诞礼物	
C	0.7	包装礼物	
C	0.5	约定日程	
B	1	继续系统学习刑法	
B	2.5	购买礼物	
C	1	给朋友写圣诞邮件	
C	0.2	约定学习小组日程	
目标			
自学 2×60 分钟，上物权法课			

第五节　总结

　　B 的学习规划让他对自己的学习状态有清楚的认识，可有目标地展开学习，而且他也不用因为感觉自己学得太少而总是惴惴不安。B 的学习过程展示了对学习规划的一些认识，大家都可以将其应用在自己的学习过程中。

☞设定目标让人更有动力，会有意识地驱动你去实现它。

☞清晰的职业目标能够提高你在整个学习过程中的积极性。

☞如果学生能够对以下3项有清晰的目标：

　—学习；

　—闭卷考试的成绩和家庭作业；

　—国家考试成绩。

他就会非常清楚这些目标是否已经实现，是否选择了正确的课程（或者必要的时候必须更换课程）。

☞只有书面规划能够使人发现自己实际可支配的时间，并及时认识到规划的不足之处。

☞法学学生的停课阶段都被家庭作业、研讨课论文、大学毕业考试、实习以及必要假期填满了。

☞学习期间不休息或者休息时间过长都对专注力和学习效果产生消极影响。

☞休息时间必须在学习规划中明确标出，这样可以避免在忙碌的时候彻底放弃休息，在放松的时候又休息太长。

☞时间的问题就算不列出来，也必定会悄悄地在其他活动中得到弥补。

☞制作一个实际的、能够鼓励学习积极性的计划非常重要。一个看起来非常完美但却无法遵守的计划只会让人产生挫败感。

第二章 学习成绩要求、修读学科和总结

第一节 目标和方法

　　制作一份好的学习规划需要学生清楚地了解法学学习的各项要求，在此基础上找到正确的方式，并在进行个人规划时充分考虑这些情形。刚开始学习的时候，国家考试对新生来说还很遥远。虽然大多数学生能够了解获得参加国家考试许可应当满足的条件，但是很多学生对细节却完全不知，并且认为船到桥头自然直，完成每个学期的学院安排的任务就没有问题。如果只需要知道拿到多少成绩证明或者取得其他什么成绩就万事大吉的话，这样的态度也无可厚非。但是，仅仅知道这些是远远不够的。学生还应当了解法学学习所有要求的具体细节，也就是说，不仅仅是成绩证明的数量，还要知道考试的内容，特别是考试中考查法学知识的方式。所有关于法学教育的入门书目中都有关于法学学习的流程、考试证明和学习内容的介绍。这些入门书目对一些问题的讲解通常都非常概括。这是因为每个专业领域在一定的框架下都有只在特定的学校生效的规定。

　　完成规划需要一个明确的基础。因此，再多概括性的描述也派不上用场。本章采取了一种不同的方法解决这个问题：通过提出问题的方式让您自己掌握规划的基础。避免出现虽然在阅读的时候获得一些建议，但是这些建议却因为您所在联邦州的整体法律人培养框架或者所在学校

33

的教学规定的变化已经变得不切实际的情况。本章的教学只有在您的配合下才能完成。

我会引导您借助法律文本和您手头的教学信息分析您所在联邦州和所在学校的法学学生培养框架。在此过程中，我会分别对必修学科学习和重点领域学习进行讲解。如果您在网络上能找到很多信息的话，自己完成这个分析过程也很有意义。因为，如果您不知道怎样对学习进行规划以及在规划时要注意什么的话，就算得到建议也无法正确评价其价值。

首先，您必须调查清楚在法学学习过程中必须满足哪些强制的要求。为此，必须先回答两个问题：在学习过程中要拿到怎样的学习成绩（考试证书等）以及这些成绩要求对学习规划有何影响。

下一步您就要分析，参加国家考试需要掌握哪些内容。在此我将引导您，将相关法律中列举的考试学科划分为一个个的学习单位。在此过程中您将概括了解与考试相关的法学领域的数量和范围。[1]这样的学习内容概览是制订总体学习计划的重要前提。

接下来本章将会分析国家考试的具体流程和考试的要求。从国家考试考查和评价考生掌握的专业知识的方式和方法中，您能够获得进行学习规划的重要认识。

为分析您的学习框架而提出的问题见下文方框。在"提出问题"之后是"辅助工具"，您可以借助这些辅助资源回答提问中的问题。

✐（提出问题）

辅助工具：

为了给您解决问题时提供参考，在大多数的问题之后本章都会附上某一联邦州或者某大学的解答作为例子。

---

　〔1〕　系统掌握不同法学领域的内容见本书第六章。

以巴登—符腾堡州为例的解答：

……

例如，我会根据某一联邦州的法律规定[1]，或者某一法学院（当涉及与学院有关的规定时）的要求进行解答。[2]这些解答的目的是为您指明方向，不能代替您自己的解答，因为这些解答仅适用于提到的联邦州或者提到的学院。提出的问题可以在出版社的网站 www.vahlen.de 下载（关键词"Jurastudium erfolgreich"，板块"Online - Materialien"）。为了在阅读以下章节中随时参考您的解答，您可以将提出的问题分别打印出来并且在问题后直接写下自己的解答。这样，您就为学习规划制作了一本自己的工具书。

在示例解答之后您会找到一些补充解释。我在这些补充解释中给您 **35** 展示一些其他联邦州和学校作出的不同规定。这些额外的信息，证明实践中的规定千差万别，因此，您自己的解答也可能会与示例解答非常不同。此外，您还可以清晰地了解每个法学院的特别之处。当您考虑换学校时可能会对这些法学院非常感兴趣。

法学学习对成绩的要求和在学习末期参加国家考试时应当掌握的法学领域，您在学习中或早或晚都会知道。但是，通过系统分析整个学习阶段的总框架，您能够从中得出进行学习规划的重要知识。举一个简单的例子：当您发现，不再需要定期提交取得学习成绩的证明时，您需要在个人规划中设置其他的检查自己学习成果的方式。我会为您提供可能的方法和结论。您的任务就是考查这些方法在您的学校是否可行，在多大程度上可行，是否必须被其他方法代替或者加以补充。

第二节　法学教育的法律依据

有关法学教育的内容体现在联邦法、州法和大学自己颁布的规定

---

〔1〕　通常是以巴登-符腾堡州为例（参考 2015 年 8 月之前的资料）。
〔2〕　在下文中，"学院"（Fakultät）作为法学院（juristische Fakultät）和法律系（Fachbereich Rechtswissenschaft）的上位概念使用。

中。联邦法中关于法学教育规定在《德国法官法》（DRiG）。《德国法官法》中第 5a 条和第 5d 条仅包括对法学教育和国家考试的概括性规定。各联邦州承担制定更加详细的规定的任务（《德国法官法》第 5a 条第 4款，第 5d 条第 6 款）。因此，《德国法官法》的实施法由各联邦州颁布，例如，勃兰登堡州的《勃兰登堡州法学教育法》（Bbg JAG）和北莱茵－威斯特法伦州的《法学教育法》（JAG NRW）。这些实施法中包括允许联邦州政府公布法学教育和考试实施规定的授权。多数情况下，这些法律规定被称为《法学职业教育实施细则》（JAO）或者《法学教育和考试规定》（JAPO 或者 JAPrO）。州法则授权学校颁布详细调整法学教育和考试的章程。由学校颁布的章程被称为《教学规定》《考试规定》或《中期考试规定》。从《德国法官法》的规定来看，虽然各联邦州的规定很相似，但也有明显的不同之处。

下文任务框中的"辅助工具"栏提到的《教育法》是指您所在联邦州的《法学教育法》。[1]《教学规定》则实际上指《教育和考试规定》。我所提到的法学职业教育实施细则，可能是指联邦州颁布的《教育法》，也可能是指《职业教育实施细则》。我把《教育法》作为各种教育法和职业教育实施细则（实质意义上的法律）的上位概念。

36

> ✎想要积极配合本书的提示学习，您应当找到所有对您适用的职业教育实施细则文本（包括《教育法》《职业教育实施细则》以及学校的教学或考试规定）。因此，您首先要确定所在联邦州有哪些《教育法》/《职业教育实施细则》，具体名称是什么，最新版本是哪个。
>
> **辅助工具：**
> ❋最新版本的《教育法》可以在所有法学院网站上下载。[2]

---

〔1〕拜恩州没有颁布《教育法》，只有一部《职业教育实施细则》。

〔2〕此外，在网络上也有大量的一览表，比如 http://www.jura.uni-sb.de/studienrecht/gesetze.htm（教育法），http://www.jura.uni-saarland.de/studienrecht/stuord.htm（职业教育实施细则），www.vahlen.de 关键词"Jurastudium erfolgreich"，板块"Online-Materiallen"。所有联邦州的最新版教育法列表见 Schönfelder, Deutsche Gesetze, Sammlung des Zivil-, Straf- und Verfahrensrecht, Ergänzungsband, in einer Fußnote zu § 5 DRiG。

以巴登-符腾堡州/图宾根大学为例的解答：

在巴登-符腾堡州，法学教育是由《法学教育法》（JAG）[1] 和
《法学教育和考试规定》[2]（JAPrO）调整的。

第三节　法学教育情况简介

自 2007 年教育改革生效以来，法学教育在第一次国家考试之后结
束，其范围包括必修课和重点领域（见下文标题二），考虑法律咨询和
法律关系形成（见下文标题三），教授关键技能（见下文标题四），培养
学生的专业外语能力（见下文标题五）。[3] 改革的动机是欧洲范围内很
多学科都转化成本科-硕士体系（所谓的博洛尼亚体系）。改革的目标是
让学生更好地为将来的法律职业做准备。学习过程应当特别以实践和律
师职业为导向进行安排，让学生为将来的律师职业做准备。[4] 与瑞士
和奥地利不同，德国仍然坚持经典的法学教育模式，安排了 2 次国家考
试和见习期。[5]

---

[1]　刊登在 Dürig Nr. 39 下。文中涉及的是由 2014 年 4 月 1 日的法律最后修订过的
《法学教育和考试规定》。

[2]　刊登在 Dürig Nr. 39a 下。文中涉及的是 2015 年 1 月 1 日生效，由 2014 年 11 月
24 日的法令最后修订的版本。

[3]　有关教育改革的详细信息见本书的第四版（2005 年出版的第四版，原书第 36 页
及以下）。

[4]　有关博洛尼亚体系参见 Felix Stern 对慕尼黑大学 Stefan Lorenz 教授的采访，《博
洛尼亚和法学教育》，载 Fachschaft Jura（Hrsg.），Sartirius 2012/2013，S. 18 ff.，http://www.
fachschaft.jura.uni-muenchen.de/erstsemester/satirius/satirius_web.pdf，以及 2014 年 6 月 15 日
Elke Spanner 对海德堡大学教授 Ute Mager 的采访《法学必须更时髦吗?》，http://www.zeit.
de/2014/23/jura-studium-reform。

[5]　关于博洛尼亚改革实施过程中的法学教育见巴登-符腾堡州司法部网站的文件汇
编 www.justiz-bw.de（博洛尼亚体系及其对法学教育的影响）。进一步信息请参见 Peter M.
Huber，Beiträge zu Juristenausbildung und Hochschulrecht，Stuttgart u.a. 2010；Christian Baldus/
Thomas Finenauer/Thomas Rüfer，Juristenausbildung in Europa zwischen Tradition und Reform，
Tübingen，2011。曼海姆大学和德累斯顿大学的法学院按照博洛尼亚体系安排课程。汉堡大
学提供两个与实践结合的跨专业法学本科方向。自 2006 年起，瑞士所有的法学院都按照博
洛尼亚体系安排课程。

一、第一次法学考试

法学考试包括由州司法考试部门负责的一次国家考试和由大学负责的一次大学考试。国家考试和大学考试分别占 70% 和 30% 的比重。[1] 因此，第一次结业考试并不像之前一样被称为第一次国家考试，而是第一次考试[2] 或者第一次法学考试。[3] 各个联邦州对国家和学校的考试有不同的描述，下表展示了正在使用的这些专业术语。

表 2-1　正在使用的专业术语一览表

第一次考试=第一次法学考试		
国家组织的考试		学校组织的考试
或者国家考试		或者大学考试
或者法学国家考试	+	或者法学大学考试
或者必修课考试		或者重点领域考试
或者国家必修课考试		或者重点考试
70%	+	30%

二、必修课和重点领域

法学学习的学科包括在国家考试中涉及的必修课和在大学考试中涉及的重点领域，其中重点领域可由学生自己选择。重点领域学习被看作与职业性相关的、对专业学习的补充，目的是让学生在特定重点领域的法学能力和知识得以训练和强化。重点领域的选择一方面让学生尽早进行职业定位，另一方面可以培养学生完成深度科研作品的能力。重点领域学习有利于学生深入了解与这个领域有关的必修课的知识，并且可以帮助他们获得重点研究法律领域的跨学科、国际化的信息。重点领域学

---

〔1〕《德国法官法》第 5 条第 2 款。
〔2〕《德国法官法》和北莱茵-威斯特法伦州的《法学教育法》。
〔3〕 巴登-符腾堡州的《法学教育和考试规定》第 1 条第 2 款；萨克森州《法学教育法》第 1 条第 2 款。

习的具体规划由学校负责完成。自选的法学、生活领域或者基础科目，都是重点教育可能的对象。因为任何专业都可以独立定义其重点领域，导致出现彼此差别巨大又数量众多的课程组合形式。[1]重点领域学习至少有 16 个学分。

三、将法律咨询和法律关系形成作为课程和考试内容

根据《德国法官法》第 5a 条第 3 款规定，考试也应当考虑法律咨询实践。[2]"在大学考试和国家考试中都应该体现法律咨询的因素。"[3] 法律咨询实践是什么呢？一个合格的律师应该具备法律代理、法庭外谈判和调解，特别是提供实践性的法律咨询的能力。法律咨询和法律关系形成的重点体现在经济上的考虑，包括对税收的影响。因此，考试中所谓的律师闭卷考试越来越多，其中包含了法律咨询和法律关系形成的因素。[4] 教学的任务就是"让每个学生在学习过程中反复地、着重从律师的视角和处理方式看待并解决问题"[5]。在教学中考虑这些问题的实际程度取决于每个讲师和学院的价值取向。其中的先锋是海德堡大学，该学校的法学院很早以前就在教学过程中以律师职业为导向。[6]

四、把关键技能作为课程和考试内容

通过传授特定的、对法律执业非常重要的关键技能，大学的学习内

---

〔1〕 关于学校提供的选项的一览表见 Beck'sche Studienführer Jura, München，均为最新版本。也可以从 Philipp Lutz, Wegweiser und Ratgeber Jurastudium, 2014 中得到建议，下载地 http://www.niederle-media.de，网站将各所大学的重点领域按照字母顺序进行排列，也有学院的连接。

〔2〕 该规定早就体现在《德国法官法》第 5a 条第 1 句中，但是在考试中一直都没有被重视。

〔3〕 BT-Drs. 14/7463，《德国法官法》第 5d 条的论证理由。

〔4〕 进一步的信息见本书第十四章（法律咨询和法律关系形成）。

〔5〕 BT-Drs. 14/7176.

〔6〕 进一步信息可参见 Hagen Hof/Götz von Olenhusen, Rechtsgestaltung-Rechtskritik-Konkurrenz von Rechtsordnungen, Neue Aktente für die Juristenausbildung, Baden-Baden, 2012.

容得到补充。教育法中列举了一些关键技能，如谈判管理、对话开展、调解、斡旋、修辞学、审讯技巧和交际能力。所有这些被提到的能力都和交流能力息息相关，立法者特别想鼓励培养这些能力。[1] 因此，根据《德国法官法》第 5d 条的规定，国家考试和大学考试也应当注意对这些能力的考查。[2]

五、培养专业外语能力

很显然，法学教育也应当鼓励培养学生的专业外语能力。因此，各种考试也会顾及或者考查学生的专业外语能力。[3]

39 一些错误几乎在教育改革生效十年后的过渡阶段才得以消除。然而，就改革目标是否已经达成的讨论还在继续。[4]因此，要在这个时期学习的话，及时获取考试规定的修改信息对您来说非常重要。

第四节　在学习期间必须取得的成绩及得到的认识

在学习阶段应当取得怎样的成绩呢？您可以从两个方面得到解答：一是为取得国家考试许可（取得考试许可的前提条件），在学习阶段末期应当提交哪些证明文件；二是获得这些证明文件必须拿到的单科成绩。

就算在法学学习的迎新活动[5]中通常会提到学习阶段必须取得的学习成绩，但是因为不同的规定如此之多，以致在细节问题上往往会有

----

〔1〕 BT-Drs. 14/8629, 11f.

〔2〕《德国法官法》第 5d 条第 1 款第 1 句。

〔3〕《德国法官法》第 5 条第 2 节第 2 句。详见本书下文第四节"（七）外语授课的法学专业课程证明"。

〔4〕 因此，就引入重点领域是否有意义和这个阶段的实施是否能实现所追求的目标的问题，目前完全没有定论。Peter Hommelhoff, Die Schwerpunktbereiche; eine Chance für die Fakultäten, ZDRW 2013, S. 62. 不断的修改是有可能的，比如 Hommelhoff 认为，为了能够独立掌握所学内容而将重点领域学习增加到 24 学时是不可避免的（本书边码 67）。

〔5〕 迎新活动是指开学之初学院安排的一系列讲座及其他活动，学生可以了解课程安排，学习要求，课程试听等。

很多不确定因素。[1] 清楚地知道取得各种资格的前提条件而不是过分依赖其他人的说法，对您完成学习规划非常重要。我经常听到这样的事情，学生想要报名参加考试，但是忽然发现自己还缺少一个关键技能证明。在搞清楚取得考试证明的前提条件的过程中，您还可以顺带练习如何与各种法律规定打交道。因为有关考试许可证明的材料都非常枯燥，在阅读过程中会出现的问题是，您可能会遗漏重要线索。在阅读完本章后，您可以将答案汇总在一张表格里，制作学习规划时您可以再次查看。下面将会具体解释每项任务对学习规划的意义。首先要讲的是哪些学习成绩是参加国家考试许可的前提条件。

一、必修课学习中为获得参加国家考试许可必须取得怎样的学习成绩

从各州教育法的文本内容看，将获得参加国家考试许可的前提经常描述为"成功参加"或者"定期参加"一个课程教学。在学校中被称为拿到"Schein"。"Schein"是学生完成一个或者多个附有分数的成绩或者定期参加一个课程教学的证明。教育法也提出了"Leistungsnachweis"的概念。这个概念的用法并不统一："Leistungsnachweis"一方面可以单独指"Schein"；另一方面可以指打分的学习成绩（比如闭卷考试、家庭作业、专题报告、结业考试），即"Schein"的部分成绩。我将其用来指打分的单个学习成绩。当我使用"Studienleistungen"时，是指按照法律规定取得国家考试许可必须拿到的学习成绩。因此，它并不单指"Schein"，还包括其他的证明，比如在学习期间的实习证明。 **40**

下文首先介绍的是能够证明已经通过闭卷考试、家庭作业、专题报告或者演讲的学习成绩（Scheine, Zeugnisse）。以下学习成绩以被打分的成绩为前提，在您所在州可能作为取得国家考试的前提条件：

- 为高年级学生开设练习课的成绩证明（a）；
- 为初学者开设练习课的成绩证明或者结课闭卷考试成绩（b）；

---

[1] 有些学院非常详细地说明取得考试许可的前提条件和成绩证明的种类，但是其他的学院只是给出了简短的提示。

- 中期考试（基础课结业考试）证明（c）；
- 基础课成绩证明（d）；
- 研讨课成绩证明（e）。

以下学习成绩可能（非必须）以被打分的单个成绩为前提，并且可能成为取得国家考试许可的前提条件：

- 教授关键技能的教学活动的证明（f）；
- 参加用外语讲授的法学专业课程的证明（g）；
- 其他课程的证明（h）。

在所有联邦州内都作为取得国家考试许可的前提条件：

- 学习期间的实习证明（i）。

为高年级学生开设的练习课[1]成绩证明是取得参加国家考试许可最常见并且最重要的前提。部分联邦州放弃了这个前提条件而只要求通过中期考试（比如拜恩州）。有些联邦州则既要求通过中期考试又要求提交为高年级学生开设的练习课的成绩证明。

✏️为取得参加国家考试许可，您是否需要提交为高年级学生开设的练习课的成绩证明呢?

辅助工具：

❋《教育法》/《职业教育实施细则》/教学或者考试规定

以巴登-符腾堡州为例的答案：

为取得参加国家考试许可，必须分别成功通过为高年级学生开设的一门民法、一门刑法和一门公法的练习课［《巴登-符腾堡州法学教育和考试规定》第9条第2款第（1）项］。在巴登-符腾堡州，取得为高年级学生开设的练习课成绩证明是必需的。

如果在您就读的联邦州取得为高年级学生开设的练习课成绩证明是取得参加国家考试许可的前提之一，请您阅读下文中的"（一）为高年级学生开设的练习课成绩证明（大证明）"。如果您不需要此证明（例如在北莱茵

---

〔1〕 也被称为"为高年级开设的练习课""高年级练习课"或者"大练习课"。

-威斯特法伦州），请您阅读"（三）中期考试证明"。

41

> ✎（1）您应该确定在为高年级学生开设的练习课中应当取得什么样的成绩：您可以从法律规定、教学规定或者考试规定中得到答案。
>
> ✎（2）您是必须在一个学期之内提交这些成绩证明（上课阶段和停课阶段）吗？还是可以"分步"提交证明，比如在第二个学期参加闭卷考试并在第三个学期完成家庭作业？
>
> ✎（3）取得参加为高年级学生开设的练习课的资格应当满足的前提条件是由教育法规定的，还是学校以教学规定的方式自己制定的呢？
>
> **辅助工具：**
>
> ※《教育法》/《职业教育实施细则》/教学或者考试规定

以巴登-符腾堡州为例的答案：

（1）根据《巴登-符腾堡州法学教育考试规定》第9条第3款的规定，学生必须以"及格"的成绩完成一项家庭作业和一项监督作业（=闭卷考试）或者以"及格"及以上的成绩通过两项监督作业。

（2）根据《巴登-符腾堡州法学教育考试规定》第9条第3款的规定，学生也可以在时间相衔接的两个学期之内提交成绩证明。

（3）取得参加练习课资格的前提条件并不是由《法学教育考试规定》进行调整的，而是由学校自己作出规定。

成绩证明的数量。应当通过的闭卷考试数量各州的规定有所不同。也有这样的规定：在练习课期间要通过2次闭卷考试并完成一项家庭作业（比如汉诺威）。也有学校规定必须通过更多的闭卷考试，比如雷根斯堡大学。该学校为高年级学生开设的练习课由针对特定课程安排的多个闭卷考试（部分成绩）组成。就民法领域而言，必须通过4到6个闭卷考试。

部分证明规定。当成绩证明可以在两个学期之内取得时，就会出现很多问题（部分证明规定）。这些问题可以由教学系主任或者学院的专业学习咨询处详细解答。

取得参加为高年级学生开设的练习课的资格应当满足的前提条件多数情况下由学校自行规定。采用传统教学体系的学校要求学生成功参加为新生开设的练习课。为新生开设的练习课可以融合在通常所说的基础课程或者新生课程中。在为新生开设的练习课进行期间，很多学校会设置结课闭卷考试。[1]因此，练习课也被称为附书面结业作业、结业考试、研究课结业闭卷考试的预备课程或者课程。在此期间不需要完成或者只需完成少量的家庭作业。

42

✏️取得您所在学院的为高年级学生开设的练习课许可，需要满足哪些条件呢？

辅助工具：

❋《教育法》/《职业教育实施细则》/教学或者考试规定[2]

❋您所在学院的学习指导或者法学学生代表处[3]

以图宾根大学为例的解答：

根据 2012 年的《教学考试规定》第 9 条[4]规定，取得参加为高年级学生开设的练习课的资格以成功参加为新生开设的民法、刑法和公法的练习课为前提。

为高年级学生开设的练习课资格。有的要求提交为新生开设的练习课成绩即可，有的还要求通过一定数量的期末闭卷考试。有的要求通过中期考试，有的要求完成中期考试中各自部分的考试（例如，民法考试对应民法大练习课）。

---

〔1〕 比如，奥格斯堡大学、康斯坦茨大学、哥廷根大学、哈勒-维滕贝格大学、明斯特大学和汉堡大学。

〔2〕 您可以在学院的网站找到。

〔3〕 那些由学院或者学生代表处制作的、特别有关法学学习的信息（网站、小册子和学习指导），通常可以在学院的网站的关键词"学习"或者"学习指导"之下找到。这些信息中包括关于学习进度、课程提供和考试成绩的建议。

〔4〕 2012 年 10 月 1 日图宾根大学关于法学专业的定向考试、中期考试、重点领域教育和大学考试章程（以下简称为 2012《教学考试规定》）。

（二）为初学者开设的练习课证明（小证明）或者期末闭卷考试成绩证明

如果您确定需要提交为初学者开设的练习课证明或者参加一门基础课程的证明，那么您是就读于一个采用传统教学体系的学校。不需要证明的，取得参加为高年级学生开设的练习课资格的决定因素就是通过中期考试或者通过特定数量的闭卷考试。这种情况下就要有选择地回答以下问题。

43

为初学者开设练习课的学校：

✐（1）您可以无条件地直接参加为新生开设的练习课吗？还是需要为取得上课资格先拿到其他的成绩证明呢？

✐（2）您必须在为初学者开设的练习课中取得的成绩证明有哪些，有多少？

✐（3）为初学者开设的练习课上课期间要参加几次闭卷考试和完成几项家庭作业？

✐（4）您是否必须在一个学期之内提交这些成绩证明，还是可以"分步"提交证明？比如：在第二个学期通过闭卷考试并在第三学期完成家庭作业。

✐（5）"不通过"时是否可以重考？

需要参加结课闭卷考试的学校：

✐（1）为取得参加为高年级学生开设的练习课许可您必须通过几个闭卷考试？完成几项家庭作业？

✐（2）如果没有通过闭卷考试，可以重考几次？

辅助工具：

❀《教育法》/《职业教育实施细则》/教学或者考试规定/学习指导

以图宾根大学为例的解答（为初学者开设练习课的学校）：

（1）取得为初学者开设的练习课资格的前提条件是提交一个该学科的案例分析课证明。[1]

---

〔1〕关于案例分析课的讲解见本书边码 50 标题（八）以下内容。

（2）成功参加练习课意味着以至少 4 分的成绩通过 1 个闭卷考试并完成 1 项家庭作业。[1]

（3）每个练习课会设置 2 次闭卷考试和 1 项家庭作业。如此，万一您没有通过其中 1 次闭卷考试的话，接下来还有机会拿到练习课证明。

（4）成绩证明必须在一个学期内取得（包括之前的学期假）。[2]根据申请，在课程结束后公布的、针对下学期练习课的家庭作业可以算作参加的练习课作业。因此，本校适用有效的部分证明规定。

（5）学生最晚只能在第四个学期结束前取得所需的成绩证明。没有通过练习课只能重修 1 次。[3]

以康斯坦茨大学为例的解答（设置课程结束闭卷考试的学校）：

（1）要取得参加为高年级学生开设的练习课许可，学生必须通过 9 个期末闭卷考试，其中 4 个民法考试、2 个刑法考试、3 个公法考试，同时还要完成 1 项家庭作业。所有的必修课程都会安排结课闭卷考试。[4]

44（2）第四个学期结束之前还没有通过这些闭卷考试的学生，可以在第七学期的课程开始前重修 1 次。[5]

取得为初学者开设的练习课资格的前提条件。一些学校在参加为初学者开设的练习课上设置了前提条件，可能的形式如下：学生必须在此之前参加一个案例分析课程或初学者学习小组。

（三）中期考试证明

法学教育是一门规定学习年限至少为 4 年的专业，按照《高等学校框架法》第 15 条第 1 款第 2 句的规定，法学专业必须设置中期考试。各

---

〔1〕图宾根大学 2012 年《教学考试规定》第 3 条第 4 款。
〔2〕图宾根大学 2012 年《教学考试规定》第 3 条第 4 款。
〔3〕图宾根大学 2012 年《教学考试规定》第 5 条第 1 款。
〔4〕2012 年 3 月 20 日的《法学专业国家考试方向的中期考试规定（康斯坦茨）》第 3 条第 1 款。
〔5〕2012 年 3 月 20 日的《法学专业国家考试方向的中期考试规定（康斯坦茨）》第 6 条第 1 款。

学校之间采取的中期考试模式差别很大。[1] 采取传统教学方式的学校多数采取顺序考查的方式，学生需要通过三个新生练习课。在此过程中，学生需要按照考试规则完成全部或者部分的闭卷考试。其他学校采取了由数目繁多的单个闭卷考试构成的内容广泛的学习期间考试项目。中期考试中单个闭卷考试的重修可能性和允许重修的时间间隔存在很多差异。

以图宾根大学为例的解答：

> ✎(1) 在您就读的联邦州有关中期考试的规定在哪里？中期考试以哪种形式进行？
>
> ✎(2) 其中是否有关于中期考试目标的陈述？
>
> ✎(3) 通过中期考试是否构成取得参加国家考试和/或者参加为高年级开设的练习课许可的前提条件？
>
> ✎(4) 通过中期考试需要拿到怎样的考试成绩？
>
> ✎(5) 通过中期考试是否构成开始重点领域学习的前提条件？
>
> **提示：**《教育法》/《职业教育实施细则》/考试规定/学习指导/《中期考试规定》[2]

（1）根据《巴登-符腾堡州法学教育和考试规定》第 4 条的规定，学生应在第四个学期结束前参加中期考试，该考试分为民法、刑法和公法三个考试单元。图宾根大学有关中期考试的规定见 2012 年的《教学考试规定》第 4 条及其下的内容中。

（2）取得中期考试证明意味着该学生已经满足顺利完成接下来的学

---

〔1〕 法学教育的中期考试制度的发展历史非常曲折。20 世纪 80 年代，中期考试在一次学术改革中以"学习期间开展的成绩考核"（《德国法官法》旧版第 5a 条第 4 款）的名义被引入教学中。因此，很多学校规定，考核成绩为为初学者开设的练习课成绩，不设置单独的中期考试。1992 年的《缩短法学教育年限法》取消了中期考试。但是少数学校在之后出台了法学教育的《中期考试规定》。在这些学校里，虽然拿到"学习期间开展的成绩考试"不再是取得参加国家考试许可的前提条件，但是仍旧属于继续下一阶段学习的前提条件。自此，多数情况下，通过为初学者开设的练习课就被视为成功参加中期考试。目前，中期考试有时候又被作为取得参加第一次法学考资格的前提条件。

〔2〕 各学校的《中期考试规定》的链接列表参见网页：http://www.jurawelt.com/studenten/zwischenpruefung/8028。

习阶段的前提条件。（2012年《教学考试规定》第1条第1款第3句）。

（3）从法律规定的字面意思来看，通过中期考试并不是取得参加国家考试许可的前提条件；最终确定没有通过中期考试的话会导致学籍被注销。通过中期考试显然也不是取得参与为高年级学生开设的练习课许可的前提条件。

（4）拿到为初学者开设的练习课的三个成绩证明即视为成功通过中期考试。学生应当按照考试要求参加为初学者开设的练习课的闭卷考试。

（5）通过中期考试是开始重点领域学习的前提条件。[1]

中期考试的目标。各联邦州的教育法中所规定的中期考试的目标有所不同，其不同之处主要体现在两个方面。第一方面体现在，中期考试被用来考查学生继续下一阶段学习的资格并用来确定学生是否具有开始下一阶段学习需要具备的能力。[也可参见以上答案中的（2）]。[2] 这里，中期考试更倾向于被视为资格考试。第二方面体现在，中期考试被用来考查基础学习中取得的学习成果。[3] 以中期考试的形式实现对现有知识掌握情况的大规模检查的目的。从中期考试的目标和方式中我们可以推导出对自己的学习进行规划的重要认识，下文将对此进行讨论。[4]

中期考试是开始下一学习阶段的前提条件吗？成功通过中期考试在部分联邦州，比如萨克森-安哈尔特州、下萨克森州、北莱茵-威斯特法伦州、石勒苏益格-荷尔斯泰因州、莱茵兰-普法尔茨州和黑森州被明确规定为取得参加国家考试的前提条件。在康斯坦茨和美因茨则构成参加大练习课的前提条件。在别的地区，比如维尔茨堡，通过中期考试也可以成为参加重点领域学习和完成大学毕业考试中家庭作业的前提条件。

中期考试的组成部分。中期考试的形式取决于它是否被明确规定为取得参加国家考试许可的前提条件，是否可以代替为初学者开设的练习

---

〔1〕 2012年《教学考试规定》第15条第1款。

〔2〕 参见2004年10月28日《美因茨大学法学和经济学中期考试规定》第2条第1款或者2012年9月28日《慕尼黑大学考试和学习规定》第27条第1款第2句。

〔3〕 例如，2013年10月1日《奥德河畔法兰克福大学法学院学习和考试规定》第18条。

〔4〕 参见本书边码57。

课。有些学校规定，一门基础课程的证明或者基础课的结课闭卷考试构
成中期考试的组成部分之一。除了期末闭卷考试之外，学生不需要或者 **46**
只需要完成一门[1]或者两门课程[2]的家庭作业。为了避免此部分的解释太抽象以致难以理解，以下列举4个具体的例子：

●科隆大学：一共有15个期末考试，其中6个民法考试、5个公法考试（3个国家法方向，2个行政法总则方向）、3个刑法考试、1个基础课程考试。接下来还必须从民法、公法或者刑法中选择不同的法学领域完成1个小家庭作业和1个大家庭作业，并取得好成绩。此外，定期参加1个学习小组也是学生的义务之一。

●哈勒-维滕贝格大学：学生必须通过10个期末闭卷考试和1个书面形式的基础课考试。第一个学期的期末闭卷考试允许包含少量的学术问题。

●哥廷根大学/明斯特大学：学生必须通过闭卷考试（最多16个闭卷考试）获取"信用总积分"（Credit-Point-Summen）并且完成2项家庭作业。在明斯特大学，学生还必须提交基础课证明。

●奥格斯堡大学：学生必须通过民法、刑法和公法方向还有一门基础课程的书面专业考试。

中期考试的其他前提条件：巴登-符腾堡大学的一个特别的前提条件是定位考试（Orientierungsprüfung），通过这个考试，学生可以尽早检查自己选择的专业方向是否正确。这个考试包括为初学者开设的练习课的一个闭卷考试和一个基础课证明（或者另一个为新生开设的练习课的闭卷考试），学生必须在第二学期结束之前通过这些考试。[3]

（四）基础课成绩证明

绝大多数的教育法都规定学生要提交基础课的成绩证明（基础课证明）。基础课程的内容为某些特定的知识领域，这些特定的知识领域包括

---

[1] 例如，在奥格斯堡大学或者康斯坦茨大学（一个入门练习课的专业作业，可以选择民法、刑法或者公法方向）。
[2] 维尔茨堡大学要求学生完成民法和公法的家庭作业。
[3] 2012年《教学考试规定》第1条第2句和第2条。

法律制度的哲学、历史和社会学的基础。[1]在法学学习中，法律史（罗马和德国的法律史、宪法和近代的私法史）、法哲学、法学学习方法和法社会学属于基础课程。在基础课程中，可能由讲师来确定需要提供哪些成绩证明，例如，通过闭卷考试、家庭作业或者专题报告的证明。

> ✎（1）您所在联邦州的《教育法》/《职业教育实施细则》是否要求提交基础课证明？
>
> ✎（2）为了拿到基础课证明您需要提交哪些成绩证明？
>
> **辅助工具：**
>
> ❋《教育法》/《职业教育实施细则》/教学或考试规定/学习指导

47 **以巴登－符腾堡州为例的解答：**

（1）要求成功参加法律史、法哲学、法社会学、法学学习方法、比较法或者国家学概论为内容的课程。结合《巴登－符腾堡州法学教育考试规定》第9条第2款第2项和第3条第1款第2句的规定。

（2）成功参加课程意味着通过1项监督作业（闭卷考试）或者完成1项家庭作业。（《巴登－符腾堡州法学教育考试规定》第9条第3款第1句）

特别注意：海德堡大学规定必须提交一个历史－哲学基础领域的基础课证明（"基础课证明1"，目标群体是第一到第二学期的学生）和一个方法论、比较法、法社会学、罗马私法或者德国和欧洲立法史领域的基础课证明（"基础课证明2"，目标群体是第四到第六学期的学生）。[2]

（五）研讨课证明

大多数《教育法》都规定研讨课证明是获得参加国家考试许可的前

---

〔1〕《德国法官法》第5a条第2款第2句。

〔2〕参见2012年11月7日海德堡大学《关于修改法学专业重点领域教育和考试规定的第三项规定》。这些证明是参加大学毕业考试的前提条件。

提条件。通过完成研讨课作业学生首先可以学习学术作品写作、提升学术论证能力并运用方法对判例和法律文献进行评论。

> ✎(1) 在您就读的学校成功参加一个研讨课，是否作为取得参加国家考试许可的前提条件？
>
> ✎(2) 如果答案是肯定的，为取得参加研讨课资格，您必须提交哪些成绩证明？
>
> ✎(3) 有没有可能用一个基础课证明来代替研讨课证明呢？
>
> **辅助工具：**
>
> ❀《教育法》/《职业教育实施细则》/教学或者考试规定/学习指导

以巴登−符腾堡州为例的解答：

(1) 成功参加一个研讨课是取得参加国家考试许可的前提条件。（《巴登−符腾堡州法学教育和考试规定》第9条第2款第3句）。

(2) 只有在参加研讨课期间完成一份书面的专题报告、一个口头的演讲并至少取得4分成绩的，才有机会拿到研讨课证明。（《巴登−符腾堡州法学教育和考试规定》第9条第3款第2句）。

(3) 一个研讨课成绩证明是必须提交的。

有些情况下，研讨课的证明也可以用基本学科中的一门同等价值的课程证明来代替。[1]研讨课证明是否构成取得参加大学考试许可的前提条件，将在下文作出解答（边码53）。

在上文提到证明和学习成绩，在所有的联邦州都以已打分的单项成绩形式提交。以下将要讨论学习成绩，在是否需要提交打分的学习成绩方面，各联邦州的规定不同。不要提交打分的成绩证明的，学生需要提交"上课证明"，也就是学生定期旁听一门课程的证明。学生们将其称为"旁听证明"。下文讲述的证明可能为打分的证明或者旁听证明。

---

〔1〕《莱茵兰−普法尔茨州法学教育和考试规定》第4条第1款第5项。

（六）参加教授关键技能的课程的证明

法学教育的目标之一就是培养学生更好地掌握执业所必需的关键技能。因此，各联邦州教育法要求学校安排传授关键技能的课程教学。各联邦州的《教育法》在第 5a 条第 3 款中列举了一些关键技能，如谈判管理、对话开展、调解、斡旋、修辞学、审讯技巧和交际能力。[1] 根据《教育法》第 5d 条第 1 款规定，考试应当关注对这些关键技能的考查。

> ✎(1) 规定许可参加国家考试前提条件之一的，是成功参加还是仅仅参加一门为传授关键技能开设的课程教学呢？
>
> ✎(2) 假如成功参加课程是前提条件之一：以何种方式获取课程教学的成绩证明？
>
> ✎(3) 成功参加其他学院的课程能否被认可？
>
> ✎(4) 学习关键技能的课程教学是否也是重点领域学习的组成部分？
>
> **辅助工具：**
>
> ❋《教育法》/《职业教育实施细则》/教学或者考试规定

以巴登-符腾堡州/图宾根大学为例的解答：

（1）学生应当成功参加一门教授跨学科关键技能的课程教学（《巴登-符腾堡州法学考试规定》第 9 条第 2 款第 4 项）。

（2）只有当学生完成一个演讲或者取得同等的考试成绩，并且至少取得 4 分以上成绩时，才能拿到证明（《巴登-符腾堡州法学考试规定》第 9 条第 3 款第 3 句）。

（3）成功参加学校里其他学院安排的同等价值课程可以被认可（《巴登-符腾堡州法学考试规定》第 9 条第 6 款）。

（4）关键技能的证明可以在重点领域学习过程中取得（《巴登-符

---

[1] 关于关键技能的进一步介绍见本书第十五章（掌握关键技能）。

腾堡州法学考试规定》第 27 条第 3 款）。

打分的证明或者听课证明。大多数联邦州都要求提交成绩证明。拜恩州、下萨克森州和石勒苏益格－荷尔斯泰因州只要求提供听课证明。有些情况下，参加 2 个学分的课程不能达到学校的要求，学生需要拿到更多学分。[1]

同等价值学习成绩的承认。有些情况之下学生也可以修读经济学、**49** 社会学、哲学或历史学专业的课程来取得关键技能的证明。此外，大学主要配套机构的课程，例如职业介绍中心的课程，也被视为具有同等价值。有关其他专业的成绩认证的问题可以咨询司法考试局、学院的考试部门、专业学习咨询或者学院系主任。

（七）外语授课的法学专业课程证明

法学教育的另一个目标是培养学生的专业外语能力。因此，各联邦州的教育法要求学校安排相应的课程教学。国家考试也要关注考查学生的外语能力。

🖊（1）作为取得参加国家考试许可前提条件的，是成功参加还是仅仅参加外语授课的法学专业课程？

🖊（2）如果成功参加课程是前提条件之一，那么以何种方式获取课程教学的成绩证明呢？

🖊（3）此证明是否可以用外国学习经历代替？

🖊（4）学生能否用其他方式证明专业外语能力？

提示：《教育法》/《职业教育实施细则》/教学或者考试规定

以巴登－符腾堡州为例的解答：

（1）学生应当在学期期间定期参加用外语授课的法学专业课程或者

---

[1] 雷根斯堡大学制作的 1 张一览表展示了各联邦州在其教育法或者职业教育实施细则中对关键技能的规定。下载地址：http://www.uni-regensburg.de/rechtswissenschaft/fakultaet/medien/regina/sq_gesetzliche_ber_cksichtigungsformen.jpeg。在奥德河畔法兰克福大学，学生必须提交至少 4 个学分的关键技能学习证明。

为法学学生开设的语言课程（《巴登–符腾堡州法学考试规定》第9条第3款第3项）。

（2）学生不需要提交成绩证明。

（3）学生可以通过在国外学习1个学期的外语授课的法学专业课程来代替参加学校开设的此类课程（《巴登–符腾堡州法学考试规定》第9条第4款）。

（4）《巴登–符腾堡州法学考试规定》没有对其他证明方式作出规定。

打分的证明。以拜恩州、萨克森–安哈尔特州、石勒苏益格–荷尔斯泰因州、黑森州或者梅克伦堡–前波美拉尼亚州为例，要求学生提交成绩证明。有些学校如拜罗伊特大学，则要求学生参加4个学分的外语课程。

同等价值学习成果的认可。在其他学院取得的成绩证明的认可取决于具体的法律规定。因为没有涵盖特定的法学知识，在传统语言课程中取得的学习成绩不被认可。《拜恩州法学考试规定》规定得非常概括，经申请，同等价值的证明或者已经掌握的知识都可以被认可，从此规定的内容来看，相关的学习成果有非常大的认可空间。[1] 有些联邦州规定可以通过参加1个外语模拟法庭来代替外语课程证明。存在疑问时，可以求助于学院系主任，进行专业学习的咨询。

（八）其他课程教学的证明

其他课程教学的证明可能成为参加国家考试许可、中期考试或者为初学者开设的练习课的前提条件。[2] 有些联邦州或者学校还要求学生提交附分数的证明或者听课证明，例如国民经济专业课程教学的证明。定期参加新生学习小组（也被称为课余学习小组、案例分析、讨论会、预备考试、辅导练习）也可以拿到证明。

---

〔1〕《拜恩州法学考试规定》第24条第2款第2句。

〔2〕 参加一个学习小组是否构成参加为新生开设的练习课的前提条件，已经在上文（边码44）进行了说明。

以巴登−符腾堡州／图宾根大学为例的解答：

（1）《巴登−符腾堡州法学考试规定》没有规定学生要提交参加学习小组的证明。学生是否有参加学习小组的义务由学校规定。图宾根大学的法学院规定，学生只有在上一个学期定期参加了民法、刑法或者公法的案例分析课程，才能够在本学期取得参加为初学者开设的练习课闭卷考试许可。[1]

（2）学生不需要提交其他的证明。参加国民经济学的课程也不是取得参加国家考试许可的前提条件。

特别注意：

石勒苏益格−荷尔斯泰因州规定，参加 1 个民法、刑法或者公法的"为新生组织的义务学习小组"是取得参加国家考试许可的前提条件。[2] 在下萨克森州，学生必须成功参加经济学和社会学课程。北莱茵−威斯特法伦州则规定，学生必须参加政治学、社会学和哲学的关于基本原理和导论的课程教学。此外，学生还必须掌握会计和结算学的知识。[3]

（九）学习期间的实习证明

51

学习期间的实习，是指学生利用停课阶段在法院、检察院、行政部门、律师事务所或者其他相应的职位完成的 1 次持续几周的实习。联邦法规定，学习期间的实习必须至少持续 3 周。[4]

---

〔1〕2010 年《学习考试规定》第 3 条第 2 款第 2 句。
〔2〕《石勒苏益格−荷尔斯泰因州法学职业教育实施细则》第 2 条第 1 款第 3 项。
〔3〕《北莱茵−威斯特法伦州法学教育法》第 7 条第 2 款。
〔4〕《德国法官法》第 5a 条第 3 款第 2 句。有些联邦州法规定为 13 周。

> ✐(1) 您必须在学习阶段完成多长时间的实习？几周还是几个月？
>
> ✐(2) 学习期间的实习是否可以在任何停课阶段进行？还是您必须先拿到一定的学习成绩或者经过一定的学习时间？
>
> ✐(3) 是否有进一步关于学习期间实习的规定？
>
> **辅助工具：**
>
> ❋《教育法》/《职业教育实施细则》/学习指导
>
> ❋司法考试部门发布的有关学习期间实习的资料

以巴登-符腾堡州为例的解答：

（1）《巴登-符腾堡州法学教育考试规定》第 5 条规定，学习期间的实习一共为 3 个月。

（2）您可以在第一个学期结束之后到整个学习阶段结束之前完成实习。更多学期数的积累并不是开始实习的前提条件。但是，有些部门只招收至少能够提交为初学者开设的练习课证明的实习生。

（3）巴登-符腾堡州的司法考试部门对学习期间实习的规定见其网站。[1]学生不需要在不同的法学领域或者不同的实习岗位完成实习。学习期间的实习也可以在国外的相关岗位完成。

开始学习期间的实习的时间。有些联邦州规定，学生只有在第二[2]或者第三学期[3]结束之后才能开始实习。有些联邦州明确建议学生首先拿到一个"小证明"。即使在没有明确建议的情况下，学生也最好在第三学期到第六学期之间完成实习。汉诺威大学规定，为高年级学生开设的练习课的闭卷考试，也应当考查学生在实习中学到的知识在实际生活中的应用。[4]这意味着，学习期间的实习应当在取得"大证明"

---

[1] http://www.justiz-bw.de, Ruprik Justizprüfungsamt, Juristenausbildung.

[2] 例如，在拜恩州（《拜恩州法学教育考试规定》第 25 条第 1 款第 1 句）和萨克森-安哈尔特州（《萨克森-安哈尔特州法学职业教育实施细则》第 12 条第 2 款）。

[3] 例如，在萨克森州（《萨克森州法学教育考试规定》第 19 条第 3 款）。

[4]《汉诺威大学法学院学习规定》第 12 条第 4 款。

之前完成。

组织和流程。学生可以将学习期间的实习分为 2 或 3 个阶段完成。北莱茵–威斯特法伦州规定，实习应当分为 2 次进行，每次为 6 周。[1] 具体信息您可以从学院的学习咨询处或者专业课代表那里得知。多数情况下，学生代表也会介绍个人实习经验，介绍合适的部门、律师事务所或者公司。有些情况下，学生还需要额外跟从一位律师进行一周或者多周的团体训练。[2]

52

（十）附注：参加国家考试申请书

参加国家考试所需的学习成绩证明必须附在参加国家考试许可申请书之后。有关取得国家考试许可前提条件的问题，应当求助于负责国家考试的司法考试部门。[3] 在国家考试下一次考试日期的公告中，他们会给出具体的提示。您可以在司法考试部门的网站上找到可以直接下载的资格申请表格、详细的填表指导及应当附上的材料。有些联邦州的教育法还规定，学生应当提交一份出生证明[4] 和无犯罪情况说明书。应当注意的是，学生在考试之前的两个学期必须都在该考试地点内的大学注册。

二、为了取得参加大学毕业考试许可，应当在重点领域学习期间取得怎样的学习成绩

在您了解必修课阶段需要取得怎样的证明后，下面开始讲重点领域学习并回答取得参加大学毕业考试许可应当满足什么样条件的问题。与国家考试不同的是，取得大学毕业考试许可并没有特殊要求或者只要求拿到少量成绩证明。原因在于，学生可以在学习期间就完成大学毕业考试。本部分首先要解答的是，取得参加大学考试许可是否要满足相应的前提条件以及应当满足哪些前提条件。

---

〔1〕《北莱茵–威斯特法伦州法学教育法》第 8 条第 2 款。

〔2〕例如，在图宾根就有由图宾根律师联合会和图宾根律师协会组织的关于律师实务的团体培训。该培训由 2 个阶段组成。第一个阶段是团体阶段，持续 1 周的关于法律实务的报告；第二个阶段是为期 6 周的实习，由专门的律师带领。

〔3〕这与国家考试实质上为见习工作的资格考试有关。

〔4〕例如，石勒苏益格–荷尔斯泰因州。

✐（1）调整重点领域学习的规定有哪些？

✐（2）参加和选择重点领域学习的前提条件有哪些？

✐（3）在参加大学毕业考试的阶段性考试之前，学生是否必须拿到成绩证明？

✐（4）学生在重点领域学习阶段应当拿到多少学分？

✐（5）应当怎样证明参加过课程教学？拥有 1 本教科书是否足以证明？

✐（6）取得大学毕业考试许可需要满足的前提条件是什么？

辅助工具：

❀《教育法》/《职业教育实施细则》/教学或者考试规定

❀学院的考试部门：学院网站、信息宣传册

53 **以图宾根大学为例的解答：**

（1）有关重点领域学习的规定见《巴登-符腾堡州法学教育考试规定》第 26 条及以下内容和 2012 年的《教学考试规定》第 14 条及以下内容。

（2）学生在通过中期考试后可以开始重点领域的学习。[1]

（3）在重点领域学习期间，学生无须提交大学毕业考试的阶段性成绩以外的成绩证明。

（4）学生在重点领域学习期间应当至少取得 16 个学分。[2]

（5）学生可以通过出示系统讲解所听课程的教科书或者刊物凭证的方式证明参加过相关课程。

（6）目前并不存在调整关于大学毕业考试许可的规定。学生应当在学习期间完成课程论文。课程论文只有在学生选择重点领域和提交作为考试成绩一部分的家庭作业的分配申请后才能开始进行。而取得参加结

---

〔1〕 2012 年《教学考试规定》第 15 条第 1 款。

〔2〕 2012 年《教学考试规定》第 16 条第 1 款。每个学期的学分可以累计。比如，要修完 16 学分的课程的话，学生可以分别参加两个学期的 3 个两课时课程和 1 个学期 2 个两课时的课程。

业考试许可则以取得课程论文的成绩、通过中期考试和提交 16 个学分的重点领域学习证明为前提。

开始重点领域学习。学生在选择重点领域并且取得这个阶段的学习资格后才能开始重点领域的学习。重点领域学习的资格和大学毕业考试许可不同。能否取得重点领域学习资格取决于所申请教席的容量。有些学校要求学生必须在某个特定的日期之前提交参加重点领域许可的申请（比如，第七个学期开始），否则其在学习中期取得的成绩证明被自动视为不达标。

研讨课作为取得资格的附加前提条件。有些学校明确规定，作为参加大学毕业考试的附加前提条件（更准确地说，是作为大学毕业考试组成部分的书面家庭论文的附加前提条件），学生必须在之前成功参加 1 个研讨课并完成书面的专题报告。研讨课为准备和练习书面作业提供机会，而这些书面作业是大学毕业考试成绩的一部分。有些学校规定学生只能在重点领域范围内选择想要参加的研讨课（例如，哈勒–维滕贝格大学），有些学校没有此类规定（例如，维尔茨堡大学）。在奥格斯堡大学，学生可以选择提交 1 个研讨课证明、1 个入门研讨课（法学写作技巧）证明或者 1 个文献注释课程的成绩证明。

其他附加的成绩证明。拜罗伊特大学要求学生在第六个学期成功完成一门附结课闭卷考试的法学学习方法的课程，其他学校则要求学生提交取得学习关键技能的课程的听课证明。[1]

重点领域学习的学分。各学校在最低学分数量方面的规定并不一致。例如，图宾根大学规定为最低 16 学分，奥格斯堡大学规定为最低 18 学分，奥德河畔法兰克福大学要求最低 22 学分。 **54**

三、在学习过程中应当取得的学习成绩总表

您现在已经对您所就读的学校要求取得的学习成绩有了清晰的了解。我的建议是，为了在这方面有一个总体的认识，您应当把这些信息

---

〔1〕 哈勒–维滕贝格大学如此规定。

总结在 1 个表格中。在您按照本书第四章的要求制订个人学习计划时也可以直接参考下表中的信息。

> ✏️制作一个您在学习期间应当取得的学习成绩的表格。您也可以使用网上的表格。您可以在第 3 列中标明这些成绩证明的用途（被作为国家考试、大学毕业考试或者中期考试的前提条件等）。

表 2-2　学习期间应当取得的学习成绩

名称	取得方式	用途 为取得何种许可 —国家考试? —大学考试? —中期考试? ……	法律依据
1 个基础课证明	一项家庭作业或者 1 个闭卷考试	为取得参加国家考试许可	《巴登-符腾堡州法学教育考试规定》第 9 条第 2 款第 2 项

注：下载网址 http://www.vahlen.de。关键词"Jurastudium erfolgreich"，板块"Online-Materialien"。

四、对个人学习规划的认识

当您要在法学学习的前四个学期，也就是学习的初始阶段更换学校时，要考虑学校之间在成绩的认证方面存在显著差异的问题。[1] 您现在已经了解到在学习期间必须取得哪些成绩证明。我打算通过改变视角和提问的方式充分利用这些信息：学校检查您学习情况的频率如何？考查方式有哪些？从学习成果检查的数量和方式中可以得出关于个人学习规划的重要认识。

---

[1]　关于学习成绩认证的问题，您应当咨询打算转学的学校的教学系主任或者学习专业咨询处。转校的进一步的信息请参见本书第四章（怎样制作具体的学习规划）。

（一）学习期间（强制）学习成果检查的数量

通过上文的讲述，我们现在已经确定要拿到 1 个证明（1 个整体的学习成绩）所必需的单次成绩。接下来应该确定完成必修课程（不含基础课程）需要接受的学习成果检查总数量。此处只把您必须取得的、强制的学习成果检查的次数计算在内。

（1）学习阶段（不含国家考试），您在民法、公法和刑法领域总共需要通过多少个闭卷考试？

——参加为高年级学生开设的练习课阶段；

——参加为初学者开设的练习课或者附结课闭卷考试的上课阶段；

——中期考试是否也设置闭卷考试？把所有闭卷考试加起来。

（2）除了上述（1）中提到的闭卷考试之外，您是否必须参加其他的闭卷考试（即不是必须通过的闭卷考试)？

（3）参加这些闭卷考试的时间限制？

辅助工具：

❋您自己制作的应当取得的学习成绩的表格

以巴登—符腾堡州为例的解答：

（1）学生在学习阶段一共需要通过民法、公法和刑法方向的 6 个闭卷考试（民法、公法和刑法方向的 3 个为初年级学生开设的练习课和 3 个为高年级学生开设的练习课的闭卷考试）。

（2）每个练习课期间参加 1 次闭卷考试即可满足要求。如果学生可以通过这些闭卷考试，就不需要再参加学校提供的其他闭卷考试。

（3）每次考试时间为 120 分钟。学生一共需要通过几个闭卷考试。图宾根大学规定，法学学生在学习过程中需要通过 6 个必修课闭卷考试（考试时间为 120 分钟），有些学校则要求学生必须通过（期末）闭卷考试的数量明显更多（比如，科隆大学要求通过 15 个闭卷考试，哈勒-维滕贝格大学要求通过 9 个，奥格斯堡大学要求通过 12 个）。闭卷考试的时

第二章 学习成绩要求、修读学科和总结 **069**

间也可能会更长。考试规则规定闭卷考试时间最长为 240 分钟。[1] 有的学校则要求学生必须参加更多的闭卷考试，而不要求必须通过考试。

闭卷考试数量会对您的学习规划产生怎样的影响呢？如果您在一个提供典型的为初学者开设的练习课或者基础课程的学校就读，需要接受的强制学习成果检查数量就非常少。如上文所讲，有些学校仍然保留通过 6 个时长为 2 个小时的闭卷考试的要求。从必修课程的重要性来看，如果 6 次闭卷考试分在 8 个学期之内完成，不能说学习成果检查的次数少。设置期末闭卷考试的学校会在学习初期和中期阶段频繁地安排闭卷考试。高年级学生必须参加的闭卷考试数量同样会少一些。但是，为高年级学生开设每个学科的练习课都会安排 1 或 2 个闭卷考试。弄清楚在学习阶段需要接受对学习成果检查的频率对您的学习规划非常重要。

> ☞在学习阶段，如果来自外部的强制学习成果检查次数较少，您就要考虑进行学习成果的自检。

56　　（二）是否每个学期期末都会安排学习成果检查

除了在学习过程中一共有多少个学习成果检查的问题之外，还有一个问题对学习规划也非常重要，即这些学习成果检查在学期中还是期末进行。

为初学者开设练习课的学校，闭卷考试多安排在学期中间进行（第一次闭卷考试在学期开始 3 周之后）。闭卷考试的考试范围不仅包括当前学期中学到的内容，还包括在该法律领域中所有学过的知识。但是，通常情况下，闭卷考试的主题至少会大致限定在某个范围。这样的安排导致的后果是，学生只是从考试出发针对性地学习，期末也有选择性地掌握所学知识。[2] 在这些学校里，期末附加的闭卷考试被分散在学

---

〔1〕 康斯坦茨大学为高年级学生开设的练习课设置的闭卷考试时长为 180 分钟，奥格斯堡大学的则最长为 240 分钟。

〔2〕 对此体系的批评见 Münch, S. 20："教育不应当只要求学生按照规定'取得证明'，在学习期间安排更多考试更加必要。"

期中间不同阶段进行。相反地，安排结课闭卷考试的学校则会在学习的初始阶段和中间阶段的期末定期安排学习成果检查。有些学校为所有的必修课安排了结课闭卷考试，少数学校为所有课程都安排了结课闭卷考试。[1] 这些期末闭卷考试的考试内容是该学期的学习内容，目的是考查学生是否已经正确地理解并掌握所学知识。有时候闭卷考试的内容会涉及学术问题或者要求学生完成几个小的案例分析。[2] 对处于学习初始阶段的学生来说，主动掌握专业内容往往是艰难的任务，而这个考试体系能够激励这些学生持之以恒地完成很多学科的学习。该考试体系鼓励学生在学习上不断取得进步，并且以考试的形式给予证明。"在理想的情况下，通过定期的学习可以避免知识空白的出现。"[3] 期末的学习检查也可以给出较快的反馈，促使学生及时进行自我诊断，考虑法学是否为适合自己的学科。[4] 但是，必须承认的是，设置期末考试也不能保证学生持之以恒地学习，因为学生也经常为了通过考试而有选择性地学习。

> ☞如果您所就读的学校在期末阶段只要求学生参加或者只安排少量或者完全不安排学习成果检查，在学习规划时，您就要在期末阶段自己安排学习成果检查。[5]

---

〔1〕 明斯特大学为必修课和重点领域的每门课程（一共27门课程）在课程结束阶段或者停课阶段的第一周安排结课闭卷考试。哈勒-维滕贝格大学为以下的课程设置了结课闭卷考试：民法总则、债法Ⅰ、债法Ⅱ、物权法、刑法Ⅰ、刑法Ⅱ、刑法Ⅲ、国家组织法、基本法和行政法总则。

〔2〕 Jan F. Orth, Zur Übung-Abschluss im Europarecht, JuS 2002, 442, 讲解了在欧洲法基础课程范围内设置的结课闭卷考试。

〔3〕 以奥格斯堡大学的规定为例："结课闭卷考试学生在基础学习阶段，从一开始就通过独立完成实践中的案例分析的方式熟悉这个过程。此外，学生也可以从学习小组中得到强化辅导。这种体系保证了学习的深度，在教师和学生之间建立了完美的反馈渠道。基础学习阶段在中期考试之后结束。" 参见 http://www.jura.uni-augsburg.de/lehre/jura_klassisch/20131001_studienablauf/grundstudium/。

〔4〕 Münch, S. 11.

〔5〕 具体的实施方法见第六章（系统掌握不同法学领域），边码202。

（三）中期考试在多大程度上可以实现学习中间阶段的"中期考查"效果

从中期考试的目的和形式出发，可以就自己的学习规划得出重要认识。中期考试本身的意义在于，学校在学习中间阶段组织一次针对目前为止所学内容的考试并就学生的掌握情况给出一个成绩。很多其他专业的学生在几个学期之后也会经历这样一次学习时间和学习内容上的重要转折。学院会安排一次较大规模的考试来考查学生在基础学习阶段的知识掌握情况。有时候，特定的知识可以在中期考试之后被"搁置"起来。但是，这样的知识切割在法学学习中是不可能出现的，因为学生在之后的学期需要掌握的知识都以基础知识为前提，与之密切联系或者要对其深入研究。因此，在组织法学学习的中期考试时，应当注意不能让学生在考试之后把相关的学习内容"搁置"起来。在完成学习规划时，您必须了解中期考试是否并且在多大程度上能够与您目前的知识状态联系起来。这取决于中期考试的目标设置和内容设置。上文已经明确，不同联邦州的考试规定对中期考试的目标设定并不相同。有的要求考查学生是否已经具备继续学习所必需的能力，因此，中期考试更倾向于被理解为资格考试。[1] 这就解释了为什么中期考试的学习成果检查在为初学者开设的练习课阶段，也就是第二和第三学期就开始进行。此类考试不是上文所描述的为了确定中期阶段学习状态而设置的考试。原因在于，通过为初学者开设的练习课的闭卷考试而开展的学习会导致知识的掌握具有片面性，不能让学生对目前的学习内容形成整体的认识，从而对自己的知识掌握情况缺乏正确的评价。[2] 因为此类考试只能针对某

---

[1] Hans Albrecht Hesse, Die Reform des Jura-Studiums als Politik seiner Mechanisierung, JZ 2002, 704, 705, 赞同补充的资格考试说。

[2] Münch, S. 11, 15 也对中期考试的效率持怀疑态度。书中的观点是，通过为初学者开设练习课的形式是片面的，在学习过程中进行的学习成果检查并没有效率。它们既不能督促学生尽早地、坚持不懈地努力学习，也不能让选错专业学科的学生认识到其错误所在。此外，它们导致学习内容和考试内容因为时间因素不能完全协调一致的后果。对那些以为初学者开设的练习课的闭卷考试作为中期考试的学院来说，这样的问题一直都存在。您在这样的学院必须特别注意安排学习成果的自检。参加这些练习课并不能让您对自己的学习状态有清晰的判断。

个具体的法律领域甚至可能只对有限的（闭卷考试）考试内容进行考查。相比之下，课程的结课闭卷考试更有说服力，因为它能确保及时对学习过程进行反馈，以整个学期所学的全部内容为考试范围并且鼓励学生持之以恒地学习。安排结课闭卷考试的学校，其中期考试的目标是确保"学生能够从始至终地自我管理"，并且提醒他们"坚持有目标的学习状态"。[1] 但是，结课闭卷考试无法强制学生把前四个学期的所有内容都联系起来，以达到就像国家考试要求的同时掌握不同法学领域的知识的目的。即使设置了闭卷考试，大多数学生在前四个或者五个学期掌握的知识太少这个问题往往在国家考试备考阶段才能得到证实。多数情况下，学生没有机会对其学习状态和学习能力作出可靠的判断。因此，在 4 个或者 5 个学期之后，学院安排一次"迷你国家考试"意义上的中期考试对学生目前的知识掌握情况进行考查，可以作为一种合理的解决方法。比较理想的办法是在第四或者第五学期之后引入一个"小型"的国家考试闭卷考试课程并且课程期间安排 4 到 6 次练习课闭卷考试（按照为高年级学生开设的练习课难度安排闭卷考试）。

　　就这点而言，当所在学校的教学体系并未采取上述办法时，就要提醒学生主动承担责任。自己承担责任的呼吁也正是您进行学习规划的出发点。了解这个情况对您来说非常重要，即在法学学习的初期和中期阶段，您不需要参加像国家考试一样的、需要同时掌握多个学科的考试。[2] 这种情况会导致您在初始学期错过系统学习的机会，在很长的时间内对法学学科缺乏概括的了解和足够的基础知识。[3]

　　就学习规划而言，这意味着您要在第四到第六学期之间，也就是学校组织的中期考试后，自己安排一次"中期考查"来检测自己的中期学

---

〔1〕 汉诺威大学《中期考试规定》第 1 条第 1 款第 3 句。

〔2〕 虽然学生有机会在第七或者第八学期参加所谓的模拟国家考试，但是这次考试作为中期检查时间上太晚了。

〔3〕 20 世纪 90 年代初有关取消（连续）中期考试的政府草案也认同这个观点，BT-DR 12/2507 S. 7 re. Sp.：" 学生忽视了其他学科的学习，太专注于取得必需的阶段成绩，以致太晚开始系统学习。"

习情况。[1] 一个可行的办法是（假如您所在的学院也允许的话），您可以出于练习的目的在第五或者第六学期参加为高年级开设的练习课的闭卷考试（考试时间间隔尽量短一些），并且在考试之前复习这些法律领域的重要内容。有时候，出于资格审查的原因，您在当时无法正式参加这个闭卷考试，因为考卷批阅大多需要学院的财政支出。但是，闭卷考试的题目大多可以买到。我建议您收集闭卷考试的考卷，然后（或许和其他学生一起）组织一次"迷你国家考试"，在4天完成4次或者更多的闭卷考试（2次民法考试，1次公法考试，1次刑法考试）。

59 （四）在学习期间是否有足够的口试或者专题报告形式的学习成果检查

> ✍（1）您在学习期间是否需要参加口试？
>
> ✍（2）您在学习期间必须以口试的形式取得哪些证明？
>
> ✍（3）您一共需要取得多少个口试成绩证明？
>
> **辅助工具：**
>
> ❋《教育法》/《职业教育实施细则》/教学或者考试规定

以巴登–符腾堡州为例的解答：

（1）学生在学习期间并不需要以口试形式取得成绩证明。

（2）为了取得研讨课证明，学生应当书面完成1次专题报告。在跨专业关键技能的课程上，学生必须完成1次演讲或者进行类似的考试。[2] 学生应当以专题报告或者演讲的形式完成2次口试。

（3）学生应当以专题报告或者演讲的形式完成2次口试。

有些情况下，学生必须完成更多的口试。考虑到一个不争的事实，即口头辩论能力是法律人最重要的技能之一。目前学校规定的口试、演

---

〔1〕参见本书第四章（怎样制作具体的学习规划），边码134。

〔2〕《巴登–符腾堡州法学教育考试规定》第9条第3款第2、3句。

讲和专题报告形式的成果检查的数量太少了。[1] 这意味着，您在制作学习规划时要把培养此项能力列入其中并为之努力。[2]

五、总结

☞在法学学习过程中，学生需要提交的成绩证明大多以闭卷考试和家庭作业的方式取得。像国家考试中口试形式的考试，在学习过程中并不存在。

☞与其他专业相比，法学学习规定的学习成果检查的次数很少。有些学校，在学习期间学生一共需要通过 6 个法学核心领域（民法、刑法、公法）的闭卷考试和 3 项家庭作业。越来越多的学校开始安排期末闭卷考试。因为期末考试会对整个学期的内容进行考查，这是为了强制学生持之以恒地学习。

☞因为学习中期阶段"迷你国家考试"的缺席，学生很难通过作出明确的中期评估并从国家考试要求的角度对自己的学习能力作出可靠的判断。持续到第四学期的中期考试并不能发挥中期评估的功能。

60

六、对您制作学习规划的建议

☞您应当自己承担定期进行学习成果检查的责任。

☞如果您已取得所需的成绩证明而只要参加少量的闭卷考试，如果可行的话，建议您务必参加学校安排的所有闭卷考试来检查自己的学习成果（您已经通过取得证明所需的闭卷考试时也应当如此）。

☞建议您在每学期期末安排一个短暂的复习阶段，通过复习您可以对本学期的内容获得整体、全面的认识。

---

〔1〕 Schlieffen/Michaelis, Schlüsselqualifikation Rhetorik, JA 2003, 718, 719 同样持批评态度，国家考试的形式导致"考生没有机会发表自己的意见、进行辩论或者主持一场谈话"。和中小学相反，在大学学习中很少有口头表达的机会。

〔2〕 参见本书第八章（使用索引卡片学习知识）、第十三章（课程论文和口试）、第十五章（掌握关键技能）。

☞为避免出现为考试而学习导致所掌握知识比较片面的问题，您应当从学习的开始阶段就系统掌握各法律领域并持之以恒地学习。

☞建议您在第五学期（和其他学生一起）自行组织一次"迷你国家考试"，您可以按照为高年级学生开始的练习课的难度进行考试并且在4天完成4次闭卷考试（2次民法考试、1次公法考试、1次刑法考试）。

☞为了给将来的口试做准备，建议您定期参加培养口头辩论能力的练习课。

应当如何转化目前掌握的知识并在计划中充分进行考量，我将在本书的第四章（怎样制作具体的学习规划）和第二编进行讨论。

第五节　法学学习中的考试科目有哪些

到目前为止，我们将注意力都放在了您在学习期间应当取得哪些学习成果，下面开始讨论的问题是，您在学习过程中应当参加哪些课程和国家考试要求掌握的范围。就如上文已经提到的，法学学习包括2个部分，即国家考试考查内容的必修课学习和大学考试考查内容重点领域的必修课学习。在学习的开始阶段，学生很难对全部的学习内容形成概括的了解。第一个学期结束后，您往往只能掌握一些基础内容，例如，民法典[1]的总则以及债法总则和分则。民法大部分内容对您来说还是未知的。学生对学习内容的首次概括了解来自于《教育法》和《职业教育实施细则》，因为《教育法》的条文会以关键词的形式提到考试科目的内容，但是要从中得到考试科目的内容范围和单个较大的"学习单元"（尤其是民法的相关内容）是不可能的。反过来说，有时候《教育法》和《职业教育实施细则》对某些法学领域罗列得太过详细，学生同样不能正确地估计其内容范围（例如，刑法的相关内容）。因此，从《教育

---

〔1〕　未经特别注明，本书《民法典》均指《德国民法典》。——译者注

法》和《职业教育实施细则》出发不足以确定考试科目的范围。接下来我会引导您把考试科目划分为较大的学习单元。这些较大的学习单元和教科书的范围大致相对应。这样，您便可以对考试相关的内容和较大的学习单元形成总体的了解。[1]

《德国法官法》（DRiG）中并没有考试科目的列表，仅第 5a 条规定，国家考试的考试科目为民法、刑法、公法和欧洲法层面的程序法的核心领域以及基础课程。因此，国家考试的考试科目由《教育法》和《职业教育实施细则》具体规定。在下文，首先讲国家考试的考试科目，接着讨论重点领域的学科。

一、参加国家考试应当掌握的考试科目

根据《德国法官法》第 5a 条的规定，可以对民法、公法、刑法、欧洲法[2]的考试科目进行区分。

（一）民法考试科目

> 📝根据您所在联邦州的《教育法》或者《职业教育实施细则》的条文内容，民法方向的哪些法学领域为必修科目？
>
> **辅助工具：**
>
> ❋《教育法》/《职业教育实施细则》

以巴登-符腾堡州为例的解答：

根据《巴登-符腾堡州教育考试规定》第 8 条第 2 款第 1—6 项规定，以下民法学方向的学科为必修科目：

---

〔1〕 把较大的学习单元划分到单个的与考试相关的主题区域中，及如何系统掌握这些主题区域的方法请参见本书第六章（系统掌握不同法学领域）。

〔2〕 欧洲法在此处被视为单独的领域（比如，《巴登-符腾堡州法学教育和考试规定》第 8 条第 2 款第 11 项、《拜恩州法学教育考试规定》第 18 条第 2 款、《北莱茵-威斯特法伦州法学教育法》第 11 条第 2 款第 11 项的规定）。但是，考虑到早期它与国际法和欧洲法的联系，有些教育法将其划分到公法之下（比如，《石勒苏益格—荷尔斯泰因州法学职业教育实施细则》第 3 条第 5 款第 6 项、《梅克伦堡-前波美拉尼亚州法学教育考试规定》第 11 条第 2 款第 3d 项）。

1. 民法

- 一般理论和民法典总则（概括了解：法人）；

- 债法第一到第七章及第八章（不包括第 2、11、15、18、19、25 节）；

- 物权法第一到第三章、第五章、第七章（不包括定期土地债务）、第八章概要（不包括权利质权）；

- 家庭法层面关于财产法的内容（尤其是《民法典》第 1357、1359、1362 条、第 1363–1371 条、第 1408、1589、1626、1643、1664、1795 条）；

62

- 继承法：法定继承顺序、死因处分、遗产的接受和拒绝、共同继承、遗产继承证书。

2. 商法概要：商人、商业登记公示、全权代理和委托书、商事行为的一般规定、商事交易。

3. 民商事组织法概要：普通合伙法和有限合伙企业法、有限责任公司的代表和管理。

4. 劳动法

- 个人劳动法：附有职位存续保障的劳动关系的依据、内容、终止，劳动关系的履行障碍和责任承担；

- 集体劳动法概要：劳资协定和企业协定的成立和效力。

5. 国际私法

- 总则；

- 《民法典施行法》：自然人法和法律行为法、债法、物权法。

6. 民事诉讼法概要

- 诉讼基本原则、提起诉讼的前提条件、诉的种类和效果以及司法判决的种类和效果、庭外和解、临时救济制度；

- 强制执行措施的种类和补救。

特别注意：

各联邦州对必修科目考试内容的限制有所不同。因此，参考详细的、最新版本的必修科目列表非常重要。

（二）民法的学习单元

如上文所提示的，从《教育法》中列举的必修科目来看无法辨别其重要性以及其内容范围。如从《教育法》"债法第一到第七章以及第八章（不包括第 2、11、15、18、19、25 节）"[1] 的条文描述中可以看出，在这段列举的内容之后至少隐藏了 4 个较大的学习单元：

- 债法总则中有关给付障碍法的主题；
- 债法分则中的有关典型合同的内容，尤其是买卖合同和承揽合同的担保条款，以及其他合同类型，比如，委托合同、借贷合同、担保合同等；
- 法定债权关系中的无因管理、不当得利；
- 侵权行为法（侵权法）。

利用我即将提到的辅助方法可以把《教育法》中提到的必修科目划分为较大的学习单元。与直接阅读《教育法》的条文相比，把必修科目分为较大的学习单元可以让您更直观地获取有关必修科目考试范围的总体认识。我所指的较大的学习单元，是指某些法学领域（法学领域的部分内容）非常重要，以至于在这方面会有专门的教科书或者讲稿。处于学习初级阶段的学生还没有能力把国家考试内容按照内容标准分为较大的学习单元。因此，他们只能根据"形式"标准进行划分。对此，一个比较好的解决办法是按照同一个系列的教科书中的标题进行划分。几乎所有的法律出版社都有关于法学教育的系列书籍。[2] 与这个方法类似，

63

---

[1]《巴登-符腾堡州法学教育法》第 8 条第 2 款第 1 项。

[2] 有关系列书籍的概括信息可以从专门为学生提供的、学期开始在书店可以免费取或者在网络上可以下载的出版一览表中获知。比如，C. H. Beck 出版社出版的系列书籍"Lernbücher Jura""Juristische Kurz-Lehrbücher""Grundrisse des Rechts""Klausurproblme"和"Beck'sches Examinatorim"。其中，根据系列书籍"Grundrisse des Rechts"的章节信息确定较大的学习单元对学生来说是比较好的选择。

学生可以根据书稿[1]的标题划分学习单元。

> **示例说明：**
>
> 在大多数系列书籍中与债法有关的教科书至少会有3本，1本关于债法总则的、1本关于合同[2]的、1本关于法定之债[3]的。学习单元"法定之债"往往还被细分为不当得利和侵权行为两部分。[4]因此，必修课"债法"至少可以被分为4个学习单元：债法总则，合同（尤其是买卖合同、租赁合同和承揽合同），不当得利和侵权行为。当然，这4个学习单元还可以进一步细分，比如，一本书稿中把合同关系划分为买卖合同和承揽合同，另一本书稿中划分为其他的合同关系。[5] 物权法可以分为动产和不动产两部分。[6]

---

[1] 书稿大多是指帮助法律系学生准备毕业考试的私人辅导机构出版的作品。出版私人辅导机构的教学文献的出版社除了 Alpmann Schmidt 和 Hemmer 之外，还有一些其他的，比如 Brauschneider、GoJura、Fall-Fallal-Rumpf-Rometsch、Lamadé、Helmut Schlegel、H. P. Richter、Rolf Schmidt。但是，也有一些私人辅导机构以出版社名义撰写的书稿被出版社以教科书的形式出版。与之相反，也有些教授撰写的文稿被其本人或者出版社以书稿的方式出版。

[2] 比如，Christian Fischer, Schuldrecht BT/1, Vertragliche Schuldverhältnisse, München, 2015；Klaus Tonner, Schuldrecht, Vertrafliche Schuldverhätnisse, Baden-Baden, 3. Aufl. 2013。

[3] 比如，Cristoph Althammer, Schuldrecht III, Besonderer Teil 2 Gesetzliche Schuldverhältnisse, Stuttgart, 2015；Dieter Medicus/Oliver Brand, Gesetzliche Schuldverhältnisse, München, 6. Aufl. 2015；Marco Staake, Gesetzliche Schuldverhältnisse, Baden-Baden, 4. Aufl. 2014；Manfred Wandt, Gesetzliche Schuldverhätnisse, Deliksrecht, Schadensrecht, Bereicherungsrecht, GoA, München, 7. Aufl. 2015。

[4] 比如，Hans Christoph Grigoleit/Marietta Auer, Schuldrecht III, Bereicherungsrecht, München, 2. Auf. 2016；Hand Christoph Grigoleit/Thomas Riehm, Schuldrecht IV, Delikts-und Sachenrecht, München, 2013；Hein Kötz/Gerhard Wagner, Deliktsrecht, München, 12. Aufl. 2013；Erwin Deutsch/Hans-Jürgen Abrens, Deliktsrecht, Köln u.a., 6. Aufl. 2014。

[5] Alpmann Schmidt 有6本债法的书稿，2本关于债法总则，4本关于债法分则。

[6] 采取此种划分方式的教科书有比如 Tobias Helms/Jens Zeppernik, Sachenrecht I, Mobiliarsachenrecht, München, 2. Aufl. 2013 和 Tobias Helms/Jens Zeppernik, Sachenrecht II, Mobiliarsachenrecht, München, 2. Aufl. 2015。

✏️请您制作一个民法学习单元的一览表并标记出那些您只需要概括了解、掌握基础知识或者其他只需有限地掌握的法学领域。[1]您发现了多少学习单元呢？

辅助工具：

❀比如，出版商出版的（有关教育文献的）书籍名录/课程章节划分

建议：

把法学核心内容划分为较大的学习单元并无规定的模式。重要的是，您可以从中就国家考试相关内容的范围获得直观的了解。要对那些还完全不了解的法学领域进行分类，对您来说是非常困难的。这种情况下，您只能首先接受《职业教育实施细则》条文中的相关信息。您制定的一览表的详细程度与您所处的学习阶段有关。

对巴登-符腾堡州国家考试中民法相关内容进行划分的建议：

根据《巴登-符腾堡州法学教育考试规定》中对必修科目的规定，民法相关内容可以分为16个学习单元。[2]

1. 民法总则（概括了解法人相关内容）。

2. 债法总则。

3. 债法分则：典型合同/其他合同关系。

4. 债法分则：法定债权关系，尤其是不当得利。

5. 债法分则：法定债权关系，尤其是侵权法。

6. 物权法中动产相关内容（有限掌握）。

7. 物权法中不动产相关内容（有限掌握）。

8. 家庭法（涉及公民财产法的内容）。

9. 继承法（有限掌握）。

10. 商法（概括了解）。

11. 合伙企业法（概括了解）。

---

〔1〕"概括了解"的内容将在确定与国家考试相关的主题范围时完成，请参见本书第六章（系统掌握不同法学领域）。

〔2〕每个在法律条文中提到的限制请参见本书边码61。

12. 有关有限责任公司立法的基础知识（概括了解）。
13. 劳动法（有限了解）。
14. 国际私法（有限了解）。
15. 民事诉讼法（概括了解）。
16. 强制执行法（概括了解）。

（三）刑法必修科目

✐根据您所在联邦州的《教育法》或者教育法规中相关条文的规定，刑法学中的哪些法学领域属于必修科目？

辅助工具：

❀《教育法》/《职业教育实施细则》

以巴登-符腾堡州为例的解答：

《巴登-符腾堡州法学教育考试规定》第8条第2款的第7项和第8项将以下内容列举为刑法学的必修科目：

7. 刑法

（a）刑法总则（包括竞合部分，不包括刑罚部分）

65 （b）刑法典的分则：

- 第六章：第113条；
- 第七章：第123、124、142、145d条；
- 第九章和第十章；
- 第十四章（不包括第189条）；
- 第十六章（不包括第220a条）；
- 第十七章；
- 第十八章：第239-241条；
- 第十九到第二十一章；
- 第二十二章；
- 第二十三章：第267、268、271、281条；

- 第二十七章：第 303、303c 条；
- 第二十八章：第 306－306f 条，第 351b、315c、316、316a、323a、323c 条。

8. 刑事诉讼法中应当概括了解的内容

- 法院组织法的基础内容，程序法基本原则；
- 审理前的侦查程序：强制措施和刑事强制措施许可（采取《刑事诉讼法》第 163 条所规定的强制措施的许可，即法律依据）；
- 主要审判程序：参与人、诉讼的过程、证据法、判决的确定效力。

（四）刑法中的学习单元

虽然有些教育法对刑法相关主题的清单已经列举得非常详细，但是也仅仅限于对法律条文的列举。对此，为了对这些主题有全面的了解，学生必须对这些主题以较大的学习单元的形式（对事实上归属于同一学习单元的主题）进行总结。

✎找出 4 个较大的刑法学习单元。标记出那些您只需要概括了解或者有限了解的法学领域。

辅助工具：

❋出版社出版的（有关教育文献的）书籍名录／课程章节划分

对巴登-符腾堡州国家考试中刑法相关内容进行划分的建议：

以下一共有 4 个〔1〕学习单元〔2〕：

1. 刑法总则（有限了解）。

---

〔1〕 很多刑法教科书都按此进行划分，比如，Rudolf Rengier, Strafrecht, Allgemeiner Teil, München, 6. Aufl. 2014; ders., Besonderer Teil, Teil I, Vermögensdelikre, München, 17. Aufl. 2015; ders., Strafrecht, Besonderer Teil II: Delikte gegen die Person und die Allgemeinheit, München, 16. Aufl. 2015。还有 Fritjof Haft 关于刑法的教科书和 Urs Kindhäuser, Strafrecht Allgemeiner Teil, Baden-Baden, 7. Aufl. 2015; ders., Strafrecht, Besonderer Teil I, Straftaten gegen Persönlichkeitsrechte, Staat und Gesellschaft, Baden-Baden, 6. Aufl. 2014; ders., Strafrecht Besonderer Teil II, Straftaten gegen Vermögensrechte, Baden-Baden, 8. Aufl. 2014。另一种可能的情况就是把刑法分则分为三部分，即针对法律团体的财产的犯罪行为，针对人身的犯罪行为和侵犯财产的犯罪行为。

〔2〕 具体的考试内容请参见本书边码 64 标题（三）部分提到的法律条文。

2. 刑法分则：针对人身，以及其他非侵犯财产的犯罪行为（有限了解）。

3. 刑法分则：侵犯财产罪和伪造证件罪（有限了解）。

4. 刑事诉讼法（概括了解）。

（五）公法必修科目

> ✏从您所在联邦州的《教育法》或《职业教育实施细则》的文本内容看，哪些公法范围内的法学领域属于必修科目？
>
> **辅助工具：**
>
> ❋《教育法》/《职业教育实施细则》

以巴登-符腾堡州为例的解答：

根据《巴登-符腾堡州法学教育考试规定》第8条第2款第9项和第10项的规定，以下科目属于公法学领域的必修科目：

9. 公法

• 宪法（不包括紧急状态法和金融宪法）；

• 一般行政法和一般行政诉讼法（宪法依据、法律渊源和行政法基本原则、行政行为的种类，《行政诉讼法》第一到第四部分），其中不包括特殊的行政诉讼程序，概括了解：行政执行法、国家赔偿法；

• 特别行政法的内容：警察法，建筑法（建筑规划法、建筑工程资质的取得、建筑监督法的管理方法），地区法（不包括地区选举法和地区税法）。

10. 概括了解行政诉讼法的相关内容

诉讼基本原则、诉讼前提条件、诉的种类（包括审查标准）、法庭判决的种类和效果、临时措施。

（六）公法的学习单元

公法领域的考试内容也可以被划分为若干学习单元。

> ✏请制作1个公法学习单元的一览表，标记出您只需要概括了解或者有限了解的法学领域。您一共找到多少个学习单元？
>
> **辅助工具：**
>
> ❉出版社出版的（有关教育文献的）书籍名录/课程章节划分

对巴登-符腾堡州国家考试中公法相关内容进行划分的建议：

以下共有9个较大的学习单元[1]：

1. 国家法：基本权利。
2. 国家法：国家组织法和国家学的一般理论（有限了解）。
3. 一般行政法和行政诉讼法（有限了解）。
4. 国家赔偿法（概括了解）。
5. 行政强制法（概括了解）。
6. 警察法。
7. 建筑法（有限了解）。
8. 地区法（有限了解）。
9. 行政程序法（概括了解）。

（七）欧洲法和欧洲法层面的民法、公法和刑法

> ✏教育法相关条文对欧洲法知识的掌握程度有什么要求？
>
> **辅助工具：**
>
> ❉《教育法》/《职业教育实施细则》

以巴登-符腾堡州为例的解答：

根据《巴登-符腾堡州法学教育考试规定》第8条第2款第11项的规定，以下为必修科目：

11. 欧洲法

- 欧共体法的法律渊源；欧共体的法律性质、机构和行动方

---

[1] 注意在法律条文中提到的各项限制内容。参见本书边码66标题（五）以下的内容。

式；欧共体条约的基本自由及实施；欧盟的结构。

根据《巴登-符腾堡州法学教育考试规定》第 8 条第 3 款的规定，欧洲法层面的民法、公法和刑法内容属于必修科目。

（八）欧洲法的学习单元

> ✒欧洲法由多少个学习单元组成？
>
> **辅助工具：**
>
> ✵出版社出版的（有关教育文献的）书籍名录/课程章节划分

> **对巴登-符腾堡州国家考试中欧洲法相关内容进行划分的建议：**
>
> 共有 2 个较大的学习单元：
>
> 1. 欧洲组织法。
>
> 2. 欧洲实体法。

不掌握欧洲法的基本知识，学生无法搞清楚采取这种划分方式的原因，因此，很多教科书同时讲解这两个领域的内容。[1]有的教科书会重点讲解组织法的相关内容[2]，而一些教科书则需要学生掌握民法和经济法的背景知识。[3]

68 （九）基础课程

> ✒从您所在联邦州的《教育法》或者《职业教育实施细则》的相关内容看，基础课程在多大程度上可以作为国家考试的考查对象？
>
> **辅助工具：**
>
> ✵《教育法》/《职业教育实施细则》

---

〔1〕 比如，Werner Schroeder, Grundkurs Europarecht, München, 3. Aufl. 2013；Helmut Lecheler/Jörg Gundel, Europarecht, München, 3. Aufl. 2015。与之相反，2 个学习单元的划分方式显然是来自于以下书目的副标题 Carsten Doerfert, Europarecht, Die Grundlagen der Europäischen Union mit ihren politischen und wirtschaftlichen Bezügen, München, 5. Aufl. 2012。

〔2〕 Andreas Haratsch/Christian Koenig/Mathias Pechstein, Europarecht, Tübingen, 9. Aufl. 2014.

〔3〕 Stephan Hobe, Europarecht, Köln u.a., 8. Aufl. 2014.

以巴登－符腾堡州为例的解答：

基础课程相关的课程为必修课程。[1]根据《巴登－符腾堡州法学教育考试规定》第3条第1款的规定，以下课程为基础课程：法律史、法哲学、法社会学、法学学习方法、比较法、国家学的一般理论。

每一门基础课程都构成一个单独的学习单元。因此，基础课程的数目可以直接计入现有的学习单元中。

到目前为止，对巴登－符腾堡州的考试科目进行划分共确定了31个学习单元（16个民法方向、4个刑法方向、9个公法方向、2个欧洲法方向），此外还有基础课程领域的6个学习单元。

二、参加大学考试应当掌握的考试科目

重点领域的学习作为法学学习的补充，被用来强化与之相关的必修科目的学习并且被用来讲授跨学科、国际化的知识。考虑到将来的职业生涯，重点领域教育应当尽早帮助学生实现专业化学习。重点领域的学科体现为以小组的形式进行总结的法学专业化内容。根据教学法中授权条款的规定，各学校承担对重点领域进行规划的任务。对重点领域和与之相关的考试科目的调整见学校的考试规定。学校负责组织考试并且为大学考试设置专业考试部门。

> ✐(1) 您所在的学校是怎么对重点领域学习进行调整的？是否有您所在学校重点领域学习的信息？
>
> ✐(2) 重点领域有多少，有哪些？
>
> ✐(3) 对重点领域的考试科目进行调整的法律依据是什么？
>
> ✐(4) 倘若您正在考虑要选择哪个重点领域（或者已经作出决定）：根据相关规定，考试科目为哪些？
>
> ✐(5) 从重点领域的考试科目中可以划分几个学习单元？有哪些？

---

[1]《巴登－符腾堡州法学教育考试规定》第8条第3款。

69   **以图宾根大学为例的解答：**

（1）2012 年的《教学考试规定》第 14 条对重点领域进行调整。此外，还有一本非常详细的信息宣传册《法学教育考试规定中的法学学习和考试安排》[1]。

（2）以下为 7 个重点领域，这些重点领域在有的情况可以被划分为部分重点领域（其中只有被选中的部分可作为大学考试的考查对象）：

- 企业法和经济法

- 民事案件的司法管辖

- 欧洲法律体系基础

- 国际关系法

- 公共经济、基础设施和环境

- 税法

- 犯罪学和刑事司法管辖

（3）2012 年的《教学考试规定》第 19 条对考试科目进行了规定。

（4）以重点领域税法为例进行考查。2012 年的《教学考试规定》第 19 条为了进一步细化，列举了以下科目：

- 税法基础

- 所得税

- 税收通则、财务法院法

- 增值税

- 会计法和盈余调查

---

[1] http://www.jura.uni-tuebingen.de/einrichtungen/pruefungsamt/dateien/infospd2010a.pdf.

- 营业税和估算

- 遗产税和遗赠税

- 国际税法和欧洲税法基础

（5）一共有 7 个学习单元：税法基础和所得税、增值税、企业税法、会计法和盈余调查、税收通则和财务法院法、遗产税和遗赠税、营业税。

各学校间重点领域的数量差别很大，从 5 个到 15 个不等。各学校重点领域教学的设计也各不相同：有的学校在重点领域之下又设置了部分重点领域，有的学校在重点领域之内设置了必修课[1]和自选课，有的学校把一些课程组合与特定的模块联系起来。[2] 具体内容取决于学院的重点学科设置。学院期待通过导入重点领域的方式强化学院的专业性并且提高其竞争力。在此，必须提到的 3 个比较特殊的学校是：汉诺威大学为学生提供了以参加律师为职业目标、可获得结业证书（ADVO-Zertifikat）的重点领域的学习机会。科隆大学开设了"学院与外国高校合作课程"。学生可以通过取得科隆大学的科隆大学/巴黎第一大学法律硕士学位来代替大学考试。[3]而慕尼黑大学[4]的 licence en droit，即完成慕尼黑大学和巴黎第二大学的合作课程——德国-法国法，与通过大学考试有同等效力。

70

您在进行学习规划时应当坚持这一点：兼顾国家考试中考试科目的单元和重点领域学习单元的学习。

三、未明确的科目作为考试科目

✏除了目前已经提到的考试科目之外，其他科目有没有可能成为法学考试的考查对象？

辅助工具：

❋《教育法》/《职业教育实施细则》

---

[1] 比如，在哈勒-维滕贝格大学。这种情形导致"必修课"具有双重含义。
[2] 美因茨大学。
[3] 2008 年 7 月 15 日的《科隆大学法学院学习和考试规定》第 12 条第 1 款。
[4] 2007 年 10 月 30 日的《慕尼黑学习和考试规定》第 38 条第 5 款。

以巴登-符腾堡州为例的解答：

根据《巴登-符腾堡州法学教育考试规定》第 8 条第 5 款的规定：
"和那些与必需科目有密切联系并且作为考试对象的法学领域不同，那些只需要理解力和特定的工作方法即可掌握，并不以某一特定的知识为前提的法学领域也可以作为考试的考查对象。"

未知的法学领域也可以作为国家考试的考查对象这一事实表明，学生对法律体系的理解和法学方法的掌握是何等重要。您在进行学习规划时应当首先把重心放在掌握法律体系、学习法学教义、拓宽知识面、培养法学辩论能力、转化应用能力并掌握法学的工作方法上。[1] 这些能力对学生将来的职业发展非常重要，因为任何一个法律工作人员都应当具备迅速熟悉某一法学领域的能力。法律往往处于变化之中，而您将来作为法律工作人员必然要处理那些您在法学学习过程中没有接触过的法律条文。理解法律体系并且掌握法学工作方法是在国家考试过程中处理来自未知法学领域相关问题的重要前提。因此，和预先掌握更多的法学领域的内容相比，深入学习法教义学的知识并且练习法学工作方法更加重要。

71　　**四、总结**

根据《巴登-符腾堡州法学教育考试规定》中关于必修科目中学习单元划分的相关规定，必修科目可分为 31 个学习单元（不包括基础课程），重点领域 7 个学习单元。[2] 有些必修科目和重点领域内容上可能存在交叉，并非所有的学习单元都像基本法或者侵权法一样内容广泛。虽然教学改革后必修课程的内容减少了[3]，但是把重点领域的课程算

---

〔1〕 有关培养理解能力和掌握法学工作方向的说明请参见第六章（系统掌握不同法学领域）和第九章（案例分析）。

〔2〕 康斯坦茨大学提供了规划非常合理的学习计划概览，从中您可以很好地概括了解有关学习单元的情况。Münchhausen/Püschel, S. 238 ff., 对除基础课程和重点领域课程之外的 24 个学习单元进行了区分。

〔3〕 因此，要求减少考试内容并且增加基础知识和方法论知识的呼声也很多。

在内，改革后与考试相关的专业领域增加了。[1] 因此，您在进行学习规划时必须考虑到，为参加国家考试必须掌握非常多的学习单元。[2] 一个良好的个人学习规划和持之以恒地系统学习的态度对此帮助极大。

> ☞参加第一次国家考试时，按照不同的区分方法，学生需要掌握很多较大的学习单元。
>
> ☞为了能够在国家考试中运用这些学习单元的内容，学生应当理解法律体系、掌握法学教义、熟悉法学辩论技巧、掌握法学工作方法。
>
> ☞那些不以特定的知识领域为前提，没有明确规定为考试科目的未知法学领域也可能作为国家考试的考查对象。

第六节　第一次国家考试的考试形式

一、国家考试

根据联邦法的规定，所有联邦州的国家考试都由一次笔试和一次口试组成（《德国法官法》第 5d 条第 1 款第 1 句）。国家考试的笔试部分在所有联邦州都以闭卷考试的形式进行。

---

〔1〕 虽然表面上必修科目内容减少了 30%，但是之前法学院的学生也从来都不需要掌握必修科目的全部内容，这次只是剔除了与考试不相关的边缘领域。Hommelhoff/Teichmann, JuS 2002, 839, 843 谈及改革之前的情况：考生的知识掌握情况存在漏洞，这是他们把辅导老师填鸭式教学所传授的若干"知识岛屿"勉强拼接在一起的结果。

〔2〕 对此总结的看法见 Professor Bernhard Großfeld, Das Elend des Jurastudiums, JZ 1986, 357, 358, 对此非常恰当的描述为："一般的法学学生在回答这些无法掌握的内容时都心有恐惧。"Münchhausen/Püschel, Die Erstsemesterkartei Jura, München, 3. Aufl. 2003 也把学习内容太多看作法学学习中 5 个主要的困难之一（按照他们的观点，其他 4 个主要困难是：抽象性和复杂性、快速遗忘、把知识应用于具体案例、缺少学习和工作引导）。

（一）闭卷考试

1. 教育法中的规定

    ✎（1）您在国家考试中需要参加几次闭卷考试？

    ✎（2）考试持续多长时间？

    ✎（3）闭卷考试包括几门学科？

    ✎（4）您是否可以不在同一时间完成这些闭卷考试（"分阶段"完成的可能性）？

辅助工具：

    ✳《教育法》/《职业教育实施细则》

以巴登-符腾堡州为例的解答：

针对问题（1）-（3）：

《巴登-符腾堡州法学教育考试规定》第 13 条第 1 款规定，学生应当在书面考试过程中"完成 6 个时长为 5 个小时的作业"。《巴登-符腾堡州法学教育考试规定》第 13 条规定 6 个作业分别为：3 个民法方向的、1 个刑法方向的、2 个公法方向的作业。

针对问题（4）：

分阶段完成是不允许的，闭卷考试必须在同一个考试日程完成。

闭卷考试的数量。闭卷考试的数量为 5[1] 到 7 个[2]。在黑森州，法学院学生必须修完劳动法、商法或者民商事组织法等 6 个闭卷考试的其中一个。[3]

分阶段考试。在有些联邦州，学生有机会选择"分阶段"完成国家考试。闭卷考试可以安排在 2 个或者 3 个不同时间的考试阶段完成。[4]

---

[1] 萨克森州。

[2] 柏林和勃兰登堡州：7 个闭卷考试（3 个民法考试、2 个刑法考试、2 个公法考试）。

[3]《黑森州法学教育法》第 13 条第 2 款。不莱梅和石勒苏益格-荷尔斯泰因州也规定，其中一个民法闭卷考试必须是民法的附属学科。

[4] 这些联邦州的规定出自《德国法官法》第 5d 条第 2 款第 2 句；对此，各联邦州法律可以允许在学习期间完成考试，但是必须在学习开始 2 年半之后。

您可以首先完成一半闭卷考试，然后6~12个月之后完成另外一半[1]。国家考试的时间表非常紧凑。报名应当在第六个专业学期之后、第七个专业学期之前进行。最后的闭卷考试应当在第八个专业学期之后完成。因为时间非常紧凑的缘故，学生选择分段考试的可能性比较低。

2. 国家考试书面考试的实际流程

这是1200天法学学习之后决定性的10天。

学生B在巴登–符腾堡州报名参加国家考试。考试在周二开始。他早上醒来并意识到，必须在接下来的10天[2]参加6个闭卷考试，每个持续5小时，以此证明他在过去的8个学期之内是否学习了，学到了哪些法学知识和法学工作方法。他把接下来10天的安排如下：

第一天	周二	民法考试
第二天	周三	—
第三天	周四	民法考试
第四天	周五	民法考试
第五天	周六	—
第六天	周日	
第七天	周一	刑法考试
第八天	周二	公法考试
第九天	周三	—
第十天	周四	公法考试

总结：能够决定很多事情的30个小时！

---

〔1〕 允许分阶段考试的联邦州：比如，下萨克森州（《下萨克森州法学教育法》第4条第2款），北莱茵–威斯特法伦州（《北莱茵–威斯特法伦州法学教育法》第12条第1款）。

〔2〕 根据通知内容，2016年巴登–符腾堡州上半年的国家考试在2016年2月23日到2016年3月3日。

> ✏ (1) 请查询国家考试的实际流程。
>
> ✏ (2) 国家考试一共持续几天（包括闭卷考试之间休息时间)？
>
> **辅助工具：**
>
> ❈ 司法考试部门的网站

有些联邦州每年安排 2 次国家考试（比如拜恩州[1]、巴登-符腾堡州、勃兰登堡州)。其他联邦州明确以法律形式对国家考试的流程进行规定。例如，石荷州规定，闭卷考试必须在 2 周之内完成，2 个闭卷考试之间必须有 1 天的休息时间。[2]

3. 总结

考虑到国家考试的实际流程（在短时间内连续完成所有闭卷考试)，学生可以从中得出很多重要的认识。最后您肯定会问，要在如此短的时间内适用数量如此众多的学习单元的知识，我应当怎样应付这个考试呢？这个问题是每届法学学生都会提出的问题。事实上，在短时间内适用如此内容繁多的知识，正是国家考试与考查单个问题最根本的区别。

4. 闭卷考试的问题设置和评分

74 国家考试的闭卷考试一般有 1 到 2 页的案件事实，学生要根据这些案件事实解答不同的法律问题。[3] 这些案件事实会经过一定的处理，变成您以前没有处理过的法律问题。国家考试的闭卷考试并不像广为流传的那样，要求您知道所有的司法判例并把法律问题细分到尽可能的细节。相比之下，更重要的评分标准在于您是否了解法律体系，特别是各

---

[1] 拜恩州没有在各闭卷考试之间安排休息时间。这表示，6 门闭卷考试将在周二、周三、周四、周五、周一、周二（2016 年 3 月 8 日至 15 日，2016 年 9 月 6 日至 13 日，2017 年 3 月 7 日至 14 日，2017 年 9 月 6 日至 13 日）进行。

[2] 石荷州《法学职业教育实施细则》第 11 条第 2 款。

[3] 根据《拜恩州法学教育考试规定》第 28 条第 2 款第 3 句的规定，闭卷考试可以全部或者部分以理论问题的处理作为考查对象。这样考查学生法学基础知识的命题考试非常少见，但是让大多数考生非常吃惊的是，2010 年上半年拜恩州的第一次国家考试中就有一个民法的关于债法改革的命题考试。比如，以消费者保护法的修订为主题的命题考试也是可能的。

部门法之间的联系，是否掌握了法学工作方法[1]，是否能够对案例中涉及的各法学领域中的重要内容进行分析。各联邦州的教育法也明确指出：对法律体系的系统理解和使用法学工作方法分析问题的能力是闭卷考试评分的重要标准。[2]根据法学工作方法解决问题的能力，意思是"对法律问题作出判断，在现有的法律框架之内找出不同的解决办法，思考支持和反对这些解决办法的论据并且进行权衡，最后作出一个有说服力的决定或者提出进行调整的建议"[3]。掌握法学工作方法则意味着，能够解释法律条文、对法律进行应对并且在没有相关法律规定的情况下，根据整体理解制定出合理的解决办法。对那些只需要"概括了解"的考试学科而言，国家考试在评分时强调对法律体系的系统理解。这种情况下，学生需要掌握系统知识和最重要的法律概念，在细节的掌握方面，国家考试并没有提出要求。[4]闭卷考试"应当考查考生的理解能力，系统思维和独立、逻辑严谨的论证能力而非仅仅背诵细节知识"[5]。各联邦州的司法考试部门一直强调，闭卷考试的考查对象并不是"尽可能难的、仅靠背诵已有的细节知识就可以解决一些来自生僻的（部分）法学领域的问题"，而是需要学生依靠掌握的知识和能力，推导出合理的解决办法。[6]闭卷考试中细节知识的比重要比大多数学生想

---

〔1〕 请参见上文边码70中对未知法学领域的考试要求。

〔2〕《巴登–符腾堡州法学教育考试规定》第7条第2款第2句。

〔3〕 Gerhard Lücke, Hinweise zur Studiengestaltung, in: JuS-Studienführer, S. 114, 116.

〔4〕《巴登–符腾堡州法学教育考试规定》第8条第5款。《拜恩州法学教育考试规定》第5条第1款第3句要求学生掌握基础知识而非概括了解："一个法学领域的基础知识包括它的体系、重要的规则、法律制度和调整对象、意义和目的、结构、在整个法律体系中的地位。"《萨克森–安哈尔特州法学教育考试规定》在第14条第3款中对"概括了解""涉及""基础知识""结构""原则""性质"的定义作出了详细规定。

〔5〕 Bericht des Bayerischen Landesjustizprüfungsamtes für das Jahr, S. 8 (http://www.justiz.bayern.de, Prüfungsamt, Staatsprüfung).

〔6〕 2007年第一次国家考试必修课领域的考查对象（http://www.justiz.bayern.de, Prüfungsamt, Staatsprüfung）。

象的少得多。这点可以从对闭卷考试真题的大量分析中得出。[1]

> ☞在闭卷考试中取得好成绩最具有决定性的因素是，考生在案例分析中证明他对法律体系的系统理解并且掌握按照一定方法进行工作的能力。

考虑到法学学习以律师行业为导向的特点，闭卷考试也应当考查那些在律师职业生涯中必然会处理的关于法律关系形成和法律咨询的问题。[2]

在第一次国家考试中，学生仅被允许使用法律汇编作为辅助工具。有些联邦州会在考试中提供汇编书籍，有些联邦州允许学生自己携带。[3] 司法部或者联邦州的司法考试部门规定学生在考试过程中允许使用哪些法律汇编。[4] 因此，在学习过程中尽早开始使用这些允许出现在国家考试的法律汇编，是熟悉这些法律的最好方式。[5] 通常允许在国家考试中出现的法律汇编是 "Schönfelder"[6] "Sartorius"[7] 及针对

---

[1] See Thomas Kuhn, Was im Examen wirklich geprüft wird, Anforderungsanalyse anhand einer zivilrechtlichen Originalklausur, JuS 2011, 1066, JuS 2012, 970, 还有 Karl Kröpel. Was im Examen wirklich geprüft wird, Anforderungsanalyse anhad zweier strafrechtlicher Originalklausuren, JuS 2012, 596.

[2] 《巴登-符腾堡州法学教育考试规定》第7条第2款第2句，《拜恩州法学教育考试规定》第28条第2款第4句，《北莱茵-威斯特法伦州法学教育法》第10条第1款第3句。

[3] 根据《巴登-符腾堡州法学教育考试规定》第13条第4款的规定，考生允许携带辅助工具。

[4] 在巴登-符腾堡州请参见 VwV des JuM v. 14. 06. 2004 über die Hilfsmittel in den juristischen Staatsprüfungen, der Notar-und der Rechtspflegerprüfung, abgedruckt in Dürig, Nr. 39g。另见司法考试部门的网站，对此请参照司法考试部门的解释。

[5] 有时候想起来的不是具体的法条，而是该法律规定在法典中的位置，比如，在左下角或者右上角有某条规定。

[6] Schönfelder, Deutsche Gesetze, Sammlung des Zivil-, Straf- und Verfahrensrecht, München，包括目前发行的版本，主要作品和增补版本。

[7] Sartorius Ⅰ, Verfassungs-und Vereraltungsesetze der Bundesrepublik Deutschland, München, 有的情况下，考生也允许携带 Sartorius Ⅱ, Internationale Verträge-Europarecht, München-均为现发行版本。

各联邦州州法的法律汇编。[1] 此外，一般情况下也允许学生在国家考试中使用劳动法[2]和欧洲法[3]的文字版本及自由选择科目的法律汇编。

考虑到国家考试要考查学生理解某一法学领域的不同法律规则之间的内部联系及不同法学领域之间的横向联系的情况，国家考试中的案例经常会涉及不同法律领域。比如，一个民法闭卷考试可能会出家庭法的法律问题。而案例中当事人的进一步法律关系却表现为债权债务关系，因此，考试会涉及一般债法和特别债法的内容。为了确保债权债务关系的实现，双方当事人会约定担保的情形，这就需要考生从物权法的角度作出解释。除了实体法的内容以外，闭卷考试还会考查"框架"之外的民事程序法的知识，因为案例会提出问题，即某一当事人提起的诉讼是否有胜诉的机会。商法并不排斥民法而是作为其补充，在商法闭卷考试中，考生必须在案例分析中有规律地将商法典和民法典的法律规则联系起来并且形成"法条链"。这种将不同的法律领域联系起来的方法可以**76**在闭卷考试中考查学生对基本联系的理解："其中最有意义的部分是，出题人通过考查对不熟悉的法律规定的处理，测试学生精确阅读法条和理解法条的能力、按照一定方法工作的能力、辨别基本问题的能力、利用案例描述中的提示进行论证的能力。司法判例和细节知识的了解在此并不重要。"[4]

考生在闭卷考试答题时，要按照一定的顺序应用不同法学领域的多个知识点。以图的形式可以作出如下解释：

---

[1] 在有些联邦州也允许考生携带 STUD-JUR Nomos 关于民法/经济法，刑法/道路交通法/劳动和社会保障法/欧洲法以及公法的文章。

[2] 比如，Arbeitsgesetze, Beck-Texte im dtv, Band 5006, 或者 Hans C. Nipperdey (Hrsg.), Arbeitsrecht, München, 现发行版本。

[3] Beck-Texte im dtv, Band 5014, Europaprecht, 现在发行版本.

[4] Kuhn JuS 2011, 1066, 1071, 对刊登在 JuS 2011, 345 中的一个第一次国家考试考试真题的评论。

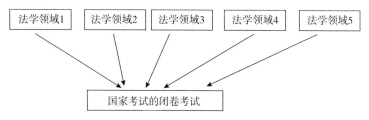

图 2-1　按一定顺序应用不同法学知识点答题

能否解答闭卷考试中的问题，很大程度上取决于学生对基本结构概况的了解和认识，是否具备分析型思维，培养自己的问题意识、判断能力以及按照法学方法解决问题的能力。国家考试会对所有的考试科目进行考查，因为法律研究人员应当具备跨学科思考和辨别各法律关系之间的联系的能力。

> ☞希望在学习过程及国家考试中成功通过闭卷考试，首先应当掌握的要点：
>
> ——所有考试科目的基础知识；
>
> ——了解法律条文和法律体系，掌握法学教义；
>
> ——掌握其关联性；
>
> ——问题意识和判断能力；
>
> ——了解各法律之间的横向联系；
>
> ——掌握案例分析的技巧。
>
> 其次才是单独的细节知识和实际知识。

（二）口试

> ✐（1）口试的具体流程？
>
> ✐（2）是否需要做一个报告？
>
> ✐（3）口试在整个国家考试中所占的比重？
>
> **辅助工具：**
>
> ❀《教育法》/《职业教育实施细则》

以巴登-符腾堡州为例的解答：

（1）口试由民法、刑法和公法中的各一节内容组成（《巴登-符腾堡州法学教育考试规定》第 17 条第 2 款）。考试中一般 4 个考生一组。每个考生的考试时间大约为 30 分钟，包括休息时间在内，每次口试大概持续 3 个小时。口试的最后，考官会给出口试成绩和国家考试整体成绩的意见。接着，考生就会拿到他们国家考试的最终成绩（《巴登-符腾堡州法学教育考试规定》第 19 条）。

（2）在巴登-符腾堡州的国家考试过程中，考生不需要做报告。

（3）口试的成绩占国家考试最终成绩的 3/10（《巴登-符腾堡州法学教育考试规定》第 19 条第 2 款第 2 句第 2 项）。

口试的时长。口试的时间为 30 到 45 分钟。[1]

报告。作为口试的一个新元素，很多联邦州在其教育法中规定考生在第一次考试时应当做一次报告。报告的时间大多为 10~12 分钟，之后根据具体情况会进行 5 分钟的深度讨论。[2] 学生应当在报告中展示他们除了具备法律专业知识外，还具备在自由辩论中解释一个法律问题和引导法律讨论的能力。[3] 萨克森州规定，为了展示在关键技能领域的学习成果，学生应当在口试中做一个 15 分钟的报告。[4] 在报告之前，学生多数情况下有一个小时的准备时间。

在国家考试总成绩中的比重。口试的成绩在一些联邦州的国家考试最终成绩中所占的比重较高，比如在萨克森州为 33%，在黑森州、莱茵兰-普法尔茨州和石荷州为 34%，在柏林和勃兰登堡州为 37%，在北莱茵-威斯特法伦州、下萨克森州、萨克森-安哈尔特州为 40%。[5] 与之

---

[1] 在梅克伦堡-前波美拉尼亚州和石勒苏益格-荷尔斯泰因州为 45 分钟。
[2] 柏林：报告 10 分钟，深度讨论为 5 分钟。北莱茵-威斯特法伦州报告最长为 12 分钟。勃兰登堡州、汉堡、下萨克森州、萨克森州和萨克森-安哈尔州也规定考生要做报告。
[3] 《柏林法学职业教育实施细则》第 9 条第 2 款第 3 句。
[4] 《萨克森州法学教育考试规定》第 26 条。
[5] 《柏林法学教育法》第 7 条第 1 款；《北莱茵-威斯特法伦州法学教育法》第 18 条第 3 款。

相比，在拜恩州[1]和汉堡所占的比例仅为 25%。

虽然国家考试的重点是闭卷考试，但是也不能低估口试的比重。口试主要考查学生口头分析案件事实的能力及衡量支持或反对某一特定的解决方案的能力。为了满足这个考试要求，您首先需要培养自己的口头辩论和表达能力。因此，您应当把培养这些能力列入自己的计划中并尽可能地寻找可以锻炼自己口头表达能力的机会。[2] 您在国家考试准备阶段必须把一部分时间花在有目标地锻炼口头表达能力方面。[3]

二、大学考试

各联邦州负责大学考试的具体安排。在联邦州授权的范围内，大学考试由各学院以章程的方式进行调整。大学考试中至少包括一次书面考查方式。不同学校之间考试的形式差别也很多，比如，以报告的形式。[4] 总体来说，大学考试中口试的重要性也被提高了。大学考试的目标是考查学生是否掌握了重点研究专业领域的基础知识和深度知识，是否具备在现实生活中应用法律的能力。[5]《德国法官法》第 5d 条第 2 款第 2 句规定，学校的重点领域考试必须至少包括 1 个书面考试。具体的事项，如成绩证明的数量和种类等，则由联邦州的各学校自己决定。[6] 对于是否安排口试，并没有强制性的规定。考虑可能成为考试的范围非常广泛，尽早确定您所在学校具体要求提交哪些考试成绩非常重要。

---

[1] 《拜恩州法学教育考试规定》第 34 条第 1 款第 2 句。

[2] 参加学习小组提高学生的口头表达能力，请参见本书第十章（学习小组）。

[3] 进一步的文献请参见本书第十三章（课程论文和口试）。

[4] 有关学校书面考查的一览表见 http://www.jurawelt.com/studenten/schwerpunkte. 也可参见关于重点领域考试的介绍 o.V., Die Schwerpunktbereiche in der ersten juristischen Prüfung, JuS 2012, 278。

[5] 例如，2014 年 11 月 19 日版的《奥格斯堡大学法学专业学习考试规定》第 32 条。

[6] 出版在律师公报上的 40 个德国大学法学院的具体规定，从注册到考试见 http://anwaltsblatt-karriere. anwaltverein. de/tl_files/anwaltsblatt-karriere/files/downloads/Heft12/Fakul-taeten.pdf。

（1）您所在学校有哪些关于重点领域考试的规定？

（2）您应当具体提交哪些考试成绩？

（3）这些考试成绩所占的比重如何？

辅助工具：

❋《教育法》/学校的教学或者考试规定

❋考试部门的答复/学院或者学校的信息宣传册

以图宾根大学为例的解答：

（1）《巴登–符腾堡州法学教育考试规定》第 26–33 条和 2012 年的《教学考试规定》第 17 条及以下相关条款对大学考试进行调整。

（2）大学考试成绩由 2 个考试成绩组成，其中至少 1 个必须以书面的方式进行（《巴登–符腾堡州法学教育考试规定》第 31 条第 2 款）。从 2015 年 10 月 31 日起，大学考试由一个 5 小时的闭卷考试和一次由 4 个考生一起参加的口试组成，每个考生在口试中的谈话时间大约为 15 分钟。

（3）闭卷考试成绩占 60%，口试占 40%。具体包括以下几方面：

考试成绩的种类和数量。各学校之间对考试成绩的要求差别很大。**79** 总的来说，学生最多需要提交 6 个单个成绩，在 3 到 6 周之内完成书面论文，参加时长为 2 到 5 小时的闭卷考试，并参加以报告或者讨论为形式的口试。下文中的一览表以选出的几所学校为例，直观地展示了各大学关于考试成绩规定的多样性。[1]

---

[1] 打分参见 Heino Schöbel, die universitäre Schwerpunktbereichsprüfung-Kuschelnoten ante portas?, JA 2008, 94。调查显示，在 73% 的情况下，重点领域考试的成绩都要比基础课考试成绩好，参见 Justizministerkonferenz, Auswirkungen des Gesetzes zur Reform der Juristenausbildung, S.15。下载地址 http://www.justiz.nrw.de/JM/justizpolitik/schwerpunkte/juristenausbildung/evaluation/bericht2011.pdf。

表 2-3　几所学校考试成绩的种类和数量

学校	家庭作业	辩论	闭卷考试	口试
科隆大学	有 （6 周）	报告和讨论	多个时长为 120 到 180 分钟的闭卷考试	没有
奥格斯堡大学	有 （4 周）	没有	2 个在学习期间安排的考试模块	15 分钟
维尔茨堡大学	有 （6 周）	报告	1 个学习期间安排的闭卷考试，1 个结业闭卷考试	30 分钟
哈勒-维滕贝格大学	有 （6 周）	有	没有	45 分钟
美因茨大学	没有	没有	2 个时长 180 分钟的闭卷考试	30 分钟
康斯坦茨大学	有 （4 周）	有 （10 分钟）	1 个闭卷考试（5 小时）	30 分钟

　　提交考试成绩的期限。有些学校要求学生在第三学期就提交第一批考试成绩。有些情况下，只有取得参加国家考试书面考试许可的学生才允许参加大学考试的口试。其他的联邦州要求学生必须在取得国家考试口试许可之后的一年内完成大学考试。[1]

　　其他考试的认证。在慕尼黑大学[2]，学生可以通过参加慕尼黑大学和巴黎第二大学合作的德国法和法国法课程取得 Licence en droit 来代替大学考试。科隆大学[3]的学生则可以通过取得科隆大学/巴黎第一大学法律硕士学位代替大学考试。

　　（一）书面家庭论文

　　很多学校规定，完成一篇内容广泛的书面作业是重点领域考试不可缺少的一部分。[4]家庭作业通常表现为完成与某一研讨课密切联系的专

----

〔1〕　比如在萨克森州，《萨克森州法学教育考试规定》第 13 条第 1 款。

〔2〕　2012 年 9 月 28 日的《慕尼黑大学学习和考试规定》第 39 条第 2 款。

〔3〕　2015 年 1 月 21 日的《科隆大学法学院学习和考试规定》第 50 条第 1 款。

〔4〕　有些学校，如图宾根大学、美因茨大学和萨尔布吕肯大学不要求学生提交家庭作业。

题学术论文。因此，为了深入学习学术论文写作的基本原则，建议您在开始做家庭作业之前就参加1次针对书面研讨课报告的练习课。有些情况下，学校要求学生必须在完成家庭作业之前参加1个研讨课。[1] 拜罗伊特大学就对研讨课和高级研讨课进行了区分，学生只能在参加高级研讨课时完成考试任务。

家庭作业的内容若为案例分析，学生就要通过查询文献和司法判例为解决某一法律问题提供具有法律依据的建议。最后，学生应当提交一份鉴定，利用掌握的专业知识和案例分析技术解决案例分析中的法律问题。[2] 练习课的家庭作业在一定程度上可以为这次家庭作业做准备。

（二）闭卷考试

很多联邦州把闭卷考试视为一种必不可少的考试形式。重点领域学习中的闭卷考试同样侧重案例分析，只不过增加了法律咨询和法律关系形成的视角。这意味着，与律师工作相关的学习任务和从律师从业角度出题的闭卷考试会越来越多。在这个过程中，学生必须注意到闭卷考试中的争议解决与法律咨询、法律关系形成在方法上的区别。[3] 在律师闭卷考试中，学生应当改变解决问题的视角。比如，以为顾客提供法律咨询为例[4]，典型的提问方式为"应该给 A 提出怎样的建议？"或者

---

〔1〕 参见本书边码53及以下。虽然从学生的角度节了时间，从教师的角度节省了资源，但是那些允许把大学考试中的课程论文同时作为为国家考试而开设的研讨课论文的规定对学生的学习来说，是非常不好的。那些认为可以完成1项家庭作业之后再参加1个基础课闭卷考试来代替研讨课作业的观点，同样对学生非常不利。从研讨课论文批改的经验来看，那些在第一次写作中经常出现的典型新生错误通常在第二次撰写论文中就不会再出现。如果相关规定导致课程论文成为学生科研论文的处女作的话，会导致课程论文的质量难以保证。有些学校，比如，维尔茨堡大学明确规定，研讨课可视为学生完成书面作业的练习准备，因为学校对学生研讨课论文的要求与法学大学考试中的课程论文的要求相同。

〔2〕 关于家庭作业中的案例分析请参见本书第九章（案例分析），本书边码289及以下内容，附有详细的参考文献信息。

〔3〕 对此，Mattheus/Teichmann, JuS 2003, 635 也有所强调。

〔4〕 Medicus/Petersen, Rn. 4 ff. 此类预防法学的问题在国家考试中的案例参见 Markus Sikora/Andreas Mayer, Kautelarjuristische Klausuren im Zivilrecht, München, 4. Aufl. 2015, S. 26 ff.。

"A 有哪些可能的选择?"[1] 这里，学生也有可能被问到怎样才能避免法律争议的问题。在公法领域内可能出现的任务是，为某一管理机构或者社会团体提供法律咨询，比如，在他们清除工业废料之后应当向谁索取支出费用的补偿。有关法律关系形成的问题则为起草合同（比如婚姻契约合同、公司合同）、起草一般条款或者起草遗嘱。在继承法领域有很多关于法律关系形成的问题。公法领域的任务可能表现在为某部门起草一项章程或者命令。[2]

（三）口试

口试在重点领域学习中所占比重非常大（比如，哈勒大学占 40%）。重点领域的口试主要是一种理解能力考试。在有的学校，口试也作为学生毕业学术论文答辩的一部分，比如，科隆大学和哈勒大学。

（四）认识

通过有关重点领域学习和大学考试的介绍，我们可以得出以下认识：很多联邦州都规定完成 1 篇主题研究论文是学校安排的重点领域考试的一部分。学生在制定学习规划时应当及早为大学考试做准备。在此强烈建议：首先，为了尽早掌握完成大学考试中论文写作所需要的能力，务必要在大学考试之前就完成 1 篇研讨课论文。其次，在书面考试中，报告和口试成绩的重要性越来越高。如果学校也对口试作出规定的话，加上国家考试中的口试，学生在毕业之前要通过 2 次口试。在制定学习规划时，学生就要考虑到应该如何为口试做准备。有关大学考试对学术论文的要求请详见本书第 13 章的内容。[3]

（五）大学考试的实施

各学校的考试部门负责重点领域考试的组织和实施工作。重点领域的选择应当告知大学考试部门。与参加大学考试许可有关的所有问题应

---

〔1〕 有关鉴定报告请参见 Schmals, Rn. 548，比如，在经营体系的设计方面，一个在全欧洲范围内经营的商业公司有哪些选择？有关在律师闭卷考试中的答题步骤请参见 Schmalz, Rn. 550ff. 及本书第十四章（法律咨询和法律关系形成）的文献资料。

〔2〕 有关法律咨询和法律关系之型构的进一步信息请参见本书第十四章（法律咨询和法律关系形成）。

〔3〕 请参见本书第十三章（课程论文和口试）。

当询问大学考试部门的工作人员。您可以在学院相关网站上找到详细信息。

三、对第一次国家考试的认识

☞考虑到具体情况的差异，学生为参加国家考试需要掌握 30 到 40 个学习单元。除此之外，还要掌握 5 到 10 个重点领域的学习单元。

☞在国家考试中，学生需要完成法学核心学科，即民法、公法和刑法领域的 5 到 7 个闭卷考试。有些学校规定，学生在整个学习期间只需要通过与这些学科有关的 6 个闭卷考试。国家考试中的闭卷考试时长为 5 个小时，与学生在学习期间必须通过的闭卷考试相比，这些考试在时间上更长、考试内容更广。

☞虽然在学习期间的闭卷考试只考查有限的学习内容，或者有些情况下只需要理解并掌握某些知识点，但是在闭卷的国家考试中，所有法学领域都有可能成为考试内容。

☞在很多联邦州，学生必须不间断地完成国家考试中的所有闭卷考试。因此，学生必须一次性准备同一考试日程的所有必修课内容。在闭卷考试期间没有继续准备或者学习其他法学领域的时间。因此，国家考试并不要求学生掌握大量的细节知识，而是侧重考查学生对法律体系的理解和按照法学方法进行工作的能力。

☞成功通过学习过程中和国家考试中闭卷考试的要点：

——基础知识；

——对法律条文和法律系统的理解；

——理解法学教义学；

——对关联性的认识；

——对不同法律法规之间的横向联系的认识；

——掌握案例分析技术；

——把握内容繁多的细节知识。

82

☞在国家考试备考时，首要注意的是闭卷考试的案例分析；而大学考试中的家庭作业则要求学生对学术作品的写作有较好的理解。几乎所有联邦州的法学学生都要在学习阶段末期通过 2 次口试。成功通过口试的前提条件是优秀的表达能力和法学辩论能力。学生在学习过程中很少有机会参加口试，因此，在学习中应把培养自己的口头辩论能力列入学习计划并寻找一切机会锻炼自己。

第七节　重要的认识和文献

以下内容的总结非常概括，具体情况您可以参见本书相关的章节。对您来说，重要的是发现哪些总结对您进行具体的学习规划有帮助，哪些可以被补充或者代替。

☞不应为应付考试和检查而只学习知识点，应系统地掌握各法学领域并持之以恒地学习。

☞您应当定期自觉检查学习成果。为此，比较好的建议是，在每学期的期末设置 1 个复习阶段，通过这段时间的复习，您可以对本学期的学习内容有总体的了解。而学校期末考试的准备让复习阶段更加轻松。如果期末没有安排考试，您也要独立完成复习。

☞如果为了取得需要提交的成绩证明，只要求通过少量的闭卷考试，也强烈建议您参加学院安排的闭卷考试（在已经通过必要的闭卷考试的前提下）。因为在学习过程中并没有持续 5 个小时的考试，所以您在国家考试之前应尽可能地参加一些国家考试的模拟闭卷考试。

☞学习期间的闭卷考试和国家考试中只允许学生携带法律文本作为辅助材料。所以对您来说最重要的是理解法律条文、法典的体系和解释以及案例分析的方法。

☞闭卷考试的内容越来越多地涉及法律关系形成和法律咨询的问题，这些问题的解决方法与案例分析不同。您一定要把学习与法律关系形成及法律咨询有关的知识列入学习计划中。

83

☞为将必修课学习和重点领域学习结合起来，并在学习阶段末期通过这 2 个考试，您需要在学习的每个阶段都尽早进行具体规划。

☞尽早对考试学科有概括的了解，能够让您更清楚地认识到系统学习的必要性，并且让学习规划更加轻松。

✐请标记出第二章中对您来说最重要的认识。

表 2-4　法学学习（要求和学习内容）

Gramm，Christof/Wolf，Heinrich A.	Jura-erfolgreich studieren, Für Schüler und Studenten, München, 7. Aufl. 2015.
Grosch，Olaf	Studienführer Jura, Eibelstadt, 6. Aufl. 2010.（从第 105 页起为各联邦州学习的介绍）
Köbler，Gerhard	Wie werde ich Jurist? Eine Einführung in das Studium des Rechts, München, 5. Aufl. 2007.
Kramer, Urs/Kuhn, Thomas/Putzke, Holm	Fehler im Jurastudium, Ausbildung und Prüfung, Tagung vom 13. – 14. September 2011 an der Universität Passau, Stuttgart u. a. 2012.（对学生来说则很有趣）
Kudlich/Muckel/Wolf(Hrsg.)	JA Sonderheft für Erstsemester, München, 2011.
Kühl, Kristian/Reichold, Hermann/Ronellenfitsch, Michael	Einführung in die Rechtswissenschaft, Ein Studienbuch, München, 2. Aufl. 2015.（从第 31 页开始是关于学习和法律应用实务的内容）
Lammers，Lutz	Lernen in Jurastudium und in der Examensvorbereitung-Non scholae, sedvitae discimus, JuS 2015, 289.
Lange，Babara	Warum es lohnt, die Säge zu schärfen, Der Wirtschaftsführer 1. 2012, 4ff.
Lange，Babara	Wie studiere ich erfolgreich, Beck´scher Studienführer Jura 2011/2012, 10ff.
Loos，Claus	Recht: verstanden! So funktiert unser Rechtssystem, Juristische Grundlagen einfach erklärt, München, 2. Aufl. 2015.

Maibus, Martin	Die tools für ein erfolgreiches Jurastudium, Marburg Law Review (MLR) Bd. 3 (2010), S. 1.
Niedostadek, André/Lorenz, Jörg-Christian	Karrierewege für Juristen, authentische Erfahrungsberichte, Frankfurt/M., 2006.
Scholz, Peter/Schulte, Christian	Der Weg zum juristischen Prädikatsexamen, Erstes und zweites juristisches Examen erfolgreich bestehen, Berlin, 2. Aufl. 2007.(对其的评论见 Marcus Bergmann/Michael Sturm, ZJS 2008, 327)
Stock, Steffen (Hrsg.)	Erfolgreich studieren, Vom Beginn bis zum Abschluss des Studiums, Berlin, 2009.
Spießer, Ronja Serena	Und in fünf Jahren habe ich recht, Was man wissen muss, bevor man Jura studiert, 2013.
Ter Haar, Philipp/Lutz, Carsten/Wiedenfels, Matthias	Prädikatsexamen, Der selbständige Weg zum erfolgreichen Examen, Baden-Baden, 3. Aufl. 2012.
Ziegert, Nora	Einstieg in das Jurastudium, JuS-Magazin 2/08, S. 8ff.

网页：

http://www.jurawelt.com/aufsaetze/methodik/8691：Claus Roxin 教授在 2002 年 1 月 17 日做的关于法律人的职业和法学学习的报告

http://www.jura.uni-muenchen.de/personen/k/konche_joachim/erstsemester.html：Knoche 教授给新生的建议：《驳法学学习的 3 个"谎言"》

http://bewerberporpal.law-school.de/was-ist-jura/video-jura.studieren.html：汉堡博锐思法学院 Faust 在迎新日上的讲话录像

http://www.testjurself.jura-uni-hannover.de/：选择专业的定位指南(以及是否应当在汉诺威大学学法律的问题)

http://www.niederle-media.de/Wegweiser-Ratgeber-Jurastudium-jura-studium-studienort-wechseln.pdf：Philipp Lutz 的作品：Wegweiser und Ratgeber Jurastudium, Schneller Überblick über den"Juraschugel"für Alle, die sich für Jura als Studium interessieren oder den Studienort wechseln wollen, 2014.

http://www.lto.de/jura. 该网站提供在德国学习法律和实习期的信息,德国大学法学院的概况和考试成绩的数据以及各大学的链接

84

http://de.wikiversity.org/wiki/ListederjuristischenFakultaeteninDeutschland.
http://jurawiki.de/StudienOrdnung. 各学院教学规定的链接
www.vahlen.de. 关键词"Jurastudium erfolgreich",板块"Online-Materialien":在 Unter Service für Studenten und Referendare 之下是有关学习的一览表和考试规定的链接
http://www.boorberg.de. 在 Fachbreich, Ausbildung, Uni-Studenten 之下可以找到有关法律人教育法和职业教育实施细则及考试规定的链接汇编

第三章　学院提供的课程

第一节　目标和方法

通过阅读第二章内容，您可以知道在学习过程中需要提交哪些成绩证明，为参加国家考试您应当掌握哪些法学领域以及学习阶段末期考试的形式。将与考试相关的法学领域划分为较大的学习单元，便于您对学习内容形成概括的了解。

本章的目标是让您对所在学院提供的课程教学形成清晰的了解。在本章的最后您将会知道所在学校对每个考试科目提供了哪些入门和强化课程，这些课程一般在什么时候开设，通常讲课范围是什么。这些认识是您下一步，也是完成学习规划非常重要的一步。借此您可以确定，从教学计划出发，学校教学安排中所讲授的与国家考试有关的知识和能力的范围如何（比如，基础知识、对相关知识及各法学领域之间横向联系的理解、案例分析技术和口头语言表达能力）。如果学院安排的课程教学对特定的考试相关的能力训练不够或者讲解得不够，您必须独立培养这些能力并且在进行学习规划时[1]考虑这些情况。

您所在学院的课程教学是根据所谓的教学计划安排的。大多数学院都采用这种描述，此外，也有学院将其称为教学项目、教学建议、教学进度计划或者教学流程计划。教学计划中有学院提供的课程教学。大多数学院在教学计划中按照学期数对课程教学进行划分。那些允许法学院

---

[1]　详细的个人学习规划的说明，请参见本书第四章（怎样制作具体的学习规划）。

学生夏季学期入学的学校一般会有 2 种教学计划：一种为夏季学期入学的学生设置，另一种为冬季学期入学的学生提供。典型的教学计划包括大课（讲座课）、练习课、学习小组和研讨课。[1]

在分析学院安排的课程教学时，我将课程划分为初次学习的课程、补充学习的课程、准备国家考试的课程（Examinatorien：模拟考试课、学院安排的国家考试复习课）。有关案例分析和闭卷考试训练的课程我将在一个特别的分类之下进行讨论。对学院提供的课程教学的分析将以表格的形式呈现，以达到清晰明确的目的。

第二节　必修课领域的课程教学 （不包括国家考试准备课程）

学院提供课程教学的目标是让学生熟悉法学方法，培养他们理解、掌握并且应用法律的能力。[2] 和中小学不同，全面地讲授考试内容不是大学的任务之一。[3]大学提供的课程教学可作为建议和辅助措施，并不能作为完全掌握与国家考试相关内容的保证。[4]本部分将讨论国家考试必修科目的课程教学，包括民法、公法、刑法、欧洲法和基础学科的相关课程。目的是确认学院安排的教学课程能够在多大程度上完成传授专业知识、提供复习和强化学习的功能。

一、民法方向的课程

（一）把民法必修学科划分为核心学科和次级学科

从学科本身的重要性出发，民法必修学科被划分为核心学科

---

〔1〕　详见汉诺威大学的 4 个视频：https://www.jura.uni-hannover.de/videoeinblicke.html？&no_cache＝1。

〔2〕　《北莱茵-威斯特法伦州法学教育法》第 2 条第 2 款。其他州的教育法与此类似。

〔3〕　很多新生很久后才知道自己有搜集并掌握学习材料的责任，他们一开始总是期望学校能够传授所有的知识。就此参见 Prof. Otto Lagodny, Einige Überlegungen zum Studienbeginn, http://www.uni-salzburg.at/fileadmin/oracle_file_imports/141290.PDF。大课和其他课程教学只能指明方向，划定范围，为自学提供帮助并且教授基本概念。

〔4〕　Christof Steimel, Am Beginn des Studiums, in: JuS-Redaktion, JuS-Studienführer, München, 4. Aufl. 1997, S.110：“大课为学生完善自己的知识给予指导和鼓励”。

（Kernfächer）和次级学科（Nebenfächer）。核心学科是学生理解法律体系必不可少的学科。在民法方面，这些学科是民法的重要领域，确切地说，是民法典的前三编：总则、债法和物权法。民法教学的重心就是这些核心学科。次级学科作为核心学科的补充，考试中通常只涉及其部分内容并仅仅要求对其概括了解。次级学科中的知识点比核心学科中要少得多。民法各核心学科目录中剩下的法学领域均为次级学科，一般包括家庭法、继承法、商法、民商事组织法、民事程序法、强制执行法和劳动法。请不要对次级学科这种描述产生误解。次级学科都为必修学科，对所有法学学生来说都是考试内容，是对核心学科知识的补充。

87　（二）核心学科的课程教学

　　1. 概要

　　✎(1) 您所在的学院为民法核心学科开设了哪些课程教学？请不要把直接为国家考试备考而开设的课程教学算在内。请按照学期进行统计并标记相应的学分。

　　✎(2) 有关核心学科基础知识的课程在哪些学期开设？在哪些学期有民法方面的复习和强化课程？

　　辅助工具：

　　❀教学计划（比如，学院的网页"教学建议"或者"指南"以下的内容）

　　以图宾根大学为例的解答：

　　针对问题（1）：

　　针对核心学科，教学计划[1]中规定了以下的课程教学：

　　第一学期：6个学时的基础课程民法Ⅰ，重点内容多为民法典总则。

　　第二学期：6个学时的基础课程民法Ⅱ，重点内容为债法，结合与之相应的为新生开设的民法方向的练习课。

---

　　〔1〕 法学专业教学计划：根据2012年的《教育考试规定》第16条第3款制作，2015年7月14日。雷根斯堡大学的教学计划非常详细，其中包括关于法学学习的信息：http://www.uni-regensburg.de/rechtswissenschaft/fakultaet/medien/aktuelles/studienf_hrer_ws_2014-15.pdf。

第三学期：4 个学时的合同法，4 个学时的物权法和担保法 I。

第四学期：4 个学时的非合同之债，2 个学时的物权法和担保法 II：重点内容是动产和不动产抵押部分。

第五学期：2 个学时的为高年级学生开设的民法方向的练习课。

第六学期：3 个学时的复习和强化课程和民法 II。

针对问题（2）：

在学习法学的前四个学期开设民法核心学科的导论课程。第五学期提供为高年级学生开设的练习课。第六个学期安排复习课程。

2. 总结

一个非常重要的结论就是，在学生完成内容非常广泛的核心学科导论课程之后，大多数学院并没有提供进一步复习和强化学习内容的机会。学院的假设是，学生在前四个学期参加完核心学科的课程教学之后已经掌握了从一般到特殊的所有专业问题。第五学期设置的为高年级学生开设的练习课也可以印证这种观点。[1] 事实上，要参加为高年级学生开设的练习课，学生必须掌握牢固的基础知识。问题是，绝大多数处于第四学期的学生认为他们刚刚完成核心学科的导论课程，但此时核心学科的系统教学实际上已经结束。虽然从第五个学期开始的课程会复习、补充并且强化部分法学领域和某些细节问题，但是已经不是以学习基础知识为目的。其内容的选择标准可能是"精选的、与闭卷考试特别相关或者经典的问题"[2]。参加补充和强化课程的前提就是：首先，学生已经很大程度上掌握了核心学科及其体系的知识。其次，还必须考虑到的情况是，通常每个学期课程由不同的讲师开设。因此，某些案例分析和典型的闭卷考试问题会在学习过程中不断重复，而其他的根本不会被提及。因此，您在进行学习规划时，必须注意到：

---

〔1〕 2007 年 10 月 30 日的《慕尼黑大学学习和考试规定》第 25 条第 1 款："为高年级学生开设的课程包括必修学科的所有内容……"

〔2〕 比如，请参见有关 Einzelne vertragliche Schuldverhältnisse（合同之债各论）主题的强化课程的通知：考虑到时间较紧，课程必须专注于解决重要的典型问题，其他的问题希望以自学的方式解决。

☞为了在第五和第六学期参加强化课程，您必须最晚在第四学期结束时完成系统掌握核心学科的任务。

因为这些课程都会从非常深层次的角度讲解单个的法律问题，只有这样您才能够从接下来的强化学习课程中受益。

（三）次级学科的课程教学

1. 概况

✎（1）您所在学院的教学计划中安排了哪些民法次级学科的课程（家庭法、继承法、商法、民商事组织法、民事诉讼法、强制执行法、劳动法和国际私法）？请不要把直接为国家考试备考而开设的课程考虑在内。按照学期进行统计并标记出其各自的学分。

✎（2）是否有次级学科的复习和强化课程（不包括直接为国家考试备考而开设的课程）？

辅助工具：

❊教学计划

以图宾根大学为例的解答：

教学计划中为次级学科安排了以下课程教学：

针对问题（1）：

第一、二、三学期：没有相关课程。

第四学期：2 个学时的商法、4 个学时的民事诉讼法［包括法院组织法（权利判定程序）］和 2 个学时的家庭法。

第五学期：2 到 3 个学时的继承法、2 个学时的强制执行法、2 个学时的国际私法Ⅰ、3 个学时的劳动法Ⅰ和 2 个学时的民商事组织法Ⅰ。

针对问题（2）：

在学习中期并没有开设针对次级学科的特定复习和强化课程。

2. 总结

第一个认识是，从上文的示例可知，次级学科的教学从第四学期才开始。因此，在完成学习规划时您要注意，学校把前三个学期的时间安排在系统教授核心学科内容上，您也应当充分利用这段时间完成核心学科的学习。教学计划为次级学科安排了每学期 2 到 4 学时的课程。这些课程让学生对该法学领域形成初步了解并概括处理其中最重要的问题。除了国家考试阶段外，教学计划很少在这方面安排复习和强化课程。这个认识对学习规划的重要性如何，取决于法学学习中次级学科的考查方式。

很多核心学科的法律概念也会出现在次级学科中。次级学科主要调整私法的特别领域。比如，家庭法调整配偶之间或者亲属之间的人身关系；商法具有调整商事交易的特点，是以商人为主体的特别法。在国家考试中，考查内容仅限于某一次级学科的闭卷考试极少出现。其内容主要以"边缘"或者"附加"问题的方式出现在闭卷考试中。一种考查方式是，问题的一部分或者附加问题涉及次级学科。[1]另一种考查形式则表现为，把有关次级学科的问题设置为"入门"或者"圈套"问题，考试的主要部分最终还是要回到核心学科的法律规定上来（比如，商事买卖的问题必须追溯到民法典中的买卖法，公司成员之间的债权债务关系要追溯到民法典中的履行障碍法）。下文以民事诉讼法为例，对这两种考查形式进行说明：

第一种考查形式：次级学科作为附加问题。 **90**

案例问题：法律状态如何？提起赔偿损失之诉是否可行？

解决办法：案例分析的第一步是，首先对涉及核心学科实体法的问题进行探讨（比如代理、合同法、赔偿法），其次再解答涉及次级学科的问题（比如民事诉讼法）。

第二种表现形式：次级学科作为"入门"或"圈套"。

案例问题：提起的诉讼是否有胜诉的可能？

解决办法：案例分析要分两部分进行。第一部分论证诉的可行性，此

---

〔1〕 参见 Uwe Murmann/Nils Grassmans, Die strafprozessuale Zusatzfrage im Ersten Juristischen Staatsexman, JuS 2001, Beilage zu Heft 3 和 Peter Oestmann, Die prozesuale Zusatzfrage in der BGB-Klausur, JuS 2004, 870。

处您需要掌握民事诉讼法的知识（次级学科）；第二部分论证诉的依据，此处需要探讨核心学科中实体法的问题，比如代理、合同法或者赔偿法。[1]

如何把次级学科和核心学科的知识联系起来，对很多学生来说是一大难题。导致这种困难的原因之一是，为讲授次级学科而安排的每学期2到3个学时的课程中，课程内容仅限于该学科的入门知识并且仅在这门学科的体系内讲解问题。因此，无法在已经学习的各法律领域之间形成"联结"。对学生来说，想要把次级学科和核心学科的知识结合在一起非常困难。这个问题早已广为人知，因此，很多次级学科的课程不再被称为"家庭法"或者"继承法"，而被称为"以家庭法为重心的民法课程"和"以继承法为重心的民法课程"。然而，这种名称的改变并不能保证核心学科和次级学科的横向联系在授课时一定能得到特别关注。况且，2到3个学时的时长能否保证有足够的时间阐述次级学科与核心学科的联系也是个问题。通过具体的案例来讲解不同问题之间的联系的时间少，练习怎样在闭卷考试中阐述这些联系的时间就更少了。此外，仅有部分学校针对次级学科设置了期末闭卷考试（比如，维尔茨堡大学设置了家庭法、继承法、地方自治法和安全法的期末闭卷考试）。在为新生开设的练习课中，因为学生还没有开始次级学科的学习，闭卷考试的考试内容仅限于核心学科。但是，为高年级学生开设的练习课闭卷考试也主要关注核心学科的法律问题。因此，您在进行学习规划时，要注意以下问题：

> ☞只有部分学校会对民法次级学科安排考试。
> ☞基于上述原因，独立掌握、深入学习次级学科的内容并且特别注意核心学科和次级学科之间的横向联系对您来说非常重要。[2]

---

〔1〕 有关诉讼法案例的具体特征请参见 Braun, S. 26 ff.。

〔2〕 您应当怎样识别并掌握法学领域之间的横向联系，请参见本书第六章（系统掌握不同法学领域），边码213及以下内容。

（一）概况

一般行政法即行政法总论，在公法领域占据核心地位。因为其本身特征，一般行政法渗透在公法其他所有领域中。一般行政法的原则及其他内容体现在特别行政法的方方面面。考虑到一般行政法的这种渗透的特性，特别行政法不能被描述为次级学科。此外，绝大多数公法主题都直接或者间接与宪法有关。因为宪法的法律效力覆盖所有的法律领域，尤其是在一般行政法领域。考虑到这层联系，在公法领域内划分核心和次级学科并不是很有意义。[1]

✎（1）您所在学院的教学计划针对公法必修学科提供了哪些课程教学？请不要把直接为国家考试备考而开设的课程考虑在内。请按照学期进行统计并标记出相应的学分。

✎（2）是否有复习和强化课程（不包括直接为国家考试备考而开设的课程）？

辅助工具：

❀教学计划

以图宾根大学为例的解答：

教学计划为公法领域的必修科目安排了以下课程教学：

针对问题（1）：

第一学期：4个学时的基础课程、公法Ⅰ：国家组织法。

第二学期：3个学时的基础课程、公法Ⅱ：基本权利，1到2个学时的宪法、诉讼法。

第三学期：2个学时的为新生开设的公法练习课、4个学时的一般行政法。

---

[1] 参见 Walter Schmidt, Staats-und Verwaltungsrecht, Neuwied u. a. 3. Aufl. 1999, S. 5ff.（国家法和行政法的内容领域，重点和交叉）。

第四学期：2 个学时的警察法、2 个学时的行政诉讼法。

第五学期：1 个学时的地方自治法（Kommualrecht）、2 个学时建筑法。

第六学期：2 个学时的为高年级学生开设的公法练习课。

针对问题（2）：

学院并没有在学习的中期阶段安排公法领域的复习和强化课程。

92　（二）总结

从上文的示例中可知，到第六学期为止，公法所有的必修科目都通过各自的课程教学完成一次性的授课。相关的复习和强化课程却很少或者完全没有。这对您进行学习规划有何意义呢？在公法领域内核心学科和次级学科无法联系起来的问题并不像在民法领域那样严重。因为，在处理绝大多数公法案例时，宪法都发挥着重要作用，或者一般行政法的基本制度也必须同时考虑在内。要分析建筑法或者警察法的案例，必须回溯到一般行政法和基本权利。这意味着，行政法的基本制度和基本权利在绝大多数的公法课程教学中（比如警察法、建筑法、地方自治法和行政诉讼法）都会反复被提及，因此，公法课程之间的横向联系会更明确地突显出来。在学习公法的过程中，首先，学生要在不同课程教学中从不同角度探讨问题，但是探讨问题的角度不同，法律调整的程度也存在差异[1]，他们在此过程中遇到的困难就是怎样辨别其中的差别。因此，认清不同的行政特别法之间的相互联系非常重要。[2] 总之，您要注意在制作公法学习规划时，为了把那些观察角度不同的新知识归入已经熟悉的知识中并且能够辨别其中的关联，要尽快并且尽可能深入地掌握公法的基本制度。其次，考虑到具体的课程教学安排，在国家考试备

---

〔1〕　参见 Bauer/Braun/Tenckhoff, JA-Sonderheft für Studienanfänger, Neuwied u. a., 5. Aufl. 1992, S. 67。

〔2〕　Heckmann, S. 8f.：" ……公法领域的闭卷考试涉及的法律很多……必须对公法的机构有基本的理解……"

考阶段开始之前您可能只有一次旁听所有的公法必修学科的机会。[1]
事实上，很少有学校会为特别行政法安排结课闭卷考试，比如，地方自
治法、安全和警察法、建筑法方面的闭卷考试。[2]大部分学校没有设置
任何形式的学习成果检查。对您完成公法方面的学习规划来说，这意
味着：

> ☞为了能在学习特别行政法的时候与一般行政法联系起来并且为
> 公法案例分析打好基础，您必须尽快深入且系统掌握基本权利和一般
> 行政法的内容。对特别行政法来说，您必须自主规划并完成其复习、
> 强化和考查学习成果的过程，因为面向高年级学生开设的练习课中安
> 排的闭卷考试只能覆盖其中的一部分内容。

三、刑法领域的课程教学

（一）概况

> ✐（1）您所在学院的教学计划为刑法必修学科安排了哪些特别的
> 课程教学（不包括研讨课）？请不要把直接为国家考试备考而开设的课
> 程考虑在内。请按照学期进行统计并标记出相应的学分。
>
> ✐（2）是否有复习和强化课程（不包括直接为国家考试备考而开
> 设的课程）？
>
> **辅助工具：**
>
> ❀教学计划

---

[1] Gunter Kisker/Wolfram Höfling, Fälle zum Staasorganisationsrecht, München, 3. Aufl. 2001, 本书批评了最近在教学实践中出现的倾向于最后在第四学期"不连续地"教授国家法的现象。

[2] 比如在维尔茨堡和康斯坦茨。

以图宾根大学为例的解答：

教学计划[1]为刑法必修科目安排了以下课程教学：

针对问题（1）：

第一学期：4个学时的基础课程、刑法Ⅰ：总则。

第二学期：3个学时的基础课程、刑法Ⅱ：分则1（针对个人合法权益和高于个人合法权益的犯罪）。

第三学期：3个学时的基础课程、刑法Ⅲ：分则2（针对所有权和财产的犯罪），2个学时的为新生开设的刑法练习课。

第四学期：2个学时的为高年级学生开设的刑法练习课。

第五学期：3个学时的刑事诉讼法（包括法院组织法）。

第六学期：2个学时的补充课程和强化课程。

针对问题（2）：

第六学期有一门强化课程。

（二）总结

考虑到内容范围的限制，刑法领域的课程教学比民法和公法的要少。有些学校会安排相关的补充和强化课程（一般在第四到第六学期之间）。系统性强化所学内容的机会并不常有。事实上，很多学生在他们的国家考试备考阶段才真正系统地掌握了刑法领域的内容。因此，刑法的实际学习内容和所花费的精力也因为经验之谈被低估了。一种在学生之间广泛传播的观点是，在刑法的闭卷考试中拿到好成绩很容易。虽然拿到好成绩确实不难，但是扎实地掌握了学习内容是前提。

94

> ☞在接近国家考试时才"临时抱佛脚"是不够的。刑法总则是一个很难并且非常复杂的学习单元。为了掌握通过闭卷考试所需的知识，您应当循序渐进地学习这部分内容。

为了应付各种复杂的刑法闭卷考试，您需要强化练习案例分析。但

---

〔1〕 教学计划根据开学时间为冬季还是夏季有所不同。

是，因为很少有针对刑法总则、刑法分则和刑事诉讼法进行补充和强化的课程，您必须自主强化学习刑法领域的内容，自主复习第一学期学到的知识。因此，我建议您在制定学习规划时，在国家考试备考之前就深入并且系统地学习刑法相关内容。

四、欧洲法领域的课程教学

（一）概况

> ✎（1）您所在学院的教学计划针对欧洲法必修学科提供了哪些特别的课程教学（不包括研讨课)？请不要把直接为国家考试备考而开设的课程考虑在内。请按照学期进行统计并标记出相应的学分。
>
> ✎（2）是否有复习和强化课程（不包括直接为国家考试备考而开设的课程)？
>
> **辅助工具：**
>
> ❀教学计划

以图宾根大学为例的解答：

欧洲法作为必修课程之一，教学计划为其安排了以下课程教学。

针对问题（1）：

第三学期：3个学时的欧洲法Ⅰ：欧洲宪法。

第四学期：2个学时的欧洲法Ⅱ：欧洲经济法。

针对问题（2）：

教学计划中并没有安排特别的复习和强化课程。

（二）总结

考虑到欧洲法"在几年之内迅速从外国法转变为法学教育和工作的核心学科"[1] 的情况，每学期安排2个3学时的课程并不算多。此外，学生也必须掌握所有必修学科中与欧洲法有联系的内容。[2] 只有在掌握足够的欧洲法基础知识的前提下，学生才能理解这些与欧洲法相关的

---

〔1〕 参见 Florian C. Haus/Mark D. Cole, Grundfälle zum Europarecht, JuS 2003, 1180。

〔2〕 比如《巴登-符腾堡州法学教育考试规定》第8条第3款。

内容。因为其本身具有重要意义，欧洲法目前属于必修学科中的核心内容。您在进行学习规划时，应当注意：

> ☞因为所有的必修科目都不可避免与欧洲法有联系，所以建议您尽可能早地牢固掌握欧洲法方面的基础知识。

五、基础课程领域的课程教学

（一）概况

> ✐您所在学院的教学计划为基础课程提供了哪些特别的课程教学（不包括研讨课）？请不要把直接为国家考试备考而开设的课程考虑在内。请按照学期进行统计并标记出相应的学分。
>
> **辅助工具：**
>
> ❀教学计划

以图宾根大学为例的解答：

教学计划为基础课程安排了以下课程教学：

第一学期：2 个学时的罗马法史（设置结课闭卷考试）、2 个学时的宪法史（设置结课闭卷考试）。

第二学期：2 个学时的德国法律史（设置结课闭卷考试）。

第三学期：2 个学时的法律信息学：总则。

第四学期：2 个学时的法律信息学：分则。

第五学期：2 个学时的德国法注释。

第六学期：2 个学时的学说汇纂释义（Digestenexegese）。

无学期限制：2 个学时的入门课程：法哲学导论、2 个学时的法哲学、2 个学时的罗马法史辅导练习、2 个学时的摘要注释初级讨论课、2 个学时的从欧洲和历史角度看民法法律制度、3 个学时的近代私法史（也包括重点领域的课程）、2 个学时的比较私法（也包括重点领域的课程）。

（二）总结

学习这些课程的目的是掌握法学基础知识，学会运用法律，了解法学与历史、社会、哲学的联系以及法律体系对传统、文化和社会机构的依赖。正如《巴登-符腾堡州法学教育考试规定》第 8 条第 3 款所讲的，所有的必修课程都与基础科目紧密相关。从表面上来看，虽然基础科目的内容在国家考试的笔试中仅仅间接体现在与其他学科的联系和历史发展方面。但是，掌握基础学科能让学生更好地理解现行的法律体系。因为，它们在作为理解力考试的书面考试和口试中都有很重要的现实意义。此外，它们在重点领域学习中也扮演重要角色。在重点领域的深入学习过程中，学生显然要考虑到历史、社会、经济、法哲学和政治方面的相关知识。基础学科还因为以下几个原因而对法学学习非常重要："对那些目前发展如此迅速的现代法学领域来说……联系法学基础知识能帮助学生稳扎稳打完成学习。"[1] 因此，近几年越来越多人主张，再次强调基础学科对学生的重要性。[2] 科学委员会（Wissenschaftsrat）在 2012 年也对这种主张表示赞同。[3] 这对您来说意味着什么呢？一方面，您最好从一开始就熟悉基本学科的内容并且尽早，也就是在第一学期，拿到基础学科的成绩证明。明斯特大学法学院的《教学规定》第 17 条第 3 款明确规定："此外，建议学生将与基础课程相关的课程教学作为补充课程参加。"如果学校没有安排相关课程（或者没有合适的课程），则建议您在前三个学期至少阅读一本概括的导论[4]，或者分别阅读有

96

---

〔1〕 Hommelhoff/Teichmann, Das Jurastudium nach der Ausbildungsreform, JuS 2002, 839, 842.

〔2〕 Rütbers, JuS 2011, 865, 870："对于法律从业者来说，基础学科，尤其是法学理论、法律和社会史，特别是方法论的基础知识是不可缺少的。"

〔3〕 Wissenschaftsrat, S.60.

〔4〕 概括的导论请参见：Julian Krüper（Hrsg.），Grundlagen des Rechts, Baden-Baden, 2. Aufl. 2013, Matthias Mahlmann, Konkrete Gerechtigkeit, Eine Einführung in Recht und Rechtswissenschaft der Gegenwart, Baden-Baden, 2014, Olaf Muthorst, Einführung in die Rechtswissenschaft, München, 2011. 同样的还有 Johann Braun, Einführung in die Rechtswissenschaft, Tübingen, 3.Aufl. 2007；法哲学请参见 Susanne Baer, Rechtssoziologie, Baden-Baden, 2. Aufl. 2014；Manfred Rehbinder, Rechtssoziologie, München, 6. Aufl. 2007；比较法请参见 Oliver Brand, Grundfragen der Rechtsvergleichung, JuS 2003, 1083. 此外，还有 Jan Gero Alexander Hannemann/ Georg Dietlein/Arne Nordmeyer, Gerechtigkeit als Kostenfrage oder Kosten als Gerechtigkeisfrage, Eine Einführung in die ökonomische Analyse des Rechts, ZJS 2013, 163ff. 。

关方法论〔1〕、法律史〔2〕和法哲学导论〔3〕的书籍。再强调一遍，这些学科的基础知识是深入理解法律和法律制度的基础，它让学生对法律规定更感兴趣："方法论是法律人在始终变化的学科和规定海洋中的指南针，是合理判断和监督法律决定的工具。"〔4〕SZ 的编辑 Heribert Prantl 在《南德意志报》（Süddeutsche Zeitung）上描述在日常学习过程中基础课程如何被众多学生忽视："法哲学、法律史、法社会学和法学理论在大学速成教育的背景下几乎没有立足之地……因此，一个刚刚学成不久的法律人认为《学说编纂》是匈牙利人的祖先编著也不足为奇了。"〔5〕为了不让这样的事情在您身上发生，在制定学习规划时您应当注意：

---

〔1〕 方法论请参见 Franz Reimer, Juristische Methodenlehre, Baden-Baden, 2014；Joachim Rückert/ Ralf Seinecke（（Hrsg.）, Methodik des Zivilrechts-von Savingy bis Teubner, Baden-Baden, 2. Aufl. 2012；Bernd Rüthers/Christian Fischer/ Aexl Birk, Rechtstheorie mit juristischer Methodenlehre, München, 8.Aufl. 2015；Rolf Wank, Juristische Methodenlehre, München, 2015；Mike Wienbracke, Juristische Methodenlehre, Heidelberg, 2013；Reinhold Zippelius, Juristische Methodenlehre, München, 11. Aufl.2012。相关的导论请参见 Andreas Klaner, Basiswissen Logik für Jurastudenten, Berlin, 2005. 此外还有 Ulrich Klug, Juristische Logik, Berlin, 4. Aufl. 1982（2014 再版）。

〔2〕 法律史导论参见 Ulrich Eisenhardt, Deutsche Rechtsgeschichte, München, 6. AUfl. 2013；Rudorf Gmür/Andreas Roth, Grundriss der deutschen Rechtsgeschichte, Müncen, 14. Aufl. 2014；Stephan Meder, Rechtsgeschichte, München, 5. Aufl. 2014。此外还有 Michael Stolleis, Zur kritischen Funkton der Rechtsgeschichte, HFR（ Humboldt Forum Recht）2012, 77 ff.。

〔3〕 法哲学导论参见 Jörg Benedict, Rechtsphilosophie Grundfragen der Rechtsphilosophie, JURA 2011, 21；Matthias Mahlmann, Rechtsphilosophie und Rechtstheorie, Baden-Baden, 3. Aufl. 2014；Thomas Osterkamp, Forum：Rechtsphilosophie-Orchidennfach oder juristische Grundausstattung? Ein Plädozer für die Grundlagenfächer, JuS 2004, 657 ff.；Christian Fahl, 15 Fragen zur Rechts-und Staatsphilosophie, JA 2004, 449；12 Fragen zur Rechts-und Staatsphilosophie Ⅱ, JA 2006, 523；Eric Hilgendorf/Jan Joerden, Handbuch Rechtsphilosophie, Stuttgart, 2015；Norbert Horn, Einführung in die Rechtswissenschaft und Rechtsphilosophie, Heidelberg, 5. Aufl. 2011；Detlef Horster, Rechtsphilosophie, Stuttgart, 2014；Norbert Hoerster, Was ist Recht? Grundfragen der Rechtsphilosophie, München, 2006；Matthias Mahlmann, Rechtsphilosophie und Rechtstheorie, Baden-Baden, 3. Aufl. 2015；Reinhold Zippelius, Rechtsphilosophie, 6. Aufl. 2011。

〔4〕 Bernd Rüthers JuS 2011, 865, 870.

〔5〕 Heribert Prantl, Der Markt der Gerechtigkeit, Hamster, Sklaven, Ferkelstecher：Aus der Juristerei wird ein hochkommerzialisiertes Paragraphen-Handwerk, 150 Jahre Deutscher Juristentag：Vom schwankenden Einfluss des Rechts auf die Gesellschaft, SZ Nr. 218 v. 21. 9. 2010, S. 6. Die Pandekten bilden den wichtigstens Teil des römischen Rechts.

> ☞因为必修科目与基础科目紧密相关，并且掌握基础科目能够显著提高对必修科目的理解水平，建议您务必尽早掌握基础科目的知识。"有些法律史的课程教学和教科书也是非常引人入胜的，因为它们并不是可望而不可及的。相同的情况也适用于法哲学和方法论。"[1]

第三节　重点学科的课程教学

因为每个学院安排的课程教学都不相同，本部分无法涉及重点领域的所有课程。但是，对个人进行学习规划来说，重要的是确定重点领域学习的范围。重点领域学习的学分至少有 16 分。有些学校以前规定的最低学分则更多。以 4 个学期来计算，学生每个学期必须拿到 4 个学分，如果重点领域学习时间短一些的话，则每个学期必须拿到的分数更多。倘若您已经就重点领域作出选择，就可以从教学计划中挑出合适的课程，并且添加到您的列表中。您还需确认，是否在重点领域学习强化课程上有所规定。如果没有，您还需将复习和强化过程列入规划中并且自主完成。重点领域学习让您能够根据自己的兴趣、爱好和职业目标来学习某些法学领域。您务必要珍惜这个机会而不要像有些学生那样从考试策略的角度作出选择。

第四节　案例分析和考试培训的课程安排

一、概况

98

从第二章中得出一个重要的认识就是，掌握法学工作和案例解决技巧是成功通过（国家考试）闭卷考试的重要条件。

---

〔1〕 Bernd Rüthers JuS 2011, 865, 870.

> ✏️（1）您所在的学院安排了哪些民法、公法和刑法方面的案例分析课程（学习小组、讨论）和练习课？这些课程和练习分别出现在哪些学期（不包括直接为国家考试备考而设置的课程和练习)？请标记出这些课程、为新生开设的练习课（假如有的话）和为高年级学生开设的练习课。
>
> ✏️（2）是否还有其他关于案例分析和考试培训方法论的课程？
>
> **辅助工具：**
>
> ❀教学计划

以图宾根大学为例的解答：

教学计划中安排了以下课程教学：

针对问题（1）：

第一学期：2个学时的基础课程、民法Ⅰ：案例分析，2个学时的刑法Ⅰ：案例分析，2个学时的基础课程、公法Ⅰ：案例分析。

第二学期：2个学时的基础课程、民法Ⅱ：案例分析，2个学时的基础课程、刑法Ⅱ：案例分析，2个学时的基础课程、公法Ⅱ：案例分析，2个学时的为新生开设的民法练习课，2个学时的为新生开设的刑法练习课。

第三学期：2个学时的物权法Ⅰ：案例分析，2个学时的一般行政法案例分析，2个学时的基础课程、刑法Ⅱ：案例分析，2个学时的为新生开设的公法练习课。

第四学期：2个学时的非合同债法案例分析；2个学时的物权法Ⅱ：案例分析；2个学时的为高年级学生开设的刑法练习课。

第五学期：2个学时的为高年级学生开设的民法练习课。

第六学期：2个学时的为高年级学生开设的公法练习课。

无学期限制：刑法闭卷考试研讨课。

针对问题（2）：

从第五学期开始除了练习课之外没有其他的课程教学。

二、总结

所有的学校都规定新生必须参加案例讨论、学习小组或者所谓入门练习课，这些课程的任务就是，让学生练习案例分析技术，把从课程中学到的系统的法学知识应用于案例中。有时候，这些课程会设置模拟考试。除此之外，有些学校会安排有关案例讨论和分析以及关于考试技巧的其他课程教学，比如，"新生法学论文写作入门""新生方法论教学""案例分析方法""如何从律师的视角完成案例分析"或者"法律人的工具"。[1] 有些学校通过安排特别的项目来培养学生在学习初级阶段按照法学方法进行工作的能力，比如，埃朗根－纽伦堡大学、雷根斯堡大学、汉堡大学、科隆大学、比勒费尔德大学、帕绍大学。[2] 在埃朗根－纽伦堡大学，鉴定和考试技巧的基础知识的授课以研讨课讨论小组的方式进行，课上可以对某次模拟考试或闭卷考试的讨论给出个人反馈。有时也会有辅导课，在课上高年级的法学学生和新生一起从案例出发讨论学习内容。[3] 只有少数学校在学习的中期阶段会提供特别的案例分析培训，比如奥格斯堡大学[4]、海德堡大学[5]、弗莱堡大学[6]和慕尼

---

〔1〕 比如，在汉堡大学安排的"法学导论"课程和为了借鉴英美大学的"法学写作"课程而开设"法学论文入门"。

〔2〕 概况请参见 Bleckmann 就 2014 年 2 月 20-21 日在康斯坦茨大学举办的法律教学专业会议上就法学学习中的自学能力的讨论结果而制作的会议记录。关于埃尔朗根－纽伦堡的信息请参见服务部门的网站"教育和学习咨询"部分（http://www.jura.uni-erlangen. de）。服务部门的负责人是 Dr. Martin Zwickel。此外，还可以参见文章 Martin Zwickel，Klausuren schreiben lernt man nicht in der Theorie, JA 2008, Ⅷ。雷根斯堡大学的教育中心 REGINA 也提供考试培训。

〔3〕 比如在拜罗伊特或者柏林自由大学，这 2 所学校从 20 年前开始就成功地引入了辅导项目（http://www.jura.fu-berlin.de/studium/tutorienprogramm）。

〔4〕 在奥格斯堡大学，所谓的辅导课取代了为高年级学生开设的练习课。辅导课的作用是让学生在学习的中期阶段强化在基础课程中学到的知识并学会独立运用这些知识。每个法学领域特别重要的知识都会以案例或者定期的考试点出系统地加以练习。

〔5〕 海德堡大学在第五学期设置了民法Ⅳ的学习小组，学习小组伴随为高年级学生开设的练习课同时进行，并且可以帮助学生强化 3 个民法总则课程学到的知识。

〔6〕 弗莱堡大学法学院在学期之间的假期为积极的学生开设了为民法练习课而作准备的非必修的集中练习课。

黑大学。[1]

那些没有在第五学期或者第六学期安排案例分析培训课程的学校认为，案例分析方法的授课可以在练习课和单个必修科目的课程教学中进行。但是，在不明确以讲授案例分析方法为内容的课程教学中，教学的效果取决于讲师具体怎样讲授案例分析的方法和考试技巧。[2] 很多讲师在分析一个案例时只讲解疑难法律问题。因此，学生往往都不清楚，在书面写作时应该从哪里开始对要论证的论点展开讨论。如果学院安排的必修课闭卷考试很少，学生直到第六学期都没有通过 "learing by doing" 来提高学习效果的机会。[3] 这就导致，学生在参加为国家考试备考而开设的考试训练课程时才意识到，他们之前进行的案例分析和考试技巧练习太少而考试写作练习又是如何重要。[4] 对您进行个人学习规划来说，这意味着：

> ☞从学习一开始您就应该为掌握案例分析方法和练习课闭卷考试的写作预留足够的时间。为了能够出色地完成案例分析，您需要以定期写作练习的方式进行强化和练习。

第五节　口试备考的课程安排

一、概况

> ✏️您所在的学院为学生的口试备考安排了哪些课程？
> **辅助工具：**
> ❀教学计划

---

　[1]　慕尼黑大学在其考试培训的框架之下，在学习中期阶段提供了辅导课程，帮助学生为参加高年级学生练习课而做准备。
　[2]　这方面在过去几年中已经有了显著改善。
　[3]　另一个原因就是必要的批改注释的缺失。批改人员没有或者并未充分解释为什么参加考试人员的分析不恰当或者不具有说服力。
　[4]　有关案例分析技术和其练习的详细信息请参见本书参见第九章（案例分析）。

以图宾根大学为例的解答：

在必修课领域，教学计划并没有为考试备考而有目的地安排特别的课程教学，但是有一门关于模拟口试的课程。

有些学校安排了类似的考试训练或者模拟考试。学生按照真实的考试时间（2到4个小时）和真实的小组人数（3到6名考生）完成国家考试中的案例讨论。接下来多为一个非常具体的对话，讨论的一部分是对考试中个人表现的建议。[1] 有些情况下会根据学生的表现打分。有的学校则开设了能够让学生以小组的形式练习口头论证能力的课程。[2] 有些学校则提供了专门为口试备考而提供建议的课程。[3]

二、总结

从第二章的内容可以得到的一个重要的认识就是，口头论证能力是每个法律人的关键技能。学习阶段末期的 2 次口试（国家考试中的口试和大学考试中的口试）的存在又让口头能力的重要性大大提高。能通过学校完成口试备考的机会很少，您应该在个人学习规划中花时间自行准备。[4]

第六节　国家考试备考的课程安排

绝大多数教学计划都是这样安排的：截至第六个学期完成所有必修课内容的教学，接下来就是为了备考而安排的课程教学。

----

〔1〕 比如维尔茨堡大学或者明斯特大学。
〔2〕 比如拜罗伊特大学。
〔3〕 比如奥格斯堡大学的 "Der Prüfer und sein Kandidat" 课程。在明斯特大学，学生在准备大学考试期间要参加 2 个学时的练习口头演讲的课程（2013 年 12 月 3 日《学习考试规定》第 18 条第 2 款）。
〔4〕 详情请参见本书第十三章（课程论文和口试）。

一、概况

✎（1）您所在学院的教学计划安排了哪些关于备考（比如考试复习课、学校安排的国家考试复习课、模拟考试课）的课程教学，这些课程分别在第几学期开设？

✎（2）您所在学院安排了哪些考试培训的课程？是否设有模拟考试？每个学期（包括学期假期）您需要参加几门考试？

辅助工具：

❀教学计划

❀网络：目前，几乎所有的学院都有备考的特别信息。大多数情况下，可以通过关键词"学习""考试（准备）"找到。有时也会有介绍备考课程的教学年度概览，尤其针对那些时间上横跨2个学期的备考课程。

以图宾根大学为例的解答：

就备考而言，教学计划中安排了以下课程教学：

针对问题（1）：

第七学期：4个学时的民法备考课程：债法，2个学时的民法备考课程：商法、民商事组织法，5个学时的公法Ⅰ备考课程：国家组织法、基本权利、欧洲法，4个学时的刑法Ⅰ备考课程：总则，假期闭卷考试课程，学期闭卷考试课程。

第八学期：4到6个学时的民法备考课程：民法典总则、物权法，4个学时的公法Ⅱ备考课程：一般行政法、警察法、建筑法、地方自治法、国家责任法，4个学时的刑法Ⅱ备考课程：分则，1个学时的民法备考课程：劳动法，1到2个学时的民法备考课程：家庭法、继承法，1到2个学时的民事诉讼法备考课程：民事诉讼法、强制执行法，假期闭卷考试课程，学期闭卷考试课程。

针对问题（2）：

在第七学期和第八学期分别安排了1个学期闭卷考试课程。在停课阶段也有 1 个模拟考试形式的学期闭卷考试课程。学生每学期（包括学期假期）要参加大约 20 个闭卷考试。

就国家考试备考的方式和范围而言，学校之间的差别很大。目前很多学校提供多种多样的复习课来帮助学生完成国家考试备考。[1] 备考课程的重心并不总是反复系统地讲解各种知识，还要讨论和强化筛选出与国家考试相关的主题以及单个的法律问题。国家考试备考课程和国家考试闭卷考试课程同时进行。[2] 这就为学生提供了参加与国家考试难度相同（也包括部分真题）的模拟考试的机会，而且试卷会被批改并讨论。这些闭卷考试与国家考试的时长相同，即 5 个小时。很多学校在停课阶段都会安排这样的模拟考试（在两周之内完成 5 到 8 次闭卷考试）。除了国家考试备考阶段的闭卷考试课程以外，有些学校还会安排特别的课程来强化闭卷考试的答题技巧，比如慕尼黑大学由助教负责的"考试工作室"（Klausurwerkstatt）课程。

二、对学校安排的国家考试备考课程的总结

了解学校安排的国家考试课程后可以发现，这些课程以学生持之以恒地学习和掌握牢固的专业知识为前提。但是，现实往往并非如此，很多学生对学校安排的国家考试备考课程的授课方式心存顾虑。询问学生参加国家考试闭卷考试课程第一批闭卷考试的体验时，很多学生都认为对考试有强烈的力不从心的感觉。很多学生非常沮丧，怀疑在前六个学期到底学到了什么。[3] 虽然他们在 6 个学期之内取得了所有参加国家 **103**

---

〔1〕 比如，奥格斯堡大学（连续 11 个月的复习课，包括闭卷考试课程）；汉堡大学的国家考试课程 HEX（每周 12 个课时，持续 10 个月，停课阶段也不间断，周一到周三的 9 点到 13 点上课，包括 57 个模拟考试）；哈勒-维滕贝格大学（全年都有针对国家考试内容的辅导课程，以主题的方式授课，每周 3 天 8 点到 12 点上课，从详细的年度计划中可以得知各主题的详细内容和授课的讲师，每周 1 次闭卷考试）；拜罗伊特大学有附内容描述的周计划。有关各学院国家考试备考的一览表见 Deppner/Lehnert/Rusche/Wapler, S.153 ff. (Best Practice der universitären Examensvorbereitung)。

〔2〕 安排的闭卷考试的数目不仅学校间不同，同一学校的每个学期也不同。

〔3〕 Gramm/Wolff, S.175 中如此描述："在这段时间往往有突破，促使学生对学科产生兴趣并且希望改善自己的学习状态。"

考试必需的学习成绩（并且因此没有考试的压力），但是感觉要成功通过国家考试的话还差得远。导致这个问题出现的原因很多：首先，闭卷考试的案例事实明显复杂化和考试时间的延长（从 2 个小时延长到 5 个小时）让学生难以习惯并且力不从心。很多学生在核心学科和其他必修学科横向联系上感觉很吃力，因为他们已经错过了自主掌握这些横向联系的机会。[1]此外，那些在国家考试闭卷考试课程上要解决的法律问题，他们还完全没有或者没有在闭卷考试之前彻底搞明白。练习课的内容大多仅限于特定的法学领域，而国家考试闭卷考试课程却正好相反，因此，学生还没有为课程上出现的法律问题做好准备。另一个导致学生在闭卷考试课程上出师不利的原因是，很多学生为了应付练习课的闭卷考试只针对性地复习一些知识点，这对于通过练习课闭卷考试足够了，但是在没复习的情况下，他们把这些知识点也忘了。然而，国家考试闭卷考试课的内容范围要广泛得多。而且该课程和在国家考试中一样没有对内容范围作出限制。

> ☞这些闭卷考试课程和模拟考试能够训练考试能力。因此，即使在考试开始阶段感觉力不从心，您也一定要参加这些考试。

就国家考试备考而言，很多学生都知道，情况和中小学的考试完全不同，因为他们必须自主系统、全面地学习与考试相关的内容。但是，备考时也会有时间紧迫的问题。因此，有些学生在这种情况下把私人辅导机构视为唯一的救命稻草。那些私人辅导机构会承诺在短期内系统全面地讲解所有与考试相关的内容。这种方法是否正确，每个学生都必须参考学校安排的课程，谨慎思考并且作出选择。相应帮助您做决定的内容将在本书第四章中介绍。

---

〔1〕首要的问题是，学生学习的是互不联系的单方面信息。从国家考试闭卷考试中经常出现的情况来看，虽然考生掌握非常多的细节知识，但是往往没有能力从法律条文内容出发解决一个案例。关于如何学习法律请参见本书第六章（系统掌握不同法学领域），关于如何学习概括信息请参见本书第十一章（学会学习）。

第七节　本章最重要的总结

☞学校安排课程教学的目的是帮助您熟悉法学学习方法，培养您在理解的基础上学习和应用法律的能力。系统地讲授与考试相关的内容并不是学校的任务。学校安排的课程教学可视为对学生备考的建议和帮助，而不是全面传授与考试相关内容的保证。

☞民法领域的课程教学：在内容相当广泛的核心学科导论课程结束后，学院通常不会安排更多与核心学科有关的全面、系统的备考课程。完成前三个学期学院安排的课程教学后，学生已经被默认掌握了核心课程里从基础到特定问题的所有知识。因此，在第四学期后，系统掌握核心学科内容的任务应当已经完成。只有这样，您才能在那些从更高水平讲解核心学科单个问题的复习和强化课程中受益。

☞次级学科大多被以"边缘问题""附加问题"或者"引子"的方式进行考查。因此，次级学科的意义在于其和普通的法律概念的横向和纵向联系。有关横向联系的知识您不可能仅仅通过参加2~3个小时的导论课程获得。因此，您必须自己学习核心学科和次级学科的横向联系并通过案例分析来确定您对这些联系的总结是否正确。

☞公法领域的课程教学。一般行政法因其本身的特点体现在公法领域的所有其他学科中。此外，很多公法案例都与宪法有间接的联系。这意味着，您在完成学习规划时务必注意，为了把新知识从另一个视角出发归类到已经学到的知识下，您需要尽快并且深入地掌握基本权利和一般行政法的知识。

☞您可能在国家考试备考阶段开始前只听过一次公法必修科目的课程。因此，您在进行规划时就应当留出自主复习的时间。

☞刑法领域的课程教学。建议您同时学习刑法领域的刑法总则、分则和刑事诉讼法课程，系统学习不能推迟到国家考试备考阶段才进行。补充和强化课程仅仅会讲解选定的主题范围。深入学习刑法领域的内容并复习在之前学期中学到的知识必须要靠自己完成。

☞您在整个学习阶段一定要为案例分析技术的学习和练习预留足够的时间。您最好参加学院安排的所有闭卷考试。就国家考试闭卷考试课程而言，建议您尽早参加学院安排的闭卷考试，熟悉国家考试的范围。

☞在有明确学习规划和尽早系统、全面掌握了所学知识的情况下，您可以"自由"决定是否为了备考而参加私人辅导课程。通过适当的规划，在不参加私人辅导课程的情况下成功地通过国家考试也是可能的。

第四章　怎样制作具体的学习规划

"和中小学不同，大学里没有人关心您是否在大课、练习课、辅导练习课或者学习小组中出现，也没有人会在上课的时候警告您。如果您在听课之后不复习所学的内容，因此一无所知，到时候会很难堪。您必须鼓励自己去参加课程教学，进行课前准备，完成课后复习并且形成符合您学习类型的工作理念。没有监督，一切由您自己做主。大学给予的巨大自由空间的反面就是：您可以按照自己的意愿选择做或者不做，但是您必须独自为此负责。"[1]

从本书第二章和第三章的内容可以明确，法学学习以学习内容极其丰富为特点，同时也对学习中的自律能力提出很高要求。您可以在很多学习指导书目中看到类似的说法。但是，如果没有提供应对这个问题的详细、具体的办法，这种说法也不能对您有多少帮助。本章的内容则让您进行具体的学习规划成为可能。在本章中，您制作多个个人学习规划是为成功通过国家考试打下基础。当人们询问那些通过国家考试取得实习律师资格的学生，他们会在学习中作出哪些改变时，大多数都会回答，如果可以重来，他们会更早对学习和备考作出规划，这样备考国家考试会更容易，学习过程也会有趣得多。[2] 当他们最后获得足够的知识，想要从学术角度深入研究特定的感兴趣的主题时，才感到"正确"

---

〔1〕　Schwab/Löhnig. S.13.

〔2〕　Nora Zirgert, Wenn ich noch einmal studieren würde, Jura Journal, abrufbar unter 参见 http://www.juramond.de/de/juramond-studium.php? id=9。

地进行学习已太晚了。[1]

第一节　法学学习的目标和学习模式

106　　如本书第一章中所讲，进行学习规划的前提是您清楚自己的学习目标并据此确定自己的学习模式。[2]个人的学习模式是由很多因素决定的：希望拿到的国家考试成绩，专业的广度和深度，更换学校的打算和留学计划，预计花费的学习时间。个人学习模式是进行具体学习规划的准线。当然，规划总是暂时的，目标在学习过程中也会改变。即便如此，尽早提出以下问题是非常有意义的。

一、（理想的）国家考试成绩

决定个人学习模式一个非常重要的因素就是以具体的国家考试成绩设立目标。以期望的国家考试成绩为准提出的问题对您来说可能有点奇怪，因为人们会认为所有学生都希望以一个好的国家考试成绩结束自己的学习。但是，考虑到每个人的生活规划和职业目标的差异[3]，在期望的最低考试成绩上设定的目标确实不同：对有些学生而言，通过国家考试对他们来说就足够了，他们认为，分数对他们并不具有决定性意义（比如，他们将会在父母的事务所开始工作或者在学习结束之后又回到之前工作过的公司）。其他的学生则一定想在司法服务部门或者在一个大的国际经济事务所工作，因此必须追求一个最低限度的"vollbefriedigend（非常满意）"的成绩。另外一些学生希望成为公证员，因此必须在某些联邦州拿到非常突出

---

〔1〕　Roxin, S. 11, 12 对"纯粹为应对考试而学习"和"更高级别的学术研究"进行了区分。

〔2〕　参加本书第一章（进行学习规划的重要性），边码 11 及以下内容。就确立目标请参见本书第十二章（时间管理），边码 369 及以下内容，此外还有 Gramm/Wolff, S. 213ff 的动机和目标测试。

〔3〕　关于职业前景作为学习动力的具体信息和大量文献提示请参见本书第十二章（时间管理），边码 369 及以下内容。

的国家考试成绩。

> ✏对您来说最理想的（并且可实现的）国家考试成绩是什么？
> ✏您需要在国家考试中取得的最低成绩是多少？

二、学习的多样性

个人学习模式还决定于，您是要经历一个"流线型（stromlinienförmig）"的学习阶段，还是在早期就培养多种多样的法学和非法学领域的兴趣。"流线型"意味着，从学习的一开始就完全以国家考试为准，并且仅仅学习与考试有关的法学领域。与之相反的一种学习就是，虽然在学习过程中对主题进行学术性的深入研究，但是学习的法学领域不属于考试范围。同时在学习过程中也关注专业以外的世界，花时间参加与社会、政治、公益及运动有关的活动。经验证明，很多学生在第八到第九学期时根本没有时间深入学习考试范围以外的法学领域或者培养特别的兴趣。额外的技能能够显著改善职业前景。目前从事法律职业，较高的英语水平几乎是不可缺少的。[1]国际律师事务所、企业抱怨法 **107** 学毕业生缺少经济学基础知识。[2]某些领域的专业知识或者计算机科学、建筑学和工程学及医学的知识对以后执业律师专业化具有重大意义。[3]

---

[1] "就语言知识而言，学生必须至少在英语方面达到高级水平。就算以后打算在水资源管理局工作也需要这项能力，因为基本上几乎没有哪个问题是仅限于国内级别的。"参见 Benno Heussen, Für fähige und engagierte Anwälte wird immer genug Arbeit da sein, Der Wirtschaftsführer 1/2014, S. 2, 3. 在将来有外国人参加的程序中有可能把英语作为庭审语言，相关的法律草案请参见 Barbare Mayer, Englisch als Gerichtssprache in Deutschland?!, Der Wirtschaftsführer April 2015, S. 26。

[2] 请参见 Nathalie Wolf, Grundlaen der Buchführung für Juristen, JuS 2012, 486: "会计和结算的知识对法学学生的意义不容小视。"

[3] 已经批准的专业律师的称号有：工程和建筑法方向、医事法方向、信息技术法方向、商法和民商事组织法方向、银行和资本市场法方向和税法方向的律师。

> 建议：
>
> http://djft.de/studienangebote.html：德国法学院协会（Deutscher Juristenfakultätentag）制作的所有法学院其他课程和研究生专业的详细一览表。

雇主希望工作人员在学习过程中培养一种性格："我们不想雇用那些尽快并且只为考试而完成学习的人……我需要在简历中看到潜在的工作人员非常灵活且拥有广阔的视野。"[1] 就学习多样性而言还有一个问题是您是否考虑更换学院或者在国外学习。重要的是，尽早就学习的方式作出决定，然后作出相应的规划。

> ✎请您就学习内容制定了一个目标：您只想学习必修项目（包括重点领域），还是也打算学习和深入研究必修项目以外的法学领域？
>
> ✎您是否想要学习法学之外的其他技能？

三、留学

"如果有可能，法学学生应把握去国外学习的机会，留学的目的并不是幻想掌握另一个法律体系，而是从这个视角才能够更好地理解德国法的特征。"[2]

一个在国外生活的机会能够培养并且验证一个人对新事物和不同事物的开放性，培养其灵活性和适应性。在留学期间还可以学习必要的外语知识。考虑到企业的国际化定位和法律的欧洲化，在欧洲范围内的国外生活机会可以让职业前景更加宽广。从另一方面来看，让很多学生对国外生活望而却步的一个原因就是必须在很长一段时间内暂停德国法的

----

〔1〕 Hengeler Mueller 事务所的 Markus Meier，引自 Daniele Kuhr, Bewerber mit Prädikat, Wie die großen Wirtschaftskanzleien auf Schloss Montabaur um Deutschlands beste Jura-Absolventen buhlen, SZ v.7./8.10.2006, S.V2 14。

〔2〕 Benno Heussen, Für fähige und engagierte Anwälte wird immer genug Arbeit da sein, Der Wirtschaftsführer 1/2014, S.2, 3.

学习。但是，出国留学对参加自由试考并没有影响。根据各联邦州的规定，最多有 3 个国外学期可以不计入总学习时间中。[1] 反驳"留学时间浪费说"经常被提出来的理由就是"国外生活的经历说明一个学生拥有一种不可低估的学习以外的技能，这种技能不仅体现在专业和语言知识方面，也是其具备灵活性的例子。一段这样的生活可以帮助学生解决在学习中期阶段积极性欠缺的问题"[2]。

> ✏️您打算学习期间在国外学习 1 到 2 个星期吗？

四、换学校

在德国国内换学校也对培养独立性和开阔眼界有帮助。此外，换学校的经历也被雇主予以肯定，因为这种经历可以证明雇员的机动性和灵活性。换学校的动机多种多样，可能是想要了解一个学院的另一种风格、传统或者另一种专业方向，为选择一个特定的重点领域或者换到一个有额外课程或者课程安排更多样化的学校去。[3] 考试的种类和方式也发挥一定作用。其他的动机还可能是获得实习资格时的州内学生条款（Landeskinderklausel）[4]。在换学校之前要搞清楚，学习成绩，尤其是基础学习阶段的学习成绩在多大程度上能被新学校认可。新学校的系办公室和考试办公室可以回答这些问题。与在国外学习相比，在德国国内换学校各种流程更简单一些。担心在这件事情上浪费太多时间的忧虑是不必要的，因为及时为换学校作好规划可以让您在新学校不需要"浪费时间和克服各种问题"的情况下开始新的学习阶段。

---

〔1〕 计算时应当遵守的前提在各联邦州的教育法中进行规定。

〔2〕 Martina Lasczewski, Internatinal Studieren, Im Ausland studieren, wie geht es das, Hamburg, 2014, S.4. (汉堡大学法学院信息手册)

〔3〕 在基础学习阶段，比起学校的学术实力，实际学习条件更重要，参见 Bauer/ Braun/Tenckhoff, JA-Sonderheft für Studienanfänger, Neuwied u.a., 5.Aufl.1992, S.40; "如果学习条件比较糟糕的话，您在过于拥挤的大学阶梯教室里听一个因为其出版作品而非其辩论技术而出名的法学教授讲课所学到的肯定比从一个小学校的年轻同行那里学到的少，因为他没有时间回答学生的问题。"

〔4〕 在申请者比实习岗位多的时候，有些联邦州倾向于选择本州生源。

> ✏ 您是否打算在学习期间更换学校？

五、学习时间长短

　　满意的考试成绩、学习多样性的问题、换学校的想法或者国外居留都会对学习的时长产生影响。其他可能对学习的时长产生影响的因素是因为经济原因而必须做兼职或者尽家庭义务。不能在整个学期中全职读书的学生相应要花费更长时间完成学业。目前来看，要确定预期的学习时间的长短，首先取决于您是否打算在 8 个学期[1]之内[2]参加自由试考（通常学习时间加起来一共 9 学期）或者在学习阶段不参加自由试考，即一共学习 10 个学期或者更长时间。[3] 如果决定参加自由试考，您就已经在学习方式上作出了决定：不管您拿到什么样的成绩，您都必须刻苦学习。您是否能够在 8 个学期之内强化必修科目和重点领域之外的法学领域，在很大程度上取决于您的学习方式的效率和时间管理。参加自由试考只是学习规划的一种，既不是必要的，也不是最有意义的规划方式。如果不参加自由试考，那么您可以采取多种方式充分利用多出来的学习时间：或者深入学习必修科目和重点领域之外的法学领域，培养非法学的其他技能，或者强化对必修科目知识的理解程度。即使学习时间更长一些，想要掌握所有的知识也是不可能的，国家考试也不作这样的要求。[4] 最后所有的国家考试考生都会带着自己的知识空白点参加考试。经验证明，增加一个学期来强化所学知识的效果并不保证一定能在考试成绩中体现出来。

---

　　[1] 在第七个学期之后参加国家考试的闭卷考试理论上也是可能的。但是，只有极少数学生这样选择，因此很难说也属于一种学习模式。

　　[2] 只要没有开始习期（Referendariat），在巴登–符腾堡州的学生可以选择为取得更好的分数重新参加国家考试，《巴登–符腾堡州法学教育考试规定》第 23 条第 1 款第 2 句。想要通过再次参加国家考试刷分的学生必须延长学习时间。

　　[3] 拜恩州 2014 年参加自由试考的学生所占百分比为 39.81%（2014 年拜恩州司法考试部门报告，http://www.justiz.bayern.de/landesjustizpruefungsamt/jahresberichte/）。

　　[4] 就国家考试请参见本书第二章（学习成绩要求、修读学科和总结），边码 73。

六、学习模式

结合考试成绩、学习的多样性和学习时间长短的情况，有以下几种学习模式：

表 4-1　学习模式一览表

模式	学期数（不包括考试）	只学习必修科目/多样化学习	国家考试成绩尽可能好/国家考试成绩至少 9 分
1	8	只学习必修科目	国家考试成绩尽可能好
2	8	只学习必修科目	国家考试成绩至少 9 分
3	8	多样化学习	国家考试成绩尽可能好
4	8	多样化学习	国家考试成绩至少 9 分
5	多于 8	只学习必修科目	国家考试成绩尽可能好
6	多于 8	只学习必修科目	国家考试成绩至少 9 分
7	多于 8	多样化学习	国家考试成绩尽可能好
8	多于 8	多样化学习	国家考试成绩至少 9 分

模式 1 和模式 2 形象地说明了上文提到国家考试时提及的观点，选择这 2 种模式绝对是有理由的。从模式 2 中可以看出，学习规划必须首先从在国家考试中取得尽可能最好的成绩出发。模式 3 和模式 4 则以极高的学习效率和良好的时间管理为前提。就模式 7 和模式 8 而言，学生往往在学习期间只有时间研究某些特定的、（纯粹）因为兴趣或者爱好选定的主题。然后可以再延长一个学期来深入学习感兴趣的法学问题或者培养其他技能。比如，您可以考虑参加那些不属于重点领域却非常感兴趣的研讨课。在决定学习时间长短时，您一定要考虑的重要问题是，怎样让延长的学习时间更加值得。掌握其他技能（国民经济学和企业经济学知识、专业外语培训、欧洲法方面的拓展学习、跨文化的能力等）说明

学生本人多才多艺，虽然学习时间长一点，但是职业前景也会更好。如果您打算参加自由试考（模式 1 到 4），必然和那些打算 10 个学期之后才参加国家考试的人在学习规划上有所不同。如果能够投入更多时间来学习，一般情况下，在 8 个学期后参加国家考试也可以取得同样好的考试成绩。[1] 有调查显示，学生学习的学期数越多，通常国家考试成绩越差。这个观点和这些调查并不互相矛盾。因为，那些学习时间更长国家考试成绩却比较差的学生，很有可能在学习方面没有规划，或者初期花在学习上的时间太少，也有可能在法学学习上动力不足。相反地，通过在 9 个或者 10 个学期的学习掌握额外的技能，取得好的国家考试成绩，毫无疑问比只在自由试考中取得普通成绩有意义得多。换句话说，只有那些学习更长，却没有正确地把时间花在学习上的情况才会对职业前景产生不好的影响。

因此，您进行规划的前提是，要非常清楚哪一种学习模式可以作为您具体学习规划的指导方针。只有这样才能在学习的每个阶段检测您是否实现了该阶段的目标。如果没有实现目标，就要改变您的学习态度。

第二节 总计划

"您在学习以及执业阶段最大的失误是什么？您认为一个刚入学的法学新生一定要避免什么错误？认为国家考试还非常遥远的想法是最常见的错误。"[2]

在选择了学习模式以及做好了本书第二章和第三章的"前期准备"的基础上，您已经能够在以下表格的指导下制作出自己的学习规划（总规划）了。

---

〔1〕 统计表示，法学学生在 9 个学期之后参加国家考试取得的成绩最好。总体上，参加自由试考的学生成绩比学习时间更长的学生成绩好。

〔2〕 Tom Stiebert 对梅克伦堡-前波美拉尼亚总理 Erwin Sellering 在 2014 年 5 月 15 日关于法学国家考试信息的采访，http://www.juraexamen.info/meine-18-punkte-das-juraexamen-info-interview-mit-ministerprasident-erwin-sellering/。

一、制作表格

表4-2 总体规划/第……学期的学期规划

时间	非法学活动	法学活动	学习目标：在期末/ 停课阶段末期我已经完成
第……学期 上课时间 （……周）			
不设课程时间 （……周）			

注：在 www.vahlen.de 下载表格。搜索关键词"Jurastudium erfolgreich"，标记"Online-Materialien"。

请您为国家考试之前的每个学期和这个学期接下来的停课阶段各制 **112** 作一个表格（也包括您参加口试的学期）。[1]

二、学习期间的法学专业活动

在总计划表格中要首先填写"法学活动"这一栏。填写该行的每一步您都可以从下文得到详细的指导。建议您同时填写各学期的表格，这样您可以对整个学习流程形成概括的了解。特别要说明的是，一定不要照搬模板，可以考虑参考学生 B 的总体规划。[2]

总规划是个人学习规划的基础。就算是在学习过程中因为自身知识的积累或者新的情况必须做出改动，尽早制订出总规划也是非常有意义的。

（一）国家考试和国家考试准备阶段

为了确定"实际上"还剩多少学习时间，您必须首先决定要怎样对学习阶段末期的国家考试准备阶段进行规划。国家考试的准备阶段一般

---

〔1〕 因为一学期的官方开始时间正好在学期假中间，建议您在规划时不要按照学期的官方时间段来计算（冬季学期：10月到3月，夏季学期：4月到9月），而是把一个学期和接下来的无大课时间作为一个规划单元。

〔2〕 学生 B 的总体规划的片段请参见本书第一章。全部的总体规划请在网址 www.vahlen.de 下载。搜索关键词"Jurastudium erfolgreich"，标记"Online-Materialien"。

为 2 到 3 个学期。[1]您的准备阶段务必不能超过 3 个学期。经验证明，3 个学期之后已经坚持学习的决心慢慢被"耗尽"，并且在国家考试准备开始阶段掌握的知识又一次进入遗忘阶段。此外，因为国家考试和大学考试同时进行，必须搞清楚要先完成哪个考试的问题。有些学校在其教学计划中对此提出了具体的建议，其他的学校则默认重点领域的学习、考试和必修课学习同时进行。

1. 有关学习进程的规定

为将重点领域的学习更好地融合到学习进程中，做些安排是必要的。需要首先确定您所在学院对重点领域学习的规划以及是否对流程给出具体的建议，特别是要在什么时候完成书面作业，什么时候参加闭卷考试和口试。

113　　就学习的最后一个学期进程而言，有几个方案：

（1）学习和考试在必修学科和重点领域上课期间完成。

（2）首先完成重点领域学习及其考试，然后进行国家考试备考和国家考试。

（3）首先进行国家考试备考和国家考试，然后完成重点领域学习和大学考试。

表 4-3　最后一学期的学习方案

学期	方案 1		方案 2	方案 3
第五学期			重点领域学习	
第六学期		重点领域学习	重点领域学习和大学考试	国家考试备考
第七学期	国家考试备考	重点领域学习	国家考试备考	国家考试备考和国家考试
第八学期	国家考试备考	重点领域学习	国家考试备考	重点领域学习
第九学期	国家考试	大学考试	国家考试	重点领域学习和大学考试

---

〔1〕　取得好成绩的考生平均准备时间为 16 个月，请参见 Sanders/Dauner-Lieb, S. 392 的一个调查问卷的结果。

从方案 1 中可以看出，拿到参加大学考试所需成绩证明和国家考试备考在学习期间同时进行。在这种情况下，一般建议您，如果要求提交大学课程论文的话，要在第七学期和第八学期完成。[1] 因为在第八学期之后就要完成国家考试的闭卷考试。[2] 第九学期要完成国家考试的口试和大学考试的口试。方案 2 和方案 3 则在时间上把这两项活动分开了。观察那些采纳这两种模式的学校，您就会发现，这些学校通常安排了全年复习课。参加重点领域考试时，这些课程会暂停。明斯特大学就是一个非常明确的赞成方案 2 的学校。《教学规定》[3] 第 13 条第 1 款规定：

> *法学学习一般持续 8 个学期，并且分为 3 个学习阶段：*
>
> *1. 第一个学习阶段持续 4 个学期，中期考试之后结束。*
>
> *2. 第二个学习阶段为 2 个学期，重点领域考试之后结束。这个学习阶段用来作为补充必修学科教学和开展重点领域教学。*
>
> *3. 第三个学习阶段为 2 个学期，在报名参加国家必修课考试后结束。这个阶段用于强化和复习必修课内容和国家必修课考试备考。*

114

也有一些学校在其教学计划中明确规定学生要在方案 2 和方案 3 中二者选一，比如哈勒-维滕贝格大学。[4] 这个关于不同规划可能性的简要概述再次证明了，根据教学规定或者考试规定的要求尽早搞清楚以下问题对学习规划何等重要。[5]

----

〔1〕 比如康斯坦茨大学。

〔2〕 美因茨大学就明确推荐学生在这个时期同时参加闭卷考试和口试。

〔3〕 2004 年 5 月 7 日生效的明斯特大学法学学科教学规定，2014 年 12 月 3 日版。

〔4〕 关于这些方案请参见演讲：《专业学习——到国家考试为止的教学计划》，下载地址 www.pruefungsamt/jura.uni-halle.de。

〔5〕 如果您已经探究过本书第二章，那么您已经对这些问题作出回答；请参见本书第二章（学习成绩要求、修读学科和总结），边码 78 及以下内容。关于对重点领域的战略思考，也可参见 ter Haar/Lutz/Wiedenfels, S. 26ff.。

☞我必须拿到多少考试证明？有哪些？

☞是否有关于取得重点领域的考试证明和国家考试之间的时间间隔的规定？

☞学院是否在教学计划或者其他资料中就何时取得重点领域学习考试证明给出明确的建议？

☞是否有相关的建议，把国家考试备考和重点领域在时间上完全分开（如方案2和方案3）？

☞在教学计划或者其他资料中是否有规定重点领域学习和国家考试备考同时进行的相关内容（如方案1）？

☞如果想在国家考试之前通过大学考试，能否有在第九学期之后参加自由试考（比如在萨克森-安哈尔特州）的机会？

☞在完成重点领域的书面家庭论文写作之前，是否必须成功参加重点领域的一个研讨课？

如果您所在学院的教学计划或者教学计划的解释中有对方案2或者方案3的明确建议，在制订总计划时就要遵循这些建议，因为之后整个学习阶段都会按照规定的流程进行。比较困难的是，相关规定内容符合方案1的描述（暗示的），但是缺少有关具体流程进一步的规定。在这种情况下您需要注意，强化重点领域学习的学术性需要一定的自由空间。如果要实现这一目标，在规定需要提交一个主题学术论文的成绩时，您最好不要在国家考试备考期间完成该论文。此外还要注意，有些重点领域的学习以深**115** 入了解必修课内容为前提。如果需要提交书面家庭论文，首先要决定的问题是什么时候完成，您可以继续阅读下文的内容。

2. 大学考试的书面家庭论文

考虑到上课时间的学习负担，书面家庭论文最好在停课阶段完成。因此，可以考虑的基本上就是第五、六、七、八学期之后的停课阶段。下文的一览表就展示了在以上建议的时间段完成书面家庭论文的赞成或者反对的论据。

表 4-4　完成书面家庭论文的建议时间段与评论

完成书面家庭论文的建议时间段	评论
第五学期之后	在第五学期之后开始写书面家庭论文可能还太早。首先，您这时候还必须为了一个重要的证明完成家庭作业。其次，可能您对重点领域的学习还不足以拿到大学考试的一部分成绩证明。某些学校要求在完成重点领域家庭论文之前要提交成功参加一个研讨课的证明。这个研讨课可能在第五学期之后才提供。有些学校则要求之前要通过为高年级学生开设的所有 3 个练习课。
第六学期之后	支持在第六学期之后完成论文的论据是，您在这时候已经完成为高年级开设的练习课及家庭作业。同时您还没有开始高强度的国家考试备考。如果您在第六学期之后完成家庭论文并且第八学期开始之后参加必修课程闭卷考试，国家考试备考时间也就相应减少了。举个例子：您打算在第八学期之后，在 2016 年 9 月份参加闭卷考试。第六学期在 2015 年 6 月中旬结束。接着您将 6 个星期用来写作家庭论文，也就是到 2015 年 8 月底。然后您就还有 12 个月整的时间。但是，在国家考试备考之前您就没有休整阶段了。如果您从夏季学期开始学习的话，时间表还会更紧张。
第七学期之后	在第七学期之后完成书面家庭论文是否有意义？这个问题取决于这项任务在多大程度上造成国家考试连续备考中断的后果。如果您正处在国家考试闭卷考试备考的中间阶段，因为要投入很多精力完成其他领域的一个主题而中断备考是否有意义就很有疑问了。但是，很多教学计划就这样规定，好像您可以同时进行国家考试备考和家庭作业一样。其中，用 3 个、4 个或者 6 个星期完成家庭作业也存在区别。就国家考试备考而言，3 周的中断比 6 周更可以接受。如果您想要参加辅导班，就要首先搞清楚书面家庭论文和同时进行的辅导课能否在时间上协调起来。

　　在兼顾您所在学院的教学计划和以上提到的各种问题的基础上，您现在已经更确定预计要在什么时候完成大学考试的家庭论文。通常情况下，书面家庭论文会在一个研讨课中分配下来并且在这门研讨课开课的

学期之前的停课阶段完成。

116

> ✏️（1）把您想要参加的研讨课列入学期表格的"参加重点领域的一门研讨课"上去。
>
> ✏️（2）把"完成家庭作业或大学课程论文等"列入之前的学期表格的不设课程时间上。请附上您为完成此任务预定的周数（请参见本书第二章）。

3. 国家考试的闭卷考试和口试

接下来建议您把国家考试的闭卷考试列入日程。从上文中提到的方案出发，如果您要参加国家考试的自由试考，就要把考试日期列入第七学期或者第八学期。在方案1和方案2中，闭卷考试最早也要在第八学期之后，在方案3中最迟要在第七学期之后。

> ✏️（1）如果您已经决定在哪个学期参加"国家考试闭卷考试"和"国家考试口试"，请您将这2项列入该学期的学期表格上。国家考试口试大约在闭卷考试的3个月之后进行。
>
> ✏️（2）在闭卷考试结束之后，请把"国家考试备考"列入计划。
>
> ✏️（3）请确定，国家考试备考阶段需要几个学期（包括停课阶段）。从闭卷考试的日期开始向前推算，您最晚什么时候必须开始国家考试的备考？请把这个时间点作为法学任务"国家考试的备考"列入表格中。

4. 大学考试口试

在方案1中，大学考试口试和国家考试口试时间非常接近。在方案2中，大学考试口试作为重点领域学习的结业考试而存在，在第七学期期末到第八学期期末之间进行。在方案3中，大学考试口试在第九学期期末进行。

> ✏️（1）如果您已经决定在哪个学期参加大学考试口试，请将该计划列入该学期的表格中。
>
> ✏️（2）接下来请将"大学考试备考"列入该学期计划中。

5. 大学考试的监督考试

有些学校认为，闭卷考试和其他形式的监督考试都应当在学习期间完成。其他学校则规定将一次或者多次监督考试作为结业考试的一部分。此外，您在哪个学期结束重点领域学习并完成大学考试的其他部分取决于您所选择的方案。但是，需要注意的是，有些联邦州要求参加考试的人必须在国家考试的笔试部分结束后的一定时间段内完成大学考试。[1] 有些学校明确规定，重点领域的监督考试必须与必修课考试的笔试部分直接相关。[2]

> ✏️（1）如果您已经决定在哪个学期结束重点领域学习，请把大学考试剩下的部分考试（比如"大学考试的闭卷考试"，参见本书第二章）列入该学期的表格上。
>
> ✏️（2）把要参加的闭卷考试列入学期表格的"大学考试的闭卷考试备考"之下，把要参加的口试列入"大学考试备考"之下。

大致搞清楚在学习阶段末期的流程后，您马上就会发现，最后阶段的规划会在多大程度上对前四个学期产生影响。比如，在方案 2 中，您在第五学期就要深入开展重点领域学习了。认识到这一点，留学、更换学校和实习在接下来的学期就要列入现实计划了。

> ✏️如果您不打算留学，可以继续阅读"换学校"。
> ✏️如果您没有考虑过换学校，可以直接继续阅读"学习成绩"。

---

〔1〕根据《萨克森州法学教育考试规定》第 13 条的相关规定，学生可以在大学考试之前参加国家考试。学生最晚在取得国家考试口试许可 1 年之后提交大学考试成绩。

〔2〕在康斯坦茨大学，学生必须在完成国家考试笔试的 1 周之内参加监督考试（2003 年 10 月 16 日和 2012 年 9 月 12 日版本的《大学考试规章》第 11 条）。

（二）留学

及时考虑留学的时长[1]、合适时机以及正确估计准备时间对您完成总规划非常重要。在出国之前能够完成一个完整的学习阶段也非常重要（基础阶段或者中期阶段）。要在国外居留的话，您在前期就要做好一系列组织上和行政上的准备（选择合适的学习地点、申请外国学校、申请奖学金、语言考试、讲师的推荐信等）。[2]

118　　准备留学的国家不同，申请所需时间和需要提前准备的时间也不同。如果您打算留学申请奖学金，就必须在大约半年前开始规划。[3]经验证明，打算在国外学习 2 个学期，长期准备所需时间加起来至少需要 4 周（在国外学习 1 个学期则需要准备 2 周）。在国外学习前后也有很多短期准备工作，比如打扫房间，申请签证，买车票或机票，解决医疗保险，在国外找房子，重新在德国找房子，重新适应。这些事情一般需要花费外国学习开始之前停课阶段的至少一半时间（但通常情况下是整个停课阶段）[4] 和外国学习结束之后停课阶段的一半时间。关于外国学习的规划和执行您可以阅读本章第八节"规划国外学习"。

> 🖉（1）为您打算在国外度过的每个学期都额外制作一张表格，并且在表格中写上"留学"，把这些计划并入您的总规划中。[5]

---

[1]　如果主要目的是学习语言，您最好在国外学习 2 个学期，持同样观点的请参见 Wolfgang Fritzemeyer, Die Bedeutung der "Soft Skills" für die Juristenausbildung und die juristischen Berufe, NJW 2006, 2825, 2827。然后要考虑的是，要不要把 2 个学期的国外学习和取得法律硕士学位挂钩，为此在第一次国家考试结束之后才安排国外学习阶段。对某些国际事务所来说，法律硕士的学位足以代替博士学位。在例外情况下，外国学期也允许计算到之后的法律硕士学习中。

[2]　从很多学生提交的有关外国学期的经验报告中您可以得到最初的认识，也可以在 Jura-Portalen 的网站，http：//erasmus-berichte. de 或者教育杂志找到相关报告。外国的导论请参见 C. H. Beck Verlag 的 JuS-Schriftenreihe Ausländisches Recht。

[3]　DAAD 提供的在美国学习的奖学金申请时间为在美国学习开始之前的 15 个月。

[4]　国外通常 8 月份或者 9 月就开始上课。

[5]　之后的学期您可以重新编号，如果外国学期对自由试考有影响，可以保留之前的编号。回国之后，即使学习时间更长，您仍然处在没有去国外居留之前的专业学期。

> ✎ (2) 在留学之前和之后的停课阶段登记上"留学的短期准备"和"留学的后续准备"。
>
> ✎ (3) 请您开始在外国居留一年半以前的停课阶段登记上"持续3周的留学长期准备",并且在接下来的学期假中分别标记上"持续1周的留学长期准备"。

(三) 换学校

计划换学校时要注意那些由州法规定的,与国家考试相关的公法法学领域的问题(比如地方自治法)。打算在中间学期换到其他联邦州高校的学生,应当把特别行政法的学习推迟到之后的学期完成,并且提前开始民法次级学科的学习。如果您打算在其他学校参加国家考试,建议您务必在国家考试至少2个学期之前开始在该校的学习。[1]就换学校的长期和短期的规划及其执行而言,您可以预计总共花28天的时间(选择学校、有关学习成绩认证的信息、书面沟通、注销和注册、找房子、搬家、适应新环境等)。

> ✎ (1) 在换学校的前一个学期的停课阶段写上"持续1周的换学校长期准备"。
>
> ✎ (2) 在您打算换学校的学期之前(也就是在相应停课阶段),写上"持续3周的换学校执行阶段"。

(四) 学习成绩

为尽快摆脱来自学习成绩的压力,有些学生会在教学计划规定的期限之前拿到所有学习成绩。这种办法的一个缺点就是放弃了一种很重要(在有些高校的法学学习中也很少见的)的学习成果检查机会。通过"斩获"成绩证明的形式,虽然学生能在形式上满足国家考试前提条件,但是对知识的掌握是不连贯的或者表面的。大练习课的目的是强化个人

---

〔1〕几个联邦州明确对此作出规定。为了不中断重点领域的学习,建议您4个学期之后更换学校。

知识储备，为了在这方面真正受益，学生在已经掌握取得成绩证明所需的知识的情况下，不能仅仅满足于此。如果学习效率较低，学生不得不为了取得成绩证明投入很多时间。然而，把这段时间用来系统掌握知识更有价值。此时您需要根据本书第二章的要求，制作出所有必须拿到的学习成绩和相应成绩证明的列表。

> ✎（1）确认一下，您还需要取得哪些成绩证明（小证明、结业闭卷考试、大证明、实习、研讨课证明、基础课证明、关键技能证明、外语证明等）。请考虑清楚，您打算在哪些学期取得这些证明。
>
> ✎（2）请您确认，还需要取得哪些成绩证明（练习课闭卷考试、期末闭卷考试、专题报告、演讲、家庭作业等）。
>
> ✎（3）上课时间的规划：请您在相应学期的总计划中列入要取得的课程成绩证明（比如"准备和参加民法闭卷考试""准备期末闭卷考试"）。
>
> ✎（4）停课阶段的规划：请您确定，在停课阶段需要取得哪些学习成绩或者成绩证明。
>
> ✎（5）请在停课阶段列入家庭作业、实习和研讨课准备时间及其相应预计花费的时间（完成家庭作业和研讨课作业至少需要各 3 周，实习一般需要预留 12 周时间）。

（五）掌握国家考试的考试学科

在输入学习的主要数据后，接下来就要确定您在什么时候完成考试学科的学习、强化和复习任务，换句话说，您怎样在国家考试备考之前剩下的学期对考试学科进行划分。如果您打算在第八学期后参加自由试考并且用 2 个学期的时间完成国家考试备考，就必须把学习和强化各法学领域的任务分配到前六个学期中。而学生从第五学期就要开始重点领域学习，重点领域学习需要的时间也不算少。这就意味着，从第五学期开始，学生每周最多有 2/3 的时间进行必修课学习。因此，必修学科法学领域的掌握就要在前四个学期完成。有些高校建议学生在第四学期就开始参加重点领域的课程。

在哪个学期学习哪个法学领域的问题，虽然没有明确的回答，但是可以找到大量的指导意见。一个非常重要的指导意见就出自于您所在学校的教学计划。[1] 教学计划中有对参加课程教学顺序的建议；经过调整之后，您可以尽可能没有冲突地参加所有的课程教学。如果您制订的总计划和教学计划能够协调一致的话，就可以拥有一个有利条件，即有机会在自学一个法学领域的同时去听相应的课程。大多数教学计划把法学学习分为 3 个阶段，即开始阶段或者学习入门阶段（一般是前三个或者四个学期）、中期阶段（一般是第四或者第五学期和第六学期）以及复习和强化阶段或者国家考试备考阶段（一般是第七学期和第八学期）。[2] 哪些法学领域的学习要在开始阶段进行，哪些法学领域的学习要在中期阶段进行，教学计划都有所规定。国家考试备考阶段则被用来复习、强化和完善已经掌握的知识。

1. 学习入门阶段

很多学生在学习入门阶段会遇到困难。因为在学习的开始阶段，学生仅仅了解一幅未知图画的若干"拼图"而对其中的联系缺乏认识，有些学生在法学学习中会感到非常挫败。[3] 这样的情况通常导致的后果是，和念中小学时相比，成绩一落千丈，根本不能（基本不能）拿到最好成绩。[4] 为取得更好的成绩，很多学生认为必须掌握法学领域的所有细枝末节的知识。在这个过程中，他们离概括了解这个目标越来越远，把时间"浪费"在细节问题上。如果他们认识到开始阶段的意义和目标，知道法学学习评分标准的话，就肯定能避开这个错误。考虑到在

121

---

〔1〕 请参见本书第三章（学院提供的课程），边码 85。

〔2〕 也有的教学计划划分为基础学习和主要学习阶段。

〔3〕 Bernd Rüthers JuS 2011, 865："即使勤奋好学的学生闭卷考试成绩也会下降。学习从兴趣体验变成挫折体验。"

〔4〕 很多学生因为成绩下降而丧失动力。一个重要的认识就是，法学学习打分方式和之前在中小学的方式不同。比如，取得 7 到 18 分的成绩都可以算作好（高于平均水平）的成绩。大部分学生能够继续拿到好成绩。中学结业考试成绩和国家考试成绩之前有明确的联系。中学结业考试成绩为 1 到 1.5 的考生往往能取得 10 分以上的国家考试成绩。但是这并不意味着，仅仅有好的中学结业考试成绩就能考好法学国家考试。

学习入门阶段转换困难的问题，几个学校在促进学生的学习能力发展方面上作出了很多努力。[1] 学校安排了大量创新补充课程。[2] 遗憾的是，新生并不了解这些补充课程的特殊价值，其原因是这些课程绝大多数都不是必修课程。如果您所在的学院提供这样的补充课程，建议您一定要参加。

（1）开始阶段的目标

就如您在本书第三章中了解到的[3]，开始阶段被用来教授民法的核心学科以及公法和刑法的基础知识。开始阶段的具体目的是：

- 了解法律制度的内在联系和结构。
- 掌握核心学科重要的法律原则。
- 牢固掌握核心法学学科的知识。
- 知识的系统化并理解关联性。
- 采用一种补充性的储存介质来巩固基础知识。
- 掌握工作技巧，尤其是熟练的案例分析技术。
- 培养法学论证能力。
- 培养把基础知识应用于案例分析（初级水平）的能力。
- （通过家庭作业写作）掌握学术技巧。
- 学习基础学科。

如果学生掌握了牢固的法学核心学科的基础知识并且知道如何应用这些知识的话，开始阶段的主要目的就已经达到了。[4]尽可能多地掌握

---

〔1〕 雷根斯堡大学：REGINA 教育中心，Säule 学习指导；比勒费尔德大学：Richtig einsteigen；美茵河畔法兰克福大学：Starker Start ins Studium，Programm zur Optimierung der Studieneingangsphase；汉诺威大学：JurSERVICE erfolgreich studieren。

〔2〕 其他的示例请参见会议论文集 Frank Bleckmann（Hrsg.），Selbstlernkompetenzen，Bedeutung, Praxis, Perserspektiven, Stuttgart, 2015.

〔3〕 请参见本书第三章（学院提供的课程），边码 85。

〔4〕 有些教学规定明确规定了相似的目标，比如《2012 年 9 月 28 日的慕尼黑大学考试和职业教育实施细则》规定"学生在基础学习阶段应当深入学习法学知识并且培养批判性的思维方式"。

单个问题的细节知识并不是开始阶段的主要目标。原因在于，一般情况下，学生还不能从总体关联性出发对这些知识进行正确分类。在只掌握不连贯的细节知识的情况下，您还不能够辨别问题并组织论证。法学能力的培养最初从掌握基础或者核心内容[1]开始，教授由此引出的法学思路更加重要。

（2）开始阶段较大的学习单元

按照开始阶段的目标要求，学生要在开始阶段掌握以下较大的学习单元：

- 民法典总则；
- 民法典债法总则；
- 民法典债法总则：若干合同关系；
- 民法典分则：无因管理，不当得利；
- 民法典分则：侵权法；
- 物权法；
- 基本权利；
- 国家组织法；
- 欧洲法Ⅰ（宪法）；
- 宪法诉讼法；
- 一般行政法；
- 刑法总则；
- 刑法分则；
- 基础学科。

2. 中期阶段要掌握的法学领域

中间学期是指那些为高级练习课作准备并完成这些练习课的学期，根据教学计划具体规定的不同，中间学期可能为第三到第五学期或者第四到第六学期。

（1）中期阶段的目标

对学生来说，中期阶段最重要的目标就是拿到 3 个大成绩证明，这 3 个成绩证明是取得国家考试许可的前提条件。因为拿到成绩证明是明显的压力来源，它就被放在最重要的位置上，而系统掌握法律领域大多被认为是次要的。其实，学生内心还是认为应当更加系统并且勤奋地学习专业知识的，但是想到每个学期取得成绩证明的目标已经实现，这个念头也就越来越弱了。除了取得大成绩证明之外，中间学期还要实现以

---

[1] Gröpl. Rn. 61.

下目标：

- 学习次级学科的基础知识，对此教学计划往往只安排一门课程。
- 掌握在开始阶段没有涉及的核心学科的知识。
- 系统复习和强化核心学科的内容。
- 为国家考试备考阶段积累足够的知识基础。
- 培养利用已经掌握的知识深入学习某一法学领域的能力。
- 了解次级学科和核心学科的横向联系。
- 培养利用知识解决中等难度案例分析的能力。
- 深入理解学术方法论。

中期阶段一个重要的任务就是，尽管有取得成绩证明的压力，也要系统掌握或者强化所学法律领域。这项任务只有及时对中间学期进行具体规划才有可能实现。

（2）中期阶段较大的学习单元

中间学期的目标就是掌握以下较大的学习单元：

- 家庭法；
- 民事诉讼法；
- 强制执行法；
- 商法；
- 民商事组织法；
- 劳动法；
- 国际私法；
- 地方自治法；
- 建筑法；
- 警察法；
- 行政诉讼法；
- 欧洲法Ⅱ（经济法）；
- 刑事程序法。

123　　这个表格仅列出那些学生在中期阶段应当优先系统学习的学习单元。主要涉及民法次级学科，比如，家庭法和民商事组织法以及民事诉讼法，公法领域的行政诉讼法。就这些学习单元的学习顺序而言，并没有强制规定。因此，个人安排不需要跟教学计划完全一致。比如，虽然民事诉讼法和强制执行法的课程不在同一学期开始，但是学生可以考虑在同一学期内学习民事程序法（审判程序和强制执行程序）。行政法方面，学生可以把建筑法、地方自治法和警察法 3 个学习单元放在一起，在同一学期内（在参加公法领域高级练习课的学期）完成这 3 个单元的深入学习。虽然多数情况下，按照教学计划的安排，中间学期才开设行政诉讼法，但是没有掌握在法庭之外和庭上行政诉讼法的知识就很难完成行政法案例分析。[1]很多学校都没有在中间学期安排案例分析课程或者统一的学习小组课程。这就要学生自觉安排案例分析的训练。

除了已经列出的学习单元之外，学生必须在中间学期考虑强化或者完善在开始阶段中提到的学习单元。因为中间学期的一个重要目标就是巩固并扩充已经掌握的知识。在法学学习中，您只有把学习的新知识和已经掌握的知识结合起来，才能从协同效应中受益。牢固掌握基础知识能让您的学习更有趣，而有趣的学习过程让您更加有学习动力。[2]如果您通过内容一览表在国家考试备考阶段不久前才发现，截至国家考试备考阶段您不可能掌握所有的学习领域的话，就必须决定，在此之前放弃哪些学习领域，还要掌握或者深入学习哪些领域。因为在开始学期接触的大学习单元属于绝对必要的知识，您应当优先学习这些单元并首先考查是否已经掌握这些内容。您可以在本书第二章和第三章的解答中找到您所在学校规定的学习单元和提供的课程教学的列表。

> ✎请在总计划（"法学任务"一行中）中记入您在国家考试备考阶段开始前要为通过国家考试掌握或者深入学习，而在开始阶段和中间学期安排哪些学习单元？

（六）掌握大学考试的考试学科

124

通过以上内容，您已经确定了重点领域学习的法学框架。现在要搞清楚的是您打算在哪几个学期学习重点领域考试学科的必要知识。为

---

〔1〕 因此，要把学习单元"一般行政法"和行政诉讼法中重要的诉的种类（撤销之诉和义务之诉）联系起来。另参见教科书 Steffen Detterbeck, Allgemeines Verwaltungsrecht mit Verwaltungsprozessrecht, München, 13. Aufl. 2015。

〔2〕 为实现这个目的，怎样在学习大量知识时培养学习的乐趣，请参见本书第十一章（学会学习）。

此，建议您把目前已经确定的每个学期的学时列出来。从中您就能看出，把重点领域考试学科的学习分摊到 3 个、4 个或者 5 个学期是否有意义。

确定每周的课程负担要从必修课出发。但是，考虑到案例分析技术的重要性，建议您把那些明确能够练习案例分析或者闭卷考试写作的课程也统计进去，尤其是案例讨论、学习小组、辅导课程等。在国家考试的备考阶段，您也要计算国家考试辅导课和闭卷考试课程的课时。虽然这些课程都不是必修课程，但是您应将其学时作为参考值列入每周的课程数中。

表 4-5　统计范例：每学期的周课时

	每学期必修学科的每周总课时数	案例分析练习课的每周总课时数	第二列和第三列的每周总课时数	重点领域学习的每周总课时数		基础学科/关键技能/外语能力的周课时数	每周总课时数	
第一学期	14	6	20			3（基础课程）	23	
第二学期	17	4	21			2（外语能力）	23	
第三学期	18	4	22				22	
第四学期	19		19	4			23	
第五学期	14		14	5	(6)	2（关键技能）	21	(22)
第六学期	16		16	5	(6)		21	(22)
第七学期	21		21	2	(0)		23	(21)
第八学期	23		23				23	

注：请在 www.vahlen.de 下载表格。关键词 "Jurastudium erfolgreich"，板块 "On-line-Materialien"。

从重点领域学习规划的统计中，您得到了哪些认识？在国家考试备考阶段，除了每周 21 到 23 学时的学习时间外再为重点领域学习安排时间并不合适。相比之下，在第四、五学期和第六学期还有点"空闲时间"。本范例建议您从第四学期就开始重点领域学习。如果您打算在第

125

六学期之后才开始写家庭作业，也建议您这样规划。这样的话，您在完成家庭作业之前就已经旁听过重点领域的所有考试科目了。考试科目在各学期的具体安排取决于教学科目开设的节奏（学期节奏和年节奏）。这张一览表非常清晰地说明了，在中间学期开设重点领域讨论意味着您每周至少要为重点领域预留出一天半的时间。6 个小时的课程加上 6 个小时的预习和复习时间一共是 12 个小时的净学习时间，也就是 1.5 个学习日。即使您不去上课，也要为自学这些考试学科至少预留出这么长的时间。您所在学校的学习单元和课程教学的列表，可以在本书第二章第五节和第三章的第二到第六节中找到。

✎请您在总体规划（"法学任务"一行）中记入您需要掌握或者深入学习哪些较大的学习单元（按照大学考试要求）。如果您还没有就重点领域作出选择，那您有两个选择：您可以在总体规划中就缩写 LE1，LE2 等来代替学习学院，或者您临时选择一个重点领域并在总体规划中记入这个重点领域的学习单元。

三、学习目标

如果您已经确定在哪个学期学习哪些较大的学习单元，接下来的任务就是总计划的最重要的一部分，即与学习单元联系在一起的学习内容上的目标。在法学任务一栏的旁边额外添加一栏来说明与之相关的目标的做法有很多好处。首先，您可以一直提醒自己搞清楚这项法学任务要实现什么样的目标（比如，仅掌握基础知识）。其次，通过确定这些临时目标，"第一次考试"的大（长远）目标被分为直观的若干步骤。有目的地实现这些目标后，您会获得很多成就感，鼓励您完成接下来的学习任务。

制定具体学习目标的过程可以帮助您回忆起某一学习单元是在哪一个学习阶段掌握的，这一学习阶段的主要目标是什么。[1]另一个较好的

---

〔1〕 参考上文边码 121 及以下内容。

辅助工具就是附有评论的课程目录，尤其是当您对法学领域的内容还不了解时，从对课程教学的注释中您就差不多能了解该课程的重要内容。在开始学期，您可以把在期末时能够掌握基础知识作为该学习单元的目标（比如，"较好掌握刑法总则的基础知识"）。对那些在中间学期新接触的学科，您也可以这样制定目标。对那些在开始阶段已经掌握的学科，您可以在中间学期复习并深入学习与其相关的知识（比如，"深入学习行政法"或者"全面掌握履行障碍法"）。

> ✐请您在"学习目标"一栏中标记出与法学任务有关的学习目标。请注意，要用积极肯定的语气，用现在时对目标进行描述。[1]

为了持续跟踪您的学习目标进度，建议您做好记录，在何时通过什么方式掌握了某一学习单元，什么时候对这个学习单元进行了复习和强化，在这个学科上参加了几次闭卷考试。[2]

四、培养其他技能

就像在本章第一节"六、学习模式"部分所提到的，（自觉）获得其他技能对个人学习来说非常有意义。[3] 外语培训[4]、经济学培训、外国法律知识的学习[5]、培养跨文化的能力[6]都属于培养额外技能的行为。就目前掌握的情况来看，其他技能的学习主要是在开始学期或者基础学习阶段进行。

---

〔1〕 学习目标的详细信息请参见本书第十二章（时间管理），边码369及以下，关于目标表达见边码370中文本框内的提问。
〔2〕 也可参见 Münchhausen/Püschel, S. 238ff. 中的清单。
〔3〕 支持在学习过程中培养额外技能的理由请参见上文边码106及以下内容。
〔4〕 有些高校在学习过程中提供能取得证书的专业外语培训，比如奥格斯堡大学和帕绍大学，也可参见 Joachim Gruber, Überlegungen zum Inhalt einer fachspezifischen Fremdsprachenausbildung für Juristinnen und Juristen, JURA 2011, 799。
〔5〕 比如维尔茨堡大学的盎格鲁美洲法。
〔6〕 比如维尔茨堡大学的掌握跨文化能力证书（http://www.gsik.de）。

☞其他技能的学习，比如，企业经济学基础知识、IT 知识、语言知识的学习都应该从第一学期就开始，因为之后的学习负担会越来越重。

☞就算是一般关键技能的培养也要尽早开始。[1]

在中期阶段，因为时间上的原因，您在学习大量的必修项目（必修学科和重点领域学科）与学习其他技能上会无法兼顾。有些学院会提供互补的学科，比如，在拜罗伊特大学和科隆大学法学院的经济法律人教育，雷根斯堡和帕绍大学法学院的东欧法的补充课程或者汉诺威大学法学院的与律师从业有关的证书学习，马尔堡大学法学院的医药法。教学计划会考虑到这些学科的问题并且让它们和其他学科在时间上协调一致。如果您想提高外语水平的话，可以在学习过程中安排 1 个或者 2 个学期的国外学习，或者把学习外语的时间推迟到见习期的国外居留时间。虽然其他技能的培养不属于法学学习任务的范围，却属于您个人学习模式的组成部分，您可以将其记入相应的一栏中。

✐如果您打算培养、学习额外技能的话，可以将其记入"法学任务"一栏并且将其目标列入"学习目标"一栏。

五、中期结算

☞请再次阅读本书第一章中的说明，边码 16 及以下内容。

在往总计划中添加更多活动之前，您应当为停课阶段制作一个所谓的"中期结算表"来确定您还有多少时间完成私人活动和复习所学内容。冬季学期停课阶段为 1 到 2 周，夏季学期往往没有这样的时间。年初的停课阶段为 8 到 9 周，夏季则为 12 到 13 周。

---

[1] 一般和法学专业关键技能的信息请参见本书第十六章（高效学习法律的要领）。

✎（1）请打印表 4-6，以此来计算停课阶段可以支配的时间。[1]

✎（2）请列入完成家庭作业和实习所需要的时间。计算出每个学期除去完成家庭作业和实习外在停课阶段还剩下几周时间（剩下的周数）。

✎（3）请在"度假时间"一栏里列入度假周数。如果您还有确定的计划，请算上大约每年 6 周。请计算出"剩下的用于复习、工作等的周数"并且记入最后一栏中。

128

表 4-6　统计范例

从冬季学期开始学习	不设课程的周数	完成家庭作业/研讨课论文需要的周数	实习需要的周数	中期结果：剩下的周数	度假需要的周数	剩下的可以用于复习、工作等的周数
第一学期	2（圣诞假）				1	1
学期假	8	3+3=6（家庭作业+家庭作业）		2	1	1
第二学期	0					
学期假	13	3（家庭作业）	4	6	4	2
第三学期	2（圣诞假）				1	1
学期假	9	3（家庭作业）	4	2	1	1
第四学期	0					
学期假	12	3（家庭作业）	4	5	4	1

———————

〔1〕 计算整个学习期间的停课阶段并不是让您具体算出接下来学期的总周数，因此，您可以随机写上 8 到 9 周或者 12 到 13 周。在制作相应的学习计划时再写上停课阶段的详细周数。

从冬季学期开始学习	不设课程的周数	完成家庭作业/研讨课论文需要的周数	实习需要的周数	中期结果：剩下的周数	度假需要的周数	剩下的可以用于复习、工作等的周数
第五学期	2（圣诞假）				1	1
学期假	8	3（研讨课）	0	5	1	4
第六学期	0					
学期假	12	6（大学论文）		6	开始国家考试备考（只安排短暂的假期）	

注：请在 www.vahlen.de 下载表格。关键词"Jurastudium erfolgreich"，板块"On-line-Materialien"

范例中假设每个小练习课和大练习课都会安排 3 项家庭作业。此外，还有 3 周的研讨课论文。时长约为 6 周的大学课程论文作为大学考试的一部分应当在第六学期之后完成。这个范例非常清楚地说明了，学生很难在学期假中找到时间复习那些没有掌握的内容。如果您在学习过程中"有所亏欠"，唯一能够复习的方法就是放弃部分假期。因此，再次提醒您：

> ☞法学学习的停课阶段都被家庭作业、研讨课作业、重点领域的考试论文、实习和必要的假期占满了。
>
> ☞学生在上课时间没有学到的内容，在停课阶段肯定也不会学。因此，在停课阶段不宜学习新内容。

从统计中也可以得出，部分或者全部通过兼职赚取收入还要在较短的 **129** 时间内完成整个学习阶段基本上是不可能的。[1]因此，您就必须尝试通过其他方式（《联邦教育促进法》、父母、奖学金）来资助整个学习过程，

---

[1] 您打算参加自由试考的同时又想自费完成学习的话，就必须拿出一个非常好的规划。

或者您从一开始就打算花更长的时间完成学业。[1]如果将完成家庭作业、实习或者度假之外的时间用于工作，您就没有机会补习那些错过的学习内容，带着因此而造成的巨大知识欠缺参加自由试考是非常冒险的。

六、非法学任务

> ☞请再次阅读本书第一章边码 13 及以下内容。

如果您计划安排 6 个星期的年假，剩下的时间就不多了。因此，您必须考虑清楚怎么规划个人事务，是否要找假期工作。此外还要注意的是，第六学期之后的停课阶段必须被用在进行国家考试备考上。[2] 接下来才能考虑在停课阶段剩余的周内怎么进行规划。

（一）列举非法学任务

对非法学领域来说，您为那些确定要在学习期间花时间参加的活动制作一个列表是非常有必要的（比如，学期中安排的兼职、假期工作、度假、在父母的经营场所帮忙）。

---

〔1〕 尽管如此，2/3 的学生在学习期间有工作。关于学习自主请参见 Hendrik Lackner，Deutschlandstipendium，München，2014 以及 Markones/Georg Beckmann，Studieren ohne Geld，Wegweiser durch den Förderungs-und Stipendienschungel，Freiburg（Br.），2011；Max-Alexander Borreck/Jan Bruckmann，Das Insider-Dossier，Der Weg zum Stipendium，Tipps zur Bewerbung für 400 Stipendiem-und Förderungsprogramme，Köln，2011；Verbraucherzentrale，Clever studieren mit der richtigen Finanzierung，2. Aufl. 2007；Horst Siewert，Studieren mit Stipendien，Deutschland-Weltweit，Freiburg（Br.），2. April，2007。关于 Gütersloh 的高校发展中心选择合适学习贷款的清单请见 http://www.che-studienkredit-test.de.，www.studienfinanzierung.de。通过《联邦教育促进法》来资助学习请见 Ulrich Ramsauer/Micheal Stahlbaum/Sonja Sternal，Mein Recht auf BAföG，München，4. Aufl. 2003；Becher，S.20ff.。关于劳动法的问题请参见 Harro Plander，Ratgeber Studentenjobs，Arbeitsrecht，Sozialversicherungsrecht，Steuern，München，2007。

〔2〕 从设置固定的闭卷考试日期的联邦州的情况看，第六学期末到国家考试开始中间的时间为 12 到 13 个月。如果您第六学期之后马上参加重点领域的考试的话，就有 11 到 12 个月的时间进行国家考试备考。

✎（1）请把个人活动列入表 4-7 中。

✎（2）请您决定每项活动在哪方面具有优先性[1]并且为每项活动制作临时优先等级（比如，1、2、3 级）。

✎（3）请您估计时间花费并且把总时间（活动的时间和路程时间）列入"时间花费"一栏中。

优先级	个人活动	时间花费

注：下载地址 www.vahlen.de。关键词"Jurastudium erfolgreich"，板块"Online-Materialien"。

（二）利益权衡

如果没有足够的时间完成列出的所有活动，您很有可能要在剩下的时间里权衡非法学任务和法学任务的重要性。此种利益权衡只能由您自己进行，在这个过程中，确定非法学任务的优先级可能会对您作决定有帮助。

✎（1）请考虑您计划在剩下的停课阶段安排哪些活动（非法学或者法学）？

（a）如果您决定安排复习，请把这些活动和预计花费的时间列入总计划表中。请在"学习目标"一栏中列入与之相应的目标。

（b）请在总计划表中列入您在停课阶段打算完成的非法学任务及完成这些任务预计花费的时间。

✎（2）请在表格中列入您在学习之余打算完成的非法学任务（请参见非法学任务的列表）。

---

〔1〕　请参见本书第十二章（时间管理），边码 376 及以下内容。

利用这种方式，您可以对剩下的学习时间作出完整的总体规划。

第三节　学期规划

学生在法学学习的开始阶段和中期阶段应当以学期为单位完成学习规划。在国家考试备考阶段则建议另外制作一个整体计划。

学生在开始学期和中间学期的真实情况往往像 A 那样：学期假的大部分都被用来完成家庭作业，很多学生甚至要把学期开始以后提交作业截止日期以前的所有时间都要花在上面。[1]这样就错过了该学期初的课程教学。而在第三周或者第四周就要参加练习课的第一次闭卷考试了。因此，为了通过闭卷考试，学期初的前几周基本上全部被用来尽快掌握练习课所教授法学领域的知识。参加其他课程的机会因为闭卷考试备考而被"牺牲"了。闭卷考试结束之后（直到下一次闭卷考试或者家庭作业之前），学生才终于能够进入"正常"的学习状态。但是，经常出现的情况是，由于学习进度已经无法与其他课程衔接上，很多学生完全放弃了在这个学期系统学习的机会。[2]因此，学生只有在学期开始之前就制订一个学期计划，除了取得成绩证明之外也在内容学习方面设定目标，才能避免这样的问题。您所在学校的学习成果检查数量越少，制作学期计划作为参考的意义就越大。

一、学期计划

学期计划以总计划中的相应片段作为基础。制作学期计划时首先考查是否保留计划好的法学和非法学任务？是否应当按照实际情况修改、取消或者添加其他的任务？也就是说，学期计划是对总计划补充后的、根据最新情况更新的片段。此外，学期计划中会有关于时间花费的具体

---

〔1〕　请参见本书第一章（进行学习规划的重要性），边码 5。
〔2〕　即使不能像计划好的那样在学期中从一开始就系统地掌握学习内容，学生至少要在闭卷考试之后抱着"迟到总比不到好"的信心重新开始系统学习。

说明。在学期末，学生就可以根据学期计划中的学习目标来考查哪些目标已经实现。如果没有完成学习任务的话（比如，特定的法学领域没有掌握或者没有完全掌握），学生或者将其放到其他学期或者将其标记为国家考试备考阶段的目标来完成。

> ✎请为即将到来的学期制作 1 个学期计划（请以总计划的片段作为基础并且思考应当保留目前的计划还是必须根据新情况进行修改）。

二、学期日历

> ☞请再次阅读本书第一章讲边码20及以下内容。

为了确认学期内的每项任务在时间上能否协调一致，您需要制作一个学期日历表。[1]建议您使用可以把所有上课时间都写进去的日历表，即冬季学期能展示新年以后的日期。[2]

> ✎（1）请把即将到来的学期中确定参加的活动列入日历表中。
>
> ✎（2）请核对这些活动在时间上能否协调一致。如果时间上发生冲突，您就必须相应地修改学期计划。请您检查是否有负担特别重的学习阶段和时间段并在日历表上标记出来。

第四节 周计划

> ☞请再次阅读本书第一章边码21及以下内容。

周课程表被用来确定哪个时间段完成哪件具体的任务。固定的学习时间和确定的学习内容能够减轻您的负担，避免不断思考要在什么时

---

〔1〕 参见本书第一章（进行学习规划的重要性）学生 B 第三学期上课时间的日历表，边码21。

〔2〕 比如 Mein Studi-Planer, A1-Poster für WS 2015/2016 und SS 2016, vom Verlag UTB。

间、在哪里、通过什么方式学习哪些内容。

一、应当在周课程表中考虑哪些任务并正确估计需花费的时间

您应当在周课程表里列入必须参加的课程教学、自学法学领域、参加的学习小组、复习阶段、缓冲时间和确定参加的私人活动。除了这些确定的任务之外，留出足够的休息时间也非常重要。

（一）课程教学

1. 讲座课

很多学生因为没有正确估计预习和复习要花费的时间而选择了太多课程教学。然而只有通过规律地复习，最好是兼顾预习和复习才能真正掌握所学知识。经验证明，学生应当为预习、补充学习以及复习阶段预留与听课同样长的时间。[1]但是，实践很快就证明这个经验之谈不是一直有效的。学院的教学计划每周安排 18 到 25 个课时的课程教学。根据经验，每周 23 个课时的课程加上预习和补充学习的课时就有 46 个课时！在这 46 个课时之外，还要算上自己安排的复习阶段（比如，最后一周利用索引卡片复习全部的学习内容）和参加学习小组花费的时间。如果您为学习小组和自己组织复习再分别花费 3 个课时，那么每周的学习时间就是 52 个课时！有人会提出反对意见，认为每个课时实际上为 45 分钟，因此，每周实际的学习时间为 39 个小时。但是，这种计算方法没有算上在课程之间或者个人学习阶段必要的"强制"休息时间。每周 52 个学时意味着您平均每天要花 10 个小时来完成各种学习活动。这样的学习强度对大多数学生来说已经达到了他们精力的极限。就法学学习而言，每周上课时间超过 20 个学时就肯定会遇到课程的预习、补充学习以及复习时间太少的问题。那些不打算抱着"三心二意"态度完成学习阶段的学生必须注意，在选择课程时要考虑自己后续学习的能力。如果您确实没时间在特定阶段按照经验规则的要求完成所有课程的预习和补充学习任务，一个折中的办法就是把一些讲座课的预习和补充学习时间减少到上课时间的一半，但是无论如何都不能再少于这个时间。学习的

---

〔1〕 Chevalier, S. 152.

目的是为了能够理解学习内容，"仅仅浏览一遍并标记出一些关键词"不能带来任何帮助。[1] 如果您确定不能完成最低时间限度的预习和复习任务，那您最好把这门讲座课从计划中划掉。

总的来说，上课对您是否意义重大与该课程无关，与您自己的学习偏好有关。就某一门具体的课程而言，您对讲师的授课安排、讲课方式和风格是否感兴趣非常重要。如果您对这3个问题的答案是肯定的，我建议您选择这门课程并且同时学习该法学领域。原因为：第一，这门课程可以一直激励你去探索该法学领域；第二，您可以从该课程的划分中找到每个工作步骤的关键点，从而帮助您回答应该选择哪个重点领域的问题；第三，您可以就在学习该法学领域过程中遇到的问题求助于讲师，可能会从讲师那里得到您在教科书中没有发现的信息（比如，有关该问题的最新研究进展）。如果您在2到3周后感觉不能"开始爱上"这门课程，您应该尽快放弃参加这门课程并且按照自己的安排完成该法学领域的学习。[2] 这种情况下，您把时间用于自学有意义得多。您个人为什么不能"爱上"这门课程的原因在此完全不重要（可能在您看来该课程的重点和国家考试不一定相关，也可能您不适应讲师的风格和讲课方式等）。在计划预习和复习时，您应当注意：首先，再次梳理学习课程内容的行动应当在课程之后的48小时内进行。[3] 其次，在开始该学科的下一门课程之前，安排一个短时间的学习阶段对您来说很有好处。此时复习上一门课程能为下一门课程的学习做好准备，帮助您更快地进入下一门课程的内容。

2. 案例讨论/学习小组

大多数学校都会安排案例分析、学习小组或者伴随课程形式的研讨课。因为参加课程的人数有限，案例讨论课是一个非常好的掌握和练习案例分析的机会。参加课程的同学能够在相当小的圈子里不受限制地提

---

〔1〕 仅仅旁听课程只能在少数学生身上产生学习效果。确定喜欢的学习风格请参见本书第十一章（学会学习），边码337及以下内容。

〔2〕 参见 Bergmans, S. 100。

〔3〕 有关遗忘曲线的内容请参见本书第十一章（学会学习）。

出问题，还特别能够锻炼口头辩论能力。案例讨论课程和大课不同，您大多数情况下可以从同时开课的案例讨论课程中选择其一。因此，当涉及授课的方式和课程安排问题时，您选到合适的案例讨论课程的机会更大。通过在案例讨论课上共同完成案例分析过程，您有机会私下认识其他同学，并通过这种方式找到学习小组的"并肩作战者"。因此，您应当利用所有参加案例分析课程的机会。就时间花费而言，参加案例讨论课程与上课时间可以一样多。预习和复习也要花费和案例课程本身一样多的时间。

3. 练习课/安排结课闭卷考试的大课

对大多数学生来说，参加练习课的目的就是取得参加国家所需的成绩证明。这种观点是不正确的，练习课是少数由学校安排的检查学习成果的一种方式。您应当利用每次可以参加闭卷考试的机会。根据试卷批改的状况，就可以对自己的学习情况进行一定的自我评估。就参加练习课的目的而言（如课程教学的名称所传达的信息），就算您已经通过一个闭卷考试并且确定会拿到成绩证明，您也应当参加所有安排的闭卷考试。为了锻炼闭卷考试能力，很多学校允许学生取得成绩证明后在接下来的学习过程参加练习课和相应的闭卷考试。如果您所在学院允许参加这种情形的闭卷考试训练，您可以计划在第五学期或者第六学期尽可能在间隔较短的时间内参加民法、公法和刑法的闭卷考试，以此来判断您的学习掌握情况。[1]

> ☞请确定，您所在学院是否允许学生取得成绩证明后出于练习的目的参加练习课的闭卷考试。

建议您在参加某一法学领域的练习课前花一段时间进行准备和补充工作。这样您就可以避免因为安排闭卷考试备考而跟不上每周的学习节奏，不能完成周课表中安排的学习进度。

---

〔1〕 请参见本书第二章（学习成绩要求、修读学科和总结），边码57。

（二）自学法学领域

首先，从以往的经验来看，与通过上课和复习来学习一个法学领域相比，自学该法学领域需要学生更加自律。因为最重要的学习成果检查（国家考试）还遥遥无期，况且学生在中小学阶段往往只因为考试成绩的压力而学习，在没有直接激励措施的情况下，自己承担责任掌握法学领域的知识就非常困难。如果学生在周课程表中规定相应的法学领域的学习时间，并且视之和上课时间一样有约束力，也可以自己找到激励方法。以学习小组的形式，学生之间可以定期讨论某一法学领域中学到的主题，因为学习小组也可以作为一种额外的并且有效的激励方法。[1]要自学某一法学领域，您应该每周预留 1.5 倍于规定课时的时间。如果您把学习任务分摊在 2 天之内进行，那么通过复习达到的学习效果更好。

其次，自学某一法学领域时，选择教科书与选择课程一样重要。如 **135**果教学书不能在短时间内让学生感兴趣，学生很难在短暂的时间将其阅读完。因为，就算学生坚持忍受完该教科书的"煎熬"，因为缺少学习动力，能够学到的东西也非常少。

（三）扩展内容：每个法学领域的重要性

在分配预习、复习以及自学某些法学领域的时间时，考虑到以下法学领域的重要性和困难程度，您应当在上面花费更多的时间。

1. 民法：民法典总则和债法总则

不掌握《民法典》第一卷和第二卷的基础知识，您几乎不能完成任何民法案例的分析。《民法典》的第一卷内容为一般规则，这些规则不仅适用于民法典其他卷，大多数情况下也适用于其他的民法领域。债法的总则部分涉及单个法律主体之间债权关系的一般适用规则，这些规则都是掌握民法的基础。一般规则往往具有一定的抽象性，因此，民法典和债法的总则至少部分被描述为难以掌握的法律知识。您通过国家考试

---

[1] 请参见本书边码137，详细内容见本书第十章（学习小组）。

的民法闭卷考试所需要的大约50%的知识都与民法典的前两卷有关。[1]当在2个学期之后被告知，利用现在所学的知识已经可以通过几个国家考试的闭卷考试时，很多学生非常吃惊。[2]在完成学习规划时，您应当认识到，前两个学期的学习或者为成功通过国家考试打下基础，或者反过来为整个学习阶段留下知识上的漏洞。[3]

为了掌握民法学科的知识，学生一般需要把一周所有学习时间的一半用于这方面，即使在民法课程占所有课程的学时比例不到一半时也应当如此。因为前两个教学计划并未对民法次级学科作出规定，学生有充足的时间来完成扎实掌握民法典和债法总则的内容的任务。因此，学生在前两个学期要花1.5倍于上课时间的自学时间来学习民法知识。

2. 公法

（1）基本权利

《基本权利目录》的学习会对整个法学学习阶段产生影响并且在公法领域发挥重要的作用。[4]因此，很多公法案例分析也要对基本权利进行考查。基本权利在整个学习阶段中的重要意义在后面的学期中会越来越明显。[5]教学计划大多规定国家法的导论课程要讲《基本权利目录》的内容。对您来说，这意味着，为了将来在学习中能够运用这些知识，您应当在开始的学期就牢固掌握基本权利的基础知识。[6]有关基本权利的考试大多以宪法诉讼作为基础。在高年级时，考试就不会把有关宪法诉讼的基础知识列入考虑范围。因此，学生在参加基本权利的课程

---

〔1〕 每个法学领域在民法闭卷考试中的情况请参见 Preis/Prüfung/Sachs/Weigend, Die Examenklausur, Müchen, 5. Aufl. 2013, S. 1ff. 中的分析结果。拜恩州第一次国家考试的考试内容具体公布在拜恩州州司法考试部门的年报附件 1 中，http://www.justiz.bayern.de/land-esjustizpruefungsamt/jahresberichte。

〔2〕 有的闭卷考试几乎仅仅考查履行障碍法的内容。因为很多考生在国家考试备考阶段没有复习"基础"知识，取得的成绩大多低于平均水平。

〔3〕 Schwab/Lönig, S. 12, 涉及前几个学期学习的内容："这样看来，您只花费较短的时间复习的民法核心领域实际上是国家考试备考的重要组成部分，您本该认真对待这部分内容。"

〔4〕 请参见第三章（学院提供的课程），边码91。

〔5〕 也请参见 Joachim Lege, Art. 14 GG für Fortgeschrittene, ZJS 2012, 44。

〔6〕 索引卡片特别适合用来牢记知识，请参见本书第八章（使用索引卡片学习知识）。

外，还要深入学习宪法诉讼的知识，最终可以利用案例分析技术分析所有重要类型的宪法诉讼。[1]就基本权利课程的预习和复习而言，您应当至少花费和课程本身同样长的时间。

（2）一般行政法和特别行政法

如果特别行政法中没有特别的规定，一般行政法中的法律概念和基本的法律制度对整个行政法体系都适用。掌握了一般行政法的知识就为行政法案例分析奠定了基础，因为特别行政法中问题提出的方式和一般行政法并无区别。您应当为一般行政法的预习和复习安排足够的时间并严格遵守经验法则（和上课时间长度相同）。目前有些学校也会安排行政法案例分析课程。在公法案例分析课程中，学生主要学习如何应对司法和司法之外的救济措施，您一定要把这些课程列入您的计划中。

特别行政法领域的一个心得是，您多数情况下只有一次学习这些法律领域的机会。[2]这正是学习特别行政法比较困难的原因：各种级别（联邦法和州法）数目繁多的法律渊源，部分特别行政法的修改频率还很高。[3]在此，就要在掌握一般行政法知识的基础上，辨别其中和特别规定的不同之处并了解特别规定与一般行政法的连接点。在学习特别行政法领域时，学生不应当迷失在（经常被修改的）细节中，而应该侧重学习基础知识。复习和预习特别行政法课程时，您应当经常回顾一般行政法的知识。就时间花费而言，您只需为此预留课程的一半时间，因为特别行政法中问题提出的方式和一般行政法相似。这种方式不适用于警察法的学习，因为警察法会涉及行政强制执行法的问题。从经验来看，只有在职的人员才会完整学习行政执行法的课程。因此，从时间花费上来看，只需要花费和上课相同的时间。

137

---

〔1〕 在 Bodo Pieroth/Bernhard Schlink/Thorsten Kingreen/Ralf Poscher, Staatsrecht II, Grundrechte, Heidelberg, 24. Aufl.2008, auf S.319ff. 中有对宪法诉讼考试的详细指导。也请参见 Elmar Krüger, Die Anfängerklausur im Öffentlichen Recht, Beispiel：Verfassungsbeschwerde, JuS 2014，790。

〔2〕 请参见本书第三章（学院提供的课程），边码 92。

〔3〕 因此，学习特别行政法特别重要的就是使用最新的教学文献，关注教学杂志（JA，JuS）中的文章。

3. 刑法：总则

刑法总则包括一般的刑法理论和刑法构成要件要素基础知识。因此，学习这部分内容就和学习民法典总则和债法总则一样：学生一定要全面掌握刑法总则的内容。在时间方面，您至少要花费和课程一样的时间。

4. 重点领域的考试学科

在掌握重点领域的考试学科方面，您需要花费 1.5 倍于课程的时间。因为这些科目属于您在学术上应当深入研究的部分。此外，您必须在一开始就考虑学习这些从实际情况来看跟当前的内容基本没有任何联系的新法律领域。因为缺少和当前课程的横向联系，如果您不进行课程前后的预习和复习，仅仅"蜻蜓点水"式的学习意义不大。对有些学生来说，决定选择一门课程的唯一参考标准就是认识该重点领域的讲师（也包括考官）。

（四）学习小组

除了预习和复习课程教学以及自学之外，学生可以考虑把学习小组列入周课程表中。和其他学生一起组成学习小组学习是一种既方便又有意义的为自己设置考试以外额外学习监督的方式。如上文中提到的，在独立学习某些法学领域的过程中，学习小组可以激励学生规律地完成学习任务。[1] 就学习那些在国家考试之前没有被安排针对性的闭卷考试的特别法学领域和次要学习领域来说[2]，学习小组为学生创造了一个非常好的以案例为导向的学习和闭卷考试训练的机会。为此，学生应当至少在周课程表中安排 2 个小时，甚至 3 个小时的时间。[3]

138 （五）复习阶段

比如借助索引卡片复习和强化上一周或者几周所学内容时，您应当计划 2 到 3 个复习回合。[4]

---

〔1〕 请参见本书边码 134 标题（二）以下内容。
〔2〕 详细内容请参见本书第二章（学习成绩要求、修读学科和总结），边码 89。
〔3〕 就规划、执行和时间花费详见本书第十章（学习小组）。
〔4〕 请参见本书第十一章（学会学习）中有关遗忘曲线的内容。

（六）缓冲时间

为了让周课程表具有可实现和被遵守的可能性，学生应当为无法提前计划的活动、各种原因导致的学习中断和没有列入计划的活动预留时间。[1]

（七）私人活动时间和自由支配时间

您每周应该至少预留 3 个晚上的自由支配时间，并且每周空出一天。兼职工作，尤其是跟法学学习没有联系的，在上课阶段应当尽可能不超过 4 到 6 个小时。学生从事兼职的时间越长，每个学期用来掌握和强化学习内容的时间就必定会缩短。

二、怎样制作周课程表

☞为了制作周课程表，您可以再次阅读本书第一章，边码 21 及以下内容。此外，本书第十一章（学会学习）和第十二章（时间管理）中也有进行周规划的基础知识。

如果您全职学习的话，您应该像雇员一样，每周花大约 40 个小时的时间在学习上。[2]为了让您能够事实上按照计划安排学习，计划的现实性非常重要。如果计划的时间过长，您将会一直打破计划的安排并且为此寻找借口：反正我已经预留了足够的自学时间。您在规划时也要考虑个人效率曲线。如果在白天总体上的学习状态不好，您就不要把学习任务安排在这段时间。[3]需要强调的是，重要的不是在学校待的时间越长越好，而是要充分利用在学校学习的时间。工作中大多会有一些组织或者管理技术上的任务，职员可以安排在注意力不佳的时候，比如午

---

〔1〕 请参见本书第十二章（时间管理）。

〔2〕 另参见 Vera Laun，"Jura erfordert vollen Einsatz-von Anfang an"，Jura Journal 3/2012，S. 5，6：''我建议我的学生们在制作学习计划时和那些高考之后以学徒身份参加学习的人相比较。银行柜员学习期适用每周工作 40 个工时的规定……但是没有人可以每天连续8 个小时学习而完全没有休息时间。每周 40 个小时的学习时间才能保证有 30 个小时的净学习时间。''

〔3〕 晨型人在晚上没有效率，而夜型人在早上没有效率。此外，科学证明，每个人或多或少都有午餐后的疲倦。进一步的信息请参见本书第十二章（时间管理），边码 373。

饭之后的时间完成。但是自学法学课程与此不同，学生在学习过程中需要保持高度的专注。因为，您可以对自己诚实一点，把午饭后的时间用来休息、午睡或者解决其他事情。您要安排足够的休息时间。在新知识学习后的 48 小时之内，您要安排时间进行复习。[1]您要预留一定的缓冲时间，保证在出现不可预料的事情时仍然能够遵守计划，自学任务可以推到缓冲时间内完成。但是相对地，您也不能安排太多的缓冲时间，以至于为偷懒找到借口。如果您从一开始就预留现实而合理的休息时间，遵守计划对您来说就更容易。如果您经常每次休息 45 分钟，那就最好如实写入计划中，免得每次都超过预定时间。针对学习中断的问题一个非常好的办法是，提前和同学约定一个特定的休息时间。出现不可预见的中断事由时，则请求将讨论安排在休息时间。

（一）上课阶段的初始周课程表

通过取消在上课阶段开始前制定的周课程表（初始课程表）上所安排的课程教学的方式，您可以对初始课程做出改动（修改后的周课程表）。

🖊（1）使用有注释的课程目录，您可以确定学校是否为您在这个学期打算学习的法学领域安排了课程。如果有的话，您可以在初始课程表上列入您打算参加的课程。

🖊（2）请为这些课程安排相应的预习和/或补习时间以及复习阶段。

🖊（3）如果您不打算上课而是自学某些法学领域，请在课程表中安排针对这些法学领域的自学时间。

🖊（4）请您为前一周所学的内容至少安排 1 个独立的复习阶段。

🖊（5）请列入参加学习小组的时间。

🖊（6）请列入（已经确定）的私人活动。

🖊（7）请列入您在特殊情况下可以补做错过的活动的缓冲时间。

提示：

周课程表的表格：下载地址 www.vahlen.de。关键词 "Jurastudium erfolgreich"，板块 "Online-Materialen"。

---

〔1〕 请参见本书第十一章（学会学习）。

（二）上课阶段修改后的课程表

为了尽快找到学习节奏，您最晚在开课后 3 周就应决定要继续参加哪些法学领域的课程教学，在该学期剩下的时间放弃哪些法学领域的课程教学。考虑到法学学习的内容多、时间紧的问题，尽早放弃那些对自己不是非常有效率的活动非常重要。放弃课程教学的决定对学生来说，往往不那么容易。[1] 一方面是害怕错过重要的内容，另一方面是不想放弃上课带来的舒适性。和 2 个小时专心研究教科书的 1 个章节相比，每天早上花 2 个小时在课堂上心猿意马地听课更加容易。怕错过重要内容的担心是没有根据的。因为教育法对考试的内容已经作出规定，而且开课的教授参与起草国家闭卷考试的几率也非常小。在与国家考试的相关性方面，教科书和课程的价值一般都是相同的，有的时候教科书甚至超过课程的价值。慕尼黑大学著名的刑法教授 Claus Roxin 说过："学生只有在出现以下情况时才应当参加课程和讲座，即例外地被讲师和他的授课方式所吸引，并且通过听课获得了个人自学时不容易得到的理解上的帮助和学习上的激励。"[2] 另一种情况就是，因为重点领域方面的考试内容由讲师确定，您必须参加重点领域的讲师组织的口试。

如果决定不参加该学期安排的一门课程，您有两个选择：自学这学期教学计划安排的法学领域，或者不在这个学期学习该法学领域。只有在您计划把下一个学期（或者之前学期）安排的法学领域列入本学期计划时，才建议您采取第二种方案。考虑到要学习的内容太多，您只能把不同学期的法学领域进行交换，而不能在找不到替代方案的情况下直接往后推。您应当在总体规划中注明所有的变化。如果您确定，即使在遵守计划的情况下，特定的法学领域的学习也只能放在国家考试备考阶段，您应当把这些法学领域标记在一张特别的列表中。

140

---

〔1〕 详见教授的作品，比如 Möllers, Rn. 62（参加那些只能坐着消磨时间的课程纯粹是浪费时间。），Tettinger/Mann, Rn. 5，或者 Schwab/Löhnig, S. 13（您有没有勇气同时放弃那些糟糕的课程和对您来说难度太大的课程。）。有关选错课程是组织学习过程中的一个错误，参见 Zwickel/Lohse/Schmid, S. 17ff.。

〔2〕 Roxin, S. 10. 有关上课的内容还可以参见本书第六章（系统掌握不同法学领域）。

表 4-8　在国家考试备考阶段学习的法学领域备忘录

最初计划的学期	法学任务	学习目标：在备考阶段结尾我已经完成……

注：表格下载地址 www. vahlen. de。关键词"Jurastudium erfolgreich"，板块"On-line-Materialen"。

通过这张表格，学生可以对自己的学习情况形成概括的了解，避免了因为失去把握全局的能力而带来的压力。

根据实际上课情况和计划自学时间而制定的周课程表也可能有再次修改的需要。这种特别情况出现在您总是不能遵守课程表的安排的时候。为了避免出现越来越没有学习动力的问题，计划要与自己的实际学习能力和效率曲线协调一致。慢慢地您就可以发现制订计划的方法，每学期都能制订出更好的学习计划。规划技能几乎在所有的职业中都发挥着重要作用，时间管理更是关键技能之一。

（三）停课阶段的周课程表

☞请再次阅读本书第一章边码 28 及以下内容。

在制作停课阶段的周课程表时，您可以更多从个人效率曲线出发，根据自己的学习阶段作出规划。建议您制作一个包括 4 到 6 个学习阶段并附有休息时间的时间表，您不必具体说明这些工作阶段的具体任务（也就是说，不管您正在写一个家庭论文或者复习某些法学领域）。[1] 这样的时间表的优势在于，您可以在停课阶段也保持一个规律的学习节奏，您该做什么、什么时候做而不必一直给自己敲响警钟。如果您确定没有办法按照这个计划学习，也应当立即作出修改。

---

〔1〕 您在这些自己的学习阶段具体要做什么，可以根据学习计划（请参见本章第六节，边码 143 脚注 1）确定。

（四）"特别周"的规划

即使最好的周课程表也不能适用于所有的学期周，根据以往的经验，每学期总会有"特别周"，这段时间会出现特别的、不寻常的事件，或者要完成特别的、无法预先安排的任务。就学习阶段而言，不寻常的时间段首先就是参加闭卷考试的周。在这段时间里，学生基本上不可能继续执行正常的计划。因此，建议您为这样的周制作一个单独的周课程表，考试之后再继续执行"老"周课程表。只有通过提前规划，您才能清醒地决定，为了给闭卷考试的备考留下自学时间，是否且必须放弃哪一门课程。如果坚持遵守正常状态下的计划，您就要每天应对新的情况并且作出每个决定时内心都不安。及时制作新的学习计划的一个优势是，可以请求同学把自己缺席的课程上讲解的内容记录下来。从以往的经验来看，特意为其他人制作的课程笔记比事前不知道而转交给别人的笔记要好得多。此外，在学习之外也会出现比较可能预见的特别事件（比如，圣诞节前一位关系较近的家庭成员的婚礼）。如果特别周是可以预见的，特别的学习计划就会帮助您有效地利用这些周的时间。在出现不可预料的事件（比如，个人的疾病、意外、家人生病）的周，学生总是在事后才发现，所有计划已经"失控"。在这样的阶段，学生不可能作出好的规划。如果您具有好的学习节奏，这段时间过去后您就会恢复正常学习状态。重要的是，您要计算错过多长学习时间并及时进行弥补。

第五节　天计划

☞请阅读本书第一章边码30及以下内容。

就像会有特别周一样，学习过程中也有需要对不同的活动和日程进行调整的日子。在这种情况下，天计划就非常有意义。利用天计划可以避免出现在一天最好的学习时间去赴医生的约诊或者去学生联邦教育促进局的贷款办公室办事的情况。此外，学生很少把没有成效的浪费时间看作休息或者自由活动环节，然后虽然晚上完成了学习任务，效果却不令人满意。天计划的功能就是帮助学生把活动有效地分配在白天进行并且把要做的小事有目的地列入日程中。天计划主要是对那些和周课程表中安排好的、通常执行的流程有出入的日子的学习安排。[1]

第六节　附学习目标的学习计划

☞有关学习计划的示例，请参见本书第十章（学习小组），边码315。

目前为止所介绍的时间规划还没有涉及您在个人学习时间具体学习哪些法学领域的问题。周课程表中仅有概括的学习目标，比如"学习刑法分则"。因此在系统学习某一法学领域时，您还需要制作一个学习计划来说明何时已经分几个步骤掌握一个大的主题单元的问题。[2] 这样的学习计划会让您在学期之中对必须掌握哪些内容有概括的认识。利用这些学习计划可以马上发现，您在掌握一个学习领域时的进度如何，必要时可以调整您的学习速度。如果您到圣诞节为止（大约上课阶段的2/3）还没有掌握一半主题单元，这就表示，您在完成该法学领域的主题学习时过于细致，也就是关注了太多细节。制作学习计划的优点体现143在，您在一周过去后可以确定自己已经学到哪些知识。这种和目标挂钩的学习方式可以让您清楚了解已经完成多少任务，并且带给您一种积极的学习体验。

---

〔1〕 关于天计划的具体内容请参见本书第十二章（时间管理），边码378及以下内容。

〔2〕 如何制定一个法学领域的详细内容概览并突出与国家考试有关的重点，请您参见本书第六章（系统掌握不同法学领域），边码189及以下内容。根据内容概览制作学习计划请以本书第十章（学习小组）中某一学习小组制定的学习计划为例，边码315。那里讲述的处理方式放在自学某一法学领域时也可以适用。

第七节　国家考试备考计划

一、国家考试备考模式

在国家考试备考阶段开始前，您要先考虑备考的方式和方法。

"问题应该这样提出：我选择哪种备考方式？而不是我应该去哪个辅导机构?"[1]

国家考试的集中准备阶段（国家考试备考阶段）被用来连续地复习所有与考试相关的法学领域，并且深入学习其中的联系（或者特殊情况下开始学习某些法学领域）。这些法学领域的复习和强化需要集中自学，并且借助学校安排或者个人报名的辅导机构、参加学习小组的方式完成。除此之外还需要安排强化闭卷考试训练。备考的基本模式有 5 种：

模式 1：以学校安排的辅导班及预习和复习为主，可能的话以参加学习小组为辅。闭卷考试训练。

模式 2：以自己的计划学习为主，学校安排辅导计划为辅，可能的话参加学习小组。闭卷考试训练。

模式 3：以自己的学习计划为主，选择性地参加私人辅导机构为辅，可能的话参加学习小组。闭卷考试训练。

模式 4：以私人辅导机构及预习和复习为主，可能的话以参加学习小组为辅。闭卷考试训练。

模式 5：以学习国家考试学习小组的内容为主，可能的话以学校或者私人辅导课为辅。

事实并不像非法学人想象的那样，模式 1 和模式 2 充分利用学校安排的辅导课程，并不占重要的地位。因为学校安排的辅导课程在内容范围和构成上区别很大，并且学校安排的课程的质量在近几年才得到显著改善。目前很多学校提供了内容广泛的辅导课，并且为了配合私人辅导

---

[1] Ter Haar/Lutz/Wiedenfels, S. 14.

课，这些课程也可以在停课阶段之外，以年度课程的形式开设。[1] 这些课程讲解所有的考试内容及其内部联系，每门课程在内容上也和其他课程协调一致。另外，学校也注意到，课后要为学生自学留下充足的时间。很多学校，比如拜罗伊特大学，致力于为学生提供"全面而周密的国家考试备考"课程。此外，还有奥格斯堡大学年度课程（Examnatorium)[2]、柏林自由大学的 Universitätsrepetitorium，美茵河畔法兰克福大学的 Das Universitaetsrepetitorium，哈勒－维滕贝格大学的 Ganzjahresrepetitorim，汉堡大学的 HEX Hamburger Exmenskurs[3]、海德堡大学的 Mehr als ReP：HeidelPräp[4]、科隆大学和美因茨大学的 Examenskurs，慕尼黑大学的 Münchner Examenstraining，明斯特大学的 unirep，帕绍大学[5]或者维尔茨堡大学的 Examensvorbereitung。和这些学校不同，有些学校的安排缺乏连续性，或者并没有安排真正的年度课程，在学期假之间只设置少量课程或者根本不设置课程。有时候，课程在时间上或者内容上都不能协调一致（没有统一安排的年度课程）。[6] 学校课程的优势就在于，即使不看课程范围，上课教师同时就是国家考试的出题人员。[7] 多数情况下，学生可以在学校的学习平台上下载课程材料。[8]除了系统的课程之外，所有的学校都会安排闭卷考试训练课程，课程上的闭卷考试数量在每学期（包括学期假）15 到 50 个之间。这些闭卷考试试卷都会被批改，有

---

〔1〕 关于学校辅导课的报道请参见 Legal Tribune Online 的 "An der richtigen Stelle gespart？"，下载地址 http://www.lto.de/html/nachrichten/2757/universitaetsrepetitorien_kostet_nichts_hat_trotzdem_wert/。

〔2〕 包括以下几种因素：9 月到次年 8 月的主要课程，最高法院判例速成班，包括 2 个模拟考试的笔款考试课程、巩固课程、模拟训练、学习小组。

〔3〕 设有自己编写的 20 卷讲稿及关于学习技巧、时间和压力管理的研讨会。

〔4〕 请参见 Thomas Lobinger/Andreas Raubold，Mehr als Rep：HeidelPräp！，Der Wirtschagftsführer 2.2012，S.7f.。

〔5〕 自 2008/2009 冬季学期开始，有年度课程、闭卷考试课程以及模式考试，单个的速成课程和大量的课程材料。辅导课程由 2010 年成立的 Institut für Rechtsdidaktik 组织和执行。

〔6〕 "教授之间并不会互相协调并且遵守统一的理念授课"，一位成功通过考试的毕业生匿名表示，请参见 Sanders/Dauner-Lieb，S. 381。

〔7〕 比如拜罗伊特大学的口号："在出题人员那里学习。"（Lernen bei denen, die prüfen）

〔8〕 比如柏林自由大学通过学习平台 blackboard。

时候还会有解答模板。[1] 多数学校还会安排额外的所谓模拟考试（在 2 周之内完成 6 个模拟考试）。参加学校安排的辅导课和闭卷考试课程（模式 1、2、5）只需要交少量的费用。有的学校除了负责修改闭卷考试试卷之外还会为学生提供额外的服务，比如，闭卷考试咨询、闭卷考试诊所、闭卷考试优化或者闭卷考试辅导。[2] 利用这些服务项目，学生有机会和学院的工作人员就自己闭卷考试的优势和弱势进行私人谈话。[3] 有些学校还提供小组形式的案例分析备考，比如，海德堡大学的考试辅导。

与学校安排的辅导课程相比，私人辅导机构提供的国家考试备考辅导课程（模式 3 和模式 4）按照不同时间长度、强化和小组范围要花费 1000 到 5000 欧元。私人辅导机构会讲解所有与考试相关的内容，且每个课程周安排 2 次提供试卷批改、附有解答模板的闭卷考试。此外，学生还会得到大量的讲稿或者索引卡片一类的学习材料。作为补充的还有附带说明的学习计划，怎样预习、补习、复习所学的内容。

145

对比学校和私人辅导机构的安排，总体来看区别并不大（除去花费一项）。尽管如此，很多学生最后还是选择私人辅导机构（模式 4），原因就是，选择私人辅导机构是长久以来的传统。[4] 这让那些打算拒绝参加辅导机构的同学难以作出决定。[5] 让学生不考虑高额费用决定选择私人辅导机构的原因是什么的？下文就对那些支持私人辅导的论点是否令人信服做出验证。

---

〔1〕 请参见本书边码 101 及以下内容。

〔2〕 比如在汉堡、法兰克福、海德堡、帕绍、雷根斯堡和维尔茨堡。

〔3〕 弗莱堡大学的法学院提供 "Klausurenklinik, Individuelle Klausurenanalyse in der Examensvorbereitung"。就提内容请参见 http://www. jura. uni-freiburg. de/ex_o_rep/ klausurenklinik。美茵河畔法兰克福大学也安排类似的课程。

〔4〕 请参见 Matthias Katzenstein, Zum Status Quo des Repetitorwesens im juristischen Studium, JURA 2006, 418。

〔5〕 Eva Inés Oberfell, Der Gang zum Repetitor-Umweg oder Abkürzung auf dem Weg zum Examen, JuS 2001, 622, 624：走一条偏离大众选择的道路需要强大的内心和内在的安全感。

表4-9　支持选择私人辅导机构的理由与评论

	通常用来支持选择私人辅导机构的理由	评论
1	参加辅导机构能取得更好的分数	从考试结果看，并没有证据显示参加私人辅导机构会在事实上提高考试成绩。[1]那些没有参加辅导班的同学的成绩分布和成绩段与参加辅导班的同学相同。从备考的时间花费来看，也没有相应的结果显示参加私人辅导机构能够缩短国家考试备考时间。
2	和学校的规模经营相比，辅导机构提供小组形式的个性化辅导	小组辅导的形式比起200个学生的大课堂方式肯定更能照顾到每个参与者在理解上遇到的困难。但是，从经验出发，小组人数超过16个，个性化辅导的目的就不可能实现了。实际上能把参与人数限制在这个数量的辅导机构非常少。那些小组人数已经超过16个的辅导机构也在利用个性化辅导的卖点。
3	所有人都去辅导班	事实上，参加私人辅导机构的备考人员非常多（70％到90％）[2]但是，同时也有10％到30％的备考人员不需要私人辅导机构的帮助就能够成功通过考试。有些学校会针对个性化备考提供很多具体的支持措施。比如，允许学生安排自己的学习计划，寻找合适的参考文献和组织学习小组。
4	私人辅导机构弥补缺乏自律的问题	这没错。但是，类似的强化和严格的安排学校也可以提供。此外，运行良好的学习小组也可以矫正、至少是同样可以弥补这个问题。[3]

146

---

〔1〕　两组对比的具体调查结果请参见 BMBF, Das Studium der Rechtswissenschaft, Bonn, 1996, S. 228。

〔2〕　因为学校辅导课的改善，这个比例已经有所回落。还没有这方面具体的调查，估计为70％到80％。请参见拜罗伊特大学、波恩大学、杜塞尔多夫大学、弗莱堡大学、哥廷根大学、海德堡大学、耶拿大学专业课代理的调查结果，Deppner/Lehnert/Rusche/Wapler, S. 65f. Der Wissenschaftsrat, S. 19，估计至少一般以90％。

〔3〕　柏林自由大学的 UNIREP-Team 明确如此表示。

	通常用来支持选择私人辅导机构的理由	评论
5	私人辅导机构安排数月的课程，中间没有较长时间的中断（没有停课阶段），课程内容之间互相协调一致，留有足够的自学时间	不是所有的法学院都可以满足备考人员的需要，并且在一年的时间内持续地上前后联系一致的课程，这点没错。学校的安排会因为停课阶段而中断也没错。但是，这种情况只属于例外情况而已，因为很多学校也承认在固定的时间段安排课程是非常必要的。国家考试辅导课在时间上组织得也非常好，因为强化的课程板块只在上午或者下午进行，以便为学生留下足够的自学时间。一个非常好并且已经存在了几十年的例子就是明斯特大学法学院在学校内部安排的每周 20 个小时、内容广泛的辅导课（Unirep）。辅导课从 8 点 15 上到 11 点，并且在学期假也不间断，这样学生也有足够的自学时间。[1]如果一门课程的年度课程由同一位讲师指导的话，也保证了内容上最大可能的连续性。
6	闭卷考试试卷批改状况好，并提供解答模板	事实上，学校只在例外情况下提供解答模板，而辅导机构一般都提供。然而，就批改的质量而言，不能作出笼统的判断。在这里，学生不应只依赖别人的评价，而是应当自己判断学校的批改质量如何。如果学校的安排实际上不令人满意的话，学生可以把闭卷考试试卷寄给一些私人辅导机构批改，而不必参加其他的课程。
7	学生掌握较少的基础知识就可以参加辅导机构，因为课程从基础内容开始教授	绝大多数私人辅导机构都属于这种情况。学校的辅导课也以基础知识和系统地理解为前提。因此，学校会按照国家考试的水平，讨论与考试相关的问题和最新的司法判例。

---

[1] 明斯特大学 30 年前就提出了这样的理念（当其他的学校还远未作出这样的考虑的时候）。

	通常用来支持选择私人辅导机构的理由	评论
8	辅导机构从海量的资料中为上课人员选择出与考试相关的内容并且仅仅教授这些内容	这是正确的。但是好的学校辅导课也能这样安排。[1]如上文中提到的，这两种选择的不同之处在于，私人辅导机构会考虑听课人员较低的知识水平。如果学生在掌握知识较少的情况下开始参加学校辅导班，就没有能力理解所教授内容之间的相关性并进行归类。要享受在私人辅导机构以较低的水准考试备考的代价是，有些内容会缩水或者相关的次级学科因为时间因素被取消。
9	学生在辅导机构中确实能够得到非常周全的关照	课程的质量取决于讲师，在辅导机构内部也可能存在显著差别。因此，建议您只和那些提供试听课程、能够被辅导老师能力说服的机构签合同。[2]现在，学院也在网上放置并分享来越多的学习资料。有些辅导机构也提供学习管理的指导。[3]学校的安排在这些方面大都设置条件，但是也有非常周全的配套方案：维尔茨堡大学在样板项目范围内安排了像考试备考、工作安排、学习策略、时间管理以及处理考试压力的主题。[4]有些学校则为所有与国家考试备考有关的问题安排了特别的对话人员（比如明斯特大学或者美茵河畔法兰克福大学 Unirep Service-Center）。

147

不是所有的学校都能自始至终保证良好的批改质量，也不能一直提供解答模板，这一点是没错的（论点6）。但是，在批改质量方面的不足和缺少解答模板也并不一定会导致要参加私人辅导机构。参加私人辅导机构的闭卷考试课程就足够了。此外，学校的国家考试备考一般要求掌

〔1〕 明斯特大学 UNIREP 的理念："课程内容的标准就是学生在必修课内容方面的考试需求"，http://www.jura.uni-muenster.de/go/studieren/unirep/konzept.html。

〔2〕 确定的是，每个辅导班都因为讲师的原因存在质量上的差别。

〔3〕 在什么时候复习哪些内容，复习频率如何，怎样利用索引卡片进行学习等。

〔4〕 有些学校安排国家考试备考的研讨会，比如美茵河畔法兰克福大学、奥德河畔法兰克福大学。慕尼黑大学考试训练计划会安排怎样有效率地组织学习的课程。Deppner/Lehnert/Rusche/Wapler, S. 158ff. 中有关于法学院国家考试备考安排的一览表，一览表中设有伴随的研讨会一栏。

握基础知识为前提（论点 7）。美茵河畔法兰克福大学认为"课程的目的是国家考试备考。因为，期望您在前五个学期至少已经认真学习基本原理的要求是不过分的"[1]。但是，从第五和第六学期才开始系统学习的学生并不在少数。[2]在一年的备考时间内想要补上所有错过的内容非常困难。因为，在备考阶段并没有安排重点领域学习的时间。[3]如果您在前六个学期就持续不断掌握了所有的知识，所掌握的基础知识和对知识网络的概括了解对您参加学校的辅导课有很多好处。如果没有掌握考试相关的基础知识，也缺乏对知识体系的概括了解，您就要靠自己的自律性并自己花时间学习这些内容。论点 1 和论点 3 不是全部正确的，其他的论点（论点 2、4、5、8、9）则关键取决于学校安排课程的质量。下面的清单可以帮助您对学校安排的课程的质量作出判断：

148

表 4-10　判断学校备考辅导课程质量清单

我的学校的国家考试辅导班提供……	是	否
由"同一只手"安排的国家考试辅导班或者至少是内容上前后明显协调一致的辅导班		
让学生有合理的预习和复习的时间		
在学期假中课程也不会中断太长时间		
每周平均占用 8 到 10 个小时		
会发放辅助材料（大纲、讲稿等类似的材料）		
特别重视案例分析和解答		
安排足够数量的闭卷考试（每年至少 40 次）		
试卷批改自始至终保持高水准		
除讲解之外也发放解答模板		

---

〔1〕　下载地址：http://www.jura.uni-frankfurt.de/43391395/Konzept。

〔2〕　担心完成不了海量学习内容的学生，在参加商业性的辅导机构时也会有同样的忧虑，参见 Bernd Rüthers JuS 2011，865，867。

〔3〕　如果默认备考时间为 2 个学期（1/3 的学生为 3 个学期，1/4 的为 4 个学期），重点领域的学习至少要占每周学习时间的一半。

我的学校的国家考试辅导班提供……	是	否
为国家考试备考安排一个或者多个对话咨询人员		
为学习小组的组织提供支持		
在国家考试备考阶段组织关于学习和时间管理的探讨会		

从清单的情况确定，如果您所在学校为国家考试备考作出的安排不能满足所有标准，这也并不意味着您只有参加私人辅导机构这一个选择。很多学生已经证明，不依靠私人辅导机构也能成功地完成国家考试备考任务（参见模式 1、模式 2 或模式 5）。[1] 前提条件是，能够了解自身的缺陷在哪里并通过系统地自学加以弥补，学生要及早对与考试相关的内容领域有概括的了解。依靠必要的基础知识和运行良好的学习小组[2]，不参加辅导班也有可能取得良好的国家考试成绩。那些冒险不参加辅导班备考的学生，多数考试都非常成功。有些学校帮助学习小组在国家考试过程中制作时间规划，在学习内容的组织和选择合适的学习

---

〔1〕 采访参见 Deppner/Lehnert/Rushce/Wapler，S. 111ff.。也可在 SZ Nr. 78 v. 4. 4. 2011, S. 37 参见拜恩州最优秀法学毕业生 Philipp Scheibenpflug（考试成绩：16. 35 分所述）："我第一次试听商业性的辅导机构的课时，他们只是把所有的材料通讲了一遍。学生本来应该学过这些内容的。我们在学校辅导课上花费的时间更多，这迫使学生们进行了辩论。我觉得没有必要为了私人辅导课每月支付 170 或者 180 欧元。"截至目前巴登–符腾堡州最优秀的法学毕业生 Stefan-Thönissen 也是花费接近一年的时间通过自学、参加学习小组和弗莱堡大学提供的辅导班完成国家考试备考，请参见 Badischen Zeitung 在 2013 年 3 月 6 日的报道，地址 http://www.badische-zeitung.de/freiburg/21-jaehriger-jura-studentmacht-bestes-examen-aller-zeiten-69776486.html。

〔2〕 很多成功的国家考试考生都通过参加国家考试学习小组的方式进行备考。请参见 SRH Heidelberg 在 2014 年 5 月 16 日对 Constanze Janda 教授的采访，地址 juraexamen，info，http://www. juraexamen. info/meine-18-punkte-das-juraexamen-info-interview-mit-prof-constanze-janda/，"我是在不参加辅导机构的情况下通过考试的。我们 3 个人组成了持续大约一年的学习小组一起完成备考。我们每周见面 3 次，一起解决案例，讨论那些自学之后还存在疑问的主题。结果非常成功！"关于以国家考试备考为目的的学习小组的规划和执行，附学习计划模板和文献推荐参见 Haar/Lutz/Wiedenfels，S. 52ff. ；Deppner/Lehnert/Rusche/Wapler，S. 44ff. (共同学习–学习小组)。

材料方面给予帮助。[1]有些通过国家考试的学生写下了他们的经历和建议，以此鼓励后来的学生，为其提供参照。如果您不选择模式 1、2 或者模式 5，可以从以下内容得到一些在国家考试备考阶段的建议。

表 4-11　无辅导机构备考

Deppner, Thorsten/ Lehnert, Matthias/ Rusche Philip/ Walper Friederike	Examen ohne Repetitor：Leitfaden für eine selbstbestimmte und erfolgreiche Examensvorbereitung, Baden-Baden, 3. Aufl. 2011. （怎样制作总规划，试行总计划，对国家考试考生的采访，学校国家考试备考一览表）
Lemmerz, Anna-Luisa/ Bienert, Olivia	Die Examensvorbereitung-Plädoyer für mehr Mut zur Selbstreflexion, JURA 2011, 335.
Kahrmann, Jens	Examen mit oder ohne Repetitor? （K）eine Frage des Prinzips, Legal Tribune Online vom 7. 2. 2013, http：//www. lto. de/ recht/studium-referendariat/s/repetitorium-pro-und-contra/.
Kundlich Hans	Examensvorbereitung an der Universität und beim Repetitor, JuS 2002, 414.
Münchhausen, Marco v. / Püschel, ingo P.	Lernprofi Jura, München, 2002. （S. 163ff. 关于考试管理，附清单，S. 236ff. 每月复习计划）
Obergfell, Eva Ines	Der Gang zum Repetitor-Umweg oder Abkürzung auf dem Weg zum Examen?, JuS 2001, 623. （赞成自己组织国家考试备考并且给出了执行的 5 个规划步骤）
Sanders, Anne/ Dauner-Lieb, Babara	Lernlust statt Examensfrust, Straregien und Tipps erfolgreicher Absolventen, JuS 2013, 380.
Ter Haar, Philipp/ Lutz, Carsten/ Wiedenfels, Matthias	Pradikatsexamen：Der Selbststandige Weg Zum Erfolgreichen Examen, Baden-Baden, 3. Aufl. 2012. （为不参加辅导机构的情况下个性化备考提供实践上的指导，附有第一次考试的详细总计划模板，S. 167ff.）
Walter, Christoph	Mit Repetitor? ohne Repetitor? -Ein Erfahrungsbericht er den Weg zum erfolgreichen Exman, JA 2006, Report 12/2006, IV ff.

---

[1]　比如弗莱堡大学。维尔茨堡大学法学院的项目"Examenbetreuung in der Kleingruppe"用来检查学习成果，解答理解上的问题，分析学生在闭卷考试试卷中表现出的优势和弱势。

网页：

http：//unirep-online. de：Unirep-Online 是明斯特大学（和 E-Learning，ILIAS 平台一起）为开发完整的国家考试备考网上课程而设立的项目。项目内容包括课程材料、维基文本、播客、自测和每年 2 次参加网络模拟考试的机会。

http：//www. vhb. org：巴伐利亚虚拟大学（vhb）为注册用户提供参加模拟考试的机会。拜恩州高校的学生可以免费使用 vhb。

http：//www. jura. uni-ausburg. de/fakultaet/lehrstuehle/rosenau/ar-beitstipps/exor. html：奥格斯堡大学 Rosenau 教授讲述的关于舍弃辅导机构参加国家考试的勇气。

http：///www. jura. uni-freiburg. de/ex_o_rep/：弗莱堡大学法学院的国家考试项目（包括模拟考试课、闭卷考试课程、模拟考试、学习小组指导、学习计划、闭卷考试诊所、国家考试口试备考等）。

http：//www. jura. uni-hamburg. de/hex/examen-online-repetitorium/：在学习小组中利用学习计划、与学习伙伴交流和进一步的建议进行备考。

http：//www. repetitorium-hofmann. de/pdf/Lernplan-AG. pdf：附有120 个课程主题的国家考试总体学习计划模板，2014 年 6 月由 RA Frank Hofmann 在弗莱堡制作。

http：//www. michaelforster. net/index/html：一位法官的私人网页上就无辅导机构参加国家考试的观点，附有学习计划和进一步的建议。

http：//www. jura. uni-freiburg. de/fachschaft/examen：法学课代表的详细信息，也有关于无辅导机构参加国家考试的内容。

http：//www. unirep-online. de：为明斯特大学学生免费提供的网络课程、案例分析、学习技巧、学习答疑、国家考试闭卷考试、国家考试演讲、争议问题、司法判决索引和杂志评价。

http：//www. juraexamen. info：附有学习技巧、司法判决和国家考试报告的网上杂志。

可以确定的是，只有提前进行有目的的规划才能让学生在第六学期之后自由决定采取何种方式完成国家考试备考。不少学生在考试之后表示，如果早一点开始规划，也可以不参加私人辅导机构。[1] 对这些学生来说，学习规划的意义如下：

> ☞成功完成国家考试备考任务的前提条件是尽早规划，从一开始就系统掌握不同法学领域的知识以及专注于重要内容，选择正确的学习材料，掌握有效的工作和学习技巧，进行良好的时间规划。
>
> ☞参加或者不参加辅导班在成功通过国家考试上机会均等。
>
> ☞很多学院在此期间都提供很（非常）好的国家考试备考项目。因此，参加私人辅导机构在成功备考方面原则上不是必需的。一个运行良好的学习小组也可以发挥私人辅导机构的很多功能。
>
> ☞私人辅导机构也许会通过事先对学习材料进行分类、把考试相关材料整理得明白易懂并且利用紧凑的课程表对学习时间进行规划的方式降低国家考试备考的难度。如果学校安排的辅导班能够较好满足国家考试备考的要求，放弃私人辅导机构只需要学生具备高度的自我负责的意识、自律以及对自身能力的自信。在国家考试备考开始阶段掌握的知识越多，学生就越容易决定选择一个（可靠的）学校辅导班。
>
> ☞不参加私人辅导机构学习的好处在于，学生可以通过独立选择与考试相关的内容，搞清楚考试的重点并集中精力学习这部分内容。在这个过程中，学生可以获得一种非常重要的法学关键技能。但是，私人辅导机构可以帮助那些在国家考试备考时学习没有结构性、三天打鱼两天晒网的学生节省时间。

151

---

[1] 绝大多数处于第一到第三学期的学生在回答要不要在国家考试备考时参加辅导班的问题时都倾向于选择私人辅导机构。学校的辅导班从第六学期才开始大量宣传，往往已经太晚了。Julia Achtmann/Ruth Winter, 43 Jahre Großer Examens- und Klausurenkurs an der Universität zu Köln, in：Kramer/Kuhn/Putzke, S.152,160, 也指出国家考试备考安排是"瓜熟蒂落，水到渠成"的事情。

二、总计划、月计划和周计划

如果您已经决定好选择的备考模式，接下来最有意义的事情就是制作一个备考阶段的总计划。计划的时间跨度为 2 到 3 个学期。[1] 如果学生还要学习基础知识的话，2 个学期的时间就非常紧张。一年有52 周，除去国家考试之前全面复习的 4 周和休息时间 4 周（每个季度1 周），还剩下 44 周。就大约 30 个考试范围内的法学领域而言，您在一个法学领域上只能花费 1.5 周的时间（仅仅是计算）。这个事实再次明确了，在法学学习之初就持之以恒地学习有多重要。[2] 学生不可能在国家考试备考之初就凭借一己之力在 2 个学期之内把缺失的基础知识和系统理解在国家考试之前全部弥补回来。不依靠私人辅导机构的一个办法就是，把国家考试备考阶段延长为 3 个学期，组织一个运行良好的国家考试备考学习小组并参加一个高质量的学校辅导班的课程。

总计划的划分标准是月份（至少 12 个月）而不是按照学期。像总体学习计划一样，总计划分为 2 列：法学活动和相应的学习目标。在"法学活动"一列中为所有大的学习单元以及要完成的学习任务。要制订总计划需要制作一个所有与考试相关的大学习单元[3]并附有批注的一览表，标注出哪些您之前没有学过[4]需要在备考过程中掌握，哪些您需要复习并深入学习。标注的方式如"参加刑法总则国家考试辅导班"。在网上和书中有大量的针对国家考试备考阶段的学习计划，您可

---

〔1〕 Ter Harr/Lutz/Wiedernfels, S. 23, 认为备考阶段需要 10 到 18 个月。Sanders/Dauner-Lieb, S. 383 对优秀毕业生的问卷调查，平均备考时间为 16 个月。

〔2〕 相关内容也可参见 Markus C. Hurek/Tobias Wolff, Stduienleitfaden Jura, Tipps und Tricks für eine erfolgreiche Studienorganisation, Bonn, 2. Aufl. 1998, S. 101："未来的法学家应当在大学期间掌握法理学的基础知识，判决的风格，不同的诉的结构及常见的概念——这个过程要在大课、练习课或者通过学习小组完成。参加辅导机构不可能取得这个在当时需要整整 6 个学期才能得到的学习成果。"

〔3〕 请参见本书第二章（学习成绩要求、修读学科和总结），边码 60 及以下内容。

〔4〕 就第六学期之后还需要学习或深入学习的内容领域的列表，参见本书边码 140。

以将其作为辅助资源或者您总计划中的"夹带小纸条"使用。[1] 最晚11周，最好8周之后就安排几天休息时间。[2]

考试之前的4到6周为全面复习阶段期间，不应再安排学习新的内容。[3] 在第二列"学习目标"中应该列入某一法学领域或者大学习单元应当掌握到什么程度。[4] 此外，您还应该列入国家考试备考阶段的总体目标：

- 强化复习考试内容。
- 深入学习考试科目的知识。
- 补充考试科目的知识。
- 概括了解最近发展和最新司法判例。
- 培养法学辩论能力。
- 完善书面和口头表达能力。
- 培养国家考试水平的运用知识、完成案例分析的能力。
- 强化的闭卷考试训练。

很多学生会在私人辅导机构的指导下制定出一些为掌握单个法学领域的具体学习和复习计划。但是，这些计划不能代替个人的总计划，而只能起补充作用。

---

〔1〕 比如 Deppner/Lehnert/Rusche/Wapler, S. 167ff. （6个不同的教学计划）。汉堡大学的对学习小组学习方式的建议：http://www.jura.uni-hamburg.de/public/hex/Plaene_1112/Lernplan_ExoRep.pdf。

〔2〕 Lammers, S. 295，一项调查数据显示，8周之后学生的学习动力就会有所下降。

〔3〕 Ter Harr/Lutz/Wiedernfels, S. 23ff.，把国家考试备考分为4个阶段（准备阶段、学习和复习阶段、复习和应用阶段以及完善阶段，并且为每个阶段的任务制作了清单）。

〔4〕 关于开始和中间学期的学习目标参见边码121及以下内容。

表4-12　国家考试备考阶段总计划

月份	法学任务	针对具体学习单元的学习目标
第1个月 第2个月 …… ……	比如： 初步掌握那些还没有学过的法学领域 复习法学领域 深入学习法学领域 参加一个学校或者私人辅导班 参加闭卷考试课程	比如： 基础知识和概括了解 牢固的基础知识 细节知识 结构、联系 横向联系、结合点 体系 闭卷考试练习的成绩
第12个月	短期的全面复习	对考试内容有准确的认识

注：表格下载地址 www.vahlen.de。关键词"Jurastudium erfolgreich"，板块"On-line-Materialen"。

153　　　您可以在总计划的基础上制作月计划和周计划。与上课阶段参加课程教学的周计划相比，备考阶段的周计划要列入参加闭卷考试课程和每个法学领域的自学时间。建议您首先记入参加闭卷考试的时间，因为5个小时的闭卷考试之后必须要安排2到3个小时的休息时间。此外，至少要有半天时间用来完成常规复习任务。一致认为，学生必须至少参加40个模拟闭卷考试，即每周一次模拟闭卷考试。[1]权威调查显示，参加的模拟闭卷考试数量会对预期的分数产生显著影响。[2]在一年的国家考试备考时间中，学生必须每周完成1个闭卷考试。关于周计划的例子可以参见

---

〔1〕Benno Heussen，Projektmannagement für das Jura-Studium，Beck'scher Studienführer Jura 2014，S.14，24："自己制作计划、清单，制作思维导图并进行50次实时模拟考试，进行50次演练获得9分，进行100次模拟考试达到两位数！"Roxin，S.10，在教学改革之前就同样建议，参加100次以上闭卷考试。从对科隆大学成功通过考试的考生的问卷调查结果来看，考试前考生平均参加了58次闭卷考试，参见Sander/Dauner-Lieb，S.381。

〔2〕Emmanuel Towfigh/Christian Traxler/Andreas Glöckner，Zur Benotung in der Exmansvorbereitung und im ersten Exman，Eine empirische Analyse，ZDRW 2014，S.8，12f.，22，参加闭卷考试的数量在40次之前都可以保证连续的成绩上升。对于参加超过40次闭卷考试的影响还没有相关的权威资料。

ter Haar/Lutz/Wiendenfels 和 Möllers。[1]因为周计划中包括当时要学习的法学领域，开始下一阶段法学领域时，计划也要作出变动。因此，国家考试备考阶段的周计划要经常配合实际情况做出改变。[2]除了学习之外，学生也应为休息和放松留下足够的时间。为此有些学校安排了特别的课程，比如，有氧拳击（借助运动缓解压力）或者冥想。在国家考试闭卷考试开始的前四周可以安排一个特别的复习计划，避免出现过度焦虑的情况。必修课考试过去之后，要先安排一段休息时间，然后再开始口试备考。口试的内容，您可以在本书第十三章找到进一步的指导和建议。[3]

第八节　规划国外学习

如果您打算去国外学习一段时间，下文的问题可以让您大致了解在准备国外学习时务必搞清楚哪些要点。在回答这些问题时，您可以向学校的学习咨询人员、学校的国际办公室和外国大学的网站寻求帮助。

准备和进行国外学习的 40 个问题

☞我从哪里可以找到详细、完整、最新的信息材料呢？（请参考下文的文献列表）

☞我目前就读的学校有哪些和外国学校之间固定的合作项目呢？[4]

☞我应该去哪个学校或学院呢？为什么？

☞有在这个学校学习的经验报告吗？

☞申请需要提交哪些材料？

☞为了申请国外学习的机会，我需要取得怎样的分数？

---

〔1〕　Ter Haar/Lutz/Widenfels, S. 132f.; Möllers, Rn. 42.

〔2〕　如果在 12 个月的国家考试备考中要复习大约 40 个学习单元，一个月差不多为 4 个学习单元。因此，周课程表在 1 个月之后就要作出修改。

〔3〕　第一个国家考试之后就是第二次国家考试的准备阶段。关于接下来的规划请参见 Barbare Lange, Erfolgreich zum zweiten Examen, Beck'scher Referendarführer 2013/2014, S. 10ff.。

〔4〕　如果您所在的学校和国外的大学有交流项目，规划会容易得多。

☞哪些教授可以给我开推荐信？

☞国外学校的学费多高？

☞有哪些奖学金发放机构？应该考虑申请哪些？[1]

☞申请奖学金需要具备哪些条件？

☞国外学习预计一共需要花费多少？

☞到目前为止取得的学习和考试成绩怎样能被国外学校认可？

☞具体的语言要求是什么？

☞有哪些语言考试？

☞什么时候，在哪里参加这些考试？

☞拿到考试成绩需要花费多长时间？

☞考试成绩的有效期多长？

☞在去国外之前，我是否要强化自己的语言知识？

☞入境国外和居留国外的规定有哪些（比如签证)？

☞申请签证我还需要其他哪些文件？

☞我最晚应当什么时候开始规划？

☞国外学校什么时候开始上课？

☞国外学习的具体安排如何？

☞有哪些课程？

☞必须参加多少课程（要取得多少 ECTS 学分)？

☞应当按照哪些标准挑选适合我的课程？

☞课程教学的具体流程是什么？

☞我在学习期间可以利用哪些额外课程安排？

☞考试在上课阶段还是上课结束之后的学期假进行？

☞考试的具体情况怎样？

☞我能够或必须参加几门学科的考试？

---

　〔1〕　如果没有申请助学金的资格，有时可以申请外国助学金，www.bafög.de。具体关于奖学金的信息请参见 www.daad.de 及 Hanna Markones/Georg Beckmann, Studieren ohne Geld, Freiburg(Br.), 2011, S.91ff.（德国提供的外国奖学金和 39 个国家的奖学金：从埃及到美国）。关于居留美国请参见 www.fulbright.de/tousa/stipendien/。

☞哪些考试可以被德国的学校认可？

☞哪些保险，比如，额外的国外医疗保险是必需的？

☞我在国外学习的时候住在哪里？

☞国外学习什么时候结束？我什么时候可以回德国继续学习？

☞我可以利用重要成绩证明申请学位（尤其是法学硕士学位）吗？

☞我可以在第一次国家考试之前结束法学硕士学习吗？

☞在法学硕士学习阶段，我可以通过完成硕士论文代替书面考试吗？

☞完成硕士论文的好处有哪些？

☞为了不在申请自由试考时把国外学习时间计算在内，我去哪里开证明？

表4-13　规划国外学习的详细信息

概况：

第一步是去咨询学院或者学校的工作人员。汉堡大学的法学院出版了一本内容非常全面的信息手册：Martina Lasczewski，International Studieren，Im Ausland studieren，wie geht das？，Hamburg，2014。

https：//www. daad. de/ausland/studieren/bewerbung/de/60-checkliste-zum-auslandsstudium/：由德意志学术交流中心提供的关于外国学习的大量清单，并附有国外学习准备的时间轨。

https：//www. eu. daad. de/：由DAAD（德意志学术交流中心）提供的大量关于国外学习机会的信息，并附有进一步调查的链接。

https：//www. daad. de/ausland/studieren/leben/de/65-laender-a-z-aufenthalt-und-studium/：关于在每个国家学习和生活条件的具体信息。

http：//www. niederle-media. de/Wegweise-Ratgeber-Jurastudium-jura-studium-studienortwechseln. pdf：Lutz，Philipp，Wegweuser und Ratgeber zum Jurastudium，Altenberger，2014：德国所有法学院的合作学校和交流项目并附有链接。

http：//www. ieconline. de/auslands-studium/auslandsstudium-jura. html：IEC（全球公民意识教育）是大约70所国外高校的官方代表，它为国外学习提供信息服务。

http：//ec. europa. eu/education/opportunities/higher-education/study-mobility en. htm：大量关于欧洲学生交流的Erasmus-Programm（在Life Long Learning Progamme框架之内）的信息。

http：//www. central. uni-koeln. de/15/content/30/infothek：关于Erasmus-Programm和法学硕士学习的信息以及链接汇总。

Häcker, Birke	Das einglische Commen Law-Eine Einführung, JuS 2014, 872.
Kilian, Matthias	Modelle der Juristenausbildung in Europa, Eine Standort-bestimmung, Bonn, 2010.（从比利时到塞浦路斯：24 个欧洲国家的国家报告）
v. Kison, Christiane	Juristenausbildung in der Europäischen Union, Der Einfluss der europäischen Bildungspolitik auf die Regelungen der Mitgliedstaaten unter besonderer Berücksichtigung der Rechtsalage in der Bundesrepublik Deutschland, Bonn, 2014.（背景信息）
Rosner, Christian	Auf Rewchtswegen von New Zork bis Sydnez, Wahlstation und Studium im Ausland, Beck'scher Referndarstudium 2008, S. 30.
Leicht, Hilka(Hrsg.)	IEC Studz Guide, Auslandstudium 2015/2016, Berlin, 2015.
LL.M.-Studium im Ausland	
Ackmann, Hans-Peter	USA-Masterstudium für Juristen(LL:M., M.C.L., M.C.J.), Bonn, 3.Aufl. 2008.
e-fellows. net	Der LL.M., Das Expertenbuch zum Master of Laws, München, 9. Aufl. 2015.
DAJV（德国美国法学家协会）	每年举办的法学学生在美国攻读硕士学位的筹备研讨会（LL.M, M.B.A., M.P.A）和法律硕士专业展（法学院和重要的美国法学院代表的见面会），www. dajv. de.
v. Freeden, Arne	Erwerb eines LL.M.: nadem dem 1. Oder 2. Staatsexamen, JuS 2002, 1039.
Horndasch, Sebastian	Master nach Plan, Erfolgreich ins Masterstudium, Auswahl, Bewertung, Finanzierung, Berlin, 2. Aufl.2010.（附有文件模版）
Klöpper, Anna u. a.	IEC Studienführer; LL.M.,Berlin, 2011.
Lundmark, Thomas	LL.M.? Programme weltweit, Münster, 2. Aufl. 2008.
www. llm-studium. de：提供者、项目、花费、申请、经验报告。	
www. llm-guide. com：LL.M.-Guide：全世界的法律硕士项目（根据国家划分）。	

156

第九节 "出状况了" 怎么办

一个好的规划可以让学习变得简单很多，但是再好的规划也不可能保证绝对不会出现不能预料的事件而让计划全部乱套。比如，可能是因为一个"搞砸了"的家庭作业，因为时间较长的生病，因为怀孕或者简单的厌学情绪。这些事情都能导致为执行当前的规划作的前提条件不再成立。与其费很多精力努力遵守之前的计划（比如，家庭作业出问题的时候）或者制作一个新的计划，学生可以用这段时间做一个批评性的总结分析。这样的一个总结分析可能一开始会让人灰心，但是学生可以非常清楚地看到，哪些具体的阶段目标没有实现。为了给制作新计划打下牢固的基础，这个总结分析是不可或缺的一环。总结分析首先要弄清楚，按照之前的计划，哪些与考试相关的法学领域无法涉及。只有依据总体分析的数据，学生才能确定是否必须对学期计划甚至对学习总计划进行修改。

家庭作业没有通过意味着，学生一般要在学期中间再拿出 3 到 4 周时间完成第二项家庭作业。因此，这段时间就不能用来系统掌握不同法学领域了。出现这种情况时，学生就要思考是否在下一个停课阶段拿出全部或者部分时间补上系统掌握该法学领域的任务。如果不能完成这个任务，并且该法学领域为核心科目的话，学生最好再把下学期次级学科或者特别领域的学习任务放一放，先掌握该核心科目错过的主题。

如果可以预见，某一法学领域的大部分或者整个学期的任务都不可能完成（比如，因为时间较长的生病状态），那么错过的学习内容在剩下的学期也很难补上了。这种情况下，学生就要在进行总体分析之后重新确定所选学习模式的主要目标。如果考虑到分数或者学习的多面性的话，就只能考虑延长学习时间了。[1]

和总体分析以及重新规划同样重要的是，思考导致原规划中断的原 **157**

----

[1] 生病时间较长时，有医生出具的证明并且满足特定的条件时，对下一个学期的自由试考不会产生不利影响。

因在哪里。[1] 比如，没有通过家庭作业的重要原因是花费太多的时间学习案例分析技术了。在这种情况下，只是重新规划并没有用，因为导致失败的诱因并没有解除。如果厌学情绪或者缺少自律性是导致规划中断的原因的话，这可能暗示学生总体上或者目前对法学学习没有足够的动力。这样的话重新规划也没有任何帮助。如果对学习方向的选择出现原则上的质疑，那只有深入研究这个问题才能找到解决办法。[2] 没有找到正确的方法的话，学习技巧可以帮助学生解决问题。[3] 出现厌学情绪时，学生可以安排一个"暂停时间"，必要的话这个时间段可以持续几周。如果学生一味尝试去忽略自己的厌学情绪，会导致因为在学习上付出的精力太少以致最后出现大量的"隐形"暂停时间。相对地，如果学生能够顺从自己的休息需求并安排足够的时间，稍后就可以用新能力战胜困难，并非常迅速地补上错过的全部或者部分主题。[4]

第十节　重要的认识

　　☞以前，如果学生要求提建议，我的答案是，尽早开始学习是非常有意义的。现在我会这样回答：从一开始就要持之以恒地学习是毋庸置疑的。可以确定的是，每周必修课程的平均课时就超过 20 个课时，且停课阶段的时间基本全部被占用，这就导致只有从开始就一直不断地学习才能完成要求的学习任务并从中获得乐趣。重点领域学习的开展导致用于国家考试备考的时间更少。因此，学生必须更早开始

---

〔1〕　请参见 Jan-Philipp Mollenhauer, Alternativen nach dem Scheitern im Staatsexmen-Wie geht man mit der Angst, an der juristischen Staatsprüfung zu scheitern, um? Möglichkeiten und Beratungsansäte, AL（Ad Legendum）2014, 409。

〔2〕　关于把确定目标和理想的工作作为可能的学习动力，请参见本书边码370以下内容。

〔3〕　请参见本书第二编，特别是第十一章（学会学习）。

〔4〕　关于解决问题和处理消极经验请参见 Bergmans, S. 243ff.。如果短暂休息之后厌学情绪仍然持续，或者您确定，缺少对法学学习的基本动力，最好的办法估计就是中止学习。请参见 Grosch, S. 217（中止学习之后的就业机会）；Annegret Hennig/Andreas Kunkel, Erfolgreiche Niedostadek/Lorenz, S. 71ff.（海明威和破碎的梦想）和 S. 172ff.（新开始）。

必修课领域的学习并在过程中加大学习强度。

☞重点领域学习的目标是知识的专业化和深入学习。学生在学习重点领域的过程中要更注重学术性的研究。只有重视这个目标并为此投入相应的学习时间才能成功通过大学考试。深入的学术研究也需要以基础学科的知识作为基础。

☞成功完成法学学习很大程度要依赖正确的开端。如果不掌握基础知识，学生就没有办法理解细节问题、发展趋势、重点和当前的问题，也没有办法参加学术讨论。基础知识对重点领域的学习是必不可少的。

☞重点领域学习需要学生在学校里完成任务，并且必须在时间安排上和国家考试的备考阶段协调一致，不产生冲突。

☞就学习过程中的考试、国家考试和大学考试的毕业考试的具体顺序而言，不是所有的学校都会为学生提供明确的流程建议。如果您有不明白的地方，可以尽早向学生咨询部门提问并获得解决办法。

☞如果您不打算制订周计划和天计划，我建议您至少考虑一下自己的学习模式并制订出一个总计划和学期计划。

第二编

重要的学习能力

　　本书第二编主要讲重要的学习能力，包括一般学习能力（第五、七、十一、十二、十五章）和法律学习能力（第六、八、九、十、十三、十四章）。本书的第二编和第一编所讲述的学习规划都是成功完成法律学习的前提条件。

　　第五章（阅读能力） 传授一种有效率地阅读和学习专业文献的方法。此外，本章还给出了怎样有目的地选择书目和其他阅读材料的建议，还设有专门一节讲述阅读速度的相关内容。

　　第六章（系统掌握不同法学领域） 给出掌握不同法学领域的详细指导。首先讲的是怎样制作某一法学领域内容和体系的一览表。在此基础上回答了怎样找出该法学领域中重要的、与考试相关主题的问题。接着深入讲解了学生应当怎样具体掌握这些主题。

　　第七章（课堂笔记和摘录） 回答了怎样有效理解和记录新信息的问题，并介绍了制作优良的课堂笔记和摘录的办法。

　　第八章（使用索引卡片学习知识） 介绍了作为系统化知识积累补充的索引卡片体系，该体系的出现是为了最终掌握知识。在法律学习中，当掌握的知识之间互相补充的现象越来越多时，总体联系才会越来越清晰。制作自己独特的索引卡片体系是一种非常好的知识积累的方式。本章将以示例的方式对索引卡片的制作方式进行说明。

　　第九章（案例分析） 讲述怎样把法律知识用到案例分析的方法。案例分析的方式是法律学习中不可缺少的工具。但是，案例分析对很多学生来说是个难题。原因之一就是缺少对案例分析过程中思维方式和书面表达的指导。第九章中关于案例分析的详细讲解，目的就是填补这个空缺。

　　第十章（学习小组） 为您介绍怎样通过参加学习小组的方式获得学习动力。从本章中您将了解关于学习小组的有价值的知识，从寻找合适的小组成员到具体的规划，从学习小组的运行方式到怎样克服学习小组中出现的典型问题。

　　第十一章（学会学习） 结合最新的大脑研究介绍关于学习的重要知识。通过完成 6 份详细的问卷，您可以确定通过利用哪种方法有效率地学习并复习所学内容。问卷的结论分析中就有很多关于法律学习的具体建议。作为一种创新且结构化的学习方法，思维导图可以帮助您获得对法学领域的概括了解并对需要学习的主题结构化。因此，在简短的介绍之后，将讲述思维导图在法律学习中的使用方法。

第十二章（**时间管理**）讨论时间管理的基本规则、个人效率曲线、优先级设定及化目标为动力的内容。在法律学习过程中较好地管理自己时间的学生能够更加专注地学习，并且有更多自由时间可以支配而不必心存愧疚。

第十三章（**课程论文和口试**）介绍随着大学考试的引入而更加重要的 2 次考试。自此，学术研究能力评价不仅包括家庭作业的形式，也考虑在大多数联邦州都引入的课程论文在第一次考试中的分数。学院在学习末期安排 2 次口试意味着，口试成绩大约占第一次考试成绩的 1/3。考虑到相关文献众多的因素，第十三章只能给出一些文献的信息而不能进行详细的论述。

第十四章（**法律咨询和法律关系形成**）指出了在各种考试中越来越多地考查有关法律咨询和法律关系构成的问题。律师闭卷考试也是国家闭卷考试的一部分，涉及有关法律咨询和合同起草的题目。本章会给出 **161** 建议和文献信息。

第十五章（**掌握关键技能**）介绍了一般关键技能和法律人应当具备的关键技能的概括信息。通过第十五章最后的一张表格您可以大致了解到，如果把本书的指导和建议落到实处，您可以在法律学习过程中掌握哪些关键技能。

您可以按照自己的学习进度和需要，安排第二编各章的阅读顺序。

第五章　阅读能力

　　一个学生在下课之后非常积极地去图书馆，打算通过阅读一本关于民法典总则的书复习课程内容。他从别人那里得知，这本 Leipold 的书是一本非常容易理解的入门教科书，因此当他毫无问题地读懂所有内容时，他一点也不吃惊。读了 40 页之后，他放回了这本书。他在走廊上碰到一个同学，这位同学问他在学什么。但是，他却说不清楚他读了哪些内容。

　　这一幕对您来说是不是很熟悉？没有较强的阅读能力的话，会导致学生花费很多时间阅读专业书籍却没有能力转述书的内容。阅读专业书籍要求学生具备一定的阅读能力。专业人士认为，在电子媒体时代，法学学生的阅读能力也总是难以让人满意。[1]这是不是真的呢？本章对这个问题不作讨论。但毫无疑问的是，尽量在学习之初就培养阅读能力不仅非常有意义，而且可以节省很多学习时间。阅读专业文献需要掌握有效的阅读技巧、选择合适的文本和书籍并具备一定的阅读速度。

第一节　SQ3R 阅读法或者五步阅读法

　　有效地阅读主要靠"五点阅读法"或者"五步阅读法"。这种方法

---

　　〔1〕　请参见 Constantin Körner 关于波鸿大学的项目 "Lesen bildet（auch Juristen）"："Probleme im Bereich der Lesekompetenz behindern Juristen direkt in ihrem Zugang zum Recht（阅读能力的问题成为法学家打开法律大门的绊脚石）"，Legal Tribune Online v. 23. 8. 2012, http：//www. lto. de/recht/studiumreferendariat/s/pilotprojekt-lesen-bildet-mehr-sprachkompetenz-fuer-jurastudtenten/。

被命名为 SQ3R 阅读法（综览、提问、阅读、背诵、复习)[1]，几十年来都被看作一种效率极高的阅读技巧。[2]这种方法和现代学习研究的成果相符，并且在使用过程中考虑到了大脑进行知识储备的过程。直到几年之前，市场上基本都没有介绍阅读技巧的文献。人们都默认，高级中学毕业生肯定具备阅读能力。目前在专业文献中可以找到相应的建议。[3]这个方法要求学生在阅读专业文献时遵循 5 个步骤：

1. 概括了解（Survey）；

2. 提问（Question）；

3. 阅读（Read）；

4. 以阅读笔记的方式重述（Recite）；

5. 回顾和最后检查（Review）。

从第三步开始才涉及阅读本身，在此之前，学生要对阅读内容有概括的了解。[4]

一、概括了解

这一步的目标就是让读者对书的作者、书的内容及其表达的方式和方法留下初步的印象。这样会降低读者不能弄清楚本书的内在联系或者迷失于细节的概率。认清内在联系、体系和横向联系正是法学学习的本质所在。[5]当您开始阅读一本书时，可以利用这种方式对全书的内容进行概括了解：阅读本书的目录并且提出以下几个问题，本书作者采用

---

〔1〕 F.Robinson, Effective Study, revised edition, New York, 1961. 和 PQ4R-Methode 类似，在 E.L.Thomas/H.A. Robinson, Improving reading in every class, A sourcebook for teachers, Boston, 1972 发展而成。PQ4R 的意思是：略读、提问、阅读、反思、诵读、复习。请参见 Friedrich Rost, Lern-und Arbeitstechniken für das Studium, Wiesbaden, 2008, S.183 f.。

〔2〕 参见 Koeder, S.123ff.。

〔3〕 比如 Mahdad Mir Djawadi, Jura effizienter lernen-Lerntipps für das Studium, Jura Journal 3/2011, S.10; Ter Haar/Lutz/Wiedenfels, S.140f. SQ3R 读法在本书 1996 年第 1 版中就已经讲到。

〔4〕 根据 Bergmans, S.112ff.，"大学生式阅读（studierende Lesen）"分为 4 步，这 4 步和此处所讲的类似：概括了解和划分内容，提问并表达问题，阅读和标记，重述和记录。

〔5〕 请参见本书第二章（学习成绩要求、修读学科和总结），边码 74。

哪种写作结构？哪种章节划分方式？作者怎样把每章划分为更小的段落？作者在每节的最后会不会再次总结论述的结果？我对哪些主题非常感兴趣？我打算或者必须研究哪些主题？章节之间前后互为基础，因此，我必须按照本书的顺序阅读吗？还是利用书中模块化的结构？通常，书目的前言、导语、阅读建议或者"使用指导"[1]会给出有价值的建议：按照作者的意见，怎样阅读本书最有意义。

即使在阅读一个较小的单元时，即一篇文章或者书的某一个章节之前，也要根据章节标题、重点、文章标题和总结（开始或者最后），找出文章或者章节的划分方式和大致内容来对其内容有概括的了解。

二、提问

有效并且积极的阅读[2]可以通过对文本提出问题的方式实现。因此，对阅读过的本文提出问题一方面能提高阅读时的专注能力，另一方面能显著改善学生的定力。在这个过程中重要的是要独立思考问题，因为已经给出的问题通常对读者来说非常陌生。有关内在联系的问题可以这样提：我对这个法学领域有哪些了解？我应该怎样、在哪个点上把本书的内容融入已经掌握的知识中呢？我是否有在课程上没有听懂并打算通过阅读搞清楚的内容？本章的内容和上一章的内容是如何联系在一起的？通常书目或者文章的标题也可以作为问题。如果发现新的概念，可以就其含义或者定义发问。您所想到的所有问题都是应当回答的重要问题：没有蠢问题。您可以把所有的问题都写下来，用来稍后确定，在文本之内问题是否或者在多大程度上得到回答。[3]

---

〔1〕　Manuel R. Theisen, Wissenschaftliches Arbeiten, München, 16. Aufl. 2013.

〔2〕　关于学习过程中的（积极）阅读请参见 Sesink, S. 33ff.；Schräder-Naef, S. 22ff.。

〔3〕　请参见 Möllers, Rn. 365；Machen Sie sich vor der Lektüre klar, nach welchen Strukturen und Problemen Sie suchen（在寻找教科书之前您要弄清楚，需要什么样的结构，要解决哪些问题）。具体请参见 Christian Peirick, Effizientere Lesestoffverarbeitung, S.7（Fragen zur Leseabsichtsbestimmung），下载地址 http://www.cfmueller-campus.de/data/resources/cffe602723.pdf。

☞在搞清楚内容之间的内在联系和体系的过程中，阅读准备就开始了。您要准备动脑筋思考要阅读的内容。

☞对文本之内和之外的内容提问题可以激起好奇心和对文本的兴趣，并且显著改善定力。

✎在您继续阅读之前，请再次利用这个方法，纵览要阅读的内容并且提出至少 5 个在继续阅读之后希望得到解答的问题。

三、阅读

只有对文本已经有了概括了解并且已经想好要提出的问题之后，您才为实质上的阅读做好充分准备。您要一边阅读文本，一边不断回想您提出的问题。您要找出文本的中心思想或者基本思路。中心思想经常通过这样的表达方式出现："一言以蔽之（Zusammenfassend lässt sich sagen）"或者"非常重要的是（Von großer Wichtigkeit ist）"。为了不中断阅读思路，您在阅读过程中不要做阅读笔记，而是仅仅做标记或者在文本中写上提示。[1]建议您使用一套统一的标记和提示体系，比如，以下的体系：

- 在信号词和核心思想下面画下划线；
- 在重要文本段落边缘画垂直线；
- "L"代表文献提示；
- "V"代表前提条件；
- "D"代表定义；
- "P"代表问题；
- "F"代表提出问题；
- "RF"代表法律后果；
- "⇒"代表结论；

---

[1] 学生可以在借来书目的重要文本下用可以取下来的索引条做标记。也可以用能取下来的透明的标记带（就像用重点标记的彩笔）暂时贴在要强调的文本上。

- "Σ" 代表总结；
- "?" 代表不理解；
- "?!" 代表有疑问。

通过这种方法，您的阅读过程中就通过提出的问题和评论把文本结构化。[1] 这样进行第五步，再次阅读文本内容时可以提高阅读速度。如果您在阅读过程中遇到了陌生的词和专业表达时，请最晚在阅读完该节后搞清楚。为此，您应当准备一本字典和一本法学词典[2]放在旁边。虽然一开始查阅的陌生词汇会经常打断阅读过程，但是可以显著提高阅读的理解水平。因为缺少总体认识会使所有内容看起来既新颖又重要，导致很多学生在第一次阅读之初标记的内容太多。您在快速标记文本之前，要考虑一下这一处的重要性是否非常明显，或者要不要在接下来的阅读或者第二次阅读时再判断这部分的重要性。

> ☞请您制作个性化的标记和提示体系。
> ☞请您最晚在读完本节之后搞清楚不理解的陌生词汇和专业表达。

四、以阅读笔记的方式重述

这个步骤的目标就是通过制作读书笔记来区分重要和不重要的内容的方式，完成对已阅读部分的巩固和记忆的过程。

一个接下来经常出现的错误是，一次性阅读太多文本。这就导致大脑混淆了开始阅读的章节和之后阅读的章节。在读完每个章节之后，最

---

〔1〕 具体的标记建议也可参见 Koeder, S.132ff.；Ter Haar/Lutz/Wiedenfels, S.141。

〔2〕 比如 Creifelds Rechtswörterbuch, hrsg. von Klaus Weber, München, 21. Aufl.2014；Gerhard Köbler, Juristisches Wörterbuch, Für Studium und Ausbildung, München, 15. Aufl.2012；Sybille Neumann, Rechtswörterlexikon BGB, Rechtsbegriffe aus dem Zivilrecht, Heidelberg, 2015。如果 Creifels 的讲述太过详细，可以参照 Dieter Meyer, Juristische Fremdwörter, Fachausdrücke und Abkürzungen, München, 13. Aufl. 2012（袖珍书形式）。网络词典请参见 http://www.rechtswoerterbuch.de。

晚在阅读暂停 10 分钟后就把该章节的中心思想凭记忆记录[1]下来，并且在必要的情况下制作一个概述草图或者一个小的思维导图[2]，才能避免犯这样的错误。就您在第二步提出的问题，在此最好以书面方式回答。为了避免您在回答一个难度较大的问题时过于深度挖掘而忘记要回答其他问题，建议您先回答那些立刻就能想到解答方法的问题。如果您在回答某个问题时出现新的问题，请把这个问题标记在第五步解决。是不是所有的问题都有答案呢？在阅读过程中是否又出现进一步的问题呢？您准备的问题是针对重要的内容，还是和主题不相关？如果您提出的问题和文本的内容不相关，有两种可能：仅通过概括了解和阅读标题，您无法提出中肯的问题。那就在下一个"阅读环节"训练这方面的能力。这种训练可以帮助您更快地发现重要的内容。第二种可能性就是，作者的标题具有错误导向性。但是，只有当您在接下来的阅读中也没有提出中肯的问题并且其他同学也没有得出更好的结果时，才可以做这样的考虑。如果您最终得到的结论是作者没有成功选择一个整体上中肯确切的标题，这样的结果会让您有勇气相信自己的判断。现在您可以决定要不要换另一本教学书。

☞请您在停止阅读之后最晚 10 分钟内重述阅读过的内容，您可以把自己理解的中心思想和您所认为的最重要的语句根据自己的记忆记录下来，必要的话制作一个概述草图并且核对一下，该文本是否能够解答您所提出的问题。

五、回顾和最后检查

通过在此浏览文本的方式，您在最后一步应当搞清楚那些文本中尚未得到解答的问题（请参见边码 165 第四步），再次明确那些重要的思想。对那些尚未理解的章节必须再次全面查阅。您在这一步的关注点应

---

[1] 关于书目摘录的内容和形式的详细信息请参见本书第七章（课堂笔记和摘录）。
[2] 关于思维导图具体请参见本书第十一章（学会学习）。

该放在理解内在联系上。自己制作的笔记的正确性在此时得到检查，必要的话要更正并加以补充。如果您确定提出的问题没有确切地涵盖你从文本中想要获取的信息，那您应当再次更加中肯地对问题进行表达。

乍看之下，五步阅读的学习方法既花费精力又浪费时间。为了练习这种方法并从中寻找动力，您可以进行以下的测试：请您从一本教科书中找到两个长度相同的章节。请您按照到目前为止采用的方法阅读一个章节，然后停顿必要的时间。在全面的休息之后采用这里讲解的方法继续阅读另一个章节，然后再停顿必要的时间。阅读完两个章节之后把书放在一边，根据自己的记忆把两个章节的内容重述一遍。哪一个章节您记住的更多呢？多多少？您是否还知道第一节在讲什么呢？

您可以将下文中的"有效阅读专业书籍的简短指导"（对所有阅读规则的总结）打印下来，并且在您阅读一本教科书时放在手边。您可以把这个列表当做清单使用，直到自己已经能够自如运用每一个步骤。

六、高效阅读专业书籍指南

1. 概括了解

借助标题、副标题、目录、前言和导论概括了解书的内容。

借助标题、大字标题和总结概括了解一本书的某一章节或者某一篇文章。

2. 提问

把标题转化为问题，或者对自己不理解的概念的定义及其与实践的关联性提问。

提出有关整体联系的问题也可以提高理解能力，比如，对这个法学领域我了解多少？我怎样或者在何处把新的内容并入我目前掌握的知识中呢？

3. 阅读

请您在阅读时保持兴趣、好奇心和专注精神。

在阅读过程中尝试寻找问题的答案。

使用个性化的标记和提示体系。

最晚在阅读完一个章节后就搞清楚不懂的概念。

4. 以阅读笔记的方式重述

根据自己的记忆、自己组织的语言总结中心思想。

您是否已经为您的问题找到答案？哪些问题？

您具体阅读了哪些内容以及学到了什么？

您对文本内容还有哪些问题？

5. 回顾和最后检查

搞清楚还没有得到解答的问题。

请检查，您根据记忆记录的中心思想是否和文本相符。

修正并且在必要的情况下补充您的笔记。

第二节　文本或者书目选择

在使用五步阅读法之前，学生必须首先决定要阅读哪些书目。书目的选择取决于具体的阅读目标。[1] 学生 X（上文中的例子）打算在课后温习并且选择"Leipold"，因为他听说这本书的内容明白易懂。很多学生依靠别人的推荐选择并阅读教科书。在寻找相应的教科书的过程中，来自教师或者同学的建议如此重要，以致学生很少考虑别人推荐的教科书是否能够实现自己的目的。用哪本教科书或者专业书籍的学习效果比较好，取决于主观的标准。就算是教师在上课时推荐了特定的一本教科书，也存在学生个人不适合使用这本书的可能性。反之亦然，教师因为某些书过于肤浅或者没有学术价值而不推荐时，对其他人来说作为入门书籍非常合适，并且实际上被很多学生广为阅读。对任何人都同样适合的教科书是不存在的。

---

〔1〕 Schräder-Naef, S.37f. 解释了在第一部分讲述的步骤中关于目标和书目选择的问题，并且建议在学习中阅读的 7 个阶段：确定学习目标，根据学习目标有目的地选择文本和章节，概括了解，提问，阅读，重述，复习。

因此，重要的是您要找到适合自己的教科书。[1]为了达到这个目的，您必须比较不同的教科书。在阅读教科书的宣传语、目录和前言之后，您就会对书目和作者风格有初步印象。然后就要考虑，您是否属于作者针对的阅读群体。接下来非常有趣的一步是，了解作者的目的：作者为什么要写这本书？作者写这本书要实现什么目标？读者在阅读之后应当了解哪些知识或者学会哪些技能？如果您同时就 1 到 2 个较小的主题（可能在课上已经讲过）阅读基本同类的教科书，就可以确定，您更愿意选择哪一本书。重要的选择标准可能如下：

● 本书的字体阅读起来舒适吗？如果字体或者间距太小的话，阅读时眼睛会非常不适，读者无意识会为这本书投反对票。

● 本书的章节划分清晰吗？一目了然的章节划分和清晰易辨认的结构会帮助读者理解和记住书里的内容。

● 书中是否有起说明作用的一览表、图解、提纲？一览表可以帮助学生理解书目的结构。对那些喜欢利用图解学习的学生来说，图解可以提高识记率。

● 书的内容明白易懂吗？是否留下很多未解答的问题？如果作者的表达方式对您来说太复杂，这不一定是内容本身的问题，这时候您可以把本书和其他的教科书进行比较。可能其他作者的表述方式对您来说更容易理解。一般情况下，对绝大多数学生来说，教科书写得越简单，对学生来说越适合作为入门书籍使用。但是也有学生认为，理解书中内容的困难恰恰在于，作者把复杂的主题讨论得太浅显。建议这样的学生从一开始就阅读内容丰富的教科书。

● 您属于本书潜在的阅读群体吗？从专业书籍的简介或者前言中您就可以看出，这本书是否适合像您这样知识状态和能力水平的读者（是新生、高年级学生，还是国家考试备考学生；适合阅读基础内容、补充和深入内容，还是国家考试内容）。

---

〔1〕 关于根据自身的成绩水平选择教科书也可参见本书第六章（系统掌握不同法学领域），边码 178。

● 您对作者有好感吗？这个问题非常有意思，比如，如果听过作者讲过一次课并且对其有好感，就会对理解书中的内容产生积极影响。如果对作者比较反感，在最初接触这本书之前至少应该先寻找其他的书，因为对作者本身的反感容易转移到书的内容上。

● 本书是否具有教育意义？比如，是否有关于目标的表述、总结和强调，是否以复习为目的？这些元素可以降低掌握、理解、记忆和复习书中内容的难度。

☞ 涉及选择一本适合您的教学书或者文本时，您才是自己的专家。从一本书的前言里您可以找到问题的初步答案。

第三节　阅读速度

就阅读速度而言，学生必须认识到，在阅读速度较慢时大脑接受的阅读内容比速度较快时少得多。原因在于，对文本的理解并不取决于读懂某句的每一个词，而是辨认出重要的关键词。[1] 法律人尤其必须从写作的内容中搜索出相关信息并且高效地掌握信息。考虑到当今日益增长的信息流，这种能力有很大的发挥空间。快速阅读和掌握重要信息在任何法律职业中都是非常优越的能力。为了给出相应的答复，律师必须快速阅读商谈前不久从委托人那里获得的文件。为了能提出进一步的问题，法官也必须快速阅读那些当事人在法庭上提交的诉讼书状。作为见习律师，您在候补文官考试中拿到的文件也不是像第一次国家考试中相对简单的案件事实，而是内容广泛的文件摘要。但是，闭卷考试的写作时间却和第一次国家考一样同样是 5 个小时。鉴于法学学习的内容范围和您将来在工作中要快速处理文件、法庭文档、合同等，提高您的阅读速度是非常意义的。第一步是完成一个关于阅读速度的测试[2]并且从

---

〔1〕 Chevalier, S.57ff. John F. Kenndey 也说过，他 1 分钟能阅读 1200 个单词。
〔2〕 本章最后的文献综述中也有，比如 Buzan, Ott 和 Seiler 关于检测阅读速度的书。

结果出发进行有目标的阅读训练。

提高阅读速度的方法有很多。最有名的是 Speed Reading[1] 或者选择性阅读以及对角线阅读。[2] 还有一种来自美国的方法就是 PhotoReading[3]，这种方法可以作为传统的阅读技巧的补充，即所谓的 Photolesen 法而使用。

所有快速阅读技巧的共同之处就是，首先要克服坏的阅读习惯，因为这些习惯会严重降低阅读速度。快速阅读并不是流于表面的阅读。一般来说，坏的阅读习惯并不难克服。下文会作出简短说明并提出克服的办法。[4]

表 5-1　坏阅读习惯与针对措施

坏阅读习惯	针对措施
(伴随) 阅读发声 (同时表达或者在阅读过程中低声或者大声地跟读)[5]	有意识地加快阅读速度 (比朗读的速度快)，在嘴唇上放一个小纸片
跳回重读 (在第一次通读时总是跳回已经阅读的本文)	快速并且集中注意力阅读。已经读过的内容用空白的索引卡片盖住
阅读速度慢、不能集中精力	在阅读之前和中间鼓励自己"快速"阅读。各种形式的专注能力练习。在视野中只放阅读文本，不放置其他无关的物品
使用阅读辅助工具 (比如，用食指、尺子或者笔一边阅读一边划线)	手上不拿笔或者其他辅助工具
逐字阅读	通过一次看清多个词汇的方式扩大视野

---

〔1〕 发明这个方法的是 Tony Buzan，他也在很大程度上发展了思维导图法。

〔2〕 请参见 Chevalier, S. 30ff., 65ff., 和 Burchardt, S. 84ff. 其他有关快速阅读的书目有"Turbolesen""Power Reading""Scan Reading"或者"Alpha Reading"。

〔3〕 Paul R. Scheele, PhtotoReading, Die neue Hochgeschwindigkeits-Lesemethode in der Praxis, Paderborn, 6. Aufl. 2008.

〔4〕 Jens Seiler, Schneller lessen, München, 2009, auf S.18ff. 也对典型的阅读错误进行了描述。

〔5〕 相反地，比如，总结学习材料或者复习时大声朗读，考虑到每个人的学习风格，是非常有益的。

坏阅读习惯	针对措施
拼读（一个字母一个字母地拼读）	要认识到，弄懂一个单词不要阅读每一个字母，比如：R..htsw..ss..nsch..t（不需要全部字母，也都能明白这是"法学"的意思）

　　德国快速阅读协会（Die Deutsche Gesellschaft für Schnell-Lesen，缩写 DGfSL）的目标是，推动并研究快速阅读。[1] 在不影响理解水平的前提下，考虑到当前的学术要求，长期的改善阅读速度需要数月的训练。快速阅读课程可以为这样长期的训练提供入门机会。在职业技能和继续教育领域，快速阅读课程的数量在过去几年中翻了 4 倍。[2] 和美国的大学不同，在德国的大学里改善阅读速度的课程并不常见。但是，这种情况正在改变。[3] 尽管有一些质疑的声音，上文中提到的方法在不影响对阅读内容理解的前提下对提高阅读速度非常有帮助。[4] 如果您想提高自己的阅读速度，在总结很多学生成功经验的基础上，我建议您尝试参加一次阅读训练。为了判断练习项目的质量并确定项目的初步成功，您应当至少参加 2 个星期的课程。

---

　　[1]　http://www.dgfsl.de.在关键词"会议"之下可以检索到大量的进一步的信息，其次还可能找到具体的 PPP 文件。

　　[2]　除了 Volkshochschulen 之外，还有很多需要在场的课程形式的商业服务，或者网上课程、DVDs，CD-ROMs 或者智能手机应用形式的电子学习。Warentext 基金会检测了 Schnell-Lese-Tranings，检测结果请参见 Textbericht 3/2015，下载地址 http://www.test.de.Lesetrainings-im-Text-Wie-Sie-zum-Schnellleser-werden-4817442-0/。检测结果：App 形式的、价格为 2.99 欧元的最便宜的课程绝对值得推荐。Tina Groll，Ein Buch in einer Stunde，Zeit Online vom 29.7.2012，下载地址 http://www.zeit.de/karriere/beruf/2012-06/schnell-lesen-selb-sttest，对需要在场的课程进行了直观的讲解。参加一个此类的课程之后，总结就是"其他方面也得到显著改善。目前最快的学生每分钟阅读 600 个单词并且理解其全部内容，最慢的也至少能提高到每分钟阅读 300 个单词。快速阅读不是什么巫术或者骗人技巧，只是训练与否的问题"。

　　[3]　比如汉堡大学预科部的课程 "Lesen und Exzerpieren"。

　　[4]　像 Klaner，S. 84 中所写的动态阅读，阅读速度提高 10 倍的情况是实现不了的。

表 5-2　阅读技巧和阅读速度

Albrecht Achim	Juristische denken und argumentieren, Troisdorf, 2009.（第126 页为如何让有效率的阅读更轻松）
Sturz, Peter/ Backwinkel, Holger	Schneller lesen, Zeit sparen, Das wesentliche erfahren, mehr behalten, München, 5. Aufl. 2009.
Bohlen, Fred.N. / Forster, Gabriele A.	Effizient Lesen, Eine systematische Hilfe für alle, die viel zu lesen haben, Renningen, 7. Aufl. 2008.（也有音频）
Böhme, Matthias	Rationell lesen, Tempo gewinnnen und Merkfähigkeiten födern, Berlin, 2007.
Bretschneider, Helgo	Und täglich grüßt die Datenflut, Tipps und Techniken für mehr Effizienz und stressfreien Umgang mit Informationen, Bergisch Gladbach, 2011, S. 88ff.（有关阅读速度）
Buzan, Tony	Speed Reading, Schneller lesen-mehr verstejen-besser behalten, München, 2013.
Chambers, Phil	Brilliant Speed Reading, Wahtever you need to read, however you want to read it, twice as quickly, New Jersey, 2013.
Chevalier, Brigitte	Effektiv lessen, Lesekapazität und Textverständnis erhöhen, Frankfurt/M., 2007.
Djawadi, Mahdad Mir	Jura effizienter lernen-Lerntipps für das Studium, Jura Journal 3/2011, S.10.（SQ3R 阅读技巧）
Grüning, Christian	Visual Reading, Garantiert schneller lesen und mehr verstehen, Würzburg, 2007.
ter Haar, Philipp/ Lutz Carsten/ Wiedenfels, Matthias	Prädikatsexamen, Der selbständige Weg zum erfolgreichen EX-AMEN; Baden- Baden, 3.Aufl. 2012, S.140f.（SQ3R Active Reading）.
Hörner , Gerhard	Professionelles Speed Reading, Maximale Lesegeschwindigkeit, minimaler Aufwand, Frankfurt/M. E-Book 2013.
Koch, Günter	Speed Reading fürs Studium, Paderborn, 2015.
Krengel, Martin	30 Minuten effizientes Lesen, Offenbach, 2012.
Kruse, Otto	Lesen und Schreiben, Der richtige Umgang mit Texten im Studium, Stuttgart, 2. Aufl. 2015.
Lange Ulrike	Fachtexte lesen-verstehen-wiedergeben, Paderborn, 2013.
Michelmann, Walter	Effizient und schneller lesen, Köln, 2010.
Ott, Ernst	Optimales Lesen, Schneller lesen, mehr behalten, Ein 25-Tage-Programm, Reinbek, 31.Aufl.2007.

Peirick，Christian	Rationellle Lesetechniken，Schneller lesen-mehr behalten，Bad Honnef，3. Aufl. 2008.
Peirick，Christian	Effizientere Lesestoffverarbeitung， http：//www. cfmueller-campus.de/data/resources/cffe602723e.pdf.
Reimer，Franz Schmitz，Wolfgang	Juristische Texte lesen-Hilfestellungen aus öffentlich-rechtlicher Sicht，ZJS 2012，624ff. Schneller lesen-besser verstehen，Reinbek，2010.
Seiler，Jens	Schneller lesen，Effizienter arbeiten durch Speed Reading，München，2009.
Zach，Davis/ Juliana，Kushner	PowerReading，Read Faster，Save Time，Increase Efficiency，Geretsried，2014.
http：//userpage.fu-berlin.de/~zestud/~e-lerning/uebung/schneller_lesen：柏林自由大学学生咨询中心阅读速度自测。	

第六章　系统掌握不同法学领域

　　"以必须掌握的专业知识和方法论作为'工具'来武装，系统掌握那些与国家考试相关的法学领域的基础知识。"〔1〕

　　"请您使用关联性思维思考！那些跨学科的学习尤其可促进系统的闭卷考试写作，并且可避免浪费学习精力。"〔2〕

　　本章的内容是如何系统掌握某一特定的法学领域。〔3〕在这里，我有意识地使用了"掌握"一词。因为法学学习的任务就是让学生在学期期末掌握某一法学领域的知识，不仅能够理解这些内容，而且通过长期记忆的方式加以固定，并借助不断补充、回忆起来的方式实现知识的积累并在分析法学案例时随时使用。

　　掌握某一法学领域的目标就是能够认识、理解和运用该法学领域的功能和体系、法律规则和法律制度的内容以及在判例和文献基础上发展起来的法律解释。考虑到法学学习内容的广泛性，在学习过程中不断复习并回忆那些成功通过闭卷考试所必需的关于法律体系、内部联系和横向联系的知识而不过分关注细节。闭卷考试的评分标准是，您是否理解了这些法律内容和体系，并且利用方法进行正确的使用。〔4〕就像第二章中所讲的，所有的教育法都会明确对此进行说明。在学习某一法学领

---

　　〔1〕　Bernd Rüthers JuS 2011, 865, 870.

　　〔2〕　Heckmann, S. 10.

　　〔3〕　就学习某一特定法学领域正确时间点的问题，本书第四章（怎样制作具体的学习规划）中进行深入讨论。

　　〔4〕　参见 Thomas Kuhn, JuS 2011, 1066, JuS 2012, 970。

域时必须以这些目标为准。[1]

本章的结构。在掌握法学领域时，某一个步骤的提问方式如下：

- 我从哪里可以学到法学知识？有哪些知识来源？（第一节）
- 我该怎样学习知识，以达到学以致用的目的？（第二节）
- 我该怎样有效实现知识的积累？为了能够把学到的知识应用到案例分析中，我应当在知识积累的过程中注意哪些问题？（第三节）
- 我该怎样证明自己已经理解一个主题并且能够将其转化使用？（第四节）
- 该法学领域和其他法学领域有哪些横向联系？（第五节）

第一节　知识来源

在法学学习中，重要的知识来源是法律文本、课程教学、大学讲课 **173**
材料和笔记。除了平面媒体和讲课之外，现在的知识传播也通过电子媒
体的方式完成（网上讲课，网上数据库，下载，电子可移动存储设
备）。[2] 网络上或者其他电子形式的法律信息来自于书目众多、可信度
千差万别的供应者，比如，法院、联邦和州的主管部门、大学、学院、
教授、科研助手、专业课代表、图书馆、法律出版社、律师事务所、辅
导机构等。网上的内容也可能包括法律文本或者涉及法律条文、判例或
者文献。学生可以通过学院内部局域网直接访问知名的法律数据库。[3]

---

〔1〕 在我的课程上，建议把目标（法律体系和方法）以可视化的方式呈现到学习场
所附近，这样在学习时就可以时刻关注目标。

〔2〕 教科书、电子书、讲稿、思维导图、MP3 下载、打印版的索引卡片、智能手机
App 中的索引卡片或者电子法学学习索引卡片形式的教学材料都有。请参见 Stephan
Lorenz, Möglichkeiten und Grenzen netzbasierter Lehre in den Rechtswissenschaften, ZDRE 2014,
S. 77ff.。

〔3〕 学院的电脑中心和学校图书馆都会提供如何使用法学专业数据库的引导课程。
特别为法学学生提供的网络使用的内容请参见边码 188 的清单。

而网站的动态变化较快，质量、完整性、更新度、正确率不是很有保证。在使用这些媒体时，要注意核查其信息和来源的资质以及信息的价值。由于电子信息的泛滥，我在讲解与其相关的知识来源时，仅仅给出一些示范性的注意事项。

一、知识来源的种类

（一）法典

法学家最重要的知识来源就是法律条文。但是，在学习过程中，学生往往忽视甚至忘记法律条文。[1] 熟悉法律条文的内容非常重要：首先，您在闭卷考试和国家考试中唯一可以携带的辅助工具就是法律条文。其次，国家考试也会考查您不了解的法学领域。[2] 再次，一个好的法学家的优秀之处就表现在，能够熟练又快速地找到并且掌握权威性规定。在职业生涯中，您可能随时会遇到这种情形，手边只有法典且必须迅速找出其中与您要处理的案例有关的规定（比如，在法庭审理过程中）。经常有学生问到是否在前几个学期用法律汇编就足够，比如，dtv Beck-Texte。[3] 和 Schönfelder 与 Sartorius 相比，dtv Beck-Texte 的优势在于，不需要为补充规定付高额的费用，但是它缺少在脚注和活页汇编中的附加信息。最后，不容忽视的是，学生会非常快地习惯在一页的某一个位置查看法条（比如右上）。如果之后把 dtv Texte 换成 Schönfelder，也必须改变原有的习惯。很多人都赞成，最晚从第四学期考试开始使用

174

---

〔1〕 Rainer Wörler/Metzler-Müller, BGB AT, 13. Aufl. 2014, S.XI："如果参加考试的人能够更仔细地阅读引用的法律条款，法学新生闭卷考试中一半的错误都可以避免。"

〔2〕 在仅需考查理解和学习方法且不以细节知识为前提的情况下，《巴登-符腾堡州法学教育考试规定》第 8 条第 5 款，请参见本书第二章（学习成绩要求、修读学科和总结），边码 70。

〔3〕 Dtv-Texter: BGB, Band 5001；StGB, Band 5007；GG, Band 5003. 在有些联邦州（比如巴登-符腾堡州、黑森州），民法、刑法、公法及州法装订在一起的法律条文汇编在练习课闭卷考试和国家考试时也可以携带。和 Dtv-Texter 相比，这些汇编的优势在于，其内容丰富得多，并且让学生在前几个学期就有机会看到其他的法律，比如，商法和民事诉讼法。

法律汇编，法律汇编也被允许在国家考试中使用。[1]

学生也可以用电子版本的法律条文。法律条文和法典汇编可以通过在智能手机上安装 App 获得。联邦司法部把所有德国法律都放在网站上（http://bundesrecht. juris. de 或者 http://gesetze-im-internet. de）用于下载。[2] 官方的法律汇编可以在联邦法律公报（参见《基本法》第 82 条第 1 款）上全文下载。[3] 当您要参加某一个研讨课，联邦法律公报对您来说非常重要（尤其是当涉及某一法学领域改革时），或者当您在一个律师事务所实习时（要调查立法最新状态），或者准备口试时，因为在这个过程中可能会被问到有待改革的法学领域。在搜索外国法或者国际法的法律条文时，网络发挥着重要作用，比如，您在重点领域学习中需要的国际私法、欧洲法或者比较法的法律条文，放在过去很难获取，现在就可以很快下载到。[4] 这些都大大简化了比较法研究的难度。

（二）课程教学、大学讲课材料和自己的课程笔记

课程教学、讲课材料和自己的课程笔记[5]在初始阶段和中间学期是一种非常重要的知识来源。因此，往往会出现这样的问题，应当参加哪些课程教学，选择标准是什么。[6]原则上，选择一门课程教学时要参考 3 个标准：总体、实际和个人契合性。

一门课程教学总体上是否合适，即适合您所在的学期，可以从学院**175**的教学计划中判断出来。因为教学计划中会说明，参加这门课程教学需要哪些基本知识，也就是说，要执行学习计划需要掌握哪些内容领

---

[1] 法律条文中的重要内容已经由出版社通过标记的方式加以强调（比如，在 Books on Demand）的法律汇编被禁止在国家考试中使用。

[2] 在这两个地址都可以访问到这些资源。

[3] 《联邦法律公报》第一部分和第二部分：http://www.bundesanzeiger.de。

[4] 免费检索欧洲法法律条文 http://eur-lex.europa.eu/de/index.htm。外国法的链接 http://jura.uni-saarland.de/deutschland/normen/。

[5] 就笔记请参见本书第七章（课堂笔记和摘录）。

[6] 请参见 Schwab/Löhnig, S.13 f. 就参加大学讲课的优点和缺点请参见 Koeder, S. 34ff.。

域。〔1〕此外，教学计划也保证了每个课程教学在时间上不会产生冲突。

一门课程教学实际上是否合适，取决于讲师讲课的具体内容、结构、方式和教学方法。学生可以从附评论的课程目录中获得对课程的第一印象，讲师会在这样的课程目录中解释他们在课程教学中要讲解的主题和将要采取的教学方法（有时候会出现）。〔2〕如果您在练习材料的帮助下可以有计划地为每次课程做准备，这门大学课程可以获得一个加分项。因为通过参加接下来的教学活动，您的学习成果会显著增加。

个人的契合性，即某一个具体的课程教学是否适合您本人，要从个人因素出发。学生参加某一课程教学的收获，和学生喜欢哪种学习方式有关。〔3〕因此，每个人必须首先自己决定是否要参加这门课程教学。如果决定要参加某一课程教学，也要在上课第一周试听这门课程，弄清楚参加这门课程是否有意义且能否取得预期的学习成果。关于参加课程教学的问题，几个教授曾经明确表态。比如，慕尼黑大学的刑法学教授Roxin：“第二，只有在被教授和他们的讲授内容特别吸引的情况下，才应当参加课程和讲课。只有参加这样的课程，学生才能在自己难以理解的问题上得到帮助并获取学习方面的鼓励。”〔4〕一个类似的明确观点是：“……您要立刻拒绝参加水平不高或者对您来说过于苛求的活动。”〔5〕

还有一些适用于重点领域学习的大学课程的标准。因为要对选择的重点领域的主题进行深入学术研究，最新的进展和实际法律问题都非常重要。重点领域学科的具体内容取决于授课老师的专业方向和重点设

---

〔1〕 从附注释的课程目录上您可以推断出，该门课程教学需要哪些基础知识。此外，如果不确定您的知识水平是否满足要求，可以询问讲师或者学校设置的教学咨询负责人员。

〔2〕 一种比较乐观的观点是，从教学法的角度看，大学讲课是为新生开设的。

〔3〕 从教育心理学的角度选择课程教学请参见本书第十一章（学会学习）“有关偏好的感知渠道调查问卷”，边码340。

〔4〕 Roxin, S.10. 在我读书的时候，慕尼黑大学的 Claus Roxin 教授讲课的方式让我如此着迷，以至于我不想错过任何一节课时，并且现在还留着当时的课程笔记。

〔5〕 Schwab/Löhnig, S.13. 具体另见 Möllers, Rn.62（“那些您只能用来消磨时间的课程”），Tettinger/Mann, Rn.5, Bernd Rüthers JuS 2011, 865, 870。

置。在这种情况下，阅读教科书不能代替上课。了解讲师的专业方向和"嗜好"非常重要，这在参加（学校）口试时也尤其重要。如果考官在口试中能够想起您曾经听过他们的课程，对您将会非常有好处。

除了需要在场的课程之外，您还有机会在网上观看时间和地点不限的课程教学或者补充性的课程教学，也可以轮流参加以上课程。[1] 一种广为传播的技术是播客或者屏幕录制，利用这种技术，学生除了观看影片之外还可以收听所讲述的文本。如果因为时间原因而不能参加某一门课程教学，这种方法就是一个好的选项。此外，这种方法还可以作为日常学习生活的调剂。有些学习小组（案例讨论、伴随课程）也会引入电子学习的部分。[2]

> • http://www.vhb.org：拜恩州虚拟大学为在拜恩州任何一个高校注册的学生开放法学领域的免费课程。比如，公法领域案例分析方法(Prof. Dirk Heckmann)，中期阶段民法领域备考练习(Prof. Inge Scherer)，中期阶段公法领域备考练习(Prof. Bernd Mertens/Dr. Martin Zwickel)，民法典总则国家考试课程(Prof. Inge Scherer)，刑法分则 II，侵权法，多媒体复习课程(Prof. Eric Hilgendorf)，跨学科案例练习 I 和 II (Prof. Inge Scherer/Prof. Ralf P. Schenke)，国家责任法(Prof. Kay Windthorst)。
>
> • http://lorenz.userweb.mwn.de/lehre/gk1/index.htm：慕尼黑大学 Prof. Stephan Lorenz 的大学讲课以屏幕录制或者播客（音频和PPT）形式在 iTunes U（Apple 的大学平台）上可以找到，比如，基础课程 2014/2015 冬季学期和 2015 夏季学期的民法 I 和 II。

---

〔1〕 参见 Andreas Wiebe/Oliver Kreutz, Blended Learing in der juristischen Vorlesung, JURA 2015, 1。

〔2〕 哈勒-威滕贝格大学的 Markus Bergmann 和 Daniela Trunk 开设了刑法方面的案例实践练习课，并在课上安排了电子支持的小组作业（并因此获得了 2014 年一个最佳多媒体支持课程教学奖）。图宾根大学 Jenny Wienert 开设了一门案例分析课程，并且为课程提供电子教学支持。对此请参见 Lehr 2.0, Digitale Lehrangebote im Rahmen einer Fallbesprechung, in: Warto, S. 303ff.。

（三）教科书、注释和教育杂志

法学学习并不是白白被称为阅读学习的，除了法律条文和大学课程之外，最重要的知识来源就是教科书、注释、教育杂志、讲稿[1]和判决。除此之外，法学文献还包括专著、纪念文集、手册、百科全书和学科杂志。就法学文献这个主题而言，有数目众多的关于学术研究指导的介绍，在此就不赘述了。[2] 下文中就只讲解那些对系统掌握某一法律领域意义重大的方面。

教科书。重要的是，这本书对于掌握某一法学领域方面具有总体和个人的契合性。第五章中已经对选择书籍的一般选择标准进行了讨论。[3] 这里仅仅涉及以掌握某一法学领域为目的而具体选择书籍的过程。

为了寻找与该法学领域总体契合的书籍，建议您首先想办法找到在教育杂志上对相关书籍的建议，通过网络或者出版目录对市场有概括的了解。[4]很多杂志和信息手册都有对一本书的内容、结构和风格及作者目的的简短描述。[5]借助这些简短描述，您可以首先作出一定程度上的预先选择。有时候，在书籍或者教育杂志上会有对特定法学领域研究文献的集中讨论。[6]

---

[1] "讲稿"的概念请参见边码62脚注3。就讲稿的质量及是否可以被引用而言，主流的意见持反对态度。就讲稿的水平而言，有些讲稿和教科书比起来毫不逊色。Hermann Weber, Der Umgang mit juristischer Literatur und der Aufbau einer eigenen Handbibliothek, in: JuS-Redaktion(Hrsg.), JuS Studienführer, München, 4. Aufl. 1997, S. 130, 142, 把 Repetitorium Alpmann Schmidt 辅导机构的有些讲稿的学术水准描述为可以和有些教科书相媲美。有关讲稿是否可以引用的具体内容请参见 Schimmel, Rn. 519。是否可以引用总体上要看作者自己的观点。因此，和其他的所有文献一样，如果讲稿的作者有自己的观点而不是重述别人的观点，书稿是可以引用的。很多讲稿都达不到这个标准。

[2] 比如 Tettinger/Mann, Rn. 119ff.。

[3] 本书第五章（阅读能力），边码 167 及以下内容。

[4] 关于文献筛选的问题也可参见 Holm Putzke, Buridans Esel in der Buchhaldlung...或者 Wie man im Dschungel juristischer Ausbildungsliteratur die richtige Entscheidung trifft, Beck'scher Studienführer Jura 2011/2012, S.18。

[5] 例如 Juristische Zeitung (JA) 会定期给出书评，书评可以在网上检索到（www. vahlen.de。关键词 "Jurastudium erfolgreich"，板块 "Online-Materialien"）。

[6] 比如 Mareike Schmidt, Lehrbücher zum BGB-AT für Studienanfänger, Eine vergleichende Rezension aus fachdidaktischer Perspektive, ZDRW 2014, S.71。

表 6-1　研究文献一览表

Bitter, Georg	BGB, Allgemeiner Teil, München, Aufl. 2013, S.1ff.（有关法学文献的导论）
Winkler, Klaus	Buch macht klug-aber welches? Beck'scher Studienführer Jura, 2014, S.28.（有关法学出版物的简短总数）
Info-Veröffentlichungen der Verlage （半年刊，可下载）	C.H.Beck Verlag: Beck'scher Studienführer Jura, Universitäten-Literatur-Tipps-Adressen, München C.F. Müller Verlag: freischuss Boorberg Verlag: Der Wirtschaftsführer für junge Juristen Nomos Verlag: JuraStudienliteratur
ter Haar, Philipp/ Lutz, Carten/ Wiendenfels, Mathhis	Prädikatsexamen, Der selbständige Weg zum erfolgreichen EX-AMEN; Baden-Baden, 3.Aufl. 2012, S.183ff.（两次国家考试的文献推荐）
http://www. schweitzer-online. de/info/informationsdienst-Newsletter-Neuerscheinungen/: Infodienst "Übersicht der wichtigsten Neuerscheinungen in den Bereichen Recht, Wirtschafz und Steuern"	
http://www.juramond.de: 法学教育和考试及执业的书目推荐。	

　　判断一本教科书在掌握某一法学领域总体契合性的一个非常重要的标准取决于，作者能够在多大程度上讲好如何把知识用于案例分析中，也就是传授方法技巧和对知识的应用举一反三的能力。[1] 就传达的信息而言，它作出了哪些保证："它（这部作品）不仅会讨论所有与闭卷考试相关的问题领域，而且会通过大量的案例分析，给出闭卷考试建议，帮助建立系统知识架构和讲解对闭卷考试中必定会出现的问题及对回答这些问题的补充指导。使用这种方法，作者也会介绍怎样把学到的知识直接应用到闭卷考试中的技巧。"[2] 就次级学科的教科书而言，介绍与核心领域的横向联系非常重要。比如，一位作者在一本家庭法的教科书中写道："对我来说非常重要的一点是时刻明确家庭法和民法典其

178

---

〔1〕　参见 Barbara Dauner-Lieb, Juristische Lehre und Prüfung-Skizze eines Forschungsprogramms, in: Griebel/Gröblinghoff. S.41, 52ff.。Dauner-Lieb 从教学法的角度指出了研究教科书在内容和表达上的问题。

〔2〕　Ekkeharf Schumann, Die ZPO-Klausur, München, 3.Aufl.2006, 书籍封底文。

他部分的联系。"[1] 书里的字体也很重要，比如，作者是否把基础知识和国家考试内容明确地进行区分（通过大写和小写印刷的方式）。[2]

哪本教科书对您来说在掌握某一法学领域时具有个人契合性，取决于采取哪种方式复习对您来说学习效果最好。[3] 如果基于这一点而打算考查一本教科书是否适合您，建议您首先阅读此书的前言。因为前言中会出现作者的目标设定、目标群体和方法论。举 2 个例子：

"这本教科书主要讲解将债法规则应用于普通案例时使用的必不可少的基本结构。因此，它特别针对新生……对接下来的学习阶段而言，本书主要用于复习那些为与国家考试有关的问题打基础的内容。本书仅在部分情况下，尽量简短地对这些问题进行说明。"[4]

"为了实现教学目的，本书选择了一种涵摄式的、从案例出发的表达方式。书中包括前两个学期民法学习所需要掌握的内容：（……）此外，这本教科书有目的促成'法学普及教学'并因此将传授超出前几个学期学习范围的论证方式。"[5]

接着，您应当通读该教科书的内容一览表并且确定，本书是否、在哪个范围内对与该法学领域内与考试相关的主题进行了讨论。如果该法学领域对您来说还很陌生，您还不能确定自己的重点领域时，建议您先试读一章。如果您在阅读时感觉到这本书容易理解并且作者的写作方法很合您的胃口（一览表，总结，内容鲜明、数目充足的案例，解答模板等），您就找到了适合自己的教科书。

179 很多学生在同时阅读至少 2 本教科书上有很多好的阅读体验。[6]这种阅读方式的优势在于，学生能够通过不同的学习方式或者从不同的

---

〔1〕 Martin Lipp, Examens-Repetitorium Familienrecht, Heidelberg, 3.Aufl.2009, 前言。

〔2〕 比如，参见 Wener Beulke, Klausurenkurs im Strafrecht 1, Heidelberg, 6. Aufl. 2013, 书籍封面描述"optisch hervorgehobene Hauptprobleme nebst Straitständen"。

〔3〕 关于适合您温习学习内容的方式请参见本书第十一章（学会学习）的调查问卷，边码 344 及以下内容。

〔4〕 Frank Weiler, Schuldrecht Allgemeiner Teil, Baden-Baden, 2013 前言中内容。

〔5〕 Dieter Schwab/Martin Löhnig, Einführung in das Zivilrecht, Heidelberg, 19. Aufl. 2012 前言中内容。

〔6〕 Faust, S. 17 也建议同时阅读 2 本教科书。

视角更好地理解学习内容的内在联系。此外，也有可能，学生阅读1本教科书没有弄明白的内容，却因为其他教科书讲解得更清楚而明白了。

以前教育文献都被称为教科书，现在除了传统的教科书之外，还有附加复习性问题、考试模式和一览表的教科书。[1] 书籍的封面文字或者出版社的广告会传达其教学法的元素，比如"明显优势：书籍方便携带，书中有考试模式、示例、复习提问和一览表"[2]，或者"数目众多的模板和示例，模拟闭卷考试，为复习而设计的检查性提问"[3]。不要随便挑一本教科书或者满足于您的同学推荐的一本他们认为非常棒的教科书。您要自己费心寻找一本适合自己的教科书或者教学书目。可选的书目很多[4]，您花费在寻找上面付出的时间是值得的。您在仔细研究适合自己的教科书时不但可以把花费的时间弥补回来，而且可以更好地理解书中的内容并最终学习得更快。当今的教科书供应情况（几乎）可以保证您会找到适合自己的书籍：

"当今有众多同类型的优秀作品，每个人都可以从众多选择中挑选出适合自己理解水平的书籍。"[5]

> **建议：**
>
> 请制作一个曾经使用过的教科书的文献数据，附作者、题目、版次、出版地点、出版年限，如果图书馆有的话，并附上藏书地点和扫码号。您可以在文献数据上标记哪些书特别值得阅读，哪些书您可以为了补充和深入学习再次阅读。如果您已经找到了适合自己的书，建议您记下这本书所属的系列。因为，您有可能利用这个系列的其他书籍达到更好的学习效果。

---

〔1〕 教学法中讲述了"The shift from teaching to learning"，也可参见 Judith Brockmann/Arne Pilniok/Jan-Henrik Dietrich, Von der Lehr-zur Lernorientierung-auf dem Weg zur rechtswissenschaftlichen Fachdidaktik，JURA 2009, 579。

〔2〕 出版社对教科书 Urs Kramer, Allgemeines Verwaltungsrecht und Weg zur rechtswissenschaftlichen Fachdidaktik，JURA 2009, 579 的描述。

〔3〕 出版社对教科书 Herrmann Reichhold, Arbeitsrecht, München, 6.Aufl.2014 的描述。

〔4〕 每个核心学科最多有 20 种最新教科书。

〔5〕 Roxin, S. 10。

☞在系统掌握某一法学领域之初，制作一个详细的文献综述是非常必要的。您应当选择一本适合实现您的目标的教学书和案例汇编。当今作者们在前言中都希望读者能在阅读中找到乐趣。因此，您也没有必要利用一本非常难以理解的教科书学习。此类书籍的作者没有关注读者的需求，不能为您的学习提供任何帮助。

☞您是否能找到适合自己的教科书，很大程度上取决于您是否准备为这项任务投入足够的时间。建议您在学期开始花几个小时寻找新的学习文献，在网上找到一点提示信息后，去书店咨询最新的教科书供应信息。如果您有选择地在学校图书馆或者法学院研究室查阅书籍，应当找到最新版本。

☞您首先要注意作者在前言中的目标设定。那些致力于强调自己的写作目标的作者，也曾犹豫过怎样把书写得更明白易懂些。选择的关键词是概览、结构、基本原则、重点研究内容、横向联系、案例和考试相关性、案例及其解答和如何对学到的知识加以运用。相关细节信息您必须核对书籍的具体内容。

注释。注释主要是针对单个法律条文的特别问题和对单个问题的深入分析。在完成家庭作业或者写作研讨课论文时，学生可以在注释的帮助下快速寻找进一步的参考文献。考虑到正确理解法律条文含义和弄清不确定的知识点的必要性，找到一本合适的简明注释对学习来说非常重要。[1] 除了纸

---

〔1〕 根据学生的需要量身定制的是 Jan Kropholler，Studienkommentar BGB，München，14. Aufl. 2013. 这本注释对民法典中的核心条款（不是所有条款）进行了注解，并且注解的重点放在与闭卷考试相关的问题上。注释中包括很多定义，还有扩展开来的与法律条文相关的内容一览表。民法方面的其他注释有：Rolf Stürner（Hrsg.），Jauernig Bürgerliches Gesetzbuch，München，15. Aufl. 2014；Reiner Schulze u. a.，BGB，Handkommentar，Baden-Baden，8. Aufl. 2014. 公法领域的，比如袖珍注释本 Dieter Hömig（Hrsg.），Grundgesetz für die Bundesrepublik Deutschland，Baden-Baden，10. Aufl. 2013，以及 Michael Fehling/Bethold Kastner/Rainer Stömer，Verwaltungsrecht，Baden-Baden，3. Aufl. 2013. 刑法领域适合学生使用的：Wolfgang Joecks，Studienkommentar StGB，München，11. Aufl. 2014；Urs Kindhäuser，Strafgesetzbuch，Lehr-und Praxiskommentar，Baden-Baden，6 Aufl. 2014（结合了教科书和注释的优点，并有考试模式、论证模版、示例和小案例）；内容较广泛的 Thomas Fischer，Strafgesetzbuch mit Nebengesetzen，München，63. Aufl. 2015.

质版的注释之外，学生也可以登录网络数据库，这些数据库中也有各种注释的全文。

杂志。另一个知识来源就是（教学）杂志。[1]最重要的教学杂志是 C. H. Beck 出版社的 Juristische Schulung（JuS），Franz Vahlen 出版社的 Juristische（n）Arbeitsblätter（JA）和 de Gruyter 出版社的 Juristische Ausbildung（JURA）。对重点领域学习和高年级学生来说，Neue Juristische Wochenschrift（NJW）中有与学习相关的文章。法学（教学）杂志中文章的优势在于，文章能够集中阐述一个特定的主题或者一个典型的闭卷考试问题，并且在讲述的过程中能够回顾司法判例的最新进展。[2] 除了具备现实性的特点以外，通过专门呈现与教学有关的法学主题，杂志

---

〔1〕 在公法领域，除了教学杂志之外，Neue Verwaltungszeitschrift（NVwZ）也非常有用，对高年级学生和国家考试考生来说，Juristenzeitung（JZ）非常重要，因为它报道有关德国法的基础内容和最新进展。Boorberg 出版社的 PUBLICUS 则为公法领域的进展提供网络平台，www.publicus-boorberg.de。

〔2〕 例如，民法方面的：Stephan Lorenz, Grundwissen-Zivirlecht: Culpa in contrahendo（§311 Ⅱ，Ⅲ BGB），JuS 2015, 398；ders., Grundwissen Bereicherungsrecht-Grundtypen der Kondiktionen, JuS 2012, 777；ders., Zivilrecht: Das Eigentümer-Besitzer- Verhältnis, JuS 2013, 495；ders.-Franz Gärtner: Grundwissen Zivilrecht: Allgemeine Geschäftsbedingungen, JuS 2013, 1999；ders., Grundwissen-Zivilrecht: Die Saldotheorie, JuS 2015, 109；ders., Grundwissen-Zivilrecht: Der Reisevertrag（§§651a ff. BGB），JuS 2014, 589；Jörg Neuner, Das Schmerzengeld, JuS 2013, 577；Christian Förster, Stellvertretung-Grunstruktur und neuere Entwicklungen, JURA 2010, 351。刑法方面的：Karl Kröpil, Wichtige Grundzüge des Strafverfahrens, JuS 2015, 213；Christian Kühl, Täterschaft und Teilnahme, JA 2014, 668；Milan Kukli, Grundfälle zum Hausfriedensbruch, JuS 2013, 115, 211, Wolfgang Mitsch, Strafantragsdelikte, JA 2014, 1；Helmut Satzger, Die eigenhähigen Delikte, JURA 2011, 103（Grundstudium）。公法方面的：Heiko Sauer, Staatshaftungsrecht, JuS 2012, 695, 800；Eike Michael Frenzel, Grundfälle zu den Art. 83ff. GG, JuS 2012, 1082；Michael Germann, Das Allgemeine Persönlichkeitsrecht, JURA 2010, 734（Aufsatz）；Matthias Klatt/Moriz Meister, Der Grundsatz der Verhältnismäßigkeit, JuS 2014, 193；Martin Kment/Sebastian Vorwalter, Beurteilungsspielraum und Ermessen, JuS 2015, 193；Thomas Mann/Esther-Maria Wortmann, Berufsfreiheit（Art. 12 GG）-Strukturen und Problemkonstellationen, JuS 2013, 385；Andreas Voßkuhle/Thomas Wischmeyer, Grundwissen Öffentliches Recht-Die Rechtsverordnung, JuS 2015, 311；Andreas Voßkuhle/ Volker Kaiser, Grundwissen Öffentliches Recht-Der öffentliche- rechtliche Vertrag, JuS 2013, 687；Andreas Voßkuhle/Ann-Katrin Kaufhold, Grundwissen-Öffentliches Recht, Rücknahme und Widerruf von Verwaltungsakten, JuS 2014, 695。

还具有过滤和解释的功能。[1] 比如，JA 在关键词"Lernbeitrag"之下，JuS 在"Studium"之下，JURA 在"Aufsätze"或者"Grundstudium"之下会提供一些和考试相关的主题。教学杂志中的哪些文章适合您（针对新生、高年级学生、国家考试考生、实习律师），您可以从文章的归类（基础学习/辅导/深入学习）或者利用文章导论中的信息进行判断。论文的目录和小结可以在网上下载，因此，您可以快速对文章形成概括的了解。在高年级时，建议您定期（至少每月一次）阅览教学杂志目录中与学习相关的信息。明斯特大学的国家考试辅导机构 Unirep 每月都会出版按照法学学科划分的、对 JuS、JURA、JA、ZJS 和 AD 五种杂志进行评析的简报。[2] JuS 杂志中的"JuS-Tutorium"为快速找到合适的学习材料创造了良好的机会。这个部分将 2000 年以来的民法、刑法和公法 3 个领域的论文和案例分析进行了系统的整理。短文章和评论经常允许全文阅读。在下一期刊物出版之前，学生就可以在网上检索其目录，这一点在口试之前尤其重要。因为学生经常被问到对法学问题最新进展的态度，在此之前看一眼马上要出版的期刊的内容预告非常有用。除了传统的教学杂志之外，还有在网上出版的杂志。一个每天更新的"Onlinemagazin für Juristen und jurisisch Interessierte"（法律人和对法学感兴趣的人编写的网络杂志）是 Legal Tribune ONLINE。[3] 与学习相关的在线杂志是 Zeitschrift für das Juristische Studium（ZJS），Jura Studium & Examen 和 lurratio-Die Zeitschrift für stud. Jur. Und junge Juristen。[4] 自 1995 年开始由柏林洪堡大学法学院的学生和科研人员出版的 Zeitschrift Humbolt Forum Recht（HFR）也是一本纯粹的在线杂志。[5] 出版者已通

---

〔1〕 S.Klaus Winkler, Buch macht klug-aber welches? Beck'scher Studienführer 2014, S.28, 33.

〔2〕 www.unirep-online.de.

〔3〕 http://www.lto.de.

〔4〕 ZJS 可以在 http://www.zjs-online.com 下载。JSE 面向法学学生和国家候补文官，该杂志包括与政治、法律政治和道德相关的最新主题和联邦最高法院的司法判例，可在 www. zeitschrift-jse.de 下载。Iurratio（www.iurratio.de）是由学生创办，面向学生的杂志。

〔5〕 http://humbolt-forum-recht.de. 从出版商的目的来看，该杂志主要包括有关法治国家的基本问题及其将来发展的文章。

过在杂志上发表的文章提出一些法律、法政治学和社会领域的原则性问题和最新问题。其他专门的在线杂志还有弗莱堡大学的学生法学杂志 Freilaw，汉堡的私立法学院 Bucerius Law School 的学生法学杂志 Bucerius Law Journal 和法律计算机科学和信息法领域的网络杂志 JurPC。[1]

（四）司法判例

除了法律文本之外，随着您学习的推进，法院判决作为知识来源的意义也越来越重要。法院判决出版在专门针对司法判例的官方决定和指导原则汇编中，比如 BGHZ（联邦最高法院民事裁判集）。较新的联邦最高法院司法判例可以在网上找到。[2] 比如，联邦宪法法院自 1998 年判决的官方全文，可以在 http://www.bundesverfassungsgericht.de 的"Entscheidungen"板块检索到。自 1951 年起，联邦宪法法院较老的判决可以在 Projekt Deutschsprachiges Fallrecht（DFR）上全文下载。[3] 联邦最高法院自 2000 年 1 月 1 日起的判决都可以在 http://www.bundesgerichtshof.de 检索到。今年和近四年来联邦劳动法院的判决可以在 http://www.bundesarbeitsgericht.de 上全文下载。联邦行政法院的判决自 2002 年 1 月 1 日起可以在 http://www.bundesverwaltungsgericht.de 的全文数据库上下载。一个可以自由访问的针对联邦最高法院司法判例（也包括欧洲法院的判决）的数据库是 http://www.lexetius.com 。欧洲法院的判决可以在 http://www.curia.europa.eu 和服务器 http://eur-lex.europa.eu 上下载。就那些已经标注文件索引号的判决来说，通常在搜索引擎的搜索界面输入文件索引号就可以找到。

有学院的许可，您可以访问资料丰富的法学数据库，也有与国家考试相关的司法判例一览表。[4] 教学杂志专门为学生整理法院判决并从

183

---

〔1〕 Freiburg：http://www.freilaw.de. Bucerius Law School：http://www.law-journal.de. JurPC：http://www.jurpc.de. 海德堡大学法学院学生杂志 StudZR 是付费的。

〔2〕 德国法院的链接：http://www.jura.uni-saarland.de/deutschland/rechtsprechung 或者 http://www/deutschejustiz.de。

〔3〕 http://www.fallrecht.de.

〔4〕 比勒菲尔德大学法学院的 Frank Weiler 教授提供了一个一览表：http://www.jura.uni-bielefeld.de/lehrstuhl/weiler/AktuelleexamensrelevanteRechtsprechung/。

学生的角度进行讲述。在学习之初，这些方法可以减少阅读的难度。在 JuS 杂志中有针对判决的评注和范围相当广泛的司法判例一览表。[1] 每期 JURA 杂志中都有 16 个 A5 标准的、附有与考试相关的司法判例评论的索引卡片，这些索引卡片都是为了学习和国家考试备考而制作的。其他为学习目的而制作的司法判例一览表可以付费下载，比如，RÜ（Rechtsorechungsübersicht von Alpmann Schmidt）或者 Hemmer 辅导机构的杂志 Life & Law。在杂志里也有针对单个主题的司法判例一览表，这样您就可以很快了解某一特定法学领域中最新的司法判例。[2] 这部分主要是为了重点领域学习、国家考试备考，尤其是口试而提供的。也有针对学生的判决汇编，这些汇编中总结并整理了特定法学领域中对学生来说最重要的判决。[3] 如果您不想在阅读教科书时同时使用多个媒体，得到一本这样的判决汇编就非常有意义。利用某些电子书，学生就可以访问在教科书中提到的判决，并且借助电脑、平板电脑或者智能手机进行阅读。[4] 因为阅读判决是一个需要不断练习的过程，从学习之初就查阅重要的法院判决（判决中相关的摘录）非常有益。

---

〔1〕 订阅 JA 和 JuS 可以免费访问 beck-online 上的附有法院判决全文的 JA-Direkt 模块和 JuS-Direkt 模块。

〔2〕 例如，Frank Fischer, Aktuelles Zivilprozessrecht, JuS 2014, 224, 1082; Isabel Schübel-Pfister, Aktuelles Verwaltungsrecht, JuS 2014, 412 und 993。

〔3〕 例如，Christian Bumke/ Andreas Voßkuhle, Casebook Verfassungsrecht, Tübingen, 2013; Dieter Grimm/ Paul Kirchhof u.a. (Hrsg.), Entscheidungen des Bundesverfassungsgericht, 2 Bde, Studienauswahl 1 und 2, Tübingen, 3. Aufl. 2007; Reinhard Greger/ Sven Muth/Martin Zwickel, Entscheidungen zur Examensvorbreitung, abrufbar unter http://www. opus. ub. uni-erlangen. de/opus/volltexte/2009/1280/pdf/rspr. pdf; Jürgen P. Graf, BGH-Rechtsprechung Strafrecht 2015, Die wichtigsten Entscheidungen mit Erläuterungen und Praxishunweisen, Berlin, u. a., 2015; Mathias Pechstein (Hrsg.), Entscheidungen des EuGH, Kommentierte Studienauswahl, Tübingen, 8. Aufl. 2014; Peter Hantel Europäisches Arbeitsrecht, Mit zahlreichen Beispielsfällen aus der Rechtsprechung des EuGH, Berlin, 2015。

〔4〕 例如，Christoph Degenhart, Staatsrecht I, Staatsorganisationsrecht, Heidelberg, 30. Aufl.2014, 有合成的电子书，可以访问与教学特别相关的联邦最高法院的判决全文。

（五）电子学习材料

除了以上所讲的知识来源之外，还有大量的学习材料，学生可以将其或额外制作成打印版本，或仅仅在网上查询或者下载使用。这些学习材料包括网络环境中的教科书、大学讲课的录制版本、MOOCs[1]、在电子学习平台上使用的上课材料、工作底稿和案例汇编的网上讲稿（有的附解答）、案例分析结构模板、一览表、案例分析的鉴定规则、国家考试备考材料（国家考试闭卷考试、网上辅导课等）、索引卡片。[2] 在预习和复习课堂内容、进行学习小组案例分析和系统掌握不同法学领域时，学生有时候在这里可以找到整理得非常好的、免费下载的学习材料。就如前面所讲的，这些材料的质量和现实性需要特别的验证。通过学校和法学院的网站，教席和/或其科研人员、法学类出版社和私人辅导机构的网站、网络端口、网上论坛[3]以及私人提供的网站，您都可以找到大量的教学和学习材料。如果您特别喜欢一本教科书，也可以考

184

〔1〕 有大量的网络课程。但这些课程对法学学习的效果值得怀疑。比如，刑法课程 http://iureo.wordpress.com/。

〔2〕 大课的课程材料都必须输入密码访问，但是也有可以自由访问的材料，比如，Prof. Moritz Brinkmann（波恩大学）、Prof. Stephan Lorenz（慕尼黑大学）的课程材料。可以网上访问的书籍如，Antonius Ewers/ Sebastian Jagusch/Daniel Lorberg, Wirtschaftsrecht, Bürgerliches Recht, Lehrbuch mit Online-Lernumgebung, Herne 2015。教科书 Johannes Wessels/ Michael Hettinger, Strafrecht, Besonderer Teil 1, Heidelberg, 38.Aufl.2014, 有完整的电子书版本，并附有法律条文和联邦法院和帝国最高法院判决的链接。Prof.Werner Unger（凯尔高等专科学校）的 BGB-Trainer，包括请求权基础训练、复习训练、术语训练、闭卷考试训练，测试法学知识，可登录 http://www.juralink.de/default.htm。登录 gesr.hhu.de 可以访问杜塞尔多夫大学 Prof.Ulrich Noack 的民商事组织法个人学习单元。

〔3〕 比如，公法的 JuWissBlog。

查一下该作者是否在网上上传了讲稿。过去几年开展了很多的学习项目，这些学习项目鼓励交互式学习，鼓励学习过程中的调剂并且通过积极的活动提高学习效果。学校的学习平台也可以为在学习小组中的学习提供支持。[1] 社交媒体则使随时随地交流成为可能。在智能手机上有大量的手机应用软件可以补充教科书的功能且和具体的某一本教科书联系起来，或者用于练习。[2] 线上学习及多元化学习的服务增长迅速。[3] Juristische Portale 就与学习相关的主题提供了大量有趣的信息。[4]

185

> **提示：**
>
> 有关正确引用电子文件的方法将在本书第九章（案例分析）中进行讲述。[5]

早在 2001 年就已经有人预见了法学的未来："未来的学生将从网络上获得所有信息……2033 年，所有主题的教科书都可以在网上下载，不仅如此：不止在一个图书馆，而是在世界的所有重要的图书馆都可以在网络上或者其他数据载体上全文下载。"[6] 在大数据时代，法学的学习也在实现 "Digital Humanity"，即在电子人文科学的路上不断前进。[7] 考虑到现实世界中快速的发展，下文将仅从几个有趣的角度利用较小的

---

〔1〕 比如，汉堡大学法学院的平台 JURACommSy。

〔2〕 比如，Ulrich Fastanrath 的欧洲法应用软件或者 Peter Kreutz 的法律史应用软件 Checkit！针对法学学生的免费和付费的应用软件链接汇编如下：http：//www.lto/recht/studium/referendaruat/s/die-besten-apps-fuer-jura-studenten/。波恩大学也有一款提供法学院新闻的应用软件。

〔3〕 具体关于法学线上学习的未来参见：Heckmann/Seidl/Pfeifer/Koch，S.63ff. Magazin freischuss SS 2014(C.F.Müller Verlag)也有 Hörsaal ade? Das Jurastudium geht online 主题。汉堡大学法学院有 OLAT 和 Jura CommSy 两个学习平台。

〔4〕 简短的摘要：www.jurawiki.de、www.jurawelt.de、www.jura-lotse.de（法学学习专栏）、www.jurakopf.de、www，juracafe.de、http：//www.jusline.de。

〔5〕 边码291。

〔6〕 Matthias Rossi，Wissenschaft 2033，HFR（Humbolt Forum Recht）2001，S.1.

〔7〕 Jens Kersten，Rechtswissenschaft und Juristenausbildung，als „Digital Humannities"，JuS 2015，481.

篇幅给出若干提示。

- http://www.jura.uni-hamburg.de/lehre/buero-neue-medien/weiterführende-informationen/jura-im-netz：汉堡大学提供大量的链接汇编。
- http://jurawiki.de-JuraLernPlattform：一览表和链接会变更。
- https://econtrrio.de/：Kostenplichtige 平台（测试报告：http://www.juristischer-gedankensalat. de/2013/03/18/econtrario-lern-community-fur-studenten-und-referendare/）。
- CaseTrain：在维尔茨堡大学的法学院，学生可以在网上训练法学案例分析的能力，比如，社区法方面的 CaseTrain 或者民法基础课程的 CaseTrain。
- http://www.juratelegramm.de：JuraTelegramm 是一个免费的网络课程。为了教学的目的，该课程根据联邦最高法院司法判例对法学核心领域进行整理并且以专家鉴定的方式表现出来（出版者 Prof. Dieter Schmalz，编辑：Dr. Gernot Schmalz-Brüggemann，明斯特地方法院法官，还有 Prof. Rainer Strauß）。该课程和明斯特大学法学院的 Unirep-Online-Prohekt 合作。
- http://www.cfmueller-campus.de：C. F. Müller 出版社提供了几个（部分需付费）课程教学，比如，闭卷考试训练，各种课程讲稿，刑法领域的法学思维导图。
- http://www.intellex.de：Kirsten Krüger 律师在网上推出的课程。该课程把与国家考试相关的知识按照法律体系的结构，以关键词的形式进行讲解，清晰地呈现某一法条最重要的信息，适合新生用来查阅和复习（最新为 2013 年的版本）。
- https://iversity.org：提供大学课程的网络平台，可以颁发证书。目前为止主要是其他学科的课程，比如，企业经济学导论。

二、寻找知识来源（获得信息的能力）

"现在，用功的学生会带着记事本独自去书店寻找……他在电子数据库，比如 beck-online 上借助搜索功能可以找到正在处理的问题需要的概念。现在，必须离开自己的座位、辛苦寻找有些作品的时代已经过去了。即使是课程讲稿，也极少亲自记，学生大多可以直接从网络上下载并打印出来。"[1]

人们在 21 世纪初就认识到，世界上的知识每 5 到 7 年就会翻番。现在，这个过程在一年之内就能实现。人们称之为知识爆炸。"为了在信息洪流中生存下来，您要掌握所有数据"，最近出版的一篇文章题目如是写到。[2] 鉴于这种发展趋势，获得信息的能力发挥着重要角色。获得信息的能力是指找到相应的信息（调查研究能力），并且能够权衡是否应用以及怎样应用这个信息来源的能力。这种获取信息的能力也是一种非常重要的法学能力，在全球化的背景下，法学也处在快速的变化中。这种正确使用信息（也包括电子形式的信息）的能力，不管是在学习阶段还是在之后的职业生活中都是不可缺少的。为了在学习过程中培养良好的调查研究的能力，学生应当及早训练寻找法学知识来源的技能，这种技能主要体现在寻找文献方面。就学术主题论文而言，在写作考试论文之时，学生就应当已经了解并且较好掌握各种文献检索方法。[3]

图书馆目录和杂志目录、较大的法学数据库、搜索引擎、链接汇编、端口和法学主题论坛降低了查询法学知识来源的难度。

网上图书馆目录和文献数据库使得了解最新的文献和寻找文献都容易很多。德国国家图书馆的目录中包括 1945 年以来的德语文献，借助目录您可以查询到关于某一特定主题的所有书籍。[4] 特别有帮助的一点是，您可以直接查看并下载很多较新书籍的 PDF 格式的目录。如果您为了系统掌握某一法学领域而寻找教学文件或者为了完成家庭作业而需

---

〔1〕 Thomas Hoeren, Elektronische Medien, in: Dietmar Willoweit (Hrsg.), Rechtswissenschaft und Rechtsliteratur im 20. Jahrhundert, München, 2007, S.1173,1183.

〔2〕 Von Sigrid Hess, München, 2015.

〔3〕 网络的优点和缺点参见 Möllers, S.90f.；Thorsten Vehslage/ Stefanie Bergmann/Svenia Kähler/ Matthias Zabel, JuS-Referendarführer, München, 2.Aufl. 2007, S.135："从网上获取法律信息的频率越高，对这种媒介就越熟悉，搜索时间也会越来越短。"就这种新的信息技术的风险请参见 Basal/Schimmel, Internet im Jurastudium-Plädoyer für einen wohlüberlegten Einsatz des WWW, ZJS 2008, 435, 436f.。

〔4〕 http://portal.dnd.de.

要确定一本书籍的最新版本，可以在书店的目录中查询最新出版的信息并找到书店中现有的最新文献。[1] 通过图书馆的网上目录（OPAC）您可以确认，要寻找的书是否在学校和学院图书馆藏书中可以借阅，或者是否已经被借走。[2] 通过图书馆联盟目录，学生可以查询其他学校图书馆的藏书情况，也可以通过馆际借书找到重要的书籍。[3] Karlsruher Virtuelle Katalog（KVK）并不是数据库，而是一个在图书馆或书店目录中超过 5000 万本书籍、杂志和其他媒体的元搜索引擎。[4] 学生可通过 Virtuelle Fachbibliothek Recht 搜索文章。[5] Elektronische Zeitschriftenbibliothek 也可以找到网上杂志的文章。雷根斯堡大学学校图书馆的 Datenbank-Infosystem（DBIS）也有法学领域的大量法学数据库。[6] 寻找欧洲法文献则可以通过数据库 ECLAS。[7]

利用校园许可，学生大多可以免费访问较大的法学网络数据库，如 Juris online（联邦德国法学信息体系）[8]，Beck-online[9]，Westlaw international，Jurion 和 Legios。

---

〔1〕 德国书店行业目录：http://www,buchhandel.de，通过目录能够找到可发货的书籍清单。最近法学书籍的目录见 http://www.njb.de。

〔2〕 OPAC = Online Public Access Catalogue.

〔3〕 比如西南德国图书馆联盟：http://www.swb.bsy-bw.de。

〔4〕 Karlsruher Virtuelle Katalog：http://www.ubka.uni-karlsruhe.de/kvk.html. 在 OAPEN Library 也可以访问 Karlsruher Virtuelle Katalog(KVK)。OAPEN 是"Open Access Publishing in European Networks"的简写。在 OAPEN Library 上有可自由访问的人文科学和社会科学领域的有质量保证的电子版专著。

〔5〕 http://vifa/recht.de/aufsatzsuche/.

〔6〕 可以通过线上的图书馆访问，比如 http://www.jura.uni-tuebingen.de/einrichtungen/cz/datenbanken/。

〔7〕 ECLAS(European Commission Libraries Automated System)，访问地址：http://ec.europa.eu/eclas。

〔8〕 通过 Juris 可访问大量的数据库。在司法判例数据库中可以找到联邦宪法法院和 5 个联邦最高法院的判决全文，还有各地方自治法院的大量判决的全文或者指导原则。有些文献资料和论文的数据库对法学学习来说也相当重要。有些论文的数据库也不提供全文，只有杂志和判决评论的内容索引总结。教学杂志中的文章也能在数据库中找到。法学院会提供如何使用 juris 检索的课程。

〔9〕 beck-online 数据库中针对学生的"JA Direkt"和"JuSDirekt"模块中有与学习相关的法律条文，司法判例文件，与学习相关的判决（2008 年起 JA 的全文版本，2000 年起 JuS 的全文版本）。在 JuSDirekt 中输入关键词可以检索整个 beck-online 数据库的内容。

您可以从法学院的网站或者教席找到为法学学生提供的链接汇编。教席的链接汇编往往针对该教席的特定专业领域，因此会对重点领域学习有很大帮助。[1] 曼海姆大学[2]和弗莱堡大学[3]的图书馆提供了一份范围极其广泛的涉及法学的普通数据库的链接清单。学生会、法学端口、出版社和其他商业或者私人的机构也会提供有关法学主题的链接汇编。有关新奇的和最新的网址通常也可以在教学杂志中找到。

表 6-2　法学普通数据库链接清单

Basak, Denis/ Schimmel, Roland	Internet im Jurastudium-Plädoyer für einen wohlüberlegteb Einsatz des WWW, ZJS 2008, 435.
Bergmann, Bernhard	Juristische Informationen：suchen-berwerten-beschaffen-aktualisieren, Aachen, 2007.
Butzer, Herrmann/ Epping, Volker	Arbeitstechnik imÖffentlichen Recht, Von Sachverhalt zur Lösung, Methodik, Technik, Materialerschließung, Stuttgart u.a., 3. Aufl. 2006, S.109ff.
Frank, Fabian/ Kempe, Hannah u.a.	Schlüsselkompetenzen：Literatur recherchieren in Internet und Bibliotheken, Stuttgart u.a. 2014.
Haft, Fritjof-Kulow, Arnd-Christian	Lernen mit dem Kopf-Tranieren mit dem Computer, Die effiziente juristische Lernmethode, Stuttgart, 2007.
Möllers, Thomas M.J.	Juristische Abreitstechnik und wissenschaftliches Arbeiten, München, 7. Aufl. 2014.（第 89 页是如何在图书馆中和利用电脑完成法学检索，从第 208 页起是关于法学检索的重要网址）
Schulz, Martin/ Klugmann, Marcel/	Wissensmanagement für Anwälte, Köln, u.a., 3.Aufl. 2011.（第 3 版，第 2 版的附件中有关于重要网址的信息）
Sesink, Werner	Einführung in das wissenschftliche Arbeiten, mit Internet, Texeverarbeitung, Präsentation, München u.a., 6. Aufl.2015.（第 60 页起是利用网络学习，从第 129 页起是网络信息和文献检索）www.studierenzweinull.de 可帮助学生在完成论文中使用书籍中的片段

---

[1]　比如，奥格斯堡大学 Prof. Möllers 针对德国经济和欧洲经济法的链接汇编，访问地址，http://www.thomas-moellers.de。

[2]　http://www.bib.uni-mannheim.de, Fachinformation, Rechtswissenschaft.

[3]　http://www.freidok.uni-freiburg.de/volltexte/189/.

Vehslage, Thorsten/ Bergmann, Stefnie/ Zabel, Mtthias	Referndarführer, Refrendariat und Berufseinstieg, München, 2. Aufl. 2007, S.135ff.
Vogel, Ivo	Erfolgreich recherchieren Jura, Berlin, 2. Aufl. 2015.

第二节　学习法学知识

找到了掌握某一法学领域合适的知识来源后（法律条文、教科书、大学讲课、课程笔记），以下步骤对学习这些知识有重要意义：

- 该法学领域的内容、体系、意义和目标及地位的一览表（1.）
- 确定该法学领域重要的主题（2.）
- 具体掌握这些主题及其内部联系（3.）

学习该法学领域的方式不同、先前掌握该法学领域的基础知识的数量不同，每一步要花费的时间也不一样。不光是学习初级阶段，在深入学习阶段您也应当按照这三个工作步骤开展学习。因为在深入学习阶段，您也必须首先考查，是否对该法学领域（尚且）有概括了解，是否清楚其重点所在。相比初级学习阶段，您在深入学习和补充学习阶段会致力于掌握特定主体领域中更加细节的知识。

一、概括了解该法学领域的内容和体系

189

本书的前几章已经讲过，掌握细节知识点在长期的法学学习中并不会带来学习效果，对规则的理解、法律体系的理解和掌握其中的内在联系才是重中之重。在本书第十一章（学会学习）中您将了解到，大脑是如何储存信息的，知识的结构、秩序和联系是大脑对所学知识形成长期记忆的必要前提条件。因此，您学习某一法学领域时，首先概括了解其内容和体系非常重要。我之所以再三强调，是因为很多学生翻开一本教科书的第一章或者第二章，就直接开始阅读和学习，不会先对该法学领域进行基础性了解。即使听课和自学同时进行，也强烈建议您，主动了

解该法学领域的概括内容。这样，您就学到了一种快速应对不了解的领域的重要能力。这种能力在您的职业生涯中同样会发挥作用。

借助很多方法都可以对某一法学领域进行概括了解，比如：

- 法律条文的划分（在该法律的目录中）；
- 大学课程对该法学领域的划分；
- 教科书对该法学领域的划分。

不管在学习过程中还是在以后的职业生涯中，法条都是您开始法律思维的基础。因此，始终从法条开始阅读所有有关法律规定的内容并在这个过程中熟悉法典的结构。在这个过程中，您对法律条文体系的认识和理解都会更上一层楼。法律条文都是按照章或节编排，内容特别广泛时，按照卷进行划分。从章或者节的标题出发，就可对其调整范围有初步的概括了解。比如，您在阅读民法典的目录时，发现民法典有五卷，第一卷（民法总则）包括 7 章，也就是 7 个较大的主题。第三章（法律关系）又划分为 6 个小节。

"理解的过程是在'系统阅读'相关法律条文的基础上形成的，不能仅仅阅读一句或一款，而要阅读整个法律条文，了解与该法律条文所有相关的规定则更有意义。"[1]

为了解标题之下隐藏的含义是什么，建议您下一步通读所有法条。如果您在该法学领域没有任何基础知识，在第一次通读整个法律文本时能够理解得较少（尤其是对抽象程度比较高的法律领域来说，如债法总则），以致您觉得通读法律文本基本上没有任何意义。事实上，在第一遍通读时，目标并不是理解所有的法律规定，而是初步认识到立法者就该法律规定的具体调整对象是什么。重要的是，您在第一次通读法律条文时要关注搞懂了什么，而不是没有搞懂什么。当您之后再阅读教科书，作者提到法律规定并明确给出其他信息时，您必须回忆起作者所讲的法律规定在法律文本的哪个位置，通读法律条文在此时就会体现其优势。此外，阅读法律条文也可以帮助您了解法律的体系。当您要解决一

190

---

[1] Tettinger/Mann, Rn.6.

个从法律体系引出的法律案例时，对法律体系的理解是能够找到论据的基础。[1]如果学生在初步了解法律规定时没有认真对待这一点，在学习过程中忽视法律条文这样的知识来源的风险就很大。[2]

> **阅读和学习法律规定时的阅读建议：**
>
> René Bömer, Einführung in die Normtheorie, Jura 2014, 1258.
>
> Einke Michael Frenzel, 10 Schritte zum Öffentlichen Recht, Handlungsorientierte Lenvorschläge. Jura Journal 2013（1），10，http://www.juramond.de/de/juramond-studium.php? id = 13.
>
> Otto Lagodny, Gesetztexte suchen, verstehen und in der Klausur anwenden, Eine praxisorientierte Anleitung für rechtswissenschaftliches Arbeiten im Strafrecht, Öffentlichen Recht und Zivilrecht, Berlin, 2. Aufl. 2012, S.41ff. (*理解性阅读：阅读并理解检索到的法律规定*)

阅读法律条文之后，您也应当找到几本教科书的大纲，必要的话也拿到对应的课程大纲，对比每本教科书的目录或者课程的大纲。教科书

---

〔1〕 基于法律体系对法律条文的内容进行解释（系统解释）为四种典型的解释方法之一（该解释方法追溯到 Friedrich Carl von Savigny），其他三种为文义解释（语义、语法或者文法解释），历史/起源解释和目的解释（依据立法目标作出的解释）。那些回溯到欧洲法指令的法律规定（比如，消费者保护法），要作出符合指令的解释。此外，还有符合宪法规定的解释。有关法律解释的基础内容参见 Marco Staake, Das Ziel der Auslegung, JURA 2011, 177；具体参见 Rüthers/Fischer/Birk, S. 421ff. 以及 Rolf Wank, Die Auslegung von Gesetyen, München, 5. Aufl. 2011。比较简洁的表述参见 Leenen, S. 383ff.；Muthorst, S. 104ff.；Beaucamp/Treder, Rn. 133ff.；Tettinger/Mann, Rn. 211ff.；Schwab/ Lönig, Einführung in das Zivilrecht, Heidelberg, 19. Aufl. 2012, Rn. 92ff.。私法中的解释参见 Carsten Heresthal, Die richtlinienkonforme und die verfassssungskonforme Auslegung im Privatrecht, JuS 2014, 289, 有关公法中的解释参见 Jürgen Kühling, Die richtlinienkonforme und die verfasssungskonforme Auslegung im öffentlichen Recht, JuS 2014, 481。有关刑事法律规定的解释和刑法中解释的特点参见 Bernd Hecker, Die richtlinienkonforme und die verfassungskonforme Auslegung im Strafrecht, JuS 2014, 385 以及 Wohlers/Schuhr/Kudlich, S. 86ff.。

〔2〕 有关处理法律规定的系统工作，尤其是基本法的系统工作参见 Jörg Griebel, Überlegungen zum gesetzeszentrierten Lehren und Lernen-ein Denkanstoß, in: Griebel/ Gröblinghoff, S. 127, 132f.。有关基本权利的理论背景请参见 Ingo Augsberg/ Sebastian Unger (Hrsg.), Basistexte：Grundrechtstheorie, Baden-Baden, 2012。

的目录在单个知识点上会有所不同，因为某一法学领域很可能会有几种划分方式。综合所有的信息来源，您现在可以制作出关于该法学领域内容的一览表了，并且标记出所谓的"最小公分母"，换句话说，就是多次被提到的主题。这些内容提要，如果您开始光靠自己的话一下子是发现不了的。原因在于，您还没有发现内容之间的内部联系。这就好比，您想为一栋建筑物搭建墙壁，但是只有几块砖石。当然，教科书中会有您可以参考的建筑规划。但重要的是，您要始终记得制作该一览表的目标是什么：概括了解该法学领域是为了认识其范围和主题。迅速概括涵摄的能力，在之后的国家考试闭卷考试和职业生涯中都会发挥作用。您要记得：完成任务的关键取决于对内部联系的认识，在国家考试中也会考查一些不属于必修课领域的学科。在职业生涯中，您往往也需要在出乎意料的情况下快速熟悉一门陌生的法学领域。为了让您在系统掌握某一法学领域时迈出第一步，在实践中练习制作一览表，请完成以下任务：

> ✏️在继续阅读之前，请制作一个关于债法总则的书面内容一览表——您至少要尝试制作一下。
>
> **提示：**
> 为制作一览表，请参考法律条文和至少两本教科书，如果方便的话，还要参考一门大学课程的大纲。小建议：您可以在德国国家图书馆的网上下载到大多数教科书的目录。

在制作一览表时您会发现，在法律条文中并没有"债法总则"的标题，《民法典》的第二卷调整对象是债权债务关系。没有基础知识的话您根本不知道债法总则包括哪些法律条款。如果是这样的话，建议您首先搞清楚"债法总则"的概念是什么，为此您最好查阅法律百科辞典或者一本教科书。这样，您将很快了解到，债法总则包括《民法典》第二卷的前六节，《民法典》第241-432条，第七节（第433-853条）调整单个的债权债务关系（特别债法）。在这些认识的基础上，您可以再次阅读法律条文并根据每节的标题制作初步的一览表：

- 债权债务关系的内容；
- 通过一般交易条款形成法律行为上的债务关系；
- 基于合同发生的债务关系；
- 债务关系的消灭；
- 债权的转让；
- 债务承担；
- 多个债权人和债务人。

如果把这个一览表和教科书的目录进行对比的话，就会发现，教科书中所提到的主题第一眼看上去和法律文本中的标题不同。

表 6-3　教科书目录示例

示例 1[1]
债法的原理和调整对象
债权债务关系的成立
债权债务关系的内容
债权债务关系的终止
债务关系的障碍（履行障碍）
第三方参与债权债务关系

示例 2[2]	示例 3[3]
债务关系	基本原理
债权债务关系的内容	债权债务关系的源起
债权债务关系的消灭	债权债务关系的内容
解除、撤回和终止	履行义务的消灭
债权人的迟延	债权债务关系的障碍
迟延履行和不履行	债权债务关系的解散和清算

---

〔1〕 Rainer Wörlen/ Karin Metzler-Müller, Schuldrecht AT, Lernbuch, Strukturen, Übersichten, München, 12.Aufl. 2015.

〔2〕 Christoph Hirsch, Allgemeines Schuldrecht, Baden-Baden, 9. Aufl. 2015.

〔3〕 Dirk Looschelders, Schuldrecht, Allgemeiner Teil, München, 12. Aufl. 2014 in Auszügen.

履行不能	消费者合同的特点
其他违约行为	赔偿法
赔偿损失	参与者在多人关系中的地位
第三人参与债权债务关系	案例分析中的履行障碍法
债权和债务的法律后果	根据《民法典》第312g条撤销后的清算
多数债权人和债务人	

如果同样的主题在不同教科书中被不断提到的话，您就可以断定这部分非常重要。在我们示例中有以下主题：履行内容/债权债务关系的内容、履行障碍、履行不能、其他违约行为、债务关系的消灭/终止、第三人参与债权债务关系。通过对比不同的教科书，您不仅可以发现重点，而且可以获得进一步的认识。举个例子，在阅读第三本教科书的目录时才会发现消费者合同的特点和行使撤回权之后的清算部分。综合所有的信息来源（法律文本、教科书，如果可能的话还有课程的提纲）可以形成民法总则领域主题的一览表如下[1]：

193

- 债法总则的基本原理和调整领域/概念阐释；
- 履行内容和履行形式；
- 履行障碍；
- 债权债务关系的消灭；
- 赔偿损失；
- 第三人参与债务关系；
- 多个债权人和债务人。

债法总则是民法核心学科，您可能已经掌握了这方面的基础知识。接下来您要制定出一门民法次级学科——家庭法的一览表。这样，您可能在没有任何基础知识的前提下，迈出掌握一个法学领域的第一步。在

---

〔1〕 具体的主题也可能用其他方式命名。制作一览表后可以和其他同学相约对制作的成果进行比较和讨论。这样您在学期开始就对该法律领域有相当好的概括了解。

制定一览表的过程中，您要考虑整个法学领域，而不是总想着国家考试对该法学领域的考查，您只需学习基础知识，或者掌握其大致内容。[1]

✎在继续阅读之前，请您制定一个家庭法的内容一览表。

提示：

请试用法律文本和至少两本教科书，如果方便的话，还可以试用一门大学讲课的提纲。

表6-4　根据法律条文制定出的一览表

民法上的婚姻	世系
婚约	扶养义务
婚姻的缔结	父母和子女之间的一般法律关系
婚姻的废止	父母的照管义务
死亡宣告后的再婚	辅佐
婚姻的一般效力	收养
夫妻财产制	监护、法律上的照管、保佐
离婚	监护
宗教上的义务	法律上的照管
亲属	保佐
一般规定	

表6-5　根据家庭法的教科书制定出的2个一览表

194

示例1[2]	
婚姻法	亲子关系的一般效力
婚姻法导论	父母的照管义务
婚约	收养
结婚	扶养法
婚姻生活共同体	监护

---

〔1〕　采取该处理方式的理由请参见本书边码197。

〔2〕　Dieter Schwab, Familienrecht, münchen, 22. Aufl. 2014.

夫妻财产制	监护人的职责
离婚和分居	法律上的照管
亲子关系法	非婚同居的法律问题
亲属	已经注册的生活伴侣关系
亲子关系法导论	
世系	

示例 2[1]	
婚姻和家庭在当前法律体系中的发展	父亲身份
婚姻法	父母和子女之间的抚养义务
结婚以及有瑕疵的婚姻	父母和子女之间的一般法律关系
婚姻的一般效力	父母的照管义务
夫妻财产制	收养
离婚和离婚法律后果	照管法
亲子关系法	已经注册的生活伴侣关系和（事实上的）非婚同居关系
亲子关系法的改革	
母亲身份	

在对法律文本概览和教科书的目录进行比较之后，可以得出的家庭法的主题如下：

- 基本原理；
- 夫妻财产制；
- 非婚同居；
- 亲属之间的扶养法；
- 收养；
- 照管法；
- 结婚和有瑕疵的婚姻；
- 离婚及离婚的法律后果；
- 亲属/世系；
- 父母的照管义务；
- 监护；
- 已注册的同伴生活关系。

---

[1] Wilfried Schlüter, BGB-Familienrecht, Heidelberg, 14. Aufl. 2012.

☞掌握某一法律领域的第一步是，概括了解该法学领域的内容和体系。事实证明，制作一个一览表需要法律文本和最少两本教科书，如果方便的话，最好使用大学课程的提纲。

☞您可以通过阅读法律规定了解法律具体调整的对象是什么，您不需要记住有哪些。此外，通过阅读您还可以认识该法律的体系。对法律体系的认识是分析法律案例的重要前提条件。

☞通过在对法律文本和教科书进行比较的基础上制定一览表的方法，您可以获得对该法学领域的重要认识，比如，有些在教科书中利用单独一个章节来阐述的主题，在法律中并没有单独规定在一个特别的标题之下，或者有些法律制度根本没有体现在法律条文中。

二、确定与考试相关的重要主题

下一步就要确定每个主题的重要性，哪些主题与考试特别相关。重要的是您要确定，这些主题不仅与考试相关，同时也在该法学领域中占有特别重要的地位。这些主题是理解该法学领域的基础，也是之后在实践中解决争端的入门知识。以与考试相关为准并不意味着要采取流于表面的学习方式。学生在理解这些与考试相关的基础知识之外，也要具备辨明重点和进行法学辩论的能力。挖掘与考试相关主题的第一步是发现，该法学领域究竟在多大程度上与考试相关，换句话说，按照《教育法》的规定，学生是需要全面掌握还是有限掌握，或者是掌握该法学领域概要内容，还是需要掌握基本原理。[1]

（一）内容范围上有较多限制的法学领域（比如"概括"或者"基本原理"）

在内容范围上有较多限制的法学领域主要是次级学科。内容范围上的限制可能体现在不同的方面：首先，有些主题或者法律规定可能被明确指明与考试相关。其表达方式，比如"物权法第1-3节……"。其次

---

〔1〕 详见本书第二章（学习成绩要求、修读学科和总结）中的边码61及以下内容。

可能表现为，提到考试对象时不要求掌握细节知识（比如，"概括了解民商事组织法内容"）。"概括了解"意味着，除了该法律的体系和最重要的法律概念之外，不需要掌握司法判例和文献中的深入知识。[1]对有些您只需要概括了解或者掌握基本原理的法学领域来说，教育法一般会明确列举这些法学领域的某些主题。在这种情况下，确定与考试相关的主题会简单很多。还有一种情况就是，该法学领域需要掌握的范围仅限于涉及民法必修学科内容中特别规定的部分。

> ✎（1）请您确定，家庭法作为次级学科在国家考试中需要掌握的范围有哪些。
>
> ✎（2）在《教育法》《职业教育实施细则》中是否有关于您需要掌握哪些主题的明确提示。
>
> **提示：**
>
> 如果您已经认真阅读过本书第二章（学习成绩要求、修读学科和总结），就已经回答了第一个问题（请参见边码61）。

以巴登-符腾堡州为例的解答：

（1）《巴登-符腾堡州法学教育考试规定》第8条第2款第1项规定，需掌握家庭法中涉及民事财产法的内容。

（2）《巴登-符腾堡州法学教育考试规定》明确列举出特定的法律规律规定：尤其是《民法典》第1357、1359、1362、1363-1371、1408、1589、1626、1643、1664、1795条。

列举法律条款是对该法学领域一种非常明确的限制方式。学生可以根据法律条款的标题确定家庭法教科书的哪一部分对他来说是最重要的。在法律文本中就所提到的条款的关键词如下：

---

〔1〕《北威州法学教育法》第11条第4款，《巴登—符腾堡州法学教育考试规定》第8条第4款。

- 《民法典》第 1357 条：旨在满足生活需要的事务；
- 《民法典》第 1359 条：注意义务的范围；
- 《民法典》第 1362 条：所有权推定；
- 《民法典》第 1363 条：财产增加额共同制；
- 《民法典》第 1364 条：财产管理；
- 《民法典》第 1365 条：对全部财产的处分；
- 《民法典》第 1366 条：合同的追认；
- 《民法典》第 1367 条：单独法律行为；
- 《民法典》第 1368 条：无效性的主张；
- 《民法典》第 1369 条：家庭用具的处分；
- 《民法典》第 1371 条：在死亡情况下的财产增加额均衡；
- 《民法典》第 1408 条：夫妻财产合同，契约自由；
- 《民法典》第 1589 条：血亲关系；
- 《民法典》第 1626 条：父母的照管义务，原则；
- 《民法典》第 1643 条：应得到批准的法律行为；
- 《民法典》第 1664 条：父母责任的限制；
- 《民法典》第 1795 条：代理权的排除。

当您读到以上的关键词时，就会发现，在核心学科中您也有几个比较熟悉的词汇：法律行为、处分、合同、契约自由、追认、代理、代理权的排除、责任。即使没有家庭法方面的基础知识，您也可以发现此处和民法典的总则以及债法有千丝万缕的联系。建议您在一本家庭法教科书的内容索引中查询这些关键词并且确定这些关键词在哪些主题之下、在哪种背景之下被提到。这样您就可以了解到，哪些主题与考试相关。巴登-符腾堡州的学生要掌握家庭法中的以下主题：当家权、所有权推定、财产增加额共同制的财产制度、夫妻财产合同、血亲关系的定义、父母的照管义务、对子女的法定代理。掌握该法学领域时特别要注意的一点是，学习与民法典的横向联系，因为《巴登-符腾堡州法学教育考

197

试规定》的法律文本确定说明会"涉及"民事财产法。

同一法学领域中与考试相关的主题和与考试无关的主题并不能完全分开。通常的情况是，来自与考试相关的主题的法律条款和来自与考试无关的主题的法律条款在内容上会有所联系或者互相涉及。您必须考虑到，在闭卷考试中也会使用与考试无关的主题的法律规定。因此，给您以下的建议：如果教科书没有将一个与考试有关的主题（比如，对子女的法定代理）作为一个单独的主题单元，而是作为一个较大章节的一部分（比如，放在"父母的照管义务"一节），您必须通读整个章节（父母照管义务），来了解该规定在法律条文中的位置和最重要的背景或者内部联系（就对子女的法定代理而言）。[1]尽管在内容方面有限制，您也必须对整个法学领域有整体的概括认识。这是因为，如果了解该法学领域的内容体系，你就能清楚认识到此与考试有关的主题在体系中的地位。考虑到这些因素，我有意没有进行内容上的限制，比如"概括了解"放在第一点来讨论，是为了建议您不要在意与考试相关的范围，而是首先对整个法学领域有概括了解。这样您就得到了关于该法学领域体系的认识。

（二）需要全面掌握的法学领域

那些基本上全部都是考查对象的法学学科主要是核心科目。原则上，这些法学领域的所有主题都与考试相关。但是，每个主题的地位和意义不同。为了在学习和复习该法学领域时能够把重心放在重要的主题上，您就要在下一步确定哪些主题特别重要并且与考试相关。为此，有以下几种做法：

- 您可以通读教科书的导论，看是否能找到关于特定重点主题的信息。
- 您可以在一本教学杂志[2]上阅读关于该法学领域的入门文章，

---

〔1〕 例如 Schlüter 编写的教科书中"父母的照管义务"章节中的"子女的代理"。

〔2〕 有关教学杂志的信息参见边码 180 及以下内容。

并根据该文章确定重要的主题。[1]

● 如果您同时参加一门大学课程，也许从课程提纲中就可以看出重要的主题。

● 有些系列（教科书）书籍的出版理念是，首要处理与国家考试相关的主题。[2] 198

● 此外，还有一些专注于国家考试备考的，特别针对单个法学领域中与考试相关范围的书籍。虽然这些书籍不适合初次学习某一学习领域时使用，但是可以用于深入学习和在国家考试备考阶段使用。而且，您可以在学习某一法学领域之初将其作为辅助工具使用，用来确定重点和国家考试中重要的、在闭卷考试中会出现的问题。[3] 比如，Vahlen 出版社的系列书籍"Klausurpeobleme"处理某一法学领域经常在闭卷考试和家庭作业中出现的争议问题。[4] 法学指南针系列书籍同样可以让学生对相关的主题有概括了解。[5]

● 另一个选择就是，确定您所在的学院是否就该法学领域安排了辅导课程或者考试课程。有时候，学生可以直接在网上下载这些课程的提纲。从这些课程的提纲中列出的点可以同样发现与考试相关的重点内容。

● 有些学校的辅导课信息中会包括相关主题的具体内容的计划。您可以把这些内容作为考试相关的提示，在接下来认真对待。[6]

---

〔1〕 比如 Sebastia A.E. Martns, Grundfälle zu Geld und Geldschulden, JuS 2014, 105 und 200；Steffen Lampert, Die Bedeutung des Umweltsrechts in den Staatsprüfungen, JuS 2013, 507；Karl Kröpil, Wichtige Grundzüge des Strafverfahrens, JuS 2015, 213。

〔2〕 比如 C.H. Beck 出版社的"法学指南－学习和实习"或者"法学基础"系列，或者 C.F. Müller 出版社的"法学学科入门"和"重点必修学科/重点领域"系列。

〔3〕 比如 C. F. Müller 出版社的"Beck'sches 的模拟考试课"或者"JURIQ 考试培训"系列。

〔4〕 比如 Karl-Heinz Gursky, 20 Probleme aus dem Eigentümer-Besitzer-Verhältnis, München, 9. Aufl. 2015；Thomas Hillenkamp, 40 Probleme aus dem Strafrecht, Besonderer Teil, München, 8. Aufl. 2014。

〔5〕 比如 Holm Putzke/Horst Schlehofer, Strafrecht Allgemeiner Teil, München, 2015；Christian Fischer, Schuldrecht BT/1, Vertragliche Schuldverhältnisse, München, 2015。

〔6〕 参见拜罗伊特大学学校辅导班的周计划。

表6-6 找到与考试相关的主题

Bähr, Peter	Grundzüge des Bürgerlichen Rechts, München, 12. Aufl. 2013. (书中有民法和民事诉讼法的内容)
Becht, Ernst/ Lennertz, Dirk S.	Prüfungsschwerpunkte im Zivilprozess, Stuttgart u. a., 5. Aufl. 2010. (实际上为实习律师编写的书，但是也回答了诉的可受理性的问题，也适合用于第一次国家考试备考)
Beulke, Werner	Klausurenkurs im Stragrecht I, Ein Fall-und Repetitionsbuch für Anfänger, Heidelberg, 6. Aufl. 2013. (书中所处理的重要问题在书的最后都额外进行整理，并按照法律体系进行总结)
Beulke, Werner	Klausurenkurs im Strafrecht II, Ein Fall-und Repetitionsbuch für Anfänger, Heidelberg, 6. Aufl. 2013. (书中所处理的重要问题在书的最后都额外进行了整理，并按照法律体系进行了总结) [1]
Degenhart, Christoph	Klausurenkurs im Strafrecht II, Mit Bezüge zum Europarecht, ein Fall-und Repetitionsbuch für Examenskandidaten, Heidelberg, 7. Aufl. 2014. (以问题为导向的辅导课程)
Faust, Florian	Bürgerliches Gesetzbuch, Allgemeiner Teil, Baden-Baden, 4. Aufl. 2014 (内容以是否与闭卷考试相关为标准进行选择), dazu NomoApp erhältlich.
Grunewald, Barbara/ Gernhuber, Joachim	Bürgerliches Recht, Ein systematisches Repetitorium, München, 9.Aufl. 2014.
Haug, Volker	Fallbearbeitung im Staats-und Verwaltungsrecht, Basiswissen, Übersichten, Schemate, Heidelberg, 8.Aufl. 2013. (公法基础问题)
Grigoleit, Hans Christoph/ Herresthal, Carsten	BGB Allgemeiner Teil, München, 3.Aufl. 2015. (Beck'sch 的模拟考试课)
Hendrik Heinze	Strafrecht Allgemeiner Teil, Das Examenrelevante Wissen, Berlin, 2014.
Hilgendorf, Eric	Dtv-Atlas Recht, Bd.1, Grundlagen Staatsrecht, Strafrecht, München, 2003. (为了总结和复习的目的，书中附有很多案例、图表和可视化入门方法)

［1］Beukle 认为，重点问题是核心领域的知识。他估计所有闭卷考试的60%到80%都出自这些内容。

Kämmerer, Jörn Axel	Staatsorganisationsrecht, München, 2. Aufl. 2012. (与考试相关的核心问题)
Kindler, Peter	Grundkurs Handels-und Gesellschaftsrecht, München, 7.Aufl. 2014. (附有学习和理解内容、检查和练习案例的与国家考试有关的必修课知识)
Kloepfer, Michael	Staatsrecht kompakt, Staatsorganisationsrecht-Grundrechte-Bezüge zum Völker-und Europarecht, Baden-Baden, 2012.
Klunzinger, Eugen	Übungen im Privatrecht, Übersichten, Fragen und Fälle zum Bürgerlichen, Handels, Gesellschafts-und Arbeitsrecht, München, 10. Aufl. 2012.
Kramer, Urs	Allgemeines Verwaltungsrecht und Verwaltungsprozessrecht mit Staatshaftungsrecht, München, 2. Aufl. 2013. (法学指南针系列书籍，包括考试模板、示例、复习问题和一览表)
Kühl, Kristian/ Hermann, Reichold/ Ronellenfitsch, Michael	Einführung in die Rechtswissenschaft, Eine Studienbuch, München, 2. Aufl. 2015. (几乎包括所有法学领域的入门知识和介绍)
Murmann, Uwe	Grundkurs Strafrecht, Allgemeiner Teil, München, 3. Aufl. 2015.
Murmann, Uwe	Prüfungswissen Strafprozessrecht, München, 3.Aufl. 2015.
Musielak, Hans Joachim/ Voit, Wolfgang	Grundkurs ZPO, Eine Darstellung zur Vermittlung von Grundlagenwissen im Zivilprozessrecht mit Fällen und Fragen zur Lern-und Verständniskontrolle sowie mit Übungsklausuren, München, 12. Aufl. 2014.
Neuner, Jörg	Sachenrecht, München, 4. Aufl. 2013. (模拟考试课)
Schwerdtfeger, Gunther/ Schwerdtfeger, Angela	Öffentliches Recht in der Fallbearbeitung, Grundfallsystematik, Methodik, Fehlerquellen, München, 14. Aufl. 2012. (关注与公法中与闭卷考试和家庭作业有关的部分，将主题进行系统化整理，指出错误来源)
Schwind, Hans-Dieter/ Hassenpflug, Helwig	Jura-leicht gemacht, Das juristische Basiswissen, Berlin, 2014.
Timme, Michael	BGB, Crashkurs, München, 2010.
Wörlen, Rainer/ Kokemor, Axel	Handelsrecht, Mit Gesellschaftsrecht, München, 12.Aufl. 2015.

让我们回到债法总则的例子上。债法总则是一门几乎要被全面考
200 查的核心学科。我们首先制定了一个债法总则的主题一览表。现在我
们要找出那些与闭卷考试和其他考试特别相关的主题。为此，我们找
出一本简短的、用于复习债法最重要内容的书。此书的提纲[1]如下：

表6-7　复习债法最重要内容的书的提纲

基本概念	债务承担，并存债务承担和契约承担
债权债务关系的源起	连带之债
债权债务关系的消灭	真实的有益第三人的合同
债务合同的解决方案	附保护第三人效力的合同
给付不能	第三人损害清算
给付不能的法律后果	损害赔偿法
履行的迟延	一般交易条款
债权的转让	

如果把法律条文目录和教科书提到的主题进行比较，您就会发现，
很多这种主题在法律文本的提纲中根本看不出来，比如，在法律条文中
既没有"给付不能"的标题，也没有"履行迟延"的标题。有些主题在
法律文本中您根本找不到，比如，第三人损害清算。从中您能够获得对
债法总则的重要认识，比如，主题"给付不能"和"履行迟延"。虽然
明显与考试相关，但是它们在法律文本和教科书中都不是特别突出。在
法律文本中，"给付不能"隐藏在"债务关系的内容"一章的"履行义
务"一节中。在以上提到的两本教科书中，这两个主题都在标题"履行
障碍"之下进行讨论。出于练习的目的，请完成关于民法典总则的一个
任务：

> 🖊请您制作一个民法典总则中与考试特别相关的主题，并且在制
> 作过程中尝试以上提到的处理方法。

---

〔1〕Jens Petersen, Exmens/Repetitorium Allgemeines Schuldrecht, Heidelberg, 7. Aufl. 2015（总结第十四章和十五章内容）。

在民法典总则中，以下的主题与考试特别相关，在掌握该法学领域时应当重点学习：

- 民事行为能力；
- 意思表示/合同；
- 错误/撤销；
- 代理；
- 许可和追认。

没有被列在重点主题清单中的条款有法人、物、紧急自卫措施和紧急状态。关于"法人"的规定（《民法典》第21-89条）没有被列在清单里的原因是，这部分主要在民商事组织法领域与考试相关并且在那里被一并讨论。[1] 关于"物"的条款（《民法典》第90-103条）主要是在物权法中比较重要。[2] 有关紧急状态和正当防卫的规定（《民法典》第226-231条）主要是在侵权法中体现其重要性并被一并讨论。[3] 当您刚开始学习一个法学领域时，往往还不了解这些内部关系。但是，即使没有这样的认识，您也可以使用上文中讲到的处理方法并尝试找出重点主题。如果不能判断某个主题的重要性如何，您应当立刻在为掌握该法学领域而参加的一门大学课程上去询问老师。[4] 时间一长，您就会培养出一定的第六感，知道从哪些信息来源中可以快速发现应关注的重点。

很多学生认为，随着时间的推进，他们就能学会辨认哪些主题特别重要并且直接上手学习。如果没有总体认识和重点划定，系统掌握不同

[1] Faust, S.5 也认为："像结社法直接被省略掉，因为将其作为民商事组织法的一部分来讲更常见、更有意义。"

[2] 但是理解负担行为和处分行为的区别并理解抽象原则对掌握民法总则来说是很重要的。

[3] 可能出现的问题是，讲解侵权法课程的老师认为《民法典》第226-231条已经在民法总则课程中讲过。因此，您就必须自己学习该主题中与侵权法有关的内容。

[4] Faust, S.19 不赞同这种观点，他认为在尝试其他办法没有取得成果的时候才应该询问老师。

法学领域是不可能实现的，学生很难跳出细节知识的圈子。此外，私人辅导机构需要付费才会提供此类的一览表并且给予与考试相关的重点的提示。[1]

> ☞就那些您只需要有限掌握、掌握概要或者掌握基础知识的法学领域来说，教学法规一般会列举出相关的主题。因此，对这些法学领域来说，确定与考试相关的主题比较简单。
>
> ☞就那些在国家考试中全面考查的法学领域来说，所有的主题都与考试相关。但是，在该法学领域之内，每个主题的重要性不同。为了确定哪些主题与考试特别相关，您可以采取几种确认方法。此外，还可以阅读杂志里的入门文章、特别使用那些为重点研究与考试相关内容而出版的系列书籍。

三、具体掌握单个主题

法学技能包括掌握法学知识以及应用这些知识的能力。只有您理解了知识、形成长期记忆并且知道怎样把知识转化并应用在案例分析中才能算作具体掌握了一个法学领域。此外，您要把学到的知识成功用在闭卷考试中，您还要进行足够的案例分析训练。[2]

202　　如果您已经确定要掌握一个法学领域中的某些主题，您应当在掌握整个法学领域时为接下来的主题添加上"基础和调整对象"的标记，然后开始学习过程。在学习这个主题时，要确定重要的法律渊源，还要阐述该法学领域在总体背景下的功能、目标和地位，参与其中的各主体的特殊利益以及特别的法律概念。这个让学生熟悉该法学领域调整目标、地位和法律渊源[3]的引入过程的必要性往往被轻视。同样的，学生也

---

〔1〕 以辅导课的宣传材料为例："从大量的学习内容中选择通过第一次国家考试必须掌握的部分。"

〔2〕 有关案例分析和训练的内容参见本书第九章（案例分析）。

〔3〕 有关法律渊源和法律渊源的理论参见 Rüthers/Fischer/Birk, S. 141ff. 和 Beaucamp/Treder, Rn.322ff.中的表述。

没有认识到在大学课程中与之相关的学习单元的重要性[1]。从这些内容出发，学生能获得很多处理该法学领域的论证材料。此外，虽然这样的主题闭卷考试在国家考试中很少出现，但也不能完全排除。拜恩州在2010年1月份组织的国家考试就要求撰写一篇关于债法改革的主题文章。要掌握这样的基础主题您至少要经历2个工作阶段。教科书中的导论章节[2]或者杂志文章[3]可以为了解该法学领域的功能、目标和地位以及每个法律渊源提供较好的帮助。例如，一般商法的书籍从以下的问题开始[4]：

- 在商法领域中要学习哪些内容？商法的定义是什么？
- 商法在法律体系里的根源是什么？
- 除了民法之外，商法还与哪些法律分支，即与哪些法律领域有关系？
- 商法和民法的有怎样的关系？
- 商法有哪些重要的法律渊源？
- 《商法典》的哪几卷在商法领域中最重要？

有关基本法领域的问题如下[5]：

---

〔1〕 这些学习单元对于理解是必需的，参见 Barbare Lange, Lernförderlich lehren in den Rechtswissenschaften, in: Hanke/Winandy（Hrsg.），S.29, 33。

〔2〕 C.H.Beck 出版社的"检验真知"系列书籍可以用来回答有关基础理论和调整对象的入门问题。

〔3〕 比如 Jan Lieder, Trennung und Abstraktion im Recht der Stellvertretung, JuS 2014, 393；Lukas Beck, Die Reform des Verbraucherschutzrechts-Ein erster Überblick, JURA 2014, 666；Christian an Förster, Die Umsetzung der Verbraucherrechterichtlinie in §§ 312 ff. BGB, Eine systematische Darstellung für Studium und Examen, JA 2014, 721（Teil I），801（Teil II）；Manfred Löwisch, Privatautonomie und Arbeitsrecht, JURA 2014, 131。

〔4〕 Rolf Steding, Handels-und Gesellschaftsrecht, Baden-Baden, 3.Aufl. 2002, S.17ff.

〔5〕 对问题字面上的理解参见 Jörn Griebel, Überlegungen zum gesetzeszentrierten Lehren und Lernen-Ein Denkanstoß, in: Griebel/Gröblinghoff, S.127, 132。进一步的问题和解答见 ebd。

- 《基本法》中的哪些规定能体现出其地位和等级？
- 《基本法》在多大程度上与其他法学领域相关？
- 哪些文本与《基本法》一起构成宪法？从哪里可以发现《基本法》对普通立法的影响？

- 在对国家法进行合理划分的前提下，国家组织法（国家法Ⅰ）、基本权利（国家法Ⅱ）、欧洲法和国际法层面的基本法（国家法Ⅲ）分别包括哪些规定？
- 《基本法》的哪些规定基于《基本法》第79条第3款的永久条款而不可变更？
- 国家形式的标志是什么？
- 与国家形式的标志相比，国家的目标是什么？

类似的问题您可以在学习的所有法学领域提出。因为可能导论的形式、内容和范围差别会很大，所以阅读至少2本教科书的导论就能体现其意义。就债法总则而言，还要搞清楚以下问题或者概念：债法的调整对象是什么？债法和物权法的区别是什么？债法的调整范围是什么？债权债务关系的概念是什么（广义的和狭义的）？债权债务关系是怎么产生的？怎样理解"债权""债权人""债务人""双务合同之相互性"等概念。

> ☞在学习一个法学领域时，应当从体现其特点的主题开始，比如分别阐述调整领域、法律渊源以及功能、目的和该法学领域的地位的主题。

法学学习的特点就是，您必须始终把新掌握的知识和已经掌握的知识联系起来，换句话说：您的知识就是一个不断扩展的圈子。因此，在学习过程中，您应当首先牢固地掌握基础知识或者核心内容。[1]"训练结构化的学习方式非常重要。这样学生就可以在学习过程中开始构建上层建筑，同时学习大量的具体的细节知识。"[2] 这些基础知识必须和法律文本联系起来。尽管再三强调，很多学生还是不喜欢阅读法律文本。[3] 有些教科书作者明确要求读者首先阅读法律规定："您必须立刻并且完整地通读每一条（即使影响阅读速度的情况下也要这样做！）引用的法律规定。"[4] 或者采用其他的表达方式："不存在先后顺序，而是同时阅读法律文本。"[5]

在学习法学知识的过程中还要注意一个特点，即把知识应用于闭卷考试（将来在实践中）的能力，很大程度上取决于在学习知识的过程中思考知识怎样转化的问题。

204

就像在第二章里已经提到的，法学考试中提问所学内容的方式和您在中小学阶段习惯的方式不同，法学考试一般是以案例分析的方式进行。法学案例分析形式的考查方式要求学生了解转化知识的过程。学生必须从大量知识中提取出适合解题的"知识单元"并和其他的"知识单元"形成新的组合。[6] 为了能把学到的知识成功应用在闭卷考试中，学生在掌握法学领域之前就必须注意这样的转化过程。也就是说，如果学生要掌握一个法学领域，同时也要考虑学习知识的转化过程，这是法学学习一个重要的特点。因此，在学习知识的过程中一个关键问题就是，怎样把学到的知识引入到案例分析中，以及应用到哪里。要回答这

---

[1] 那些明确把基础知识标记出来的教科书非常有用。参见 Walter Zimmermann, Erbrecht, Lehrbuch mit Fällen, Belrin, 4. Aufl. 2013. 前言："该作品不仅可以用作教科书，还可以用作大纲（用 * 标记的出来的内容都是即将参加考试的考生必须知道的）。"

[2] Thomas Kuhn, JuS 2012, 970, 971. Faust, S.17 也有明确的表述："如果您掌握解决问题的能力，学习对您来说也会轻松很多：首先，您会像对待一个法律从业人员日常遇到的普通问题一样坦率面对未知的问题，而不会害怕其成为无法解决的问题。其次，自己思考及和同学讨论问题比起尝试自己死记 146 卷联邦法院民事案例汇编的内容要有趣得多。"

[3] Eike Frenzel, Aktives Lernen ohne Lehrbuch, Jura Journal 3/2012, S.12, 13 也这样认为。

[4] Kilian/Eiselstein, S.19.

[5] Eike Frenzel, Aktives Lernen ohne Lehrbuch, Jura Journal 3/2012, S.12.

[6] 此外参见本书第二章（学习成绩要求、修读学科和总结），边码 74 及以下内容。

个问题，单靠理论上的深思熟虑是不够的。比较好的解决方案是，储存知识时标记知识在哪里可以发挥作用。[1]

学生在阅读教科书时大多不对书中的内容进行深层次加工，而仅仅是消极地（领会式地）接受。学生必须有意识地进行转化训练，才能达到在分析案例的同时达到掌握知识的目的。[2]如果学生使用既讲解知识又有示例和案例分析过程的教科书[3]，或者阅读讲解案例分析的文章[4]，这一过程就能简化很多。比如，一般特别关注案例分析的刑法教科书用以下的语句开篇："这本刑法总则教科书追求的目标是培养学生利用总则中的知识解决刑法练习作业中的问题的能力，因为这些练习作业都为案例分析，教科书在讲解总则中的知识点时除了要明确客观信

---

〔1〕 具体执行的方式参见本书第八章（使用索引卡片学习知识）。

〔2〕 某法学领域的抽象程度越高，这个过程就越重要：没有生动形象的例子和案例分析您很难掌握刑法总则的内容。就案例汇编见本书第九章（案例分析）的参考文献，边码258。

〔3〕 使用同时讨论理论知识的转化应用的书非常有帮助。Walter Zimmermann, Erbrecht, Lehrbuch mit Fällen, Berlin, 4. Aufl. 2013 中有 600 个案例和继承法方向的 4 个时长为 5 小时的闭卷考试。Beck'sch 模拟考试系列就是把教科书和案例汇编结合起来的典范，也就是说，在简短的系统讲解之后有案例分析、司法判例和阅读推荐书籍，比如 Hans-Christoph Grigoleit/Carsten Herresthal, BGB Allgeimer Teil, München, 3.Aufl.2015.C.F.Müller 出版社提供和该社出版的教科书相匹配的闭卷考试课程。Werner Beulke, Klausurenkurs im Strafrecht, Bde. 1 bis 3 三本书也是把案例和解决问题导向的系统讲解结合起来的典范。Boorberg 出版社出版了"对了！带着案例学习"（"Ach so! Lernen mit Fällen"）系列书籍，比如，Winfred Schwabe/Holger Kleinhenz, Schuldrecht Allgmeiner Teil und vertragliche Schuldverhältnisse, Materielles Recht und Klausurenlehre, Stuttgart, 9. Aufl. 2015, dies., Schuldrecht Gesetzliche Schuldverhältnisse, Stuttgart, 7. Aufl. 2015。其他附有生动形象案例的教科书有 Christoph Hirsch 的 Allgemeines Schuldrecht，或者 Dirk Looschelders, Schuldrecht Allgmeiner Teil, München, 13. Aufl. 2015, ders., Schuldrecht Besonderer Teil, München, 10. Aufl. 2015；Dieter Gieseler, Examinatorium Sachenrecht, Baden-Baden, 2014。Musialak/Hau, Grundkurs BGB 也非常好。Musielal/Voit, Grundkurs ZPO, München, 12. Aufl. 2014 也有案例、提问和闭卷考试联系；Michael Jaensch, Grundzüge des Bürgerlichen Rechts, Heidelberg, 3. Aufl. 2012 中有 63 个案例和解答；Peter Kindlerm Grundkurs Handels-und Gesellschaftsrecht, München, 7. Aufl. 2014。

〔4〕 比如 Volker Möhrke, Die AGB-Kontrolle nach §§ 305ff. BGB in der Zivil-rechtsklausur, ZJS 2015, 31；Oliver Schmidt/ Max-Emanuel Geis, Grundfälle zur vereraltungsproz-essualen Feststellungsklage, JuS 2012, 599；Benjamin Rusteberg/ Ralf Poscherm Die Klausur im Polizeirecht, JuS 2011, 888, 984, 1082, JuS 2012, 26。

息之外，还要讲解怎样把每个知识点应用到案例分析中。"[1] 那些以请求权基础为标准对内容进行归类讲解的书籍也非常适合学生使用。[2] 为了锻炼自己的语言组织能力和书面表达能力，建议您在学习过程中整理出经常会反复出现的法学提问的"套用文本"。[3]

> **示例：**
>
> 在很多行政法闭卷考试中，学生首先要论证是否可以提起撤销之诉。就是否可以提起撤销之诉而言，一般最多有 1 到 2 个点存在疑问，其他条件的成立则明显不成问题。在很多闭卷考试中，您需要就是否可以提起诉讼写 1 到 2 页。如果您就这样的是否提起诉讼的典型问题构思出一种有效的表达方式并且在合适的情况下始终应用这种表达方式，您就可以在闭卷考试中节省大量时间。借助这种针对可否提起诉讼的"完美"表达，您在闭卷考试批改过程中得到加分，让您的闭卷考试一眼看上去就非常有说服力（当然对接下来的批改也会有积极的影响）。

很多学生在不同观点和与之相联系的论证方面也经常遇到难题。原因在于，教科书对论证的讲解非常深入详细，而闭卷考试的案例分析则不需如此。因此，您可以练习把相互联系的一系列的问题和代表性的论证总结成几个比较简短却具有说服力的句子。如果您只阅读教科书中单个问题的话，在闭卷考试中就很难总结出关键的论据并且按照合理的顺序在最多两页的篇幅内完成讨论。因此，在学习一个法学领域时，您要练习尝试用大约 1 到 2 页 A4 纸对观点上有争议的问题作出"适合闭卷

───────────────

〔1〕 Kristian Kühl, Strafrecht, Allgemeiner Teil, München, 7.Aufl.2012, S.1.

〔2〕 比 如 Hermann Reichold, Arbeitsrecht, Lehrbuch nach Anspruchsgrundlagen, München, 6. Aufl. 2014；Walter Frenz, Öffentliches Recht, Eine nach Anspruchszielen geordnete Darstellung zur Exmansvorbereitung, München, 6. Aufl. 2013；Dieter Medicus/Jens Petersen, Grundwissen zum Bürgerlichen Recht, Ein Basisbuch zu den Anspruchsgrundlagen, München, 10. Aufl. 2014。

〔3〕 类似的有 Diederichsen/Wagner/Thole, S.189，其认为记住其中的联系非常有效。

考试的"[1] 论证。

"套用文本"式表达并不是预先想好案例分析的所有片段，然后直接背诵下来加以使用，而是训练自己的表达能力。特定的表达可以加入您的词汇中并完善您的法学论证能力。试写"套用文本"的优势在于，您在闭卷考试中无障碍地回答已经掌握的问题，从而有更多的时间回答不熟悉的法律问题。如果在学习时始终使用法律文本，您在闭卷考试时就不会忘记引入法律作为论证。举个例子，对过失作出定义的并不是主流意见或者司法判例，而是立法者在《民法典》第276条第2款的规定。

> ☞法学案例分析形式的知识考查方式要求学生掌握知识转化的过程。这样的知识转化过程必须在学习一个法学领域时就重视起来。在掌握知识的过程中，一个非常关键的问题就是，在分析案例时怎样应用学到的知识以及用在何处。

第三节　补充式的知识储备

在掌握知识的过程中，知识储备分两步完成。首先是记录新的信息，从而不再容易忘记或者丢失，比如，以课堂笔记或者读书笔记的记录方式。第一步通常还不能达到系统掌握的效果，因为学生还不了解所记录信息之间的整体联系，以致后来再也找不到或者很难找到这些信息。因此，学生还必须有第二步，考虑建立一个体系，利用这个体系可以把为将来准备国家考试而暂时记下来的知识有效地系统式储存起来并可以随时查阅。在学习过程中，很多问题会反复出现，这些问题涉及单个的知识模块。如果您只是在特定的课程教学中记录、学习这些知识模块并且归类到相应学期的资料文件夹中，就无法对目前学到的知识形成总体的认识。如此，一个从一开始都没有完成系统知识储备的学生，到

---

[1] 参见 Gramm/Wolff, S.180: "为每个问题预留一张纸并且写下来……回答问题的时候不要超过闭卷考试中可能花费的时间。"

第六学期时就会发现，他把关于合同成立（要约和承诺）的知识储存在很多地方（民法典总则的课程、民法典案例分析、债法总则课程、合同之债课程、为高年级学生开设的练习课等）。为了对所学的知识形成系统的认识，学生必须在学习过程中选择系统的知识储存方式，不断进行查缺补漏并且可以随时阅读。补充式的知识储备的优势在于，您在任何时间都可以确定已经掌握了哪些知识（或者至少已经学习了什么）。采用补充式的知识储备方法，可以把学到的知识系统地归类；可以按照主题归类，也可以按照法律规则的种类归类。[1]如果按照主题进行划分，关于合同成立的知识应该储存在主题"民法典–总则"的下级主题"法律关系"的"合同"之下。按照法律规定则储存《民法典》第 145 条及以下条款之下。相对于笔记和摘录，索引卡片的优势是非常容易找到，用它复习也非常方便。在接近闭卷考试和国家考试之时，学生可以回看"还存在问题的"索引卡片。尤其在国家考试备考阶段，能够迅速辨认出那些还没有掌握好的知识并且加以复习和深入学习。怎样制作好的笔记和摘录，本书将在第七章中讲解。索引卡片体系的种类和怎样制作索引卡片则参见本书第八章。第八章也会给出哪些信息应当储存的建议；这些建议也可以适用于其他形式的知识储备。不管是哪种形式的知识储备，迅速对新知识进行归类都非常重要。法学学习是一个不断扩展的过程（基础知识、深入知识、国家考试知识），仅仅按照学期或者课程对知识进行储存是没有意义的。

第四节　复习、深化、考查

为了验证您是否已经理解了一个主题并且能够把学到的知识应用在闭卷考试中，您可以使用三步法（3-Stufen-Methode）（第一步：检查是否掌握该主题的一般法律规定、法律体系和整体背景；第二步：找出并解释与案例分析相关的法律规定的构成要件要素；第三步：运用法律知识进行解答）。

---

〔1〕 具体参见本书第八章（使用索引卡片学习知识）。

一、三步法

第一步：检查是否掌握该主题的一般法律规定、法律体系和整体背景。

解决法学问题的切入点就是法律规定。一个对您学习成果打分的重要标准就是对法律条文和法律体系的了解。[1]在学习成果检查中，您能从中寻找关键的法律规定。通过以下问题您可以核查自己是否已经掌握法律体系和整体背景。[2]

检查是否掌握法律体系和整体背景的问题

☑哪些条款对该主题作出规定？

☑这些条款的背景如何？

☑是否还需要参阅其他条款？

☑法律条文中提到的条款和该法律条文之间有怎样的关系？

☑在其他法律中是否有针对这个问题的特别规定？

☑这些特别规定在适用方面是否有优先性？

☑该法律的其他部分是否直接对这些条款有指向，或者这些条款在其他部分是否也意义重大？

☑哪些条款对案例分析来说是不可缺少的？

☑在民法领域：哪些条款能体现请求权基础？[3]该主题中是否包括权利阻却、权利消灭或者权利阻止的抗辩或抗辩权？哪些条款对单个的构成要件要素进行解释（辅助规定）？

☑在公法领域：这些特别规定属于一般行政法哪个主题？这个在法条中规定的行政决定是有法律约束力的决定还是裁量决定？是否有请求得到特定行政决定的权利？应当如何应对行政决定？

当把这样概括表述的问题应用在主题"债务人迟延"时，问题和解

---

〔1〕 参见本书第二章（学习成绩要求、修读学科和总结），边码74。

〔2〕 类似的基本法问题参见 Jörn Griebel，Überlegungen zum gesetzeszentrierten Lehren und Lernen-ein Denkanstoß，in；Griebel/Gröblinghoff，S. 127, 132f.。

〔3〕 参见本书第九章（案例分析）所提到的练习，边码253。

答可以表达如下：

> ✍调整债务人迟延的条款有哪些？

《民法典》第 286、288 条。

> ✍以上提到的条款有怎样的关联？它们的调整对象是什么？

它们在债务关系法（一般债法）的第一章"履行的内容"所属的节"履行的义务"之下，调整对象为履行障碍。

> ✍《民法典》的第 286、288 条是否还明确指向其他条款？

没有。

> ✍《民法典》的其他部分是否也直接指向第 286-288 条？或者它们在其他部分也具有重要意义？

在根据《民法典》第 280 条第 1 款和第 2 款规定论证履行迟延的情况下，在享有赔偿损失请求权时对债务人迟延进行考查（"仅在符合第 286 条的附加前提条件之下"）。在债务人迟延必履行出现履行不能时，根据《民法典》第 287 条第 2 句的规定，会出现责任扩张的情况（对偶发事件也要负责任）。

> ✍债务人迟延是否也构成替代给付的损害赔偿的前提？

不需要验证《民法典》第 286 条之下的债务人是否具有《民法典》第 280 条第 1 款、第 3 款下的请求权。因为《民法典》第 281 条已经列举出事实上的迟延要件（到期；日期设定）。

> ✍以上提到哪些条款对这个主题的典型案例分析是必不可少的？

209

所有的。

> ✍哪些条款涉及请求权基础（涉及履行迟延)？

《民法典》第 280 条第 1 款和第 2 款和第 286 条是因履行迟延而导致的损害赔偿的请求权基础。《民法典》第 280 条第 1 款和第 3 款和第 280 条构成替代给付的损害赔偿的请求权基础（因为履行迟延造成）。《民法典》第 288 条调整对象为迟延利息的请求。[1]

以下由 Lagodny 教授提议的问题对较好地理解一个规定非常有帮助[2]：

> ✍该规定在"正常情况"下对哪些事实情况进行调整？（文本和体系)？
> ✍该规定会导致怎样的法律后果？
> ✍如果没有该条规定会怎样？（技术上的解释)
> ✍该规定没有就什么内容进行说明？

第二步：找出并解释与案例分析相关的法律规定的构成要件要素。

学习成果考查第二步是借助法律文本内容复习与案例分析相关的法律规定的前提条件有哪些（主要是民法的请求权基础或者公法里的授权基础）。这就要对这些法律规定的构成要件、要素进行提问。当您找到了与案例分析相关的法律规定之后，您要开始完成这一步。为了确定法律规定的构成要件要素，您可以提出以下问题：

> ✍该规定中提到的前提条件（构成要件要素）有哪些？
> ✍单个的前提条件（构成要件要素）是否在其他规定中被具体化？
> ✍是否有不能从法律条文中得出的前提条件?[3]

---

[1] 主流观点认为，《民法典》第 288 条构成一个独立的请求权基础。
[2] Lagodny, S. 128ff.
[3] 实际上该问题属于第三步，因为你回答问题的时候必须了解其他的知识。如果您打算复习时使用这个问题，应当把所有构成要件要素之事实都列举出来。

以《民法典》第 286 条的债务人迟延为例，问题可以这样提出：

> ✍第 286 条提到的构成要件要素是什么？

《民法典》第 286 条第 1 款提到了不履行、到期、催告。

《民法典》第 286 条第 4 款规定不存在不可归责的、导致迟延的原因。

> ✍单个的构成要件要素是否通过其他的规定具体化？

是的，比如，《民法典》第 271 条（给付时间）对"到期"进行具体说明。

第三步：运用法律知识进行解答。

第一步和第二步中的大多数问题您都可以借助法律文本进行回答。只有第三步会用到您学到的法学知识。现在，您可以思考在掌握该法学领域时学到了哪些法律知识。往往被忽视的是，健全的理智思考能够对法律规定的具体化有帮助，真正的法学技能体现在前两步。换句话说，有时候掌握法律规定及其内在秩序的相互作用比单纯记住联邦最高法院司法判例的细节要难一些。

> **示例：**
>
> 您不用知道针对最终消费者的燃油销售为送达债务，因为如果您简单想象一下，这个结论就非常明显。卖方必须把油罐车开到买方的门前，而不是卖方要带着油箱去卖方那里。和这个问题相比，怎样系统论证送达债务的履行不能的情形比从哪个角度组织答案要难得多。在这里，健全的理智思考就帮不了多少忙，重要的是对法律体系的认识。

以下问题比较适合用来"检查"对法律知识的掌握情况：

> ✍怎样对法律前提（构成要件要素）进行定义和/或具体化？
> ✍是否有其他不能从法律条文中得出的前提条件？
> ✍哪些构成要件要素涉及重要的法律问题？
> ✍单个的构成要件要素是否有相应的司法判例？

当然这些学习成果检查问题并不完整。提出这些问题的目的仅仅是为您自己提出的学习成果检查问题提供线索，借此，您在学习一个法学领域后可以检查一下自己的学习成果。

如果把这些问题应用到债务人迟延，就会产生以下的具体问题和答案：

> ✍催告是什么意思？

211 催告是债权人向债务人发出的，请求不迟延地履行债务的通知。催告是需受领，应当归于准法律行为一类，类比使用关于意思表示有关规定的行为。

> ✍是否有其他不能从法律条文中得出的构成前提？

其他不能从法律规定中得知的、《民法典》第286条第1款规定债务人迟延的构成前提就是，债权人对债务人有可以实现的请求权。

> ✍就单个构成要件要素而言（明示的或者暗示的）可能涉及哪些重要的法律问题？

就（暗示的）构成要件要素，"可以实现的请求权"而言，学生必须了解，不履行合同的抗辩权（《民法典》第320条）会起到阻却债务人迟延出现的效果。也就是说，（和抗辩权只有在提起的情况下才会被重视的规则不同）不履行合同的抗辩权在债务人迟延的情况下无法提起，其前提条件仅为，基于双务合同而负有双方义务。

三步法不仅适合用于学习成果检查，也可以应用在掌握一个法学领域的过程中。对新生来说，虽然回答全部问题非常困难，但是随着学到的知识越来越多，这个过程也会变得简单很多。在接近学习末期时，您可以使用这种方法去学习那些没有学过的法学领域的主题。

二、用于学习成果检查和复习的材料

有些教科书和出版社的系列书籍，以问题集的方式提供不同的法学领域的知识。这些书籍能帮助您通过系统学习一个法学领域的方式考查您的知识掌握情况。[1]

表6-8　用于学习成果检查和复习的材料

Armbrüster, Christian	Examinatorium BGB AT, Berlin, 2. Aufl. 2015. (在系统复习过程中大约 700 个与考试相关的重要问题的提问和解答)
Armbrüster, Christian	Examinatorium Privatversischerungsrecht, Über 800 Prüfungsfragen und 5 Klausurfälle, Berlin, 2015.
Bieder, Roland/Epiney, Astrid/Haag, Marcel	Europarecht in Fragen und Antworten, Baden-Baden, 2. Aufl. 2014.
Gleußner, Irmgard	Zivilprozessrecht, Heidelberg, 3. Aufl. 2015. (书中通过网上知识检查的方式把复习和练习融合在一起)
Hirsch, Christoph	Der Allgemeine Teil des BGB, Systematisches Lehrbuch mit zahlreichen Fällen und Beispielen, Baden-Baden, 8.Aufl. 2014.
Ipsen, Jörn	Staatsrecht II, Grundrechte, München, 18.Aufl. 2015. (通过网上提出问题和解答来完成复习和深入学习过程)
Kaiser, Torsten/Bannach, Thomas	Prüfungswissen Jura für die mündliche Prüfung, 1. Und 2. Staatsexamen, München, 2.Aufl. 2015. (通过提问方式)

---

[1] 另外一个考查并巩固学习内容的办法就是，在掌握某一法学领域后阅读一本包括该领域必须掌握知识的书，以确认是否已经掌握其中提到的所有主题。民法领域的此类书籍为 Diederichsen/Wagner/Thole, S. 101ff.（基础知识和精选的闭卷考试题），Dieter Medicus/Jens Petersen, Grundwissen zum Bürgerlichen Recht, Köln u. a., 10. Aufl. 2014 以及 Barbara Grunewald, Bürgerliches Recht, Ein systematisches Repetitorium, München, 9. Aufl. 2014，其前言节选："这本书面向那些已经掌握民法知识，打算通过复习达到查缺补漏的效果，并将其联系起来实现系统性掌握概要的学生。"商法方向适合的书籍为 Anja Steinbeck, Handels Baden-Baden, 3. Aufl. 2014。公法方向的为 Steffen Detterbeck, Öffentliches Recht, Staatrecht, Verwaltungsrecht, Europarecht mit Übungsfällen, München, 10. Aufl. 2015。

Klunzinger, Eugen	Übungen im Privatrecht, Übersichten, Fragen und Fälle zum Bürgerlichen, Handels-, Gesellschafts- und Arbeitsrecht, München, 10. Aufl. 2012.
Kornblum, Udo/ Schünermann, Wolfgang B.	Privatrecht für den Bachelor, Multiple-Choice-Aufgaben mmit Lösungen, Heidelberg, 12. Aufl. 2013.
Küfner-Schmitt, Irmgard	Arbeitsrecht, Prüfungswissen, Multiple-Choice-Tests, Klausurfälle, Freiburg (Br.), 12. Aufl. 2014.
Lege, Joachim	Art.14 GG für Fortgeschrittene, 45 Fragen zum Eigentum, die Sie nicht überall finden. Unter besonderer Berücksichtigung des Baurechts, ZJS 2012, 44.
Leipold, Dieter	BGB I-Einführung und Allgemeiner Teil, Ein Lehrbuch mit Fällen und Kontrollfragen, Tübingen, 6. Aufl. 2010.
Musielak, Hans-Joachim/ Hau, Wolfgang	Grundkurs BGB, München, 14. Aufl. 2015. (在每章的末尾都有很多学习成果检查和理解程度检查的问题和案例)
Musielak, Hans-Joachim/ Hau, Wolfgang	Examenkurs BGB, Eine Darstellung zur Vermittlung von Examenwissen im bürgelichen Recht mit Fällen und Fragen zur Lern- und Cerständniskontrollen, München, 3. Aufl. 2014.
Preußer, Julia	BGB, Prüfungswissen, Prüfungswissen, Multiple-Choice-Tests, Übungsfälle mit Lösungen, Freiburg(Br.), 7. Aufl. 2014.
Preußer, Julia	Gesellschaftsrecht, Prüfungswissen, Multiple-Choice-Tests, Klausurfälle, Planegg b. München, 6. Aufl. 2012.
Rechold, Hermann	Arbeitsrecht, Lehrbuch nach Anspruchsgrundlagen, München, 6.Aufl. 2014. (有模拟闭卷考试和检查性提问)
Schmidt, Thorsten Ingo	Kommunalrecht, Tübingen, 2. Aufl. 2014. (在每个章节后面都有复习性提问)
Teichmann, Artur	Handelsrecht, Baden-Baden, 2. Aufl. 2013. (有学习成果检查性提问)
Vieweg, Klaus/ Regenfus, Thomas	Examinatorium Sachenrecht, München, 2. Aufl. 2011. (提问及回答作为积极的学习成果检查和有效的复习方式；这些问题下分为四个类型：基础问题、深入问题、与国家考试有关的问题、附加问题)
Metzler-Müller, Karin	BGB AT, Einführung in das Recht und Allgemeiner Teil des BGB, Lehrbuch, Strukturen, Übersichten, Köln u.a., 13. Aufl. 2014. (有很多鼓励读者共同思考的问题)

213

Weiler；Frank	Schuldrecht Allgemeiner Teil，Baden-Baden，2014.（在章节的末尾有复习和深化问题）
Zimmermann，Walter	ZPO-Fallrepetitorium，Grundlagen，Examenswissen，Referndariatspraxis，Heidelberg，10. Aufl. 2015.（超过 600 个案例、提问和民事诉讼法领域中的问题，划分为四个难度级别：基础、针对学生的较难的案例，针对实习律师的案例，更复杂、生僻的问题）
http://www.imemo.eu：由供应者 Intelligent Learning Solutions GmbH 提供的、以法学学习单元为对象的模块（imemo Lerninhalte），包括 100 到 300 个问题和解答	
http://www.mindpicnis.de：以索引卡片形式针对有些法学领域的免费提问和回答	

"Prüfe Dein Wissen" 的系列书籍只有提问和回答形式的问题和法律案例，比如：

表6-9 "Prüfe Dein Wissen" 的系列图书

Gottwald，Peter	Sachenrecht，München，16. Aufl. 2014.
Köhler，Helmut	BGB-Allgemeiner Teil，München，27. Aufl. 2015.
Köhler，Helmut／Lorenz，Stephan	Schuldrecht II，Einzelne Schuldverhältnisse，München，22. Aufl. 2014.
Kudlich，Hans	Strafrecht，Allgemeiner Teil，München，4.Aufl. 2013；Strafrecht，Besonderer Teil，Vermögensdelikte，München，3. Aufl. 2013；Strafrecht，Besonderer Teil，Delikte gegen die Person und die Allgemeinheit，München，3. Aufl. 2013.
Schmidt，Thorsten Ingo	Staatrecht，München，3. Aufl. 2013.

有关学习成果检查的问题也可以在教育杂志中找到。[1]关于规律性的复习原则是牢固掌握知识的前提条件的问题，将在本书第十一章进行详细讨论。

第五节　掌握法学领域之间的横向联系

在掌握单个法学领域时，认清与其他法学领域之间的横向联系非常

---

〔1〕 比如 Joachim Lege，Art. 14 GG für Fortgeschrittene，45 Fragen zum Eigentum，die Sie nicht überall finden. Unter besonderer Berücksichtigung des Baurechtes，ZJS 2012，44。

重要。为了在国家考试中考查您是否已经掌握了单个法学领域中法律规定之间和不同法学领域之间的联系，闭卷考试和国家考试中的案件事实往往会涉及不同法学领域的内容。涉及不同法学领域的内容的情况也和现实相符，因为生活中的事件往往会产生多个法学领域的法律后果。为了能够全面解决法律问题，法学家的关键技能之一就是要了解不同法学领域之间的横向联系。怎样发现横向联系并应用在案例分析中呢？一个基本前提就是，学生对涉及的法律领域有较好的概括认识，只有这样，才能分辨出共同和不同之处。想要发现横向联系的话，必须提出以下问题：

- 这条规定是否为特别规定？
- 针对一般规定是否还有补充规定或者特别规定？
- 某一特别规定对应的一般规定是哪个？
- 这些规定之间是怎样联系在一起的？
- 怎样把这些特别规定正确地运用到案例分析中？

示例：

商法典中有关商事买卖的特别规定。为了考查商事买卖中的瑕疵担保请求权，您必须了解民法典中契约法的一般规定（《民法典》第 434 条及以下）和商法典中的特别规定（《商法典》第 377 条和第 378 条）。此外，您必须知道这些条款之间的关系如何，比如，在怎样的前提条件下才可以应用商法的规定并且哪些一般规定因为这些特别规定被排除。商法典中的瑕疵担保特别规定是否起到排除一般规定的效果，要在个案中一步一步地验证。[1]

通过在学习法学知识的过程中思考知识之间的内在联系，学生可以获得对法律规定之间横向联系的认识。采用这种学习方法，自然会遇到横向联系的问题。但是，学生往往首先接触到新内容的细节知识，以致漏听或者漏读有关横向联系的信息。因为，发现横向联系的首要要求是对其暗示的"敏感性"。只有在学习过程中有意识地注意有关内部联系

───────────

〔1〕 有关民法、商法和民商事组织法之间的横向联系参见 Timm/Schöne, S. 9ff.。

和横向联系的暗示，才会具备这种敏感性。重要的信息主要在教科书新主题单元的导论和引言中。[1] 因为在这些地方往往会阐述该主题单元在整体背景下的归类。学习重要的法律规定时，查阅在一本法条评注书中的相关说明也非常有帮助。在法条评注书中大多可以找到关于特别规定的信息和与该特别规定之间的关系。教学杂志中的文章也经常会对这样的横向联系进行讨论。[2] 了解横向联系意味着，既要了解一般规定，**215** 又要了解特别规定及两者之间的联系。

怎样在案例分析中使用有关横向联系的知识呢？在案例分析过程中，必须在多大范围内对一般规定和特别规定进行讨论呢？找出这个问题最重要的解决办法就是，对案例分析模板进行具体分析，注意特别规定和一般规定是怎样联系在一起的。在高年级时，您应当有目的地针对国家闭卷考试中的解答进行分析，思考在案例分析过程中每个横向联系是怎样进行表述的。[3]

---

〔1〕 有关民法和民事诉讼法的联系参见 Loos, S. 83ff.，有关行政法和行政诉讼法的联系参见 Loos, S. 111ff.，有关刑法和刑事诉讼法的联系 Loos, S.135ff.。

〔2〕 比如 Alexander Weiss, Die Ergänzung beosnderer Rechtsverhältnisse durch die allgmeinen Vorschriften der §§ 280ff. BGB, JuS 2012, 965；Robert Uerpmann-Witzack, Die Bedeutung der EMRK für den deutschen und den unionalen Grundrechtsschutz, JURA 2014, 916；Karl Kröpl, Rechtsgebieteübergreifende Aspekre in der strafrechtlichen Prüfung, JuS 2014, 786；Sebastian Blasche, Praxisfragen aus dem Gesellschaftsrecht zu §181 BGB, JURA 2011, 359。该文章讲的是民法典总则中的代理和民商事组织法之间的横向联系。同样地，Steffen Lampert, Die Bedeutung des Umweltrechts in den Staatsprüfungen, JuS 2013, 507："首先，环境法像其他特别行政法一样包含一些特殊规定，这些规定在第一次和第二次国家考试中超出划定的范围考查考生的系统理解。其次，环境法的某些领域与行政法其他领域相比，与国际法、欧洲法和国内法的联系更加紧密……"。

〔3〕 国家考试考生在横向联系方面特别会遇到困难。像是"我不知道怎么把这部分放在案例分析中"的问题很常见。遇到这种情况时，在选择教科书的时候要特别注意其在多大程度上考虑到横向联系，或者在书内处理涉及多法律领域的问题，比如 Steffen Detterbeck, Allgemeines Verwaltungsrecht mit Verwaltungsprozessrecht, München, 13. Aufl. 2015。Thorsten Ingo Schmidt, Kommunalrecht, Tübingen, 2.Aufl. 2014, 明确指出在作品中有和其他法学领域，尤其是国家法的横向联系。这种方式可以激活已经掌握基础知识并且加深对法律体系内部联系的认识。

第六节　总结和重要的认识

☞在系统学习一个法学领域时最重要的问题是：（1）我从哪里学习法学知识？（2）我应该怎样掌握这些知识并且在将来的学习过程中把它们应用在案例分析中？（3）我怎样有效储存这些知识？（4）我应该怎样验证是否理解了一个主题并且能够学以致用。

☞法学学习过程中重要的知识来源是法律条文、课程、司法判例和文献。对大学课程和文献来说，具体使用什么材料去学习，您必须自己决定。

☞为了找到适合自己的文献，建议您定期预留几个小时寻找新的学习材料。

☞熟练使用新媒体和网络搜索信息的能力，在日常学习中是不可或缺的。

☞系统掌握知识要通过几步才能完成：通过关于内容和体系的一览表，确定与考试相关的主题并掌握这些主题。

☞为了制定出一个法学领域的内容和体系的一览表，您应当利用法律条文、至少两本教科书，如果方便的话，还要使用大学讲课的提纲。

☞通过阅读法律文本，您可以了解该法律具体的调整对象是什么，不需要记住哪些内容。此外，您还应当通过阅读法律文本辨认其体系。

☞仅仅在对法律文本的内容大纲和教科书的内容目录进行比较的基础上，制定一个一览表，您就可以获得一个对法学领域的重要认识，比如，有的主题领域在教科书中会用一个章节进行阐述，但是在法律文本中却没有在单独标题之下出现，或者法律文本中根本没有对特定的法律制度进行调整。

☞对那些您只需要概括了解或者有限掌握的法学领域来说，在教育法中一般会有对特定主题的列表。因此，确定这些法学领域中与考试相关的主题相对来说容易得多。

216

☞对那些无限制地在国家考试中作为考试对象的法学领域来说，所有的主题都与考试相关。但是，每个主题的重要性不同。就确定哪些主题特别重要并因此与考试特别相关而言，有几种处理方式，即阅读杂志的文章、使用课程大纲或者使用特别设计的系列书籍。

☞掌握一个法学领域应该从阅读阐述该法学领域调整范围、法律渊源、功能、目标和重要性的主题开始。

☞在闭卷考试中出现的案例分析，要求学生掌握将所学知识进行转化。学生在学习知识的过程中就必须考虑转化过程。因此，在学习过程中，一个关键问题就是将所学的知识在案例分析中怎样应用、用在哪里。

☞为了验证您是否理解一个法学领域并能够将知识进行转化，您可以使用三步法。

第七章 课堂笔记和摘录

　　通过记笔记的方式可以记录大学课堂中的新信息；通过摘录的方式可以记录专业文献或者教学杂志中的新信息。[1] 大学课堂笔记之间的差别很大，有的几乎可以直接打印、在国家考试备考时也被考虑在内，有的下课之后就无法理解课程。制作良好的笔记或者摘录与其说是一种天赋，不如说是一种技巧。下文中讲述的就是制作笔记和（读书）摘录的技巧。[2]

第一节 为什么要记笔记

　　有些人反对在大学课堂中记笔记，因为这样会严重干扰听课的过程。课堂笔记或者读书摘录会显著减轻记忆力的负担，因为新信息通过记忆的方式只能暂时得以保存。通常情况下，学生在做笔记时要提出这个问题：讲到或者展示出来的哪些内容才是重要的、我必须记录下来哪些？要回答这个问题要求学生必须对学习内容进行研究并且认真听课。[3] 通过认真听课，学生可以同时训练在职业生涯中必备的技能：专注并且准确地倾听（比如，在和委托人的谈话中）[4]。记笔记的过程

---

〔1〕 有关系统的知识储存将在本书第八章中（使用索引卡片学习知识）讨论。
〔2〕 有关学习笔记另参见 Bergmanns, S.105ff.; Koeder, S.116 ff.; Sesink, S.28ff.; Burscardt, S.37ff.; Schräder-Naef, S.154ff.。
〔3〕 积极地倾听是完成好的笔记的重要前提条件，参见本书第十一章（学会学习），边码334。
〔4〕 Körber, JuS 2008, 289, 290 (Fn.6).

提高了大多数学生的专注能力。

第二节 记多少、 记哪些

就应当记多少的问题，并没有统一的答案。对有些学生来说，在课堂上标记少量的关键词就可以了，其他的则需要制作详细的笔记。重要的是，尝试掌握重点内容。那些努力想要尽量记录所有内容的学生，就很难有精力积极地思考并且加工听到的信息。如果学生注意几个记笔记的基本原则，就可以很快优化自己的笔记并且找到自己的风格。

218

结构。只有了解一段话的内在关系如何，才能对其进行归类和识记。因此，课程的大纲始终是应当记录下来的。不过也有可能，没有能力记录课程内容的结构，因为您根本就看不出其中的结构。但是，仅仅是尝试记录结构的努力就会产生重要的效果：可以因此认识到，您无法辨认出课程材料的结构或者您跟丢了关键线索。[1]

中心思想。如果您能够记录下来课程的中心思想及其解释，就已经达到目的。您要对重要内容有概括了解而非以细节知识为准。您可以稍后阅读细节内容。

名字、数量、日期。虽然这些也属于细节信息，但是应当记录下来，因为记录这些信息花费的时间比起之后在书籍中查阅要少得多。

重要的概念、专业表述。为了让自己越来越熟悉专业表达和重要的概念，您应当把这些信息记录下来。就那些还不熟悉的概念和专业表达而言，您应当在复习过程中搞清楚。法律词典在这里是一个既重要又便捷的工具。[2] 在针对新生开设的课程中，经常要记录很多需要解释的概念。对那些没有因此泄气，而是花时间和精力在课后搞清楚这些概念的学生来说，在参加以后的课程时听课的理解效果会好得多。

---

〔1〕 如果您跟不上课了，可以问同学。同学也不能帮忙的话，这可能意味着讲师的课程结构不够清晰。您可以在课后直接询问他们。绝大多数讲师都会感谢这类的提示。
〔2〕 参见边码164脚注2中有关法律字典的文献综述。

没有理解的观点和内在联系。如果您没有理解某些观点或者内在联系的表述，解决这个问题非常重要的一步是您能否理解其中的问题或者对此提出一个问题。如果您在上课过程中存在没有理解的内容，您应当记下问题，之后和同学一起查阅教科书进行讨论或者直接向授课老师提问。笔记中的空白或者文本中的问号都是您曾经认真听课的标志。如果您的笔记中有需要解答的问题，请不要感到不安，因为：

> 在事情变得容易之前，一切都很困难。
>
> （alles ist schwer, bevor es leicht wird）

第三节　外部表现形式

笔记的外部表现形式是由个人决定的。我将在下文中介绍一种可靠的记笔记的形式。[1] 课堂笔记和读书摘录用 A4 纸比较合适。纸张上应当设置页眉，在其右上边应当有一个四等分的、可以对每张纸进行归类的描述。在课程教学中，页眉中有讲师的名字[2]、课程的名称、日期和笔记的页码。

> 示例：
>
> Sethe/Gesellschaftsrecht/9.11.2015/15
>
> Lange/Kompentenztraining für Juristen/5.3.2016/S.12

读书摘录的页眉中要写书籍简称、章节和书籍中被摘引的页数以及摘录的页数。

> 示例：
>
> ……
>
> Lange/Jurastudium/3. Kapitel（S.79-89）/S.1

---

〔1〕　有关思维导图形式的笔记参见本书第十一章（学会学习）。
〔2〕　之后通读这些课程资料的时候会有趣地发现，比如，某个老师经常会提出和教科书中不同的观点。

剩下的页面则被划分为三列：左侧要留下足够的装订空间[1]；中间的、最宽的一列（B）实际上是做笔记或者书籍摘录的部分，用来进行连续的写作。如果您目前没有对页面进行细分，这一列的内容就是笔记的内容，包含了您需要在课堂上记录的信息。

左边的一列（A）用来记录大纲，如果您还无法辨认出来，可以课后通过添加标题和与之相应的标号（大纲要点）标记出来。左边一列的功能是在课后整理完善后，作为笔记的目录使用。在连续记笔记的过程中，有时候学生在最后才意识到自己记录的内容属于另一个新的标题（因为那时候才能掌握内容之间的内在联系）。然后，打算把新标题添加上去时，却发现因为空间已占满而不能实现。通过把页面三等分的方式，您就能根据自己的认知过程把标题记上去。此外，您也可以在 A 列中添加提示词或者重要的法律概念。在 A 列中添加提示词的好处就是，除了标题之外，还可以一眼得知笔记中的重要信息。从 A 列中，您可以在整个学期的课程中快速阅读得到特定信息。[2]

右边的 C 列像 A 列一样，在下课之后才填写。它包括自己的想法和认识，或者交叉引用的提示。在 B 列中不确定的标记或者问题也可以在复习过程中通过其他的知识来源找出答案并把结果标记在 C 列中。如果C 列的空间不够，您可以使用背面空白的部分。一开始，学生都倾向于认为 A 列和 C 列是浪费空间。如果学生把添加的信息写在相应的位置，之后在复习该课程时，就能发现这两列的好处。这样制作出来的笔记会让复习该课程变得容易很多，因为学生可以不断对笔记进行补充，就算最后补充的内容很多，课程内容看起来也一目了然。此外，使用这样的笔记进行复习还有学习心理学上的优势。学生非常清楚在复习中做些什么，并且能够逐步地解答难题。就算用来复习的时间很少，至少也可以查阅几个法学概念。在课后短时间内对照笔记学习就已经产生初步复习

---

〔1〕　参见 Schräder-Naef, S.157。

〔2〕　有位读者告诉我，他把 A 列和 C 列调换了。因为将关键词放在右列更方便快速寻找。

的效果，能够形成很好的记忆效果。

表 7-1　页面划分方案一

装订边距	SETHE/公司法/2015 年 11 月 15 日/第 1 页		
	标题 编号 关键词	课堂笔记或 者读书摘录	自己的想法、认 识和交叉引用

A 列　　　　　　　　B 列　　　　　　　　C 列

表 7-2　页面划分方案二

装订边距	SETHE/公司法/2015 年 11 月 15 日/第 1 页	
	A 标题 编号 关键词	B 课堂笔记或者读书摘录
	C 个人想法，认识和交叉引用	

这种形式特别适合字体比较大、三列并排过于受限的情况。但是，其缺点是学生不能把自己的注释直接写在相关文本所在位置的旁边，而要自己设计一套体系，能够在笔记中体现与文本相关的思考（比如，有编号的脚注）。

您选择某种特别的划分方式后，最好在上课之前或者在阅读书籍前准备大量已经按照这种方法进行划分的纸张。直接用打印纸就非常方便。您应当在这些纸张上进行单面写作，这样不仅使快速浏览笔记更加简单，而且当您打算重新写一面时也可以节省很多时间。为了让视觉效果更好些，建议您让段落间距更大些，一章节结束后开始新的一章时用新的纸张开始写作。在制作笔记和读书摘录时节省纸张是没有意义的，因为您付出的代价是制作出再也不想拿在手里多看一眼的笔记。活页的好处体现在，学生可以对讲义和其他的个人页面进行分类。就像上文中提到的，这些活页，包括在课程教学上分发的复印件，都必须进行标记以便进行明确的分类。

第四节　制作读书摘录的要点

读书摘录和课堂笔记最大的区别是，学生在阅读时可以自己决定什么时候停下来思考已经阅读的内容、记笔记。[1] 这个过程中的风险是，阅读思路不断因为制作笔记或者要阅读太长的章节而被打断。因此，学生必须在阅读完较长的段落后（最多 10 分钟之后）停顿一下，在 B 列中把中心思想、重要的认识和一览表以及不确定的概念和不确定的观点记录下来。[2] 就像在制作课堂笔记时一样，在复习阶段借助其他书籍解答悬而未决的问题，搞清楚不了解的概念并把成果写到 C 列中。[3] 这种形式的读书摘录通过设置 C 列非常明确地表示了（不像是通常被误解的那样）书籍读物也要复习。和课堂笔记不同，利用书籍读物而完成 A 列要容易得多，因为学生可以随时借鉴或者查阅书籍的标题和目录。

第五节　认识

> ☞准备并制作的课堂笔记有两个功能：首先，它能够把课程内容固定下来并减少在课程和复习之间的记忆压力。其次，它能够在复习过程中进行相应的补充，清晰地呈现课程内容并且让学生在整个学期的课程中都能够找到特定的信息。
>
> ☞笔记催生了一种特别的复习方式，这种方式从心理学的角度看也非常管用：学生清楚地了解，在复习时应当做什么，并且可以一步一步地回答比较难的问题。

222

---

〔1〕 关于摘录参见 Koeder, S.122ff.。

〔2〕 这是阅读专业文献的第四个步骤（读书笔记形式的简要重述）。具体参见本书第五章（阅读能力）边码 165。

〔3〕 这是阅读专业文献的第五个步骤（回顾和最终检查）。具体参见本书第五章（阅读能力）边码 166。

> ☞笔记和读书摘录中应当包括结构、中心思想、名字、数字和数据、重要的概念和专业表述。没有理解的陈述和内部联系应当记下并标出，以备在复习过程中弄明白。

采用这种方法创作出来的课堂笔记能够为本书第六章中所讲的系统和补充性的知识储备打下基础。下一章内容为以索引卡片的形式进行系统的知识储备。

第八章 使用索引卡片学习知识

"谈到如何更有效地把学习内容结构化并因此牢固掌握的方法时，没 有什么比自己写的索引卡片更好用的了。那些买来的讲稿、教科书等，只有之后在为了制作自己的讲稿并为了采纳其中的内容时才使用。"[1]

掌握一个法学领域时的重要认识是，在学习过程中，掌握一个系统的、可以循序渐进随时补充并且能够随时查阅的知识储备模式是必要的。下文通过讲解如何制作索引卡片来介绍一种系统的知识卡片的结构。

第一节 为什么要使用索引卡片完成知识储备

一、系统和补充性的知识储备

在法学学习中，只有把刚学到的知识和已经学到的知识联系起来，才能起到以同心圆的方式不断扩展知识结构的效果。此外，法律本身也会因为不断修订发生变动或者因为新的司法判例和文献的出现不断向前发展。从事法律工作的人都必须不断地学习。利用索引卡片进行知识储备的主要优势体现在：您可以利用索引卡片在正确的位置对知识进行补充。在学习期间找到一种可不断补充知识储备的方式也意味着您要时刻准备着一生和法学问题打交道。当一个对您来说不陌生的主题出现了新的信息时，您可以借助现有索引卡片迅速地获得主题概括信息，搞清楚

---

[1] 一位成功的法学毕业生在 Sanders/Dauner-Lieb, S.383 的调查中如此回答。

哪些信息已经掌握，是否还要扩充您的知识库等问题。因为您可以很快找出并阅读关于该主题的索引卡片上的内容。如果发现卡片目前涉及的内容里完全没有或者没有全面涵盖新的知识，就可以直接在相关的索引卡片或者新的索引卡片上进行补充。如果发现你目前的知识已经不适用了，重新制作单个的索引卡片也不会花费很多时间。

本书第三章关于学校的教学安排中提到很多法律问题会在不同的课程教学中被不断重复，有些则始终不会被提及。如果您仅仅是把处理过的法律问题用文件夹的方式、以学期为单位进行整理，你很难发现哪些问题您已经听说过了而哪些没有。以一个行政法案例为例说明这个问题。在很多案例中，您都要论证提起行政法诉讼的可诉性和可证性。在合法性层面，特定的法律问题都是反复出现，并且每次都会出现新的一面。如果您把这些知识分别在单个课程教学中记录下来，并且储存在第三、四、五学期的文件夹中，到第六学期，您还是发现不了关于合法性的哪些问题您已经听过、哪些没有就可以利用索引卡片，在几分钟之内搞清楚。[1]此外，索引卡片非常方便携带，方便转移，因此适合在空闲时间，比如，在等火车或者其他等候时间使用。[2]和其他补充性知识储存方式，如读书摘录相比，便利性也是索引卡片的优点之一。

二、积极的学习效果

在制作索引卡片时，您必须学会区分重要和不重要的内容，并且思考要把哪些知识储存在索引卡片上。通过把学到的知识转化为自己个人化表达的方式，您可以掌握一种特别的学习方法（"自力更生"[3]）。

---

〔1〕 这种做法的好处参见 Burian/Schultze/Waldorf, S. 823；Münchhausen/Püschel, S.62。

〔2〕 在等候医生治疗或者在公共部门办事的等候期间学习索引卡片对您来说可能比较少见。但是，如果您在晚上或者周末有空的话，利用这些空档时间复习对您可能是个不错的选择。就学习来说，时间上分秒必争，充分利用周一到周五的几个等候时间可能相当于半个学习日。Gramm/Wolf, S. 181："为了复习，您要利用回家路上的时间和买东西的时间。"

〔3〕 有关学习渠道请参见本书第十一章（学会学习）边码333及以下内容。

坚持写作会让学生把精力集中在重要的内容上并且尝试准确理解这些内容。此外，学生最了解自己的语言风格，对写作内容的记忆效果也最好。现成索引卡片上的文本内容通常非常紧凑，您可以在制作自己的索引卡片时决定每张索引卡片的信息单元有多大、表达有多清晰。制作索引卡片时把问题写在正面、答案写在反面，您在复习过程中可以检查自己的学习成果。那些已经掌握的索引卡片，可以挑出来。在考试不久前，您可以重新复习下那些最重要的或者还存在疑问的索引卡片。利用这种方法，您可以实现持续、快速地复习。因此，自己制作的索引卡片可以把几种实现有效学习的重要因素统一起来：概况和条理性、体系、快速补充、自力更生、约束力、自己找出重要内容和有目的地复习那些还没有掌握的索引卡片。

三、时间花费

学生会担心制作索引卡片太浪费时间，在开始阶段需要寻找适合自己的体系确实存在这样的问题。在"进入正轨"之前，的确会浪费一些时间，而且前50到100张索引卡片通常还需要重写。这些情形和前面提到的积极学习效果产生强烈落差。但是，制作自己的卡片并且构建个性化的知识卡片体系都需要学生学会批判性地分析问题，学会如何结构化地呈现知识。因为花费时间太多而直接购买别人制作的索引卡片的做法不值得提倡。[1] 购买现成的索引卡片仅仅在时间比较紧张的情况下可以作为备选项。因为它们让学生失去了独立分析问题和用自己的语言进行表达的机会。[2] 因此，制作自己的索引卡片花费的时间非常值得。要选择手写索引卡片还是电脑制作，主要是学习偏好的问题。在第四部分，我将对制作和复习的软件提出一些想法。在用电脑制作索引卡片时

225

〔1〕 这种观点是正确的，"保持勤奋的态度，自己制作索引卡片，不要直接购买！"见 www.jurawiki.de/KarteiKarte。他人制作的索引卡片（体系）有辅导机构 Alpmann Schmidt 的 Alpmann-Cards，Niederle Media 或者 Hemmer/Wüst 的索引卡片。

〔2〕 Mahdad Mir Djawadi, Jura effizienter lernen(2), Jura Journal 1/2012, S.27, 28 也这样认为。

要特别注意不要在单张卡片上写太多内容。

第二节 关键词卡片和法条卡片

要把法学知识储存到索引卡片上有很多方法，比如，可以以法律概念或者法律规定为标准制作卡片。例如，在民法中按照请求权基础、在刑法中按照犯罪构成要件要素进行划分。所有的体系基本上都要参考到我在下文中要介绍的"关键词卡片"和"法条卡片"。在这些体系中，所有的混合模式都是可能的。您的目标就是要找出一种补充性的、具有上文所提到的全部优点的知识储存模式。在此过程中，重要的是您选择的体系能满足您的个性化需求而不是尽善尽美。

我在本章中讲解"关键词卡片"和"法条卡片"系统中单个卡片的结构和文字写作。因为外部构造和体系并没有关联，在此之前我会给出有关索引卡片外部构造的几个建议。

一、外部构造

为了在学习和复习过程中能够快速发现您是否已经掌握卡片上的信息，每张索引卡片只能包含少量的信息单元。一旦您在复习过程中不得不在索引卡片上标注已经掌握了第一个信息单元，但是第二个没有掌握，第三个掌握，第四个没有掌握，您就无法获得成就感，因为综合计算只有少量的卡片被标记为已掌握。因此，每张索引卡片上应当最多准备 3 个信息单元，而且纸张本身不能过大。从索引卡片的大小来看，A6或者 A7 纸被证明比较合适。在开始阶段适用 A5 纸就太大了，因为学生无法集中注意力关注重点内容。其后果就是，无法区分把握重点和非重点的内容，而且卡片本身也失去其清晰明了和方便的优势。

226

> ☞不要使用太大的索引卡片。
>
> ☞每张卡片上最多写 3 个信息单元，信息单元本身较大时，仅写 2个或者 1 个。

建议您在索引卡片的正面设置页眉，最好用一条横线和下面的内容区分开。页眉中有关键词或者法条以及附加信息（所谓的关键信息），这些信息让您快速锁定某张索引卡片。页眉的具体制作将在相应的索引卡片体系中详细解释。

图 8-1　页眉示意

二、关键词卡片

两种主要的索引卡片体系化方式之一就是根据关键词（法律概念）进行划分卡片体系，比如"撤销""法律行为""合同""意思表示"。

（一）关键词卡片的结构

关键词卡片按照法学领域或者较大的学习单元[1]划分，在学习单元之内按照关键词进行划分。比如，关于民法总则、债法总则、债法分则、基本权利、国家组织法、刑法的侵犯财产系列罪名的索引卡片。该索引卡片归属的法学领域在卡片的右上角标注。

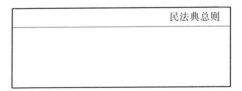

图 8-2　关键词卡片的结构

在页眉的左边写上相应的关键词。在所属法学领域的名称之后，索引卡片按照字母顺序和关键词进行划分，比如，在基本权利领域的关键词有"职业自由""言论自由""集会自由"等。如果就单个关键词有

---

〔1〕　有关"较大的学习单元"参见本书第二章（学习成绩要求、修读学科和总结），边码 61。

若干索引卡片，要对有关键词的卡片编写序号。

	基本权利
职业自由（1）	

	基本权利
职业自由（2）	

图 8-3　对有关键词的卡片编序

> **提示：**
>
> 　为快速区分法学领域和关键词，您可以用不同颜色的笔进行标记（比如，法学领域用绿色，关键词用红色）。

　　在一个法律领域内，所有的关键词都是同等级的，且您不需要考虑事实上是否如此。同级化处理的原因在于，如果您每次在进一步细分时都须考虑要在哪个上位概念之下才能找到一个关键词，就不能快速找到对某个关键词的详细解释。以债法领域的关键词为例：就"履行不能""债务人迟延""缔约上的过失""违约"制作了关键词索引卡片，如果您把"履行不能""债务人迟延""缔约上过失"归在"违约"之下，当您打算对"债务人迟延"部分作出补充时，就必须每次都查看关键词"违约"之下的内容并且找出关于"债务人迟延"的卡片。而这些关键词处于同级时，您就可以立刻按照字母顺序进行寻找"债务人迟延"的卡片。因为您有一张关键词为"违约"的索引卡片，您可以通过这张卡片总体确定有几种违约的形式，知道违约是一个上位概念，履行不能和债务人迟延等履行障碍是义务违反的一种形式。因此，通过同等对待所有的关键词而制作的索引卡片降低了对"等级"认识不清的可能性。[1]

---

　　[1]　在索引卡片内容有"隐藏等级"，可以将其标记成不同颜色。

（二）制作单个索引卡片

索引卡片的正面是问题，反面是解答。考虑到学习心理学的因素，正面的问题应当采取提问的方式，因为提问比单独的关键词更容易激发大脑中的"搜索过程"。提问的另一个优点就是您可以更好地应对被提问的情形，比如，来自学习小组的参与者的提问（或者来自非法律研究者的提问）。为了让索引卡片条理更清晰，每张索引卡片您最多只能提 3个问题。如果索引卡片写得太密集，就难免在阅读一个答案的同时阅读到背面的下一个答案。为了把答案进行归类，索引卡片上的每个问题都要进行编号。

事实证明，要从特定的问题开始提问：第一个问题为对定义或者关键词（法律概念）的解释；第二个问题为具体的法律规定；第三个为法律体系的背景。

	民法典总则
撤销（1）	
1. "撤销"的概念？	
2. 对"撤销"进行调整的法律规定有哪些？	
3. "撤销"在法律体系内部中的地位如何？	

图 8-4　正面是问题

您要在反面的相应的号码之后写上问题的答案。为了之后能够添加少量的补充，您从一开始就要在答案之间预留足够的空间（至少 3 行）。为了能够分开阅读每个答案，在答案之间无论如何都要留出一行的空间。

1. 撤销是指通过撤销的表示使已经作出的意思表示和相应法律行为有溯及力地归于无效。
2.《民法典》第 142 条。
3. 在"法律行为"一章，"意思表示"一节之下（《民法典》第 116条及以下），因为有效的撤销行为让意思表示归于无效。

图 8-5　反面是解答

单个关键词最多提出 3 到 4 个问题之后，就应该使用一张新的索引卡片；针对同一关键词的索引卡片在页眉上的编号是连续的，比如，"撤销（1）"和"撤销（2）"。越往后问题会越来越难，因为它们都和同一关键词相关。提出后面的问题目的是考查您是否能够运用与该法律概念有关的知识，也就是能够把相关的知识应用在案例分析中。提问的方式非常重要，因为您是从问题出发去考虑怎样转化并应用所掌握的知识。只有回答了这个问题之后，您才能把与案例有关的知识也储存到索引卡片上。在关键词"撤销"之下，下一个问题可以这样提：

229   正面：

	民法典总则
撤销（2）	
1. 在案例分析中，要从哪个角度对撤销进行考查？	

反面：

1. 撤销是一种权利无效之抗辩。要在论证请求权前提条件之后进行考查。[1]
分析结构：
1. 是否有请求权？
2. 请求权是否因为撤销而自始灭失？

图 8-6 同一关键词的索引卡片在页眉的编号应连续

通过这种方式再次确定撤销是一种有法律灭失效果的抗辩权，也就是一种针对民法请求权的反对权，接下来您要对这种反对权（在新的索引卡片上）的前提条件进行提问。

---

〔1〕 有效的撤销带来的是一项请求权被视为从未存在（自始无效），有些撤销并不是被归类于权利无效的抗辩，而是阻止权利发生之抗辩。该观点认为，为保持前后一致，应当在案例分析的"请求权是否存在"层面进行考查。有关请求权基础框架见本书第九章（案例分析），边码 276 及以下内容。

正面：

《民法典》总则
撤销（3）
作出有效撤销意思表示的前提条件有哪些?

反面：

撤销的前提条件〔1〕如下：
（需要考查撤销的许可的案例很少）
（a）针对撤销相对人作出的撤销的意思，《民法典》第143条第1款（✍）
（b）撤销理由，《民法典》第119、120、123条（✍）
（c）撤销期间，《民法典》第121、124条（✍）
在极少的情况下还需要：
（d）不存在《民法典》第144条中可撤销法律行为的认可的情况。

图8-7　对反对权的前提条件进行提问

括号里的箭头"（✍）"表示，就"撤销的理由"和"撤销的期间"在该法学领域之内还有相应的索引卡片。也就是说，撤销理由和撤销期间同样是民法典总则中的关键词。如果一张卡片的内容指向其他法学领域的索引卡片，将会在括号之内的箭头之后进行标记，比如（✍债法总则）。

如果关键词不是一个独立的请求权基础或者相反规定，而是前提条件或者规则的构成要件要素（比如，撤销期间），针对撤销期间的索引卡片可以这样提问："在什么情况下要在案例分析中对撤销期间进行考查?"，答案可以为，"遵守撤销期间是撤销的构成要件要素时（✍）"。

230

在案例分析中，回答涉及关键词的"引入"问题之后，接下里就是针对关键词本身的特别问题。这些问题来自于对内容的深入了解和案例分析本身。如果您要制作关键词为"撤销原因"的索引卡片，卡片上可能的问题就是"撤销原因有哪些""这些原因都体现在哪些规定中"

---

〔1〕撤销前提条件的考查顺序并不是强制的，而是从考试经济学的角度出发决定的，比如，存在显然已经超过撤销期间的情形时，就从期间开始考查。

等。就关键词"撤销期间"的一个问题可以为,"不拖延的"是什么意思:

正面:

	《民法典》总则
撤销期间	
"无过错的迟延"是什么意思(不拖延的是什么意思)?	

反面:

"不拖延的"表示不是立刻,而是许诺给撤销权人一个合理的考虑期间。在期间计算时也要考虑撤销相对人的利益。 注意:《民法典》第121条有适用于整个民法领域的"不拖延的"法律定义。

图 8-8　针对关键词本身的特别问题

在卡片反面的答案中,您可以通过在答案之前添加"注意"或者"附注"的方式强调重要的结论。

到目前为止仅讲解了关键词卡片的结构和单个索引卡片的制作,而没有介绍关键词卡片的优点和问题。在介绍法条卡片之后,我将对这部分进行阐述,因为每种卡片体系的优点和缺点只有在进行直接对比时才更容易理解。

三、法条卡片

第二种索引卡片的系统化方式以法律规定为准,即段落或者条款。

(一)法条卡片的结构

法条卡片是按照法律文本、在同一部门法律之内按照段落或者条款进行划分的。因此,有针对民法典、商法典、一般交易条款法、基本法、行政程序法等的索引卡片。索引卡片所归属的法律范围被标注在卡片的右上角。对内容范围比较广、涵盖若干法学领域的法律来说,建议您把该"法学领域"所属的特定部分写上去并且将属于这部分的条款写在括号中,比如:

231

《民法典》(第 1-240 条) 总则部分

图 8-9　法条卡片的结构一

页眉的左侧要写具体的法律规定。当法条由若干条款组成时，您要注明在此索引卡片中是处理多个还是仅仅处理一个条款。如果针对若干条款提问时，您要在页眉中引用整个法条，如果索引卡片上的所有问题仅仅涉及一个条款的话，可以直接把该条款写在页眉上。针对来自“不当得利”领域（《民法典》第 812-822 条）的给付不当得利（旧版《民法典》第 812 条第 1 款第 1 句第 1 行）就要在页眉中标出具体的信息：

	《民法典》(第 812-822 条)
旧版《民法典》第 812 条第 1 款第 1 句第 1 行	

图 8-10　法条卡片的结构二

针对一个法条或者法条中的一个条款（句子）需要制作多个索引卡片，就要在索引卡片中页眉的法条之后（就像在关键词卡片中一样）标记连续编号。为了避免和该法条的条款或者句子混淆，您应当在编号和法条之间保持合适的示例或者为编号添加括号。

	《民法典》(第 1-240 条)
《民法典》第 142 条第 1 款	(1)

	《民法典》(第 1-240 条)
《民法典》第 142 条第 1 款	(2)

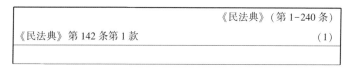

图 8-11　法条卡片的结构三

为了快速辨认法律和法条，您可以像制作关键词卡片时那样用不同颜色进行标记（比如，法律用绿色，条款用红色）。

☞法条卡片被按照法律（当范围较广时按照该法律的部分领域）进行划分，在同一部法律之内按照段落或者条款进行划分。

(二) 单个索引卡片的制作

法条卡片和关键词卡片的主要不同之处体现在，法条卡片首先要对具体的法律条文进行解释和评论。制作法条卡片的目的在于，让您拥有属于自己的法律条文简明评注。这种方法的优势体现在，您可以通过这种方式把学习内容和法律条文联系起来。因此，您可以借助法律条文直接回溯到那些已经学过的与该条款有关的知识。准确掌握以及理解法律条文的重要性，学生可以在考试中体会到。[1] 但是在现实中，法学技能的发挥主要依赖于您是否掌握规定的基础结构并将其应用在生活中。应试不得不阅读法律条文，但很多学生在学习过程中仅仅阅读教科书，导致在闭卷考试时缺少其他的知识来源，在法律条文与教科书的知识联系上遇到困难。

法条卡片的功能不限于纯粹的法律注释，在注释之后也可以像在关键词卡片中一样提出类似的问题。两种索引卡片的差异与其说体现在内容上（这方面很大程度上相同），不如说体现在连接点上：在法条卡片中，问题的出发点始终是具体的法律条文。

正面的文本主要是简短的法律引文，反面则是对该引文的定义或者简短的注释。

---

〔1〕就法典作为知识来源的含义见本书第六章（系统掌握不同法学领域），边码173。

正面：

	《民法典》（第 1-240 条）
《民法典》第 142 条第 1 款	（1）
1.“可撤销的法律行为”	
2.“被撤销”	
3.“被认为无效”	
4.“从一开始”	

反面：

1. 存在撤销理由的法律关系，立法者对此的表述并不明确。事实上，只有意思表示而非法律行为是可撤销的。

2. 可撤销的意思表示（✍)《民法典》第 143 条第 1 款。

3. 效果，也就是撤销的法律后果：意思表示无效，相应的法律行为也无效。

4. 溯及既往（"从当时起"而非"从现在起"）。

图 8-12　法条卡片的结构四

和关键词卡片一样，建议您在注释之间留下之后可以添加补充的空间，并且每张卡片上最多写 4 个不同的引注。为了使单个卡片的编号不和法条的条款或者句子混淆，您可以为编号添加括号或者点号，比如，"（1）""1."

在简短的评注之后，像在关键词卡片中一样，也会涉及如何将规范应用到案例分析中的问题。您要记住：这些提问之所以重要，是因为您最终要考虑如何把知识应用在案例分析中，并且从提问出发对知识进行转化以及结合案例完成写作。

正面：

	《民法典》（第 1-240 条）
《民法典》第 142 条第 1 款	（2）
案例分析的哪个部分对《民法典》第 142 条进行考查？	

反面：

《民法典》第 142 条第 1 款（撤销）是一个具有权利灭失效果的抗辩权。〔1〕这部分要在考查请求权的要求之后进行考查。

案例结构：

1. 是否存在请求权？

2. 请求权是否因为撤销而自始无效？

图 8-13 法条卡片的结构五

法律规定的重要性不同，接下来提出的问题也不同。涉及民法的请求权基础或者相反规定时，您会提出该请求权基础或者相反规定的前提条件是什么的问题。涉及公法中的授权基础时，您同样可以就授权的基础提问。在刑法领域，您可以就犯罪行为的构成要件要素提问。

234 正面：

《民法典》（第 1-240 条）

《民法典》第 142 条第 1 款   （3）

有效撤销意思表示的前提条件有哪些？

反面：

1. 撤销的前提条件如下：〔2〕（只在少数情况下要考查撤销）

（a）向撤销相对人作出的撤销表示，《民法典》第 143 条（✍）

（b）撤销原因，《民法典》第 119、120、123 条（✍）

（c）撤销期间，《民法典》第 121、124 条（✍）

少数情况下：

（d）不存在《民法典》第 144 条可撤销法律行为认可的情况（✍）

图 8-14　法条卡片的结构六

相应法条之后括号里的箭头"（✍）"表示，在该法学领域之内还

---

〔1〕 参见边码 228 下脚注 1。
〔2〕 参见边码 229 下脚注 1。

有针对该法条的索引卡片。如果该法律文本存在例外或者其他需要解释的特殊情形，可以提出针对该例外的问题。重要的是，您要就例外的诱因或者特殊情形提问。首先，您在法律鉴定中始终都要论证例外和特殊情形，因此在制作索引卡片时就要注意对重要的论点进行简短的阐述。其次，如果您知道允许出现例外情形的理由并且因此真正理解相关材料，您可以更好地记住这些内容。

正面：

	《民法典》（第 1-240 条）
《民法典》第 142 条第 1 款	(4)
撤销导致的自始无效的法律后果是否有例外？如果有的话，为什么？	

反面：

> 例外：在持续性债务关系中，从撤销时起无效，比如，劳动合同。
> 原因：对持续时间较长的履行行为按照不当得利进行清算非常困难，而且给撤销相对人带来不可忍受的负担。

图 8-15　法条卡片的结构七

在涉及请求权基础的索引卡片上，您应当始终就请求权的种类（比如，赔偿损失请求权）和请求权竞合提问。

提示：
　为特别突出请求权基础和反对权（权利阻却、权利灭失以及权利阻止的抗辩和抗辩权），可以用其他颜色的索引卡片。

235

为了能通过一张法条卡片获得整体性的概括了解，您可以在（其他颜色的）索引卡片上提出关于法律体系和在该章节中包含的请求权基础的问题，并且将该卡片放在一个内容联系紧密的章节之前。如果您使用表格的学习效果比较好[1]，建议您借助图解对法律体系进行阐述。这样的概况索引卡片可以在个别情况下将内容写得紧凑一点，因为这里之后很少需要添加补充。以下是一张关于债法总则的概况索引卡片。

正面：

> 　　　　　　　　　　　　　　　　　　　《民法典》（第 241-432 条）
>
> 《民法典》第 241 条以下　　　　　　　　　　　　　　　　　　　　（1）
>
> 1. 《民法典》第 241—432 条调整什么内容？
> 2. 为什么在《民法典》第 311—359 条中有针对合同之债的特别规定？
> 3. 为什么在《民法典》第 320—326 条有针对双务合同的特别规定？

反面：

> 1. 《民法典》第 241—432 条包含了债务关系的一般规定，比如，债务关系产生和灭失的规定、履行障碍、债权的转让和债务的承接。
> 2. 这些规定仅适用于基于法律行为而产生的债务关系，而债法总则中的其他规定也适用于法定债务关系（比如，侵权行为）。
> 3. 《民法典》第 320 条及以下的特别规定考虑到了在双务合同中义务的互相依赖性。在双务合同中，2 个合同当事人同时都是债权人和债务人。义务的履行是为了对待给付义务的履行（"do ut des"）。《民法典》第 320 条及以下仅适用于那些存在互相依赖性的义务的履行，比如，买卖合同中的转让请求权和价款请求权。

图 8-16　法条卡片的结构八

四、知识来源和参考文献

（一）知识来源

制作索引卡片基本上可能用到所有的知识来源，主要包括：教科

---

[1] 对此，如学习材料中所表达的，目的是您能够实现最好的学习效果，参见本书第十一章（学会学习），边码 342 及以下内容。

书、案例汇编、注释、判决和文章。[1] 因为相关问题不可能仅仅通过教科书中的知识就可以回答，在手边常备一本简明注释书[2]非常有帮助。制作法条卡片特别适合使用那些与法律条文紧密相关的书籍。[3]为了能够从法律问题本身以及案例分析的重要性出发回答问题，您应该在开始制作民法领域的索引卡片体系时，就制作一个有关最重要的请求权基础一览表，特别是反对权（权利阻却、权利灭失以及权利阻止的抗辩和抗辩权）的一览表[4]，并且将其作为"纸条"随时携带。[5] 为了确定知识在哪个部分对案例分析来说比较重要及要以哪种形式进行考查，您应当使用针对相应法律领域的附有分析模板的案例汇编。[6]

制作索引卡片的提示：

Otto Lagodny, Gesetestexte suchen, verstehen und in der Klausur anwenden, Eine praxisorientierte Anleitung für rechtwissenschaftliches Arbeiten im Strafrecht, Öffentlichen Recht und Zivilrecht, Berlin, 2. Aufl. 2012, S. 55ff. （*法律规定文本的阅读、结构化和划分*）

---

[1] 细节参见本书第六章（系统掌握不同法学领域），边码 173。

[2] 有关注释参见边码 179 脚注1。如果您在法学图书馆制作索引卡片的话，Erman BGB-Handkommentar, 2Bde, Käln, 13.Aufl.2011 会对您很有帮助。

[3] Jürgen, Plate, Das gesamte examensrelevante Zivilrecht, Berlin, 6.Aufl.2015 就从法律规定角度出发。柏林的 Springer 出版社的"Recht-schnell erfasst"系列书籍就是介绍了重要的法律规定文本并从案例分析的角度进行注释。比如，Ute Teschkeß Bährle, Arbeitsrecht, 7.Aufl. 2011；Stefen Lorenzmeier, Europarecht, 4.Aufl. 2011。Werner Beulke, Klausurenkurs im Strafrecht 1, Heidelberg, 6.Aufl. 2013, S. 257ff. 中将处理的重点问题和概念按照法律体系的分析列举出来。Detlef Leenen, BGB Allgemeiner Teil: Rechtsgeschäftslehre, Berlin, 2. Aufl. 2015 依据请求权为导向介绍了法律关系理论。

[4] 有关民法中的请求权基础详见本书第九章（案例分析），边码 252。

[5] 您可以把这个一览表写在索引卡片上，或者放在一个文件夹里。

[6] 或者一本添加了很多案例和详细的案例分析的教科书。行政法领域可参考 Arne-Patrick Heinze, Fallrepetitorium Allgemeines Verwaltungsrecht, Berlin, 2014。刑法领域推荐 Kristian Kühl, Strafrecht, Allgemeiner Teil, München, 7. Aufl. 2012。Kühl 在书中指出了已出版文献中对解释各个法律问题特别合适的大量的练习案例，学生可以借助这些案例学习掌握书中内容的应用方法。详细的附有案例的书籍文献列表见本书第九章（案例分析），边码 296。

如果使用索引卡片体系工作，建议您把其他的学习材料保存在文件夹里（A4 纸），这样您可以在制作索引卡片时参考上面的信息并且在复习索引卡片时迅速查阅。其他的学习材料可能体现为法院判决、教科书的复印件（比如，当一个法律问题在该教科书中被较好阐释时）、课堂笔记的摘录、案例分析等。这些材料存档的方法很多。如果您决定制作关键词卡片，可以将这些材料在文件夹中按照关键词进行分类。涉及法条卡片时，可以把材料放在与内容相关的法条之下。也有些很难归在单个法条之下的材料，比如，关于案例分析技术的文章或者有多个重点的案例分析。因此，您可以考虑，在"法条文件夹"

237 之外再制作一个"关键词文件夹"。另外一种方法就是制作一个作者和司法判例文件夹。在作者文件夹中所有的材料按照作者名字的字母顺序进行排列。司法判例文件夹首要按照法院种类进行划分，即联邦宪法法院、联邦行政法院、行政法院/高等行政法院、行政法庭、联邦法院、州最高法院、州法院、地方法院等；同一类法院的判决按照日期进行分类。采用这种分类方法的优点是更容易找到那些与多个关键词或者法条相关的文章或者判决。在关键词文件中，您应当制作一个复印件或者参照件。关键词文件夹和法条文件夹的优势体现在，把那些属于同一关键词或者同一类法条的材料总结在一个地方。如果您只想复习卡片中的几个部分，可以更快地把相关材料从关键词或者法条文件夹中提取出来。您可以在索引卡片中分别标记出相应的法律问题在哪个文件夹中可以找到进一步的材料。

正面：

	《民法典》（第 1-240 条）
《民法典》第 121 条第 1 款	
1. 在案例分析的哪个部分考查《民法典》第 121 条第 1 款的内容？	
2. 是否存在《民法典》第 121 条中规定的时间范围"不迟延地"例外情形？	

反面：

> 1. 根据《民法典》第 142 条规定，遵守撤销期限是有效撤销意思表示的前提条件。
>
> 2. 在劳动合同中要对照适用《民法典》第 626 条第 2 款的规定，撤销于得知实际情况之后的 2 周内进行（BAG NJW 1980, 1302/《民法典》第 121 条之下的文件夹）。
>
> 依据：解除和撤销作为形成权在功能上的互换性；考虑到法律安全、法律明确性的要求和债权人本身的选择权，规定一个统一的期限是非常必要的。

图 8-17　法条卡片的结构九

这张索引卡片中标记出来的判决 BAG NJW1980, 1302 被整理在《民法典》文件夹第 121 条之下。如果您想阅读这个判决中的具体论证，可以在那个文件夹中找到相应的判决。

（二）参考文献

在索引卡片上标记知识点来源的理由有两个。其一，当您对该知识产生怀疑或者发现相反的观点时可以对知识来源进行核查；其二，出自同一文献的知识，比如一本教科书之后出现了新的版本，您可以借此快速确定内容是否出现变化。除了这些优点之外，这样的标记会花费更多的时间，而且在涉及不同的文献时会出现条理不清晰的情况。在这种情况下，您必须自己衡量并且决定是否标记全部文献或者只标记少量重要文献，还是放弃标记参考文献。如果您打算添加参考文献，可以在背面添加或者以脚注的形式添加。

238

正面：

	《民法典》（第 1-240 条）
《民法典》第 121 条第 1 款	（1）
1. "第 119、120 条之下的案例"。	
2. "无过错的迟延（不迟延地）"。	

反面：

> 1. 注意：根据《民法典》第 123 条的规定行使撤销权时，撤销期限为《民法典》第 124 条规定的 1 年。
>
> 2. "不迟延地"不等于"立刻"，而是给予撤销权人一个合理的考虑期间。在计算期间时也要考虑撤销相对人的利益。
>
> 注意：第 121 条中"不迟延地"的法律定义适用于整个民法领域。
>
> Palandt-Ellenberger, BGB（74. Aufl. 2015），§ 121 Rn. 3.

图 8-18　法条卡片中的结构十

五、利用索引卡片学习和复习

在学习和复习过程中，建议您利用学习心理学的知识准备一个特别的学习和复习卡片盒，盒子分成 3 到 5 个格子。[1]在学习过程中，最新制作的索引卡片放在最前面的格子里。在每次复习时，把已经掌握的索引卡片放在后面一格中，直到所有的卡片都放在最后一格。您也可以把复习状态，也就是复习等级从 1 到 5 级用铅笔标记在卡片上。[2]那些仍然不能解决问题的卡片重新放在第一格。当该法学领域的所有索引卡片都被放在最后一格后，可以把它们先搁置起来。在之后的复习中，您可以这样做：把该法学领域所有的索引卡片都放在最前面一格开始复习，直到所有的卡片都移动到最后一格。采用这种体系您可以在复习中节省大量的时间，因为您可以直接关注那些还没有掌握的索引卡片。另一种处理方式就是，把卡片盒按照月份分为 12 个板块，并且按照每个月的日期分成约 31 个板块，再把将要学习的索引卡片放在下次打算开始复习的日期之下。[3]

---

〔1〕 该学习卡片是由 Sebastian Leitner 制作的，可在 http://de.wikipedia.org/wiki/Lernkartei 下查阅。此外也可参见 Haar/Lutz/Wiedenfels, S. 147f.（五格法），v. Münchhausen/Püschel, S.63 以及 www.jurawiki.de/KarteiKarte，关键词：Fünf-Fächer-Kartei。

〔2〕 So Mahdad Mir Djawadi, Jura effizienter lernen（2），Jura Journal 1/2012, S.27, 28.

〔3〕 So Mahdad Mir Djawadi, Jura effizienter lernen（2），Jura Journal 1/2012, S.27, 28.

第三节　自主选择索引卡片体系

一、索引卡片体系的优势和问题

两种索引卡片体系都有优点和缺点。在此需要明确的是，您不需要追求完美的体系，而是要找到最适合自己储备知识的方法。

关键词卡片的优点体现在，制作此类卡片不需要具备法律方面的基础知识，适合新生使用。相反地，制作法条卡片就要求掌握法律体系的基础知识。在法条卡片体系中，您必须把教科书中的知识和特定的法条联系起来，而在关键词卡片体系中则不需要转化，也不需要把知识储存在关键词之下。原则上，学生在学习之初就可以直接使用关键词卡片。但是，纯粹的关键词卡片除了上文提到的优点之外，还隐藏着一个危险：学生在使用该卡片时没有来自阅读法律条文和搞清楚法律体系的压力。和法条卡片相比，关键词卡片的一个缺点就是无法明确法律体系的重要性。因此，"关键词在案例分析的哪个环节比较重要"就成为关键词卡片特别核心的问题。对新生来说，仅仅通过教科书在多数情况下并不能回答这个问题，在制作索引卡片时，这个环节出现的问题最多。一个折中的解决办法就是，首先搁置这个问题，在完成一个有关该关键词的案例分析或者从讲师或同学那里得到答复之后再回答。

法条卡片的优点是把法律条文作为知识的连接点。通过对法律体系、请求权规则和构成前提条件进行提问，把知识以案例的形式进行加工。新出现的知识可以更快地以关键词的形式和特定的法条对应起来。法条卡片的缺点就是对处于基础学习阶段的学生来说，要决定对哪些法条制作卡片，法律规定的哪些部分应当添加简短的注释[1]，注释在具体的情况下怎样呈现非常困难。此外，为有些法条添加简短注释还需以

---

　　〔1〕　此处适用一条经验法则。只要你需要思考某条法律规定是否值得制作一张索引卡片时，就应该为该规定制作一张卡片。

一定程度的基础知识为前提。如果您作为新生没有办法应付法条卡片，多是卡片体系的原因而非您本身的原因（请参见本节"四. 给新生的建议"之下的建议）。

和关键词卡片不同，单靠一张法条卡片无法把该法条之下的所有法律知识都归类总结。除了只针对法律条文的卡片之外，制作关于特定关键词的概述卡片和特别卡片也是必要的（比如，债法总则中的关键词"履行障碍"）。如果法典本身没有对单独的法律概念作出规定，就要考虑从哪里可以引入这个概念。示例：《民法典》中没有"意思表示"的概念。您可以把意思表示的定义写在"民法典第 116 条及以下"的索引卡片上，因为民法典中的"意思表示"一章从第 116 条开始。学生必须在制作过程中自己思考，这也是法条卡片的一个优点。因为通过思考在哪里可以找到法律概念，学生可以了解法典的结构。

二、根据法学领域选择索引卡片体系

如果对怎样制作索引卡片以及利用索引卡片学习不甚了解，建议您首先从涉及基础知识（比如，基本权利）和/或者一般规定的法律领域开始制作卡片。因为这些法律领域中包括很多抽象的规定，仅靠阅读教科书很难记在脑子里（比如，民法总则、一般行政法和刑法总则）。此外，随着时间的推进，您会发现这些一般规定与其他法学领域的特别规定之间出现越来越多的横向联系，您必须把这些横向联系标记出来。因为联邦法和州法的存在，在行政法领域，特别行政法和一般行政法的相互作用导致学习起来并不那么容易。通过制作关于一般行政法的索引卡片，您可以在学习特别行政法时迅速找到在一般行政法中的连接点，在索引卡片上标记出两者之间的横向联系并且复习一般行政法的内容。

（一）民法

在民法领域中，请求权基础和抗辩权的学习很重要。从这个角度来看，用法条卡片进行学习更加轻松。如果您使用关键词卡片学习，考虑到掌握法律体系并且从案例分析的角度完成知识储备的需要，可以额外制作关于请求权基础和反对权的法条卡片。为了体现这些索引卡片的特殊性，您可以使用其他颜色的卡片。

民法典总则。总则中的规则和法律概念对整个民法典通用，以致很多民法案例分析的解答最后都要回溯到民法典总则上来。对通用的法律概念而言，关键词卡片更加合适（比如，与法律行为的概念有关的索引卡片"法律行为""合同""意思表示"，与法律客体的概念有关的索引卡片"法人"）。就"法律行为""撤销""代理"而言，您也可以通过制作法条卡片获得较好的学习效果，因为在有关总则的案例分析中，最重要的就是对法律规定和论证顺序的清楚认识。

民事诉讼法。此处涉及民事诉讼程序许可前提的关键词卡片。如果您在关键词"许可前提"之下针对每个前提条件都制作一张单独的索引卡片，比如"事实管辖权"，知识之间就可以最大程度地互相补充。相比之下，以法条为标准列举的清单就没有这样的概括性。

对民法的其他法学领域而言，这两种索引卡片都很适合。

（二）公法

241

基本权利。为了掌握基本权利的知识，可以为每个条文制作一张索引卡片。因为很多公法案例分析都会涉及基本权利，您在学习过程中总要不断回顾基本权利的知识并且对基本权利的卡片进行补充。通过制作"条款卡片"您可以把目前掌握的所有知识总结成特定基本权利条款。制作关键词卡片比条款卡片在搜索阶段更费劲些，因为当您使用关键词卡片时，首先要通过您的参考资料寻找与该基本权利有关的关键词。为此，您必须通读所有相关的索引卡片或者至少完成参考资料内与该关键词有关的横向阅读。因此，在关于《基本法》第12条的关键词卡片上不仅会有关键词为"从业自由""从业方式"的索引卡片，还有在另一个位置按照字母顺序编号的关键词为"三级理论""主观和客观的筛选限制"的索引卡片。所有出现在基本权利第12条的索引卡片上的概念都会在条款卡片上体现。在制作基本权利索引卡片时，建议您在法律注释之后添加基本权利的保护范围、侵权和宪法正当性。您可以在一张特别的索引卡片上讨论基本权利一般理论并将其放在其他的基本权利索引卡片的前面。研究基本权利原则上随时需要进行利益衡量，对此，联邦宪法法院的司法判例可以提供重要的帮助。在制作索引卡片时您应当考虑联邦宪法法院的判决，并且把可能的有关利益衡量的论据写在索引卡片上。[1]

国家组织法。在这个领域可以使用两种体系。如果采用关键词卡片体系，可以制作有关最高国家机构、国家制度的基本原则和国家权力的索引卡片。在法条卡片上可以写关于联邦国家、民族和法治国家原则的知识及与相应的基本法条款联系在一起的国家基本原则等。

一般行政法。和民法典总则相比，一般行政法是一个相当抽象的法学领域。在没有特别行政法的特殊和优先适用的规定时，一般行政法中的一般行政法基本原则和规定得以适用。在一般行政法领域，首先制作一张关于重要的法律概念和有关行政行为的基本法律制度的关键词卡片非常有意义（比如，行政法的法律渊源、行政行为的形式、行政处分的公布、行政处分的撤销和废止、行政立法、公共财产法）。但是，也建议您循序渐进制作一张有关一般行政法领域重要的法律依据的法条卡片，尤其是涉及国家行为合法性的形式和实质要件方面的。

特别行政法。特别行政法是由大量的单行法律组成的。这些法律由部分联邦法、部分州法构成。在学习过程中，这些单行法律中只有少量条款与考试相关，而且只能和一般行政法结合起来使用。法条卡片在此就体现出特别的优势，您可以借此快速对行政法特别规定中的重要条款进行快速的全面了解。在补充学习和复习过程中，以关键词为准的话，您可以把重要的法律规定记得更牢一些。特别行政法中重要的条款都涉及授权依据、请求权规定及与之相关的形式和实质的合法性前提条件。[2] 如果那些有关权利和义务的规定不能把所有的合法性要件包括在内，可以就合法性的每个要件单独制作一张索引卡片（比如，有关行

---

[1] Lothar Michael/Martin Morlok, Grundrechte, Baden-Baden, 4.Aufl. 2014 对基本法的表述严格按照考查结构。Jörn Ipsen, Staatsrecht II, Grundrechte, München, 18.Aufl.2015 对基本法阐述非常系统并且易于理解。

[2] Walter Franz, Öffentliches Recht, Eine nach Anspruchszielen geordnete Darstellung zur Examensvorbereitung, München, 6.Aufl.2013 对此非常有帮助。

政机关的管辖权）。

行政程序法。在这个法学领域，使用关键词卡片可以更好地对各种诉讼类型的一般程序要件和特别程序要件进行说明。因为您在每个案例分析过程中对诉讼要件进行考查时都会遇到新的细节，如果针对每个许可前提都制作一张特别的索引卡片，可以更好地对知识进行补充。

（三）刑法

刑法总则。在这个领域比较适合使用关键词卡片，因为总则的很多规定都是由司法判例和学术界的不同理论发展起来的，不能简单地归在单个的规则之下（比如，超法规义务冲突）。在制作索引卡片时，您要在索引卡片上标记出来，不同的理论对案例分析分别会产生什么样的后果。此外，解答总则范围内的问题经常需要进行利益衡量。因此，在索引卡片上标出这些利益衡量的论据（至少是论证依据）非常重要。

刑法分则。刑法分则讲解的内容是犯罪构成要件要素。为了正确地应用这部分的内容，需要掌握大量的细节知识。如果要储存分则中的知识，建议您使用法条卡片。因为您可以把单个的犯罪构成要件要素记录下来并且对细节内容添加注释。

三、试用阶段

在阅读本章的过程中，您可能已经决定了使用两种索引卡片体系的一种，或者考虑根据每个法学领域的具体情况分别使用两种体系之一。现在重要的是安排一个制作索引卡片的试用阶段，在这个阶段中不必追求完美。如果时刻准备着有必要就再制作新的索引卡片，您可以很快就学会制作索引卡片并且熟练使用索引卡片体系。在开始阶段可以制作出一定数量的索引卡片来积累经验并且检验一下该体系的实用性。从经验法则出发，您应当试着做出大约 50 张索引卡片（每个法学领域）。这个数量足以用来验证将来是否要保持一定的外部形式和内容上的构造。如果您认为有必要做出改动，也可以很快地重新制作 50 张索引卡片。如果您第一次使用索引卡片体系，可以和同样使用索引卡片体系的同学分享经验。

四、给新生的建议

如果您选择法条卡片，在开始阶段可能会遇到困难，因为您不知道要针对哪些法律规定制作索引卡片。遇到这样的问题时，首先制作关键词卡片对您会有很大帮助。如果认为一个法条特别重要，您可以为该法条制作一张单独的索引卡片。随着时间的推进，制作法条卡片对您来说会越来越容易，您可以把在制作关键词卡片中学到的经验应用到制作法条卡片上。

第四节　制作索引卡片的软件

要制作电子索引卡片，网络上可以找到很多学习软件，下文中将列举几个软件产品。[1] 辅导机构 Alpmann Schmidt 提供一种索引卡片学习体系[2]，学生可以借此制作索引卡片，也可以从辅导机构购买别人制作的索引卡片。[3] 索引卡片软件 BrainYOO 可以用来制作复习使用的学科卡片体系。[4] 使用 CoboCards 可以在网络上以团队的形式一起制作索引卡片。[5] 使用 Mindpicnic 可以制作提问和回答形式的索引卡片。[6] Mnemosyne 系统可以为制作的索引卡片添加声音和图片。[7] 与单纯文字形式的索引卡片相比，此系统的优势是您不必花费很多时间就可以完善并更新您的索引卡片。您是否使用电子索引卡片进行学习，是学习偏好的问题。通过把电子索引卡片储存到智能手机上的方式，您几乎可以随

[1] www.jurawiki/KarteiKarte#elektronischeKarten 有大量关于法学学习的电子索引卡片的软件，并附有相应的链接。

[2] http://www.repetico.de. Pro Account 对法兰克福大学的学生免费开放。

[3] http://www.imemo.eu 可以付费使用。

[4] 通过 BRAINYOO 桌面版本可以管理、制作和编辑学习内容，Window 和 Mac 版本均有。移动应用软件 BRAINYOO 可以用于旅途中学习制作好的学习内容。很多学校都有学校许可协议。

[5] http://www.cobocards.com. 部分使用需付费。

[6] http://www.mindpicnic.de.

[7] http://mnemosyne-pro.org/.

时复习相关的学习材料。有些学生则更喜欢把卡片拿在手里，把已经掌握的卡片挑出去的感觉。不管怎样，不断进步的科技让索引卡片体系在法学学习中为实现长期掌握知识的目的不断作出贡献。

第五节　总结

☞和其他的储存媒介相比，自己制作索引卡片会带来更好的学习效果。其优点体现在：持续补充知识、找到重要内容、自己组织表达方式、清晰和便利、持之以恒和快速复习。

☞所有能想到的把法学学习内容呈现在索引卡片上的体系，主要来源于两种基础体系，即关键词卡片和法条卡片。

☞关键词卡片按照法学领域或者较大的学习单元进行划分，在一个学习单元之内，按照关键词的字母顺序划分。所有的关键词都是同等级的。

☞法条卡片按照法律领域（某一法律范围较广时按照该法的部分领域）进行划分，在同一法律领域之内，按照法条或者条款进行划分。

☞不要使用太大的索引卡片（最好使用 A6 或 A7 纸张）。在同一索引卡片上最多写 3 个信息单元；信息单元较大时，写 2 个或者只写 1 个。

☞法条卡片和关键词卡片最大的不同体现在，制作法条卡片时首先要解释法律文本的含义并进行注释。法条卡片的特别之处就是让您会做自己的法律文本简明注释，这样的话学生可以把有关知识的记忆和特定的法律规定联系起来，在考试时，可以根据法律文本直接回溯到掌握的知识上来。

☞在法条卡片体系中，教科书中的知识必须和特定的法条联系起来，关键词卡片体系则不需要这样的转化过程，而是直接把知识储存在特定的关键词之下。因此，在学习之初，直接使用关键词卡片学习更加容易。

> ☞在每个索引卡片体系中，提问都要以如何把知识用在案例分析中为标准。只有采取这种提问方式，学生才能被强制思考怎样对知识进行转化并且以案例为基础进行储存。
>
> ☞为了回答所掌握的知识在案例分析的哪个部分比较重要、以哪种形式进行考查的问题，您应当在教科书和简明注释之外阅读相应法学领域的附有标准答案的案例汇编。
>
> ☞建议您把不断补充增加的材料放在一个特定的文件夹中（最好是 A4 大小的）。
>
> ☞所有的学习步骤，包括知识转化的问题，在制作索引卡片之后都已经完成了。考虑到带来的积极学习效果，制作索引卡片需要花费时间也是值得的。

245

在使用制作的课堂笔记（第七章）完成某一法学领域的系统学习后（第六章），再利用索引卡片补充知识储备（第八章），到此为止，知识掌握阶段已经结束了。接下来的章节讲述的是怎样把法学知识应用在案例分析中。

第九章　案例分析

"在拜恩州 221 份第一次国家考试监考报告中，统计出了 111 份存在法学学习方法的缺陷、74 份'机械套用'知识的情况，不考虑部分案件事实或者扭曲案件事实，55 份不充分论证、42 份在总结案例事实过程中出现错误。近一半考卷缺乏必修课基础知识，1/10 存在语言表达缺陷……"[1]

第一节　概况和目标

引文显示，国家考试中出现的问题大多不是因为知识掌握的问题，而是欠缺良好的案例分析能力。本章的目标是指出在法学案例分析中需要注意的以及目前数量众多的指南书籍中没有明确说明的重点。为了给建议找到连接点，我首先一步步地讲解案例分析过程中重要的节点（第三节和第四节）。在这个过程中，对那些其他案例分析指导书籍已经解说清楚的点，我仅进行简短总结并且给出相应的文献信息。[2]对那些在我的课堂上经常被提出的，但在其他的案例指导书籍中往往很少涉及的

---

〔1〕 Heino Schöbel, Das Gesetz zur Reform der Juristenausbildung-Ein Zwischenbericht, JuS 2004, 847, 850. 类似的有 Heino Schöbel, Die Klausuren der Ersten Juristischen Staatsprüfung in Bayern, in: Krammer/Kuhn/Putzke, S.123, 133, 有关 20 次国家考试中 600 个校对人员的报告的评定。

〔2〕 如果还没有掌握案例分析基础知识，建议您首先阅读 Olzen/Wank, S. 1–75（民法案例分析入门）或者 Diederichsen/Wagner/Thole, S. 1–49（民法闭卷考试写作的方法论基础知识）。

问题，将会进行深入、详细的解答。

第三节和第四节中的案例分析指导是以闭卷考试中的案例分析为出发点。完成家庭作业的案例分析步骤也是一样的（总结案例事实、理解案例问题、解答提纲、修改润色[1]），和闭卷考试写作相比，仅仅在修改润色方面有所不同。我在第四节的最后会给出有关家庭作业案例分析的补充建议。阅读在案例分析过程中时间分配（第五节）的简短指导之后，您将了解怎样在学习期间安排案例分析的训练并且考查自己的专业能力（第六节和第七节）。从第八节中您可以了解有关案例分析的详细文献信息。

与案例分析相关的，我还会讨论闭卷考试技巧[2]、案例分析方法论[3]、鉴定技巧、涵摄法、案例分析技术[4]等。但是，这些概念并不能统一使用。我在本章的最后会进一步解释这些概念的意义。[5]这样您就知道案例分析由哪几步组成，在答疑的过程中怎样做比较好。

第二节　案例分析和解答技巧作为学习重点

考虑到国家考试和大多数需要取得成绩证明的考试都要求分析不熟悉的法学案例，因此，您必须把案例分析的方法论作为学习重点。学习与案例有关的专业能力和掌握每个法学领域的知识一样重要，因为只有通过案例分析，学生才能把掌握的知识用到实处并进行相应的整理。[6]一本关于国家法的教科书写道：掌握了法学工具就是"为取得满意的国

---

　　[1]　建议安排 4 个或者 6 个步骤；关于此处提到的步骤建议阅读 Olzen/Wank, S. 18ff., 在制作解答概要之前先弄懂案例问题。Diederichsen/Wagner/Thole, S. 25ff., 从交付任务到提高完整的作业之前分为 7 个基本步骤。

　　[2]　Tettinger/Mann, Rn. 152; Münchhausen/Püschel, S.73; Schwacke, S.153.

　　[3]　Butzer/Epping, S.11; Schwerdtferger/Schwerdtfeger, S.315; Leenen, S.371 ff.

　　[4]　比如 Schwacke 书中的主题"法学学习方法和案例分析技术"，Bergmans, S. 136 "案例分析技术"，同样的还有 Diederichsen/Wagner/Thole, S.25; Olzen/Wank, S.VII: "民法案例分析技术"。

　　[5]　参见边码 303。

　　[6]　参见本书第六章（系统掌握不同法学领域），边码 188。

家考试成绩作出了一般努力"[1]。

第三节　案例分析准备工作

分析法学案例以准确理解案件事实和提出的问题为前提。

一、阅读案件事实和列出案件事实提纲

成功完成案例分析重要的前提之一就是准确理解案件事实。对事实的理解出现错误经常会导致偏离正确的解答路径。为正确地理解案件事实，以下几个步骤是必要的：第一，阅读几遍案件事实并且过滤出重要的事件。[2]第一次通读案例有 2 种方法，为了能够在第一次阅读时就留意提出的问题并且标记出对问题来说重要的内容，建议您提前阅读问题。[3]另一种方法就是，不提前阅读提问，而是标记出那些对您来说比较有趣的内容。虽然您不知道之后需要标记出的内容在以后是否有用，但是第二种方法也有其优点。通过不带任何目的地阅读案件事实，学生可以发现有问题的点，而且思考角度不会从一开始就受到限制。如果您标记出的一处内容稍后并没有用处，您可以直接忽略掉该内容。在阅读完案件事实之后，您再仔细阅读提问（即使您已经提前看过，也要再仔细阅读一次），对您在法律案例中要论证的问题有概括了解。第二，您第二次仔细阅读案件事实并过滤出您认为与提问有关的事件和情节。为了对案例分析中的事情有更加全面的了解，建议您为案件事实制作一个提纲。根据案件事实的具体情形，您可以使用不同的方法。如果参与人为多个或者涉及两个以上的请求权，为了让参与人之间的关系更加清晰，您

〔1〕　Gröpl, Rn.19. 另参见 Germann, S.1："针对国家必修课考试的大量观察证明了一个众所周知的事实，成功的法学教育不仅取决于所掌握的学习内容，对学习内容的应用也同样重要"。

〔2〕　参见 Franz Reimer, Juristische Texte lesen-Hilfestellungen aus öffentlich-rechtlicher Sicht, ZJS 2012, 623,624："多次阅读问题和案件事实"。Klaus Fischer, Vom "Lesen" einer Zivilrechtsklausur, JuS 2003, 375（不仅有适用于第一次国家考试，也有针对第二次国家考试的很多好建议）。

〔3〕　Möllers, Rn.91, 认为马上阅读案例中的问题是正确的，Franz Reimer, Juristische Texte lesen, ZJS 2012, 623,629 也持同样的观点。Tettinger/Mann, Rn.154 持批评态度。

可以画一个图。所有参与人之间的法律关系都应当理清并在图上标记出来（就像在课程教学中经常在黑板/模板/屏幕上显示的那样）。[1] 当案件事实中涉及三方法律关系时，特别应制作提纲。

示例：

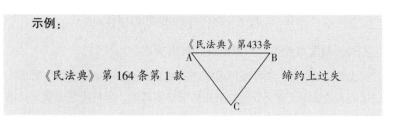

当案例分析的难点不在于多个参与人之间的关系而是在于接连发生事件的数量时，建议您按照时间顺序列一个一览表（比如，多次的所有权转移，对期限的进程具有重要意义的日期等）。[2] 比如，当刑法中的行为人有多个行为时，可以制作这样的时间一览表。刑法中，对案件事实的理解主要取决于对参与人主观认识的辩认。[3] 在极少的情况下才需要制作事件现场的地图（比如，在建筑法或者涉及交通事故的侵权法中[4]）。

> 理解和记录案件事实的方法有多种，根据案件事实的具体情况，也可以结合在一起使用：
> - 画图并且标记出参与人之间的关系。
> - 时间顺序表（时间表或者大事记）。
> - 事件现场的草图。

---

〔1〕 相反地，不应当按照顺序对案件事实进行法律上的评价，而应该在阅读案件事实的时候就从案例问题出发。

〔2〕 Gröpl.Rn.22：“以关键词的形式按照时间顺序列出提纲。” Schmalz, Rn.461.

〔3〕 参见 Henning Kampf, Die Bearbeitung von Strafrechtsklausuren für Anfänger, JuS 2012，309，310。在案例分析中，主观认识会对主观构成要件、合理化事由、阻却罪责的事由和排除罪责事由产生影响。

〔4〕 Schmalz, Rn.461；Tettinger/Mann, Rn.163.

二、理解问题

(一) 问题种类

案例问题或者闭卷考试问题总体上可以分为 2 种：具体的、可以直接回答的问题（问题种类 A）；开放式的、对法律状态进行提问的问题（问题种类 B）。[1]

> 问题种类 A：
>
> A 请求 B 履行支付义务，法律上的依据是什么？
>
> A 可以请求 B 赔偿损失吗？
>
> A 对 B 是否有赔偿损失的请求权？
>
> A 是怎样触犯刑法的？
>
> 当建筑审批被拒绝时，A 应当怎么做？
>
> 这个决定是否合法？
>
> 这项法律是否合宪？

> 问题种类 B：
>
> 法律状态如何？
>
> 参与人是怎样触犯刑法的？
>
> 从刑法的角度怎样对案例进行分析？
>
> A 请求律师给出法律咨询意见，律师应当怎样答复？

第一眼看起来，出现问题种类 A 时只需要回答一个法律问题，而在问题种类 B 中，从一开始就会预料到要分析几个法律问题。但是，这样的结论并不是一定的，因为要回答问题种类 A 就要首先具体化，然后同样会引出多个法律问题。要注意的是，案例中提出的问题可能因为特殊的语言表达形式而隐藏在一个陈述句中（大多位于案件事实的末尾）。**250**

---

[1] 民法另一提问参见 Olzen/Wank, S. 8ff.。详细介绍参见 Tettinger/Mann, Rn. 181ff.。公法领域参见 Schwerdtfeger/Schwerdtfeger, Rn. 782ff.。

处理问题种类 B 需要提出的问题是，根据案件事实，谁可以向谁要求什么。通常认为，在出现问题种类 B 时，要对所有参与人之间所有的法律关系进行考查。但是，这种情况很少出现。重要的是怎样对案件事实进行处理。因为，即使在出现问题种类 B 时，也只需要对那些基于利益情形，在法律上的阐释看起来比较有意义的法律关系进行梳理。[1]

民法。民法案例大多包括多个复杂的事实情况，会导致参与人之间产生不同的请求权。当遇到有关法律状态（问题种类 B）的问题时，要对那些参与人之间从案件事实情况出发而进行法律上的讨论比较有意义的请求权进行论证（比如，在参与人 X、Y 和 Z 之间：X 对 Y 的请求权，Y 对 Z 的请求权，Z 对 Y 的请求权，X 对 Z 的请求权，Z 对 X 的请求权）。但是，考虑到相应案件事实的设计，可能只需要考查 X 对 Y 和 X 对 Z 的请求权。相反地，问题种类 A 就会直接规定要对哪些法律关系进行考查。在每个法律关系中，可能要对多个请求权基础进行讨论。在问题种类 A 的第一个例子里，就可以从多个请求权基础出发，对 A 的赔偿损失请求权进行讨论，比如，因为违反合同义务和侵权行为而产生的请求权。

刑法。在刑法领域，法律问题是由参与人的行为引起的。在出现问题种类 B 时，要考查可能导致参与人收到刑罚处罚的所有犯罪行为。

公法。在很多公法案例中都要考查某项特定的国家行为是否合法，或者请求特定作为的请求权是否存在（问题种类 A）。此外，在有的案例中也要对所有可能针对国家行为的对策（问题种类 B）进行提问。

在对法律状态进行提问（问题种类 B）后偶尔也会隐藏问题种类 A。根据案件事实的法律状态，如果直接在问题之前明确提到个人的请求，就会存在这种情形。

示例 1（民法）：

案件事实以这样的语句结尾："V 请求 K 支付 2000 欧元的购买价款，K 提出抗辩，要求 B 必须履行发货义务。本案的法律状况是什么？"这里要具体解释的是，V 能否请求 K 支付购买价款。

---

〔1〕 Diederichsen/Wagner/Thole, S.29.

> **示例 2（公法）：**
>
> 案例事实的结尾这样写道："Z 认为，拒绝建筑审批是违法的。他委托律师进行交涉。本案的法律状况是什么？"尽管提问方式非常笼统，但是此处主要考查能够促成通过建筑审批的措施（比如，向行政法院提起义务之诉）。

除了 A 和 B 之外还有第三类问题，出现这类问题时，会对某一诉讼/申诉/法律补救办法的可行性进行提问（问题种类 C）。

> **问题种类 C：**
>
> 请考查这个诉讼的可行性，必要的话以辅助鉴定的方式列出可行性的理由。
>
> 行政法院的决定以鉴定的形式出具。

这里的提问可以直接分为 2 个考查步骤：考查诉的可行性和诉的根据。在对诉的根据进行考查时，背后就隐藏着问题种类 A。

> **示例：**
>
> 以这样的句子结尾的民法案例："V 请求 K 支付 2000 欧元的购买价款。V 对 K 提起的诉讼能成功吗？"能够胜诉的前提是，诉是可行的并且是有根据的。在案例分析中，首先要考查诉的可行性（程序法的问题），然后是诉的根据。在考查诉的根据时，要对实质法律问题进行解释，即 V 是否可以请求 B 支付购买价款。

（二）变化的案件事实

当案例之后的提问出现变化时，您要仔细思考最初案件事实的哪些部分被修改了。这样的修改要求在保持同一请求权基础的前提下对单个犯罪要件采取其他方式进行考查（比如，构成要件要素"损失"中损失金额发生变化）。案件事实的修改也会导致出现其他的请求权基础，比如，当参与人之间存在有效的合同时，就会产生基于合同的请求权，而之前只需要考查基于无因管理产生的请求权。但是，对修改部分的考查并不一定会导致出现不同的结果。

（三）编者注

除了任务设置之外，有些闭卷考试中还有编者注。[1]编者注中可能会有要求不考虑特定请求权的提示，或者提示在分析案例时要以哪个法律规定的版本为准（当法律规定有变化时会出现这种情况）。编者注在案例分析中有决定性的意义，必须给予关注。遗憾的是，在国家考试中，总是会有未注意到编者注的考生。

第四节　回答案例问题

252　　明确案例问题之后，就可以开始实质意义上的案例分析了。这个过程包括几个步骤：首先要找到能够回答案例问题的相关规定。简单地说，标准答案[2]在民法领域就是请求权基础，在刑法领域就是犯罪构成要件要素，在公法领域就是干预性和授权性规定。

> **寻找法律规定的阅读建议：**
>
> Otto Lagodny, Gesetytexte suchen, verstehen und in der Klaur anwenden, Berlin, 2.Aufl. 2012, S.13ff.（我怎样找到相应的法律规定）

第一学期的学生大多在民法领域寻找请求权的基础上遇到困难，对他们来说，找出作为请求权基础的法律规定不是那么容易。但是，公法领域的宪法程序诉讼和刑法领域的单个犯罪行为的分析结构却不难。因此，我在下文中将对如何在民法中找到请求权基础进行探讨。

---

　　〔1〕　很多作者把编者注理解为任务介绍或者问题案例问题。文中所指的编者注是闭卷考试出题人对参加考试人员的额外提示，Diederichsen/Wagner/Thole, S. 30 也赞同这种观点。

　　〔2〕　Diederichsen/Wagner/Thole, S. 30.

一、找出民法中的请求权基础

在（闭卷考试）案例中就是要找出那些能够满足请求权人要求的请求权基础。换句话说，请求权基础必须能够带来请求权人所要求的法律后果。

> ✏️请您列举出《民法典》中能够作为请求权基础的法律规定。
> ✏️怎样理解请求权基础？

解答：

请求权就是向他人请求作为或不作为的权利（《民法典》第194条）。请求权基础就是允许请求权人请求他人作为或者不作为权利的具体法律规定。

请求权基础构建通常按照条件模式（wenn-dann），即先列出前提条件（构成要件要素），然后指出法律后果。但是，在法律文本中，这种条件模式不会明确地表现出来。

> **示例：**
> 《民法典》第823条第1款：（构成要件要素：如果）故意或有过失地不法侵害他人的生命、身体、健康、自由、所有权或其他权利的人，（法律后果）负有向他人赔偿因此而产生的损害的义务。

构成要件要素和法律后果也可能在一个句子成分中联系起来。

> **示例：**
> 《民法典》第433条第1款第1句：（构成要件要素）因买卖合同，（法律后果）物的出卖人负有将该物交付给买受人丙，使买受人取得该物的所有权的义务。

在学习过程中，您会认识很多请求权基础，但也有可能，您在闭卷考试中必须找到自己还不了解的请求权基础，因此，您必须培养从法律文本中辨认请求权基础的能力（主要是为了您将来的法学工作）。为此，您应当在学习某个法学领域时首先通读法律规定并且思考，哪些条款是请求权基础。在这个过程中，您要始终留意这些条款带来的法律后果，并且研究该法律后果是不是由请求他人作为或者不作为的权利引起的。

> 🖊（1）请阅读《民法典》第284-286条。哪些规定包含了请求权基础？
>
> 🖊（2）请您复述法律文本中请求权基础的法律后果并且写下来，哪些请求权可以因此而生效。

解答：

（1）只有符合《民法典》第285条的规定，才构成独立的请求权基础。虽然《民法典》第284条对一个请求权进行调整，但是它以赔偿损失请求权而非履行为前提。《民法典》第286条调整的债务人迟延并不是独立的请求权基础，而是基于《民法典》第280条第1款第2句的损害赔偿请求权的前提条件。

（2）法律后果：

①《民法典》第284条规定，"不请求代替给付的损害赔偿，而请求偿还已支出合理的费用"（请求支付已支付费用的权利）；

②《民法典》第285条第1款规定，"债权人可以请求返还作为补偿而受领的一切，或请求让与补偿请求权"（请求返还补偿或者让与补偿请求权）。

如果花时间有目的地练习寻找请求权基础，您对请求权基础的敏感度会很快提高。这就要求准确地阅读每条法律规定，泛读是不可以的。学生在闭卷考试中也会在寻找正确的请求权基础上遇到阻碍。为解决这个问题，可以完成以下的练习任务：

解答：

（1）《民法典》第 293-304 条。

（2）《民法典》第 304 条。

（3）《民法典》第 304 条的法律后果是："在债权人迟延的情况下，债务人可以请求偿还额外费用。"（额外费用补偿请求权）。

从这个练习中得到的一个重要认识就是，在有关债权人迟延的法律规定中，只有一个能够视为请求权基础。但是，这个额外费用补偿请求权并不是与闭卷考试特别相关。债务人迟延大多在其他请求权范围内进行考查，比如履行请求权的范围内，该请求权是否会阻却对待给付的进行。（原《民法典》第 326 条第 2 款第 1 句和第 2 句）

254

表 9-1　民法请求权基础

Benning, Axel/ Oberrath, Jörg Dieter	Bürgerliches Recht, Stuttgart u.a., 4. Aufl. 2008.（最重要的民法请求权的考查流程）
Kießling, Erik	Wirtschaftsrecht im Assessorexamen, München, 2. Aufl. 2008.（商法、民商事组织法、竞争法和卡尔特法的请求权基础）
Medicus, Dieter/ Petersen, Jens	Grundwissen zum Bürgerlichen Recht-Ein Basisbuch zu den Anspruchgrundlagen, München, 10. Aufl. 2014.（针对开始和中间学期）
Medicus, Dieter/ Petersen, Jens	Bürgerliches Recht-Eine nach Anspruchsgrundlagen geordnete Darstellung zur Examensvorbereitung, München, 25. Aufl. 2015.（针对高年级学生）
Reichold, Hermann	Arbeitsrecht, Lehrbuch nach Anspruchsgrundlagen, München, 6. Aufl. 2014.

从这些规定出发制作一个概括的提纲，根据提纲可以确定大致的分

析结构。接着是把案例分析的思路以关键词的形式在分析提纲中确定下来。最后把案例分析过程以书面的形式表达出来。

二、案例分析的结构和分析顺序的确定

案例分析的概括提纲，或者说案例分析的结构通过对案例中的每个法律问题进行排序而形成。[1]

在民法领域，要对案例情节、参与人（请求权人/请求权相对人）、请求权目标和请求权（请求权基础/请求权规定）进行区分。不是所有的区分标准在每个案例中都可以使用。只有当案件情节本身由几个可以分离的部分组成时，对案件事实的划分才是有意义的（比如，一个缔结合同的行为和发生在其他参与人之间的侵权行为）。在同一个情节内，要按照参与人之间的关系进行区分（请求权人和请求权相对人）。在涉及 2 个参与人之间的关系时，要按照请求权进行区分（比如，支付购买价款和损害赔偿），倘若要处理的法律后果（比如，损害赔偿）存在 2 个请求权基础时，就按照请求权基础进行划分。概括提纲的最后一级是确定可以考虑在内的请求权基础并且作为提纲要点记录下来。关于一个案例的概括提纲最后一级不能划分为参与人之间的请求权的情况，在民法领域很少见。只有在涉及人和物之间关系的问题时，才会出现这样的情况。比如，某人是否为物的所有权人的问题。对当事人请求权的考查属于民事诉讼的范围时，大多还要考查诉的合法性和根据。[2]因为，在这个案例中，谁（原告）请求谁（被告）做什么（比如，支付 2000 欧元）的情况已经确定，现在仅仅需要对基于什么（请求权基础）进行区分。因此，在民事诉讼领域的案例中概括提纲是相当简单的。

255

---

〔1〕 有关鉴定机构和出现典型的系统错误，参见 Zwickel/Lohse/Schmid, S.91ff.。
〔2〕 有关民法领域诉讼法案例的特点，参见 Braun, S.28ff.。

考查民法诉讼的概括提纲示例：

Ⅰ. 诉的合法性

Ⅱ. 诉的根据

1. 原告根据《民法典》第 280 条第 1 款的规定要求被告赔偿损失的请求权。

2. 原告根据《民法典》第 823 条第 1 款的规定要求被告赔偿损失的请求权。

为了在制作概括提纲时不忘记任何请求权，您可以使用"4-W-Satz"（谁向谁根据何种规范为何种请求）。为此，您可以制作一个小的表格（见下面的示例）。从闭卷考试问题出发，您可以首先在表格里写上，谁（wer）是否有请求谁（wen）的请求权，其次是请求权的内容（was），最后是请求权基础（woraus）。这样的表格在数量众多的闭卷考试中是非常有意义的，因为学生经常在案例分析中忘记请求权或者弄错了参与人。

表 9-2　4-W-Satz

Wer?	Gegen wen?	Was?	Woraus?
A	gegen B	2500 欧元的购买价款	《民法典》第 433 条第 2 款
B	Gegen A	侵犯财产权赔偿损失 3100 欧元	《民法典》第 823 条第 1 款

如果您想对所有考虑在内的请求权基础都进行讨论，必须确定考查各个请求权基础的顺序。对有的请求权基础来说，考查的顺序不太重要，但是对其他的来说，遵守特定的顺序是必须的（比如，大多数合同上的请求权在法定请求权之前进行考查）。

表 9-3　考查请求权基础的顺序

Benning, Axel/ Overrath, Jörg-Dieter	Bürgerliches Recht, Stuttgart u.a., 4. Aufl. 2008, S.11ff.

Deiderrichsen, Uwe/ Wagner, Gerhard/ Thole, Christoph	Die Zwischenprüfung im Bürgerlichen Recht, München, 4. Aufl. 2011, S. 8ff.
Leenen, Detlef	BGB Allgemeiner Teil, Rechtsgeschäftslehre, Berlin, 2. Aufl. 2015, S. 374ff. (鉴定的结构)
Medicus, Deiter/ Petersen, Jens	Bürgerliches Recht, München, 25. Aufl. 2015, Rn. 1ff.
Möllers, Thomas M.J.	Juristische Arbeitstechnik und wissenschaftliches Arbeiten, München, 7. Aufl. 2014, S. 32ff.
Wörlen, Rainer/ Schindler, Sven	Anleitung zur Lösung von Zivilrechtsfällen, Köln, u. a., 9. Aufl. Rn. 54.

256　　　　刑法领域的结构首先以行为阶段为标准建立。在行为阶段之内要研究的是，该行为阶段的参与人是怎样触犯刑法的。为此，您必须确定要考虑哪些犯罪构成要件要素。通常，您可以在刑法典的分则中找到相应的犯罪构成要件要素。如果一开始对要考虑的犯罪构成要件、要素不是很清楚，您可以通读刑法典的目录来确定可能涉及哪些犯罪行为。刑法中的结构还取决于，犯罪行为是否已经终止，是否还要考查犯罪未遂的情况。

> 刑法领域概括提纲示例：
>
> Ⅰ. 行为阶段
>
> A 的可罚性：
>
> 1.《刑法典》第 238 条缠扰罪。
>
> 2.《刑法典》第 303 条毁损物品罪。
>
> Ⅱ. 行为阶段
>
> B 的可罚性：
>
> 1.《刑法典》第 242 条盗窃罪。
>
> 2.《刑法典》第 274 条第 1 款第 1 句损害文件罪。
>
> 3.《刑法典》第 123 条非法侵入他人住宅罪。

C 的可罚性：

1.《刑法典》第 242 条盗窃罪。

2.《刑法典》第 123 条非法侵入他人住宅罪。

表 9-4　刑法案例分析的结构

Arzt, Gunther	Die Strafrechtsklausur, München, 7. Aufl. 2006, S.177ff.
Er, Derya/Erler, Johanna/Kreutz, Oliver	Probieren gehört zum Studieren, Gut vorbereitet in die erste Strafrechtsklausur, JA2014, 749
Hildebrand, Tina	Juristischer Gutachtenstil, Ein Lehr- und Arbeitsbuch, Tübingen, 2014, S. 88ff. (刑法报告)
Kindhäuser, Urs/Schumann, Kay H./Lubig, Sebastian	Klausurtraining Strafrecht, Fälle und Lösungen, Baden-Baden, 2.Aufl. 2012, S. 32ff.
Lagodny, Otto	Gesetztexte suchen, verstehen und in der Klausur anwenden, Berlin, 2.Aufl. 2012, S.192ff. (把案件事实划分成行为阶段，掌握要考虑的构成要件要素、结构规则)
Mällers, Thomas M.J.	Juristische Arbeitstechnik und wissenschaftliches Arbeiten, München, 7. Aufl. 2014, S.39ff.
Niehaus, Holger	Konkurrenzen in der strafrechtlichen Fallbearbeitung, AL 2014, 151.
Rückert, Christian	Die Lehre von den Konkurrenzen in der Klausurpraxis, JA 2014, 826.
Schroeder, Friedrich-Christian	Anleitung für strafliche Übungsarbeiten, in: JuS-Studienführer, München, 4.Aufl. 1997, S.211ff.
Wohlers, Wolfgang/Schuhr, Jan C./Kudlich, Hans	Klauren und Hausarbeiten im Strafrecht, Baden-Baden, 4.Aufl. 2014, S.34ff.

　　在公法领域要考查行政程序法、行政诉讼法或者宪法诉讼法的法律救济措施和法律手段（比如，异议、撤销之诉、义务之诉、临时权利保护措施、宪法诉愿、具体规范审查）。案例分析分为对可行性的考查和对诉的根据的考查两部分。在诉的根据的范围内，要调查国家行为的合法性（公权措施的授权基础或者请求权基础、形式和实质的合法性前提

条件的存在、侵犯公法上的权利）。和民法相比，一般情况下，着手分析公法案例更容易些，因为其结构经常直接体现在案例问题中。其他的请求权结构体现在公法领域的3个典型的请求权目标：防御，抛弃或成就，确认。

表9-5　公法案例分析的结构

Detterbeck, Steffen	Öffentliches Recht, Ein Basislehrbuch zum Staatsrecht, Verwaltungsrecht und Europarecht mit Übungsfällen, München, 10. Aufl. 2015.（有大量论证模板）
Frenz, Walter	Öffentliches Recht, Eina nach Anspruchszielen geordnetet Darstellung zur Examenvorbereitung, München, 6. Aufl. 2013.
Hidebrand, Tina	Juristischer Gutachtenstil, Ein Lehr-und Arbeitsbuch, Tübingen, 2014, S. 105ff.（公法报告）
Münchhausen, Marco von/ Püschel, Igo P.	Lernprofi Jura, München, 2002, S.100ff.（公法闭卷考试或者小论文的特点）
Schwerdtfeger, Gunther/ Schwerdtferger, Angela	Öffentliches Recht in der Fallbearbeitung, Grundfallsystematik, Methodik, Fehlerquellen, München, 14. Aufl. 2012.（自边码772起对案例分析的方法论进行详细的解释）
Treder, Lutz/ Rohr, Wolfgang	Prüfungsschemata Verwaltungsrecht, Grundlage und Erläuterzngen, Heiderlberg, 5. Aufl. 2008.

三、附鉴定方法论的案例分析

法学学习的任务并不在于找到正确的答案（非法学家往往借助正义感或者健全的人类感情，从而凭直觉找到正确答案），而是通过法律状态对案件事实作出鉴定。也就是说，得出结果的每一步都借助案例分析人的论述得出合理的解释。书面鉴定要对推导过程进行解释，也就是说，推导出结论之前的所有的思路和论证都必须在书面鉴定中体现出来。判决是鉴定的对立面。在判决中要在一开始就列出结论作为基本观点，接着才对作出该判决的原因进行论证。但在判决之前，法官也要通过思考，模拟一份鉴定来论证是否应该作出这样的判决。[1] 鉴定的思考方式写作在学习之初是非常困难的。因为，日常语言习惯通常都是先说出思考的结果，然后再说明得出结论的原因。

> **示例：**
> 我今天会晚点回家（结论），因为我下课后打算去看电影（论证）。

和判决相反，鉴定是从提问出发（假设）开始思考并最终得出结论 258
的过程。这种处理方法是一种特定的语言风格——鉴定式。[2]

> **示例：**
> 今天可能会晚一点（假设）。原因是，我今天还要去电影院（论证）。因此我今天会晚点回家（结论）。

鉴定形式案例分析要分成几个步骤进行，对此我将在边码 258 标题四部分进行介绍。案例分析的每个步骤将在下文中讨论 2 次，即第四节中的概括讨论和第六节中的怎样在书面案例分析中从转化和阐述的角度进行讨论。这种处理方式和案例分析的实际解决方式是一致的。在每个书面案例分析得出结论的过程中，这样的步骤您也要进行 2 次：首先在脑海里制定一个解答提纲，其次把答案写下来。具体的表达范例我将在本章第六节"案例分析练习"部分介绍。[3]

四、分析法律问题的步骤（以民法请求权为例）

很多案例分析的指导都从法学鉴定的结构开始[4]：

---

〔1〕 鉴定和判决的基础知识参见 Muthorst, S.99ff.。
〔2〕 有关鉴定式参见边码 287。
〔3〕 如果您想同时阅读，可以同时阅读本章第四节和第六节。
〔4〕 比如 Elmar Krüger, Die Anfängerklausur im Öffentlichen Recht, Beispiel：Verfassungsbeschwerde, JuS 2014, 790; Tettinger/Mann, Rn.204 以及 Wohlers/Schuhr/Kudlich, S.15："鉴定技巧四步法"。Butzer/Epping, S.24ff., 分为前提、犯罪构成要件要素的定义、总结和结果。本书中将考查的两个层次融合为一体。

1. 提出问题（假设）。

2. 规范分析。

3. 涵摄。

4. 结论。

采用这个结构带来的影响是，分析所有法律问题不过这 4 个步骤，因此，书面案例分析的阶段也应该这样划分。事实上，案例分析还有很多细节步骤和中间步骤，这些步骤至少在脑海中、在书面起草的过程中会出现。"90 分钟的和 5 个小时的（国家考试）闭卷考试中都不会只有唯一'一种'涵摄方法。学生必须完成许多涵摄步骤，在第 n（此处为数字）部分可能会有几百个步骤。"[1] 因此，典型的鉴定式结构对新生来说很难理解。典型的案例分析由大量的不同等级的涵摄步骤形成的论证链组成。[2]

259　　涵摄的概念在整个案例分析的过程中都会涉及（如上文提纲中的第 3 项），因此在下文中（所有的）案件事实都要和请求权基础联系起来。这是对"涵摄"广义上的理解。如果考虑的是对请求权基础的各前提条件的整体论证成果，即广义的"涵摄"。相反，如果讨论的是论证每个前提条件过程中具体某个步骤中确定案件事实是否和具体的前提条件相一致时，就涉及狭义的"涵摄"。通常直接称之为涵摄（没有附加的限定词汇），然后说明到底是在哪个层面上（广义/狭义）使用该概念。[3] 案例分析并不是由三个涵摄完成的，而是由多个紧密联系的涵摄（狭义）组成的，有的作家称之为"涵摄盒子"[4]。有一段非常中肯的描

---

〔1〕 Lagidny/Mansdörfer/Putzke，S.158f. 上百个涵摄步骤主要是体现国家考试的刑法领域中，其他的领域要少很多。

〔2〕 Diederichsen/Wagner/Thole，S.35，将论证链形成的原则。

〔3〕 German，S. 1，涵摄的过程经常被学生认为是"充满神秘感的"并且"把思想和语言习惯多次包装后呈现出来的"。仅在少数的案例分析说明中会明确指出不同的含义。此类描述见 Gröpl，Rn. 9、49。另参见 Tettinger/Mann，Rn.204，首先使用了四步结构，对此也作出说明。

〔4〕 Dieberichsen/Wagner/Thole，S. 35.

述："（……）要考查每个犯罪构成要件要素在案例中能否找到对应的描述：'每个构成要件要素都要论证，考查案件中的情形是否与其相符。只有在通过涵摄方式完成一个构成要素的论证后才会推进到下一个要件，然后把所有的构成要件要素像珍珠一样用线穿起来'。"[1] 图 8-19 展示了民法请求权基础前提条件论证的论证链。图中的案例默认为，某一请求权基础的三个前提条件要详细论证，第四个前提条件明显已经满足。

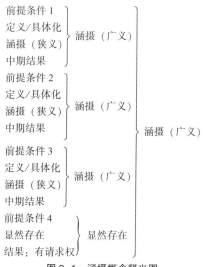

图 9-1 涵摄概念释义图

从上图 9-1 中您可以对论证链有初步的认识。在下文中，您可以看 **260** 到有相同论证链、附补充的表格。在表的左边添加了案例分析的每一步的详细解释（提问/对前提条件的提问/对每一个前提条件的论证/整体结果）。每个步骤用小写字母 a-d 标记出来，在分类编号之下您可以在表格 9-6 中找到相应的步骤。下表可以作为本章内容的一览表。

〔1〕 Dieberichsen/Wagner/Thole，S. 35.

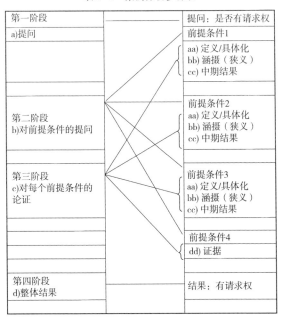

表9-6　案例分析步骤表

第一阶段		提问：是否有请求权
a)提问		前提条件1
		aa) 定义/具体化 bb) 涵摄（狭义） cc) 中期结果
第二阶段 b)对前提条件的提问		前提条件2 aa) 定义/具体化 bb) 涵摄（狭义） cc) 中期结果
第三阶段 c)对每个前提条件的论证		前提条件3 aa) 定义/具体化 bb) 涵摄（狭义） cc) 中期结果
		前提条件4 dd) 证据
第四阶段 d)整体结果		结果：有请求权

下文将以民法请求权为例对法学案例分析的每一步进行解释。[1] 表9-7中的案例展示了《民法典》第 280 条第 1 款、第 3 款和第 281 条中因迟延给付而发生的债法上的损害赔偿的请求权的论证过程。目的是向您说明案例分析的每一个步骤。[2] 为了让每个步骤的解说更加形象化，我把下表 9-7 分解成几个片段。这些片段分别由不同的步骤组成，在案例分析的最后一步（整体结果）得出一个结论。

---

〔1〕 刑法和公法案例分析也按照这样的步骤，采用类似的形式进行。请注意边码 306 的文献综述。

〔2〕 对请求替代给付的损害赔偿请求权的考查结构并没有明确的规定。选择的结构和其他选项见边码 270 第一个脚注。

表9-7　案例分析具体步骤表

第一步：按照"4-W-Satz"提出案例问题	A 根据《民法典》第 280 条第 1 款、第 3 款和第 280 条要求 B 代替履行支付损害赔偿			
	前提条件 1	前提条件 2	前提条件 3	前提条件 4
第二步：列举请求权基础的前提条件	债权债务关系	出现第 280 条第 1 款和第 281 条中违反义务的情况	可归责（没有第 280 条第 1 款第 2 句中不可归责的情况）	第 280 条第 3 款和第 281 条中其他条件
第三步：概念/具体化	定义/具体化	定义/具体化	定义/具体化	定义/具体化
必要的话列举出小前提		小前提 1 不履行	小前提 2 给付已到期（可以履行的给付）[1]		小前提 1 给付的期限 / 小前提 2 期限已超过
对小前提的定义/具体化		定义/具体化	定义/具体化		定义/具体化 / 明显满足
第四步：涵摄	涵摄	涵摄	涵摄	涵摄	涵摄
第五步：中期结果	中期结果	中期结果	中期结果	中期结果	中期结果
第六步：得出整体结果	整体结果				

---

〔1〕　在接下来的图标片段中，考虑到表格的条理原因将请求权的可执行性作为一个前提条件不体现出来。

（一）提问

> ✎您必须考查 A 向 B 请求（因为 B 的履行迟延而发生）代替履行赔偿损失的请求权。请阅读《民法典》第 280 条第 1 款的规定。（从法律文本来看）《民法典》第 280 条第 1 款的法律后果是什么？

解答：

《民法典》第 280 条第 1 款第 1 句："债权人可以请求赔偿因此而发生的损害"。

《民法典》第 280 条第 1 款第 1 句并没有 A 想要实现的法律后果。虽然《民法典》第 280 条第 1 款第 1 句提到了赔偿损失，但不是代替履行的赔偿损失的情况。

262

> ✎请继续阅读《民法典》第 280 条，是否有关于替代履行赔偿损失的陈述？

解答：

《民法典》第 280 条第 3 款规定："债权人只能在第 281 条、第 282 条或第 282 条的附加要件下，请求代替给付的损害赔偿。"

旧版《民法典》第 281 条第 1 款第 1 句对因履行迟延导致的损害赔偿进行调整。在我们的示例中，提问（假设句）的方式为：A（wer）向 B（gegen wen）根据《民法典》第 280 条第 1 款、第 3 款，旧版《民法典》第 281 条第 1 款第 1 句（woraus）的规定请求替代履行赔偿损失的权利。

（二）对前提条件的提问

列出问题以后，第二步中就要确定请求权基础[1]的前提条件。大多数前提条件可以直接从请求权基础本身得出（构成要件要素）。阅读有关请求权基础的内容（所有的条款）并且标记出每个构成要件要素，

---

[1] 有关请求权基础参见边码 252。

您就可以确定这些前提条件。进一步的前提条件可能体现在其他和请求权基础实质上有关联并且有可能和与请求权基础位置上很接近（但是，请求权基础本身并没有明确指出）的其他法律规定中。有些前提条件是法官在司法实践中创造出来的，既不是从请求权基础，也不是从其他法律规定（不成文的构成要件要素）得出的。[1] 很多书籍有关于请求权基础的讨论提纲。[2] 使用这些提纲学习的时候您首先要清楚，每个前提条件是从哪里得来的，以及所选结构的背景信息。这些模板绝对不能直接拿来死记硬背然后生搬硬套。[3] 使用的模板必须和案例问题相符合，并结合考试案例本身的特点进行调整。

> ✎请阅读《民法典》第 280 条第 1 款和第 3 款。
> ✎为了实现"替代履行的损害赔偿"的法律效果，必须满足哪些前提条件。

解答:

263

根据《民法典》第 280 条第 1 款和第 3 款的规定，需要满足以下前提条件:

1. 债权债务关系。

2. 违反义务 ["违反（……）而发生的义务"]。

---

〔1〕 未写出的请求权前提条件也必须记住。

〔2〕 比如 Medicus/Jens Petersen, Grundwissen zum Bürgerlichen Recht, Ein Basisbuch zu den Anspruchsgrundlagen, München, 10. Aufl. 2014; Olzen/Wank, S. 77ff.; Joachim P. Jonoche, BGB-Grundstrukturen, Studienerfolg durch Schemata, Münster, 2. Aufl. 2010; Hermann Reichold, Arbeitsrecht, Lernbuch nach Anspruchsgrundlagen, München, 6. Aufl. 2014; Münchhausen/Püschel, 111 Prüfungsschemata Zivilrecht, München, 6.Aufl. 2014; Volker Haug, Fallbearbeitung im Staats- und Verwaltungsrecht, Basiswissen, Übersichten, Schemata, Heiderlberg, 8. Aufl. 2013; Steffen Detterbeck, Öffentliches Recht, Ein Basislehrbuch zum Staatsrecht, Verwaltungsrecht und Europarecht mit Übungsfällen, München, 10. Aufl. 2015（有很多考查模板）; Martin Maties/Klaus Winkler, Schemata und Definitionen Zivilrecht, München, 2015; Christian Fahl/Klaus Winkler, Definitionen und Schemata Strafrecht, München, 5. Aufl. 2013。这些书籍对系统掌握某个法学领域或者制作索引卡片也很有帮助。

〔3〕 Bernd Rüthers JuS 2011, 86;"单靠死记硬背不能解决未知的问题。"

3. 可归责〔不可归责（……）的，不适用〕。

4. 第 281 条的附加条件。

第一个片段展示了前两个步骤（提出案例问题和对前提条件的提问）。下表根据《民法典》第 280 条第 1 款和第 3 款规定对第二步的前提条件的提问，通过阴影的方式进行强调。

表 9-8　案例分析步骤的片段一

第一步： 按照"4-W-Satz" 提出案例问题	A 根据《民法典》第 280 条第 1 款、第 3 款和第 280 条要求 B 代替履行支付损害赔偿			
第二步： 列举请求权基础 的前提条件	前提条件 1	前提条件 2	前提条件 3	前提条件 4
	债权债务关系	出现第 280 条第 1 款和第 281 条中违反义务的情况	可归责（没有第 280 条第 1 款第 2 句中不可归责的情况）	第 280 条第 3 款和第 281 条中其他条件

列出每个前提条件之后，就要从案件事实出发分析每个前提条件是否满足。[1]在完成这一步时，学生就要忘记总体结构，而一个接一个地考查已经确定的前提条件（论证链）。全面、完整地论证完一个前提条件之后才可以转向下一个前提条件的论证过程。

（三）前提条件的论证

为了确定案件事实是否满足列出的前提条件，要把每个案件事实中的情况和每个前提条件（每个构成要件要素）一一对比。为此，除非出现前提条件明显存在的情况〔所谓显而易见，请参见边码 272 "（4）参与人的陈述"〕，都要对每个前提条件进行定义或者至少要具体化，然后再涵摄。每个前提条件的论证都以一个中期结果结束，中期结果要说

---

〔1〕　有关对前提条件的考查顺序见 Tettinger/Mann, Rn. 207。

明该前提条件是否存在。[1]因此，一个完整的论证分为三步（定义/具
体化，涵摄，中期结果）。[2]这个三步论证法和典型的演绎推理相一致，
由大前提、小前提和结论组成。[3]您要知道，鉴定式中演绎推理的大前
提和法定前提条件的定义/具体化一致，小前提和涵摄，结论和中期结
果相一致。但是，谈到案例分析技术时，"大前提"的概念也被描述为
论证每个前提条件的引入句。[4]如果把需要论证的前提条件的引入句加
上去，有四个步骤。[5]

下表展示了每个前提条件的三步论证法的要素。

表 9-9　案例分析步骤的片段二

---

〔1〕 遗憾的是，很多案例分析技术指导中对单个前提条件的考查表达得非常笼统，
必须进行总结。详见 Schimmel，Rn. 28，该书明确指出，常见的情况是需要在案例分析过程
中再次或者多次采用三步法进行分析。在为新生制作的分析模板中，有些步骤尤其是定义
和总结部分区分不够明确。而这种处理方式更适用于措辞明确的较高级别的案例分析。对
新生来说，采用更加详细的分析方式更有意义，就算分析模板显得非常"不必要的烦琐"。
但是对细节的理解不怕烦琐，严格按照涵摄方法完成案例分析可以积累更多经验，可以掌
握更好的学习方式。

〔2〕 在大脑中考查单个前提条件时缺少"提出问题"的步骤。这个步骤是请求权考
查的上一步，在该步骤中要列出请求权基础的前提条件。下笔时则从某个具体的前提条件
开始写。

〔3〕 参见 Rüthers/Fischer/Birk，S. 413ff.；Wieduwilt，S. 289。

〔4〕 Olivia Czerny/Tino Frieling，Meine erste Zivilrechts-Klausur：Die vier Phasen der
Klausurestellung，JuS 2012，877，881，认为，把大前提直接放在前面的第四步让人迷惑。假
设句要放在法学三段论意义上的大前提（定义/具体化）前面。但是，很多说明中被描述
为大前提。Putze，Juristische Arbeiten erfolgreich schreiben，München，4. Aufl. 2012，Rn. 71b，
Lagodny/Mansdörfer/Putzke，S. 158 Fn. 7 提到了这种误导的现象。Wieduwilt. S. 289，把引言
句描述为"入门"。Hildebrand，S. 12ff.，对法律规定大前提（请求依据）和构成要件要素
大前提（前提条件）进行区分。

〔5〕 Hildebrand，S. 5："三段论是三步，鉴定是四步。"Germann，S. 3 持不同观点，有
的保持三步结构，有的在概念中提出一个下级的大前提："并没有三级和四级涵摄公式的
区分，所有的论述结构都是三级的三段论。"

1. 前提条件的定义或具体化

为了判断实际发生的事件是否和前提条件相一致，首先必须将该前提条件具体化。也就是说，首先要确定法律文本中提到（或者没有明确写出来的构成要件要素）的前提条件的具体含义。在绝大多数案例中，这个任务都是通过对前提条件进行定义来实现的。[1] 在有些案例中，因为没有该前提条件的准确定义，必须首先对其进一步地描述或者从描述中找到可以定义的若干组成部分。不是所有的前提条件都可以毫无障碍地进行定义。在有的案例中，学生必须对前提条件进一步描述或者首先从描述中推导出可以定义的构成要件要素。

如果定义是直接从法典中得出的，就称之为法律定义。

> ✐(1)《民法典》第 121 条第 1 款第 1 句包括哪些法律定义？
>
> ✐(2)《民法典》第 183 条包括哪些法律定义？
>
> ✐(3)《民法典》第 194 条第 1 款包括哪些法律定义？

解答：

（1）《民法典》第 121 条中有"不迟延地"，即"没有过错的迟延"的法律定义。

（2）《民法典》第 183 条中有"允许"，即"事先的同意"的法律定义。

（3）《民法典》第 194 条中有"请求权"的法律定义，即"向他人请求作为或不作为的权利"。

但是，大多数前提条件都不能从法典中找到明确的定义。其定义是从对法律规定的解释中简要推导出来的。因此，很多定义是从司法判例和文献中发展而来的。除此之外，很多定义也可以从本身推导出来：每个概念可以通过找到上位概念，然后找到不同之处。

---

[1] 有关概念和定义的形成详见 Schimmel, Rn. 98ff. 和 Schmalz, Rn.154-170。有关法律规定参见 Beaucamp/Treder, Rn.24ff.。定义和具体化属于大前提，不属于涵摄的级别。Zwickel/Lohse/Schmid, S.31 持不同观点。

> **示例：**
>
> 买卖合同的概念：买卖合同的上位概念是合同。买卖合同区别于其他合同的不同之处体现在合同义务上。买受人获得转让物的所有权以及占有并且支付给出卖人约定的买卖价款。

片段三强调《民法典》第 280 条第 1 款的初步前提条件的定义/具体化，也就是考查债权债务关系是否存在：

表 9-10　案例分析步骤的片段三

第一步： 按照 "4-W-Satz" 提出案例问题	A 根据《民法典》第 280 条第 1 款、第 3 款和第 280 条要求 B 代替履行支付损害赔偿			
第二步： 列举请求权基础 的前提条件	前提条件 1	前提条件 2	前提条件 3	前提条件 4
	债权债务关系	出现第 280 条第 1 款和第 281 条中违反义务的情况	可归责（没有第 280 条第 1 款第 2 句中不可归责的情况）	第 280 条第 3 款和第 281 条中其他条件
第三步： 概念/具体化	定义/具体化			

很多学生认为，不能在法典中找到的定义必须采用"死记硬背"方式学习，并且为此要找到包含特定法学领域定义的书籍。[1] 但是，更

---

〔1〕　比如 Martin Maties/Klaus Winkler, Schamta und Fefinitionen Zivilrecht, München, 2015；o. V., Tachen-Definitionen, Zivilrecht, Strafrecht, Öffentliches Recht, Baden-Baden, 2. Aufl. 2014；Leenen, S. 459 ff.；Winfried Boecken, BGB-AT, Stuutgart, 2.Aufl. 2012（定义见附件）；Axel Benning/Jörg-Dieter Oberrath, Bürgerliches Recht, Stuttgat u.a., 5. Aufl. 2011, 书中有包括很多定义的详细的词汇表。刑法领域有 Wilfried Küper, Strafrecht Besonderer Teil, Definitionen mit Erläuterungen, Heidelberg, 9. Aufl. 2015, 一本由定义组成的词典，也就是说按照字母顺序的包括分则中最重要的 170 个概念的字典。刑法领域另参见 Ulrich Schroth, Strafrecht Besonderer Teil, Strukturen, Aufbauschemata, Definitionen, Stuttgart, 5. Aufl. 2014。Werner Beulke, Klausurenkurs im Strafrecht 3. Heidelberg, 4. Aufl. 2013, 在附件中有一张按照法律体系制作的定义列表。公法领域相关的定义可以参见 Luty Treder/Wohlgang Rohr, Prüfungsschemata Verwaltungsrecht, Grundlagen und Erläuterungen, Heidelberg, 5. Aufl. 2008。也可以参见 Helmut Schlegel 制作的附有定义的索引卡片，在书店可以购得。Nomos Verlag 提供由很多教科书制作的应用软件（NOMOSAPP）。

重要的是，首先在学习过程中要理解司法判例或者文献中的定义是怎样形成的，定义的每个构成部分有什么样的含义。只有这样，学生才能对这个定义形成长期记忆并且能够判断实际发生的时间是否满足定义的要求。其次，在阅读类似的定义汇编时，考查定义是否完整并且具有现实意义也是必要的。在掌握定义时，理解是最重要的，死记硬背并不可取。[1] 因此，不要把定义简单地抄下来，而是要用自己的语言进行理解并且作为学习材料储存起来。[2]"勇于求知、自己思考应当成为学生的行为准则。"[3]

在定义一个前提条件时可能又会产生若干需要解释的部分。这会导致出现的结果是，在定义完成之后，在该前提条件之内还要对行为中每个需要解释的组成部分进行若干涵摄。[4]

267

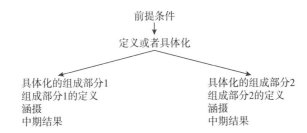

图 9-2　连环涵摄图

对前提条件进行完整定义或者具体化并不是必要的。此处的目标是对那些在对前提条件进行定义或者具体化过程中对案件事实的涵摄起决定作用的组成部分进行研究。重要的是，前提条件的定义或者具体化要从案件事实出发。[5]

---

〔1〕　Eike Michael Frenzel, Das Definieren von Rechtsbegriffen-Beispiel aus dem Verfassungsrecht, ZJS 2009, 487："法律概念的定义对法学工作是必不可少的，其是法学讨论连贯性和质量的保证。但是，有时掌握这些定义被认为是苛求，特别是认为掌握它们靠死记硬背。"

〔2〕　比如在索引卡片上（参见本书第八章）。

〔3〕　Hufen, S. 1.

〔4〕　Diedersen/Wagner/Thole, S. 72, 称之为连环涵摄。另参见 Zwickel/Lohse/Schmid, S. 36ff.："连环"三段论。

〔5〕　Beaucamp/Treder, Rn. 106.

> **示例：**
>
> 在具体的案例中，对所购买物品发货请求权的考查取决于买卖合同是否已经生效。这个案例的问题出现在其他地方。此处，该句对"买卖合同的成立通过两个达成一致的意思表示，即要约和承诺"具体化就足够了。在该案例中，并不需要买卖合同的具体定义。相反地，如果通过案例事实不能确定是否为交换合同还是买卖合同，就有必要进一步对"买卖合同"的前提条件进行定义："买卖合同是以等价有偿的方式转移物的所有权。合同的有效成立以两个达成一致的意思表示为前提。"

对前提条件进行具体化或者定义的过程中（构成要件要素），您常常能够发现法律条文可以采用两种或者多种方式进行解释并因此得出不同的定义或者具体化结论。在对前提条件进行定义或者具体化时遇到困难往往是法律条文内容不明确的初步证据，构成要件要素的含义可以采用不同的方法解释。多数情况下，对构成要件要素的具体化存在争议就意味着您在案例分析的这个环节遇到了需要澄清的有争议的法律问题。有争议的法律问题要在对构成要件要素具体化的过程中处理。为了给不明确的构成要件要素找出一个代表性的解释，就要对不明确的法律规定进行解释。借助传统的法律解释方法（文义、体系、历史、意义和目的解释）[1] 您必须就法律条文的解释形成自己的观点并且在案例分析中进行论证。案例分析这样的环节特别能展示学生是否有能力独立完成法学分析步骤。Hupfen 教授明确建议年轻的法律人："您不要被模板所限制，也不要被主流学说控制——不要因为已知并且被承认的前人观点，不要因为辅导机构，也不要因为教授和教科书而不去思考：您要自己思考！"[2] 您掌握的构成要件要素之外的普遍适用的法学知识越多，对法

---

〔1〕 有关解释的方法参见边码 187 脚注 1。Christian Walz 中有对案例分析实践的明确建议参见 Christian Walz, Das Ziel der Auslegung und die Rangfolge der Auslegungskriterien, ZJS 2010, 482。

〔2〕 Friedheim Hufen, JuS 2013, 1, 7（重点不是原文而是思考）。

律条文进行解释就越容易。因为法学家并不能像科学家那样证明自己的分析[1]，教义的、有说服力的论证能力是法学家的关键技能。[2]

表 9-11　法学论证

Albrecht，Achim	Juristisch denken und argumentieren, Troisdorf, 2009.
Beaucamp，Guy/ Treder，Lutz	Methoden und Technik der Rechtsanwendung, Heidelberg, 2. Aufl. 2011.（第 133 段及以下）
Beyerbach，Hannes	Gutachten, Hilfsgutachten und Gutachtenstil-Bemerkungen zur juristischen Fallbearbeitung, JA 2014, 813.
Diederichsen，Uwe	Die BGB-Klausur, München, 9. Aufl.1998, S.154ff.（有关法学论证技巧的具体内容）
Frenzel，Eike Michael	Das Definieren von Rechtsbegriffem-Beispiele aus dem Verfassungsrecht, ZJS 2009, 487.
Hildbrand，Tina	Juristischer Gutschtenstil, Ein Lehr-und Arbeitsbuch, Tübingen, 2014, S.18ff.（定义），S.72ff.（法学论证）
Jochum，Heike	Wie man sich das Recht zu eigen macht, JuS 2013, 586.
Lagodny，Otto	Juristische Begründen, Argumentations-und Prüfungstraining für ein zentrales Studienziel, Baden-Baden, 2013.（从 145 页起有大量的糟糕的或者存在缺陷的论证的示例）
Leenen，Detief	BGB Allgeinmer Teil, Rechtsgeschäfteslehre, Berlin, 2. Aufl. 2015, S.381ff.（有关法典的内容：方法论基础知识）
Meier，Patrick/ Jocham，Felix	Wie man Argumente gewinnt, Die Kunst, dogmatische und überzeugend zu begründen, JuS 2015, 490.
Möllers，Thomas M.J.	Juristische Arbeitstechnik und wissenschaftliches Arbeiten, München, 7.Aufl. 2014, S.52ff.（从第 7 版开始有针对法律论证的单独一个章节）
Pilniok，Arne	"h. M" ist kein Argument-Überlegungen zum rechtswissenschaftlichen Argumentieren für studierende in den Anfangesmestern, JuS 2009, 394ff.

---

〔1〕　Patrick Meier/Felix Jocham, Wie man Argumente gewinnt, JuS 2015, 490, 491. 法律应用和法律应用中遇到的困难参见 Loos, S.35ff.。

〔2〕　Lagodny, S.41ff.：论证而不是死记硬背。

Puppe, Ingeborg	Kleine Schule des juristische Denkens, Stuttgart, 3. Aufl. 2014.
Rüthers, Bernd	Wozu auch noch Methodenlehre? Die Grundlagenlücken im Jur-astudium, JuS 2011, 865.
Steinberg, Georg	Angewandte juristische Methodenlehre für Anfänger, Frankfurt/Main, 2006, S.69ff.
Tettinger, Peter J./Mann, Thomas	Einführung in die juristische Arbeitstechnik, Klausuren, Haus- und Seminararbeiten, Diessertation, München, 4. Aufl. 2009, Rn. 211ff.
Wank, Rolf	Die Ausiegung von Gesetzen, München, 5. Aufl. 2011. (内容包括案例分析过程中方法论位置的一览表)
Wulf, Rüdiger	Wissenschaftliches Schreibenüber juristische Themen, Tübingen, 2014, S.39ff. (可以在网上下载文献目录)
Zwickel, Martin/Lohse, Eva Julia/Schmid, Matthias	Kompetenztraining Jura, Leitfaden für eine juristische Kompe-tenz-und Fehlerlehre, Berlin, 2014, S.118ff. (法学论证)

269

　　因为有些请求权的前提条件本身就是非常广泛的法律概念，因此，被其他的法律规定确定和具体化。这些法律规定会从其角度出发规定该法律概念成立的前提条件。从请求权基础的角度来看，这些前提条件属于请求权基础某个特定前提条件的下位条件。

> ☞《民法典》第 280 条第 1 款的前提条件本身就构成一个独立、广泛的法律概念？该前提条件被以哪种形式具体化？

解答：

　　前提条件是债务人违反"基于债务关系而产生的义务"。代替履行的损害赔偿作为法律后果，不是所有的违反义务都能构成其前提条件的，而必须是《民法典》第 281 条意义上的违反义务。因此，代替履行的损害赔偿的必要的违反义务的情况是在《民法典》第 281 条第 1 款第 1 句中具体化的。

> ✐《民法典》第 280 条第 1 款提到的前提条件"违反义务"是怎样在《民法典》第 281 条第 1 款第 1 句中被具体化的？

根据原《民法典》第281条第1款第1句的规定，导致出现代替履行的损害赔偿法律后果的违反义务的形式体现在，债务人：

1. 不履行给付（尽管是可能实现的）。

2. 给付已经到期，同时债权人的请求权是有效并且可以执行[1]的。

为了符合该违反义务的情形，还必须满足（尚未）不履行和给付已经到期的情况。

第四个前提条件也要进行进一步的具体化。到目前为止，我们仅仅确定了《民法典》第280条第3款还指向了《民法典》第281条的附加条件。

🖊《民法典》第281条要求满足哪些附加的前提条件？

解答：

《民法典》第281条第1款附加的前提条件如下：

1. 债权人指定了合适的履行期间。

2. 已经到期并且无效果。

270   在表9-12片段四中您可以看到，在得出请求权基础需要论证的每个前提条件的中期结果之前[2]，某一前提条件（前提条件2和4）具体化的阶段是怎样导向必须要论证的下位条件的。

---

〔1〕 为了取得条理清晰的效果，没有把请求权的可执行性作为一个特别的下位前提条件在表格片段中表达出来。

〔2〕 从代替给付的损害赔偿请求权（在履行不能和履行迟延情况下）的结构上来看，无法一次性考查。一致认为，《民法典》第280条第1款是基础性的请求权规定，此外还需附加的前提条件补充。附加前提条件的引入会导致出现至少三种结构设计方案。此处所选择的结构和法律规定最接近，Dirk Looschelders, Schuldrecht Allgemeiner Teil, München, 12. Aufl. 2014, S.455 也赞同这种结构。另一种方案是，首先考查《民法典》第280条第1款的前提条件，也就是确实违反义务的事实，而不讨论有能力而不履行的情况。接着考查《民法典》第281条第1款的所有前提条件。这种方案的缺点是，在考查违反义务和有能力而不履行义务时几乎写相同的内容。也可以采取的方案是，在违反义务之下考查《民法典》第281条的所有前提条件。就可以保证即使期限已过，导致出现代替履行支付损害赔偿的违反义务的情况也可以达成。这种方法引起教义学上的疑问。

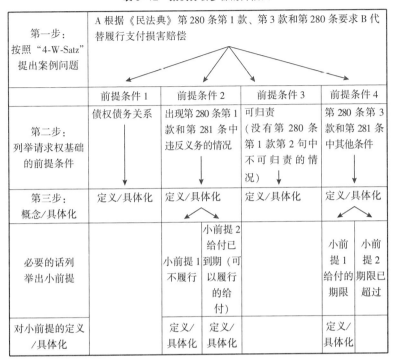

表 9-12　案例分析步骤的片段四

	前提条件 1	前提条件 2		前提条件 3	前提条件 4	
第一步：按照"4-W-Satz"提出案例问题	A 根据《民法典》第 280 条第 1 款、第 3 款和第 280 条要求 B 代替履行支付损害赔偿					
第二步：列举请求权基础的前提条件	债权债务关系	出现第 280 条第 1 款和第 281 条中违反义务的情况		可归责（没有第 280 条第 1 款第 2 句中不可归责的情况）	第 280 条第 3 款和第 281 条中其他条件	
第三步：概念/具体化	定义/具体化	定义/具体化		定义/具体化	定义/具体化	
必要的话列举出小前提		小前提 1 不履行	小前提 2 给付已到期（可以履行的给付）		小前提 1 给付的期限	小前提 2 期限已超过
对小前提的定义/具体化		定义/具体化	定义/具体化		定义/具体化	

2. 狭义上的涵摄

在对前提条件进行具体化之后，接着是涵摄（狭义上的）。从考查思路来看，接下来要考查案件事实是否满足被具体化的前提条件。[1] 这意味着，多数情况下又要按部就班地把案件事实中的事件和定义的每个构成要件要素对应起来，从而确定案件事实是否和请求权的前提条件相一致。[2] 从这个阶段开始才能对案件事实进行详细的讨论，因为只有对前提条件（构成要件要素）进行具体化之后，才能考查案件事实的

271

---

〔1〕 建议同时考查几个前提条件，避免出现对案件事实的人为划分情况。可参见 Schmalz, Rn.23，以《民法典》第 812 条第 1 款第 1 句前半句为例，（旧版）同时考查"取得利益""通过给付"，也就是"通过给付获得利益"。

〔2〕 参见边码 300。

各个部分和前提条件是否能够对应起来。涵摄并不是导向唯一正确结果的"数学结论的同质化进程"[1]。在涵摄过程中经常要进行价值上的判断。

这个阶段会出现的问题是怎样理解特定的案件事实细节。在对案件事实进行严格处理的过程中，会出现几种典型的不确定和错误。[2]

（1）利用所有的案件事实信息

在很多案例分析的说明中都会出现这样的话语，案件事实中的所有信息都必须运用在案例分析中。这样说肯定不是绝对的，有些细节的出现是为了让案件事实更加明白易懂而不具备法律上的重要意义。此外，在某些闭卷考试中，细节的引入和法律并不相关，而是为了让案例更加生动形象。因此，您不要尝试把案件事实中的所有信息"强行"应用在案例分析中。在对案件事实中的信息进行处理时，您应当考虑这些信息是否能从法律层面在对各前提条件进行涵摄时得以使用，并因此对具体的问题产生重大的意义。

> **示例：**
>
> 案件事实中提到的在工商机构登记的 Otto Müller 合伙企业有三位合伙人，Otto、Martin 和 Klaus。该合伙企业主营家居贸易。闭卷考试要求考查第三人损害清算体系之下的债法上的请求权。案件事实中提到该经营家居贸易的合伙企业是为了让案件事实更加贴近生活。为了避免考试人员讨论商法或者民商事组织法的问题，特意在案件事实中添加了"在工商机构登记"的信息。考试人员可以从中得知，这是一家已经成立的企业。没有必要对《商法典》第 1 条及以下条款进行考查。

---

〔1〕 Dieter Schwab/Martin Löhnig, Einführung in das Zivilrecht, Heidelberg, 19. Aufl. 2012, Rn.16.

〔2〕 很多有关案例分析的指南指出了"总结案件事实"中出现的错误，实际上这些错误也会对涵摄产生影响。

（2）"事实构成破碎机"

"事实构成破碎机"的意思是，对案件事实中的实际情况进行修改，将其涵摄在一个前提条件之下，从而实现所追求的分析结果。在这里，案件事实被认为是"不正确"并且应当被修正的。但是，法学案例分析中的案件事实必须是毫无例外、原封不动的作为解答的依据。[1] 就算案件事实中的真实事件看起来比较脱离现实，您也必须以案例中描述的事实为准。擅自做出修改并且对案件事实进行朝着特定的方向进行歪曲是绝对不允许的。

（3）假设

擅自修改案件事实是禁止的，但是案件事实中的假设则不可一概而论。虽然案件事实不能修改或者修正的原则在此也适用，但是在案例分析的涵摄过程中要对特定的事实进行假设是可能的。如果已经对案件事实中的特定事件进行法律上的评价并且没有人提出异议，您就可以认为支持评价的事实是存在的。

> **示例：**
>
> 案件事实为"A 和 B 就一块地产缔结了一份需要满足形式要件的买卖合同"。您就可以从有效的缔结合同这个事实推定，买卖合同已经公证并且满足《民法典》第 311b 条第 1 款第 1 句的规定。
>
> 案件事实为"工商登记册登记的合伙企业……"。从此处可以确定，在工商登记册的注册已经生效。

如果没有要求对案件事实中的一个情形进行解释并且也不需要作出法律上的评价，您应当推定，不需要对该情形进行解释。出现这种情况时，您必须根据举证责任的规定作出决定。举证责任会规定当对某一情形没有查明时，应当由谁承担风险的问题。

---

〔1〕 修改明显的拼写错误，不算是对构成要件要素的破坏。数据也会出现拼写错误。在您修改数据之前，应该多次确认该书籍目前采用的形式是否有意义。

> **示例:《民法典》第286条第4款（债务人迟延）**
>
> 如果出现给付迟延并且不能确定是否可归责于债务人，由债务人承担举证责任。如果债务人不能证明其不对给付迟延负责，就推定其要负责任。在对可归责方面进行考查时，确定债务人要根据《民法典》第286条第4款的举证责任规定：对迟延有过错并因此陷于债务人迟延。

如果不能用现在的思路解释案件分析中一个不清晰的问题时，建议您再次阅读案件事实并且搞清楚，是否不能用已有的信息得出令人满意的答案。只有最终出现不对案件事实进行解释并且在此基础上对事实进行假设也无法得到令人满意的答案的情形时，您才可以对特定的事实进行假设。只在有理由做出这样的推定，即闭卷考试出题人对特定的事实没有进行明确说明是因为他们默认对案件事实的解释是允许的[1]，您可以尽可能地对案件事实进行贴近生活的解释。

273　　（4）参与人的陈述

涉及参与人的陈述时，要区分这些陈述是涉及案件事实还是法律后果。那些对案件事实作出的、不对任何人提出质疑的陈述，您可以假定为正确。案件事实中的参与人对法律规定的应用、解释和法律后果作出的法律上的提示不能假定为正确，而是作为处理问题的开端。闭卷考试出题人想借此让您关注解决该案例分析相关的所有规定。[2]

下表片段五为在以前的片段中介入了涵摄的环节：

---

〔1〕 如果您认为没有办法足够清楚地解释案件事实，（最后）紧急方案是从考试策略角度出发采取措施，在脑子里准备两种解决方案。之后您可能就将发现出题人会从案件事实和案例分析出发，考虑哪种解决方案。

〔2〕 有关正确处理参与人的法律意见，参见 Olzen/Wank, S.8ff.。

表 9-13　案例分析步骤的片段五

步骤	前提条件 1	前提条件 2		前提条件 3	前提条件 4	
第一步：按照"4-W-Satz"提出案例问题	A 根据《民法典》第 280 条第 1 款、第 3 款和第 280 条要求 B 代替履行支付损害赔偿					
第二步：列举请求权基础的前提条件	债权债务关系	出现第 280 条第 1 款和第 281 条中违反义务的情况		可归责（没有第 280 条第 1 款第 2 句中不可归责的情况）	第 280 条第 3 款和第 281 条中其他条件	
第三步：概念/具体化	定义/具体化	定义/具体化		定义/具体化	定义/具体化	
必要的话列举小前提		小前提 1 不履行	小前提 2 给付已到期（可以履行的给付）		小前提 1 给付的期限	小前提 2 期限已超过
对小前提的定义/具体化		定义/具体化	定义/具体化		定义/具体化	明显满足
第四步：涵摄	涵摄	涵摄	涵摄	涵摄	涵摄	

3.（中期）结果

涵摄结束之后，对每个前提条件的考查即结束，从对前提条件的考查而得出的中期结果可以确定该前提条件在案件事实中是否出现。

4. 明证

案例分析中要通过"定义/具体化、涵摄和中期结果"三个步骤对处理方式、前提条件（构成要件要素）进行考查，但是也有例外情形：有些前提条件是显然满足的，即这些前提条件的存在不需要进一步地具体化即可自证存在。这就表示，就案例分析本身而言，这些前提条件的存在只需要一句话就可以确定。[1]新生往往不知道在哪些案例中可以认

274

----

〔1〕 有关表述参见本书边码 283。

定一个前提条件或者前提条件构成要件的存在是显而易见的事实。判断显而易见的事实是否存在的一个依据是，没有先入为主的阅读者是否会怀疑前提条件和事实一致。[1]如果需要一句以上的篇幅对前提条件是否在案例中存在的情况加以论证的话，前提条件就不属于显而易见的事实。在这种情况下，就要开始采用"三步论证法"。

下表 9-14 对"中期结果"环节和"期限已超过"这一前提条件的肯定用明证的方式作出了说明。

表 9-14　案例分析步骤的片段六

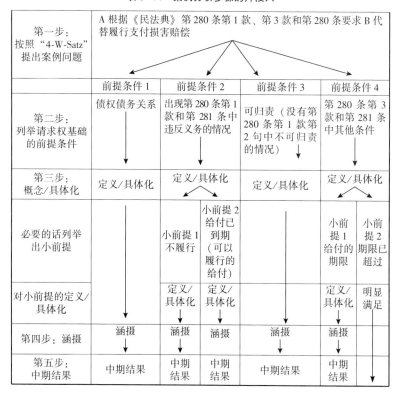

第一步：按照"4-W-Satz"提出案例问题	A 根据《民法典》第 280 条第 1 款、第 3 款和第 280 条要求 B 代替履行支付损害赔偿				
	前提条件 1	前提条件 2	前提条件 3	前提条件 4	
第二步：列举请求权基础的前提条件	债权债务关系	出现第 280 条第 1 款和第 281 条中违反义务的情况	可归责（没有第 280 条第 1 款第 2 句中不可归责的情况）	第 280 条第 3 款和第 281 条中其他条件	
第三步：概念/具体化	定义/具体化	定义/具体化	定义/具体化	定义/具体化	
必要的话列举出小前提		小前提 1 不履行	小前提 2 给付已到期（可以履行的给付）		小前提 1 给付的期限	小前提 2 期限已超过
对小前提的定义/具体化		定义/具体化	定义/具体化		定义/具体化	明显满足
第四步：涵摄	涵摄	涵摄	涵摄	涵摄	涵摄	
第五步：中期结果	中期结果	中期结果	中期结果	中期结果	中期结果	

[1]　Schmalz, Rn.26.

（四）总结论

考查一个请求权基础时，要对所有的前提条件（必要的话对其构成要件要素）按照定义/具体化、涵摄、中期结果的步骤依次考查或者确认其是否为显而易见的事实。直到请求权基础的所有前提条件都满足时，（请求权存在）这样的涵摄过程才结束。只要一个前提条件没有满足，请求权就不存在，可以放弃对接下来的前提条件的考查。

对请求权前提条件的存在作出肯定回答后，还有一个"法律后果涵摄"过程[1]。这种涵摄过程主要体现在损害赔偿请求权或者其他赔偿请求权上。举个例子，针对《民法典》第 280 条第 1 款、第 3 款和第 283 条进行的请求权考查结果是："K 可以根据《民法典》第 280 条第 1款和第 283 条的规定向 V 请求代替履行的损害赔偿。"如果从案件事实来看出现了个别的损失情况（比如，与不可能给付的代替品相关的花费），就必须继续考查这些损失能否在请求权基础范围内得到赔偿[2]。请求权的考查结果，必要的话包括法律后果涵摄在内，被视为最终结果。

某一个前提条件被否定时，就要中断请求权考查并且最终确认为该请求权不存在。通常情况下，请求权考查就到此结束了。但是也有（很少出现的）例外情况：如果还没有讨论案件事实中的重要法律问题或者没有使用大部分案件事实，制作一个辅助鉴定意见是非常有意义的[3]。在通过辅助鉴定意见的方式解释法律问题之前，首先您要仔细确认一下解题思路。在考查诉讼或者其他法律救济方式时，只在少数的情况下才需要制作辅助鉴定意见，即诉的合法性被否定，因为只有以辅助鉴定意见的方式才能对实质法律问题进行考查。在这种情况下，就要考查可诉性（"辅助鉴定意见：可诉性"）。

---

〔1〕 Schmalz, Rn.38. 有关公法领域的法律后果，参见 Tettinger/Mann, Rn.253。

〔2〕 有些案例分析总是在范围更广的级别"损失"之下考查其前提条件。但是，这种做法通常和法律体系不符，因为如果存在损害赔偿请求权时，《民法典》第 249 条及其他规定调整损害赔偿的种类和范围。两种方案都认可这种观点。

〔3〕 有关辅助鉴定意见，参见 Diederichsen/Wagner/Thole, S.44；Tettinger/Mann, Rn. 289ff.；Beaucamp/Treder, Rn.460f.。

☞最后请您查阅上文案例分析步骤表，并再次学习每个步骤和案例分析的流程。

☞案例分析从提出问题和找出相关法律规定的前提条件（在民法中体现为请求权基础）开始，只要满足这些前提条件，请求权人就能实现追求的法律后果。

☞如果该前提条件并非显然存在，对该前提条件的考查包括三个步骤：
- 定义/具体化
- 涵摄
- 中期结果

☞具体化就是考查下位条件。只要下位条件不是显而易见的事实，就要通过定义/涵摄/中期结果三个步骤进行考查。

☞考查以最终结果结束。

（五）按语：请求权考查的基本范畴

过去的观点认为，只需要根据案件事实考查存在有效请求权的前提条件而不需考查请求权对立规范。对立规范是那些导致请求权未有效成立（阻止权利发生之抗辩），或者已经成立的请求权灭失（权利毁灭之抗辩），或者不能执行（权利阻止之抗辩或抗辩权权利）的规范。即在请求权基础的前提条件已满足并且没有可以引用的请求权对立规范的情况下，才能最终肯定请求权的存在。

基本上在每个民法请求权考查中都要提出请求权是否存在，是否未灭失并且可执行。

第一级：

请求权是否存在？

请求权基础的前提条件[1]（请求权规范）。

请求权是否有效存在？

权利阻止发生之抗辩的前提条件（请求权对立规范）。

---

[1] 参见边码262。

第二级：

请求权是否灭失？

请求权毁灭之抗辩的前提条件（请求权对立规范）。

第三级：

请求权是否可执行？

权利阻止之抗辩或抗辩权的前提条件（请求权对立规范）。

不是在每个案例分析中都必须对三个级别进行考查。比如，涉及民法典总则的案例只需要考查第一个级别即请求权的存在（主要体现在第一和第二学期的案例分析中）。

请思考以下案例：

V 出售给 K 一块度假地产。双方都想节省公证费用，因此以握手的方式表示同意成交。第二天，K 找到了一块位置极佳的地产，因此不想遵守和 V 签订的合同。

V 请求 K 返还地产购买费用。本案的法律状态？

（1）本案请求权基础？请求权对立规范？

（2）案例分析的大致结构是怎样的？

（3）要考查哪些级别？

解答：

（1）请求权基础为《民法典》第 433 条第 2 款。相关的请求权对立规范为《民法典》第 125 条第 1 句的阻止权利发生之抗辩。

（2）案例分析的大致结构为：

请求权是否存在？（第一级）

1. 请求权基础的前提条件：《民法典》第 433 条第 2 款。

2. 请求权对立规范的前提条件：权利阻止发生之抗辩，根据《民法典》第 125 条第 1 句和第 311b 条第 1 款第 1 句前半句。

（3）根据案件事实的具体情况，只需要考查第一级（请求权是否有效)。

针对因合同而产生的次生请求权，比如请求因嗣后给付不可能而导致的损害赔偿，根据案件事实的具体情况，往往只需要考察请求权是否存在。[1]如果在案件事实中期出现指向权利毁灭之抗辩或者权利阻止之诉（第二级和第三级）的情况，案例分析就在第一级之后结束。

> **示例：**
>
> 根据《民法典》第 280 条第 1 款、第 3 款和第 283 条而产生的损害赔偿请求权。从案件事实具体情况来看，不需要考查第二级和第三级。
>
> 案例分析的大致结构：
>
> 请求权是否存在？（第一级）
>
> 请求权基础的前提条件：《民法典》第 280 条第 1 款、第 3 款和第 283 条。

案件事实中也不存在因不当得利产生的请求权，因此只需要考查第一级。

> **示例：**
>
> 根据旧版《民法典》第 812 条第 1 款第 1 句的取得利益返还请求权，从案件事实具体情况看，不需要考查第二级和第三级。
>
> 案例分析的大致结构：
>
> 请求权是否存在？（第一级）
>
> 请求权基础的前提条件：旧版《民法典》第 812 条第 1 款第 1 句。

出现因合同产生的初始请求权（比如，发货请求权/支付购买价格请求权），通常要考查两级或者三级（请求权是否存在、灭失或者可实现）。[2]

---

[1] 有关合同法上的派生请求权参见 Medicus/Petersen, S.25; Olzen/Wank, S.77 ff.。

[2] 有关合同法上的基础请求权参见 Medicus/Petersen, S.24 f.; Olzen/Wank, S.76 f.。

> **示例**：
>
> 根据《民法典》第433条第1款第1句交付物的请求权。
>
> 案例分析的大致结构：
>
> 1. 请求权是否存在？（第一级）
>
> 请求权基础的前提条件：《民法典》第433条第1款第1句。
>
> 2. 请求权是否灭失？（第二级）
>
> 权利毁灭之抗辩的前提条件（比如，根据《民法典》第362条第1款进行的给付）？
>
> 3. 请求权是否可以实现？（第三级）
>
> 权利阻止之抗辩的前提条件（比如，根据《民法典》第320条产生的不履行合同的抗辩权)？

然而，在案件事实中很少会同时出现权利阻止发生之抗辩（第一级）和权利毁灭之抗辩（第二级）。基础范畴仅仅用来展示请求权考查的所有等级。如果在案件事实中找不到特定的理由，您不用尝试把所有等级在同一案例分析中体现出来。

如果从案件事出发要考查多个等级，要按照上文中所讲的等级顺序进行：首先考查请求权基础的前提条件，其次确定请求权对立规范的前提条件。具体而言，第一级是分别按照三步法确立请求权基础的前提条件，必要的话对权利阻止发生之抗辩进行考查；第二级体现在权利毁灭对立规范的前提条件；第三级是考查权利阻止对立规范的前提条件。[1]

表9-15　请求权考查的基本范畴

Beaucamp, Guy/ Treder, Lutz	Methoden und Technik der Rechtsanwendung, Heidelberg, 2. Aufl. 2011, Rn. 90ff.（解答规范、辅助规范、对立规范）
Braun, Johann	Der Zivilrechtsfall, München, 5. Aufl. 2012, S. 21ff.（请求权和抗辩权）

---

[1]　另参见 Diederichsen/Wagner/Thole, S.4ff.; Möllers, Rn.113; Wörlen/ Schindler, Rn.56。

Linhart, Karin	Das System der Anspruchsgrundlagen, Einwendungen und Einreden in der Zivilrechtsklausur, JA 2006, 266ff.
Medicus, Dieter	Bürgerliches Recht, München, 25.Aufl. 2015, Rn. 1ff.(请求权存在), Rn.16ff. (抗辩)
Metzler-Müller, Karin	Wie löse ich einen Privatrechtsfall?, Aufbauschemate-Mustergutachten-Klausurschwerpunkte, Stuttgart, 6. Aufl. 2011, S. 35ff.
Petersen, Jens	Die Entstehung und Prüfung von Ansprüchen, JURA 2008, 180.
Ulrici, Bernhard/ Purrmann, Anja	Einwendungen und Einreden, JuS 2011, 104.

五、分析提纲的细节

首先仔细思考案例分析的所有步骤，然后在分析提纲中标记出来。分析提纲中包括了案例分析的所有要点。为了避免在答题过程中被迫中断写作思路而查阅法典中的法条的情况，您应当在制作分析提纲时就把所有的法律规定写出来。准确地引用法律规定非常重要，即按照条、款、句、半句、替代选项、案例或者变体的方式进行区分。[1]

279

> **示例：**
> 根据旧版《民法典》第 812 条第 1 款第 1 句前半句的请求权。
> 根据《民法典》第 433 条第 1 款第 1 句的请求权。

在分析提纲中要列出每个前提要件（构成要件要素）并写下重要论据的关键词。[2] 针对每个前提条件都应该确定过渡性的中期结果，每个请求权都要确认其最终结论。

---

〔1〕 有关法律规定的引入参见 Schmidt, Grundlagen rechtswissenschaftlichen Arbeitens, JuS 2003, 649, 653 和 Gröpl, Rn. 54ff.。就那些每个款和句都调整不同对象的法律规定而言，在引用时准确标明哪一款和哪一句是必要的，比如，《民法典》第 433 条第 1 款第 1 句调整物的买卖，第二句调整权利的买卖。

〔2〕 为了避免忘记前提条件的情况，可以提前制作一个简短的有关前提条件的列表。Schmalz, Rn.459, 建议一次性把所有的提纲要点写下来，避免忽略其中一个。

您要在每个提纲要点之间留出足够的空间，如果您想起其他内容，可以迅速对分析提纲进行补充。对那些您还不能最终解答的法律问题尤其要标记出来，这样可以迅速找到您的分析中"棘手"的点。如果接下来的分析路径不依赖这个"棘手"的点就可以马上作出决定，建议您首先继续分析接下来的内容，因为您可能稍后会找到"灵感"。在此，非常重要的一点是，分析提纲的每一页都要单面写作。原因是只有采用这种方式，您才能把几页并列展示，不需要翻面就可以在准备工作结束后浏览整个解答路径。

六、考点的设置和对结论的检验

在完成案例分析提纲后，您应当从主要考点设置的角度检查一遍。每次考试都有很多考试重点，出卷人希望通过对这些重点的考查来检查您对法学知识的掌握程度。从以下提到的这些细节您可以看出这里是考试重点：您将这个部分的案例分析提纲列得非常详细，并且在这里您需要对此进行更多的思考或阐述并分析不同观点。其实当您在某处感到特别困难时，往往这里就是考试重点。一个好的案例分析之所以可以脱颖而出，正是因为通过它可以看出这些考试重点都已经被注意到，并被依照正确的分析方法进行了分析。相反地，一份只能达到平均水准甚至在水准以下的案例分析会在没有什么争议的地方花费很大篇幅，而在有争议的地方却论述得很单薄。[1] 如果您对您的案例分析水平没有什么把握，不妨在这些考试重点部分作出更详细的说明，并尝试给您的结论提供充分的论证。相较于回避已知的问题或者根本没有意识到存在争议，这样显然更能展现您对法学知识的掌握。在这些问题中实际并没有一个唯一的、正确的结论，此处的结论是开放的。如果有一个唯一的结论，律师也就没必要进行争辩，法官也就无须作出裁判，而学者也不用进行讨论了。[2]

---

〔1〕 有关关注重点参见 Tetttinger/Mann, Rn.286ff.。
〔2〕 Kersten JuS 2015, 481, 484.

在思考过后，需要在案例分析提纲中记录下对所有考查过的请求权作出的最终结论。只有在总结这些结论时您才能确定是否有必要处理请求权竞合的问题。[1]接下来您还应当从公平性、正当性角度检验，即站在一般理性的立场看您的观点是否考虑到了案件参与人经济上的利益或其他权利。学生们经常因为在匆匆忙忙赶制案例分析提纲，完全没有注意到他们得出了多么不合理或者多么荒唐的结论。[2]

七、案例分析的撰写

"对案例的分析必须完整、简洁并且逻辑上不存在矛盾之处。"[3]

完成案例分析时需要将案例分析提纲中的每一个要点以及相应的分析准确地表述出来。而这样精确的语言表述对很多学生而言都是有难度的。[4]因此就需要对表述方式进行充分的练习，不应将其视为麻烦的例行公事而只注重对案例的思考以及对案例分析提纲的制作。[5]可以想象，如果在有限的考试时间里您不能用结构严谨且准确的语言将您对案件的思考呈现于纸上，即使有最好的案例分析提纲也无济于事。因为最终您只能提交文本作为评分依据。[6]在文本中需要表现出案例分析提纲中的每一个要点，并且为了能更准确地表现出每一个关键点，使整个案例分析条理清晰，一目了然，需要分段进行讨论。同样基于使分析

---

〔1〕 有观点认为在最终结论中重复请求权基础是不必要的，此种观点忽略的问题是，这种做法让请求权竞合的问题很难确定。在国家法中，在考查基本权利的时候要注意特殊的基本原则，比如，自由权要在平等权之前考查。有关刑法中的请求权竞合参见Tiedemann, S.89ff.。

〔2〕 Körber, JuS 2008, 287, 297, 案例分析的第17条规则"我的奶奶会怎么说？"。

〔3〕 Dieter Medicus/Jens Petersen, Bürgerliches Recht, München, 25.Aufl.2015, Rn.2.

〔4〕 Diederichsen, Technik der juristischen Behandlung von Privatrechtsfällen, in: JuS-Studienführer, S.198, 209: "我们只需把关键词表达成句子就行。"

〔5〕 Gereon Wolters, Fälle mit Lösungen für Fortgeschrittene im Strafrecht, München, 2. Aufl.2005, S.VI: "建议高年级的学生除了对问题高谈阔论之外，还要练习鉴定式（不仅仅是理论上的）。"

〔6〕 在国家考试中大多提供不会被评分的草稿纸。但是，不要听从那些偶尔出现的把案例分析大纲提前写在草稿纸上的建议。这样的大纲并不常见，而且会花费考试中本就很紧张的时间。因此，仅在考试出题人明确要求时，才把大纲作为精确的解答写下来。

显得条理清晰的目的，有时候也有必要将不存在争议的分析点归于同一个标题下。分析提纲中的标题和正式案例分析中的文本不一定非要一一对应。这些外在的形式哪怕只是考虑到阅卷人的心理，也是值得重视的。[1] 考试中考生完全可能因为难以辨认的字迹或让人漫无头绪的结构而只能得到很差的成绩。[2]

分析提纲中的每个步骤的写作都将在下文中以民法案例的形式加以 **281**
说明。[3]

（一）工作假设

请求权考查都围绕着"谁向谁依据什么请求什么"的问题，制作分析提纲开始。对案例分析进行记录时，会把提问转换成一个假设句。要阐明的解答过程经常从一个具体的假设开始，笼统的表述是被禁止的。

> **示例：**
>
> V（谁）向 K（向谁）根据《民法典》第 823 条第 1 款的规定（依据什么）请求支付 5000 欧元的损害赔偿（请求什么）。
>
> A 向 B 根据《民法典》第 985 条规定请求返还一幅画。

经常听到的问题是要把"什么"表述得多具体。是否像 A 向 B 请求花瓶就可以了，还是必须描述为"寄出花瓶"，或者"交付花瓶"，或者"转让并交付花瓶"。"转让并交付"的说法与《民法典》第 433 条第 1 款第 1 句的表述相符，"物的出卖人负有将该物交付给买受人并使买受人取得该物所有权的义务"。因此"交付和转让"是最完整、最具体的表述。但是，在债法案例中表述为交付购买物也不能认定为错误。从案件事实来看，出卖人还必须把物的所有权转让给买受人（因为买受人已经占有欲购买物），这些情况都要在工作假设中体现出来，所以应该这样写"A 向 B 根据《民法典》433 条第 1 款第 1 句的规定请求转让花瓶

---

〔1〕 Schwab/Löhnig, S.10ff.（换位思考：阅卷人的心理）。

〔2〕 Braun, S.43 也赞同这种观点。有关闭卷考试的表达参见"闭卷考试清单"，边码 301。

〔3〕 有关公法和刑法中的案例分析参见本书边码 306 的文献综述。

的所有权"。

另一个经常会遇到的问题，即是否要在工作假设中就说明损害赔偿的具体数额，还是在对"损害"这一构成要件要素进行考查时或者对法律后果进行涵摄时才统计并在结论中确定下来。这个问题也取决于案件事实的具体情况和案例问题。如果损害数额已经在案件事实中明确计算出来，比如，汽车的维修费用为 1500 欧元，而且从案例问题来看，遭受损失的一方明确要求得到这个费用的赔偿，这个数额就要在假设中体现出来。

> **示例：**
> A 向 B 根据《民法典》第 823 条第 1 款的规定请求赔偿 1500 欧元的损失。

相反地，如果案例分析设置的问题中对遭受损失一方应当行使哪些请求权描述得非常笼统，并且从案件事实中可以找到若干损失种类，建议您在假设中仅表述为"赔偿损失"，可以在案例分析过程中对每个损失种类进行计算。

282

> **示例：**
> A 向 B 根据《民法典》第 823 条第 1 款规定请求赔偿损失。

(二) 请求权的前提条件

从上文假设的内容来看，请求权的每个前提条件在案例分析过程中都要列举出来。对请求权前提条件的考查有两种方法：一是列出所有对案例分析意义重大的前提条件[1]并且分析第一个前提条件（方案一）；二是直接从第一个前提条件开始分析，并明确其仅为多个前提条件之一（方案二）。法律规定的前提条件应当尽量在字面上与法律文本一致，这

---

[1] 在提到前提条件时先列出稍后要考查的部分，比如《民法典》第 823 条第 1 款中在具体案例中损害的法律权利。

样可以辨别出您是否准确阅读了法律文本而不是凭借死记硬背套用学过的分析模式。[1]

> **示例：**
>
> 假设：K 向 V 根据《民法典》第 280 条第 1 款，第 286 条第 1 款的规定请求支付 1500 欧元损害赔偿的请求权。
>
> 方案一：
>
> 前提前件是，V 和 K 之间存在债务关系，V 违反履行义务并存在过错，而且因为过错导致 K 出现损失。
>
> 1. V 和 K 之间存在债务关系……
>
> 方案二：
>
> 第一个前提条件是，V 和 K 之间存在债务关系……

也可能出现的情况是，该请求权仅有一个前提条件，此前提条件还可以扩展出进一步的下位条件（方案三）。

> **示例：**
>
> 假设：V 向 K 根据《民法典》第 433 条第 2 款规定要求支付 100 欧元购买价款的请求权。
>
> 方案三：
>
> 前提条件是，V 和 K 之间存在有效的买卖合同。有效的买卖合同的前提是两个达成一致的意思表示，即要约和承诺。
>
> 要约……

如果前提条件的数量很少，最好选择方案一，其优势是读者可以立刻对案例分析有概括的认识。[2] 闭卷考试阅卷人也可以快速确定参加考试的人员是否已经辨认出所有的请求权前提条件。请求权的存在需要

---

[1] Germann, S.8 也建议尽可能接触法律条文，在表达上以法律条文的文本为依据。

[2] 和其他建议相反，此处不必考虑第二级和第三级。如 "前提条件是，请求权产生并且没有因为抗辩权的行使而灭失" 的写作没有多大意义。

283 满足多个前提条件的，把所有的前提条件列举出时，与其说会让读者对案例分析有概括了解，不如说会让他们更加迷惑。[1] 考查请求权的对立规范和对请求权基础的考查相似。您可以列入对立规范的所有前提条件或者首先列出一个。

> **示例：**
>
> 请求支付购买价款的请求权的存在已经确定（第一级），现在要考查请求权消灭的可能性：
>
> 根据《民法典》第 326 条第 1 款第 1 句的规定，请求权消灭。
>
> 方案一：
>
> 前提条件是，存在一个双务合同，债务人根据《民法典》第 275 条第 1-3 款的规定免除给付义务。
>
> 1. 存在双务合同……
>
> 方案二：
>
> 第一个前提条件是，A 和 B 之间存在双务合同。

（三）对单个前提条件的考查

1. 明证

如果某个前提条件是显然存在的，在书面写作时可以用一句话告知读者该前提条件已存在，这样的表述采用确证或者论断风格。[2] 不建议使用这样的句子："没有问题"或者"显然是这样的情况"。这样的句子经常让人忽视具体的论证。像"根据案件事实该前提条件是存在的"，这样的表述也不推荐，因为您在之后的实习阶段或者从事实务时必须要考虑到事实情况。因此，列举出那些肯定前提条件显然存在的具体事实

---

[1] 参见 Schmalz, Rn.501："表达不清楚并且死板。" 如果请求权不存在，没有必要完整地展开前提条件的考查过程，事后把所有的请求权前提条件列举出来是多余的。列举所有的构成要件要素则不同，因为个人的解答可能存在错误，并且读者或者阅卷人至少可以了解到，还需要考查其他哪些前提条件。

[2] 对此参见 Braun, S.13 和 Diederichsen/Wagner/Thole, S.40。

情况是必不可少的。[1]

> **示例：**
> 从 2012 年 7 月 21 日的公证协议可以看出存在有效的购买合同。
> A 在 2012 年 7 月 14 日拨打的电话可证明存在有效的要约。
> A 和 B 之间以 2000 欧元购买汽车的有效的买卖合同。

2. 前提条件的表达

如果该前提条件的存在不是显而易见的事实，在对该前提条件进行考查时，要用依据把前提条件表达出来。

> **示例：**
> 必须存在一个有效的承诺。
> 前提条件是，A 已经得到同意的表示。

如果有多个可能满足前提条件的事实情况，建议您把需要考查的法 **284**
律状态从案件事实中提取出来。

> **示例：**
> B 在 2009 年 4 月 19 日发出的传真是否构成有效的要约。
> 问题是，2009 年 5 月 11 日的汽车损坏（刮痕）是否构成侵犯所有权。

3. 定义或具体化

要推进案例分析进程，就要对前提条件的含义进行解释。为此，您要写出前提条件的定义或者具体化信息。[2] 在制作分析提纲时就已经标记出最重要的关键词，因此，您的主要任务就是对标记进行解释。

---

[1] Hildebrand, S.41ff. 中就"鉴定式中的缩写"有大量的例子。
[2] 怎样对一个法律规定的前提条件进行定义或者具体化，参见边码 264 及以下内容。

> **示例：**
>
> 对缔结合同的前提条件"要约"的考查。
>
> 要约是一个为缔结合同而作出的需要受领的意思表示。要约的内容必须足够明确或者可以确定（《民法典》第133条和第157条），以致于可以直接用"是"的方式作出回应。

前提条件的含义不明确的，可以根据司法判例中的解释和文献资料展开研究。[1] 在案例分析中遇到这样的问题时，可以看出学生是否能够对法学知识作出有说服力的表达。[2] 重要的是，您要明白"采用正确的方法研究法律文本可以弥补知识上的欠缺，但是不正确的处理方式会削弱工作的价值以及对内容上很大程度没有错误的分析产生消极影响"[3]。

表9-16 对争议问题的表达

Butzer, Hermann/ Epping, Volker	Arbeitstechnik imÖffentlichen Recht, Stuttgart u. a., 3. Aufl. 2006, S. 57ff.
Hildesbrand, Tina	Juristischer Gutachtenstil, Ein Lehr-und Arbeitsbuch, Tübingen, 2014, S. 52.ff.（观点冲突）
Kerbein, Björn	Dartellung eines Meinungsstreits in Klauren und Hausarbeiten, JuS 2002, 353.
Kindhäuser, Urs/ Schumann, Kay H./ Lubig, Sebastian	Klausurtraining Strafrecht, Fälle und Lösungen, Baden-Baden, 2. Aufl. 2012, S. 45ff.
Möllers, Thomas M.J	Juristische Arbeitstechnik und wissenschaftlices Arbeiten, München, 7. Aufl. 2014, S. 52ff.
Oilnick, Arne	„h.M" ist kein Argument-Überlegungen zum rechtswissenschaftlichen Argumentieren für Studierende in den Anfangssemster, JuS 2009, 394ff.

---

[1] 有关法律条文的解释参见边码267。

[2] 单凭这一点就可以让优秀的闭卷考试写作从众多普通的闭卷考试写作中脱颖而出。低质量的写作满足于指出"权威"的观点，而高水平的写作通过论证和逻辑清晰的思考作出有说服力的表达。参见 Peter J. Tettinger, Arbeitstechnische Hinweise für die Klausur, die Haus-und Seminararbeit, in：JuS-Studienführer, S.11。

[3] Butzer/Epping, S.11.

Schimmel, Roland	Juristische Klausuren und Hausarbeiten richtig formulieren, München, 11. Aufl. 2014, Rn. 158ff.
Schwerdtfeger, Gunther/ Schwerdtfeger, Angela	Öffentliches Recht in der Fallbearbeitung, Grundfallsystematik, Methodik, Fehlerquellen, München, 14. Aufl. 2012, Rn. 838.
Valerius, Brian	Einführung in den Gutachtenstil, Berlin, 3. Aufl. 2009, S. 25ff.
Wohlers, Wolfgang/ Schuhr, Jan C./ Kudlich, Hans	Klausren und Hausarbeiten im Strafrecht, Baden-Baden, 4. Aufl. 2014, S. 62ff.
Zwickel, Martin/ Lohse, Eva Julia/ Schmid, Matthias	Kompetenztraining Jura, Leitfaden für eine juristische Kompentent-und Fehlerlehre, Berlin, 2014, S.124ff.（观点冲突的表达）

4. 涵摄（狭义上的）

在对每个前提条件进行定义或者具体化之后，接下来就要对事件进行整理。把相应的事件或者案件中的事实和每个前提条件或者前提条件的构成要件要素联系起来。

示例:

对"为缔结合同而发出的要约"的前提条件进行涵摄。

A 向 B 表示，打算花费 50 欧元购买花瓶。购买意向、购买对象和购买价格都可以从 A 的表示中明确体现出来。

5. 中期结果

对每个前提条件或者前提条件的构成要件要素的考查以中期结果的形式结束。

示例:

A 发出有效的要约。

因此，A 的义务（提交洗衣机）属"事后不可能"。

（四）结论和结果审查

请求权考查的结果通过一个包含"谁向谁依据什么请求什么"几个因素的结束句的方式表现出来。

> **示例：**
>
> A 有权向 B 根据《民法典》第 433 条第 2 款的规定在交付汽车时请求 5500 欧元的购买价款。
>
> A 有权向 B 根据《民法典》第 823 条第 1 款和第 253 条第 2 款的规定请求支付 2500 欧元的抚慰金。
>
> A 无权向 B 根据《民法典》第 433 条第 2 款的规定请求支付购买价款。

286　在案例分析中不断重复练习使用这个句式，对将来从事法律事务很有帮助。法官[1]不仅会在判决主文中肯定诉的存在，而且会写到像"判决被告支付原告 5000 欧元"的内容（只有"依据什么"在判决中没有体现出来）。

学生经常会简化结论句，仅仅写某请求权存在或者不存在。涉及比较复杂、存在多个请求权考查的案件事实时，清楚说明每个请求权会导致什么样的结论就非常重要。只有采取这种方式，才能在最后全局总结所有的结论并形成一个最终结论，后续再展开有关结论之可接受性的审查。虽然您在制作分析提纲时就已经完成一次最终结论审查，该结论之可接受性审查也很重要，因为结论可能在表达和论证过程中发生变化。

一个在完成案例分析过程中出现的典型错误是从事实而非法律中推导出特定的结论。

---

〔1〕　律师必须把期望得到的判决主文首先在起诉中表述出来。

> **示例:**
>
> 下面的句子是错误的:从事实来看,设定的期间已到期,代替给付的损害赔偿请求权存在。
>
> 该请求权的依据是《民法典》第 280 条第 1 款、第 3 款和第 281 条第 1 款,期限的到期不是论据,而是该请求权多个前提条件之一。
>
> 正确的表达是:所有的前提条件已经满足,K 有权向 V 请求代替履行的损害赔偿。

表达方式不具体清晰的话,说明分析人员没有正确掌握案例的内部联系。虽然这个问题在不细致的阅读中并不显眼,但是闭卷考试阅卷人会注意到案例分析人员的弱点。

(五) 对语言风格的建议

说出或者写下来的语言是法律人的媒介,语言对他们来说像工具对手艺人一样不可缺少。[1] 把学校里的德语成绩作为是否适合法学教育的标准并不是毫无理由的。[2] 如果学生不能用清晰并且容易理解的语言表达,掌握再多法学知识也没有用武之地。调查证明,法学学生的语言表达能力普遍变差了。[3] 您必须非常诚实地判断自己是否具备必要的语言表达能力。不管怎样,对所有的学生来说,培养并不断发展良好的

287

---

[1] Roxin, S.3 也这样认为:"学生需要具备高水平的书面和口头表达能力。对法律人来说,语言中传递的有说服力的准确和果断有决定性作用。"更明确的表达参见 Bernd Rüthers JuS 2011, 865, 870:"要注意的是,权利只能通过语言来表达。人的语言表达能力决定了其专业能力的上限。"

[2] 此外,大多还要考虑第一外语(转化翻译能力)和数学(逻辑)的成绩。但是,Roxin, S.5, 指出数学才能和法律才能之间没有内在联系。

[3] "对很多年轻人来说,法律写作和标点符号的运用就是一场'灾难'。风格、结构、语言、字体,要从头开始。"Vera Laun, "Jura erfordert vollen Einsatz-von Anfang an", Jura Journal 3/2012, S.5 这样认为。作为国家考试阅卷人我不得不承认这一点。法学学习中的语言问题是 2015 年在汉堡大学举办的法学专业教学中心年会的主题(具体可阅读 http://www.jura.uni-hamburg.de/rechtsdidaktik/tagungen/jahrestagung-2015/)。

语言风格非常重要。[1] 有些学校会提供专业的语言课程，有的学校则不提供。[2] 就法学的语言风格而言，重要的是清楚、明确的表达，实事求是、中立以及有说服力的论证。[3]

1. 鉴定式和确证式

案例分析并不仅仅可以采用鉴定式。如果法定前提条件显然存在，可以用一句话说明（包括案件事实在内）。在案例分析的表述过程中会交替出现鉴定式和确证式。[4] 通常认为，在出现明证的情况下可以例外地使用判决风格。[5] 这种想法是不准确的，因为在判决中的论证紧跟着因果关系从句，而出现明证时，就不需要提出理由。[6]

2. 使用直陈式和虚拟式

当在分析过程中提出一个假设或者一个直陈式的问题时，必须明确说明该假设还有待论证。在这里，也可以用虚拟式的方式表达。但是，假设的表达和对前提条件进行考查的引入句并不一定使用虚拟式。这两种模式的选择区别不大，因为使用直陈式也可以通过补充的方式对假设

---

〔1〕 有关语言对法律人的意义参见 Jutta Limbach, Die Sprache muss das Recht verständlich machen-Sprachzucht als Beitrag zur Demokratie, ZRP 2010, 61. Wolf Schneider, Deutsch fürs Leben, Was die Schule zu lehren vergaß, Reinbek, 2007; ders., Deutsch, Das Handbuch für perfekte Texte, Reinbeck, 2007; Olaf Fritz, Über das schaliche Schreiben, Eine Handreichung, Berlin, 2011; Ludwig Reimers, Stilfibel, Der sichere Weg zum guten Deutsch, München, 2007; o.V., Duden Ratgeber-Briefe und E-Mails gut und richtig schreiben: Geschäfts- und Privatkorrespondenz verständliche und korrekt formulieren, Berlin, 3.Aufl.2014; Eva Engelken, Klartext für Anwälte, Wien, 2010。

〔2〕 比如，比勒菲尔德大学的鉴定式训练课程。

〔3〕 有关"好的法学风格的标准是紧凑、简洁、明确、生动形象并且精确"详见 Möllers, S.76ff.; Putzke, S.25ff.; Gramm/Wolff, S.146ff.。

〔4〕 Lagodny/Mansdörfer, Putzke, S.159 ff. 支持论证式（在鉴定式中的论证）和确证式（论断的明确性）两个概念组合。有关鉴定式另参见 Hildbranc 的书。有关民法闭卷考试参见 Braun, S.9ff.。有关刑法闭卷考试中的鉴定式参见 Tiedemann, S. 24ff.。

〔5〕 比如 Schwerdtfeger/Schwerdtfeger, Rn.836, 此外还有 Diederichsen/Wagner/Thole, S.40。

〔6〕 下文中针对初级闭卷考试中的说明容易引起误导："因为其比较简短，判决式在闭卷考试中比较适合用在那些没有问题，但又必须完成的考查点的确证上。"（参见 Krüger, Die Anfängerklausur im Öffentlichen Recht, Beispiel: Verfassungsbeschwerde, JuS 2014, 790, 791）紧凑的确证不是判决式。具体参见 Wieduwilt, S. 290。

的问题加以明确，比如，通过加上"问题是"的表述。尤其是新生经常认为，可以在鉴定式中不间断地使用虚拟式。这种想法是错误的，下文中的案例将对此进行说明。此外，一个这样的鉴定式会很快让读者疲劳。总之，虚拟式的使用取决于其数量和使用的位置。[1]

> **示例：**
>
> 假设中的虚拟式：A 是否有权向 B 根据《民法典》第 433 条第 2 款规定，请求支付 1500 欧元的购买价款。
>
> 对请求权的前提条件考查大前提中的虚拟式：A 在 2009 年 12 月 19 日发出的传真是否必然构成要约。
>
> 对请求权的前提条件考查大前提中的直陈式：问题是，A 在 2009 年 12 月 19 日发出的传真是否构成有效的要约/其前提条件是，存在一个要约。

请注意，不应当表述为"前提条件应当是"或者"前提条件可能是"，因为有效的要约及有效买卖合同的请求权前提要件是客观事实。即使前提条件本身（包括从句），也要用直陈式（不是：将会存在）。请求权前提条件的定义和具体化、涵摄、中期结果和整体结论原则上都要用直陈式表达。其原因是，定义和具体化是确定的法律规定和经验规律。在涵摄时需要调查的也是事实存在。中期结果和结论则是您对案例作出的总结（而非可能得出的结论）。

3. 富有变化的语言

通过使用同义词词典（比如 Duden）可以拓展您的词汇量，避免出现重复的现象。[2] 那些支撑鉴定式的副词（状态词），如 folglich，daher，somit，also，infolgedessen（均有"因此，所以"的意思）。这些词在鉴定式中从论证导向结论并且标记出结论的位置和内容。在判决式中使用连词，像 denn，da，weil（都有"因为"的意思）都是在提出结论

---

〔1〕 Gerhard Wolf, Bemerkungen zum Gutachtenstil, JuS 1996, 30, 32f.也赞同这种看法。

〔2〕 Dieserichsen/Wagner/Thole, S.199 也建议这样做。

之后使用的。因此，判决式的特点是使用因果关系从句。[1]判决式还可以采用的表达为：这是从……的事实得出的。这个句式同样引出对前面提出的结论的论证。由此来看，连词可以对鉴定式或者判决式的表述加以说明。对新生来说，在进行案例分析时，借助自己使用的语言工具检查是否真的使用鉴定式写作将会非常有帮助。

与此同时，您还应当检查是否使用了像"unzweifelhaft""zweifelsohne""fraglos""offenkundig""ersichtlich"或者"offensichtlich"之类的词语（这些词均有"毫无疑问地、显然地"意思）。如果您把这些词用在肯定显然存在的前提条件上，虽然不能认为是错误，但明显是多余的。如果这些词是为了强调必要的论证依据，您应当去掉这些词并直接附上论证过程。

289

表 9-17　案例分析写作的语言和用词

Bringewat, Peter	Methodik der juristischen Fallbearbeitung, Mit Aufbau- und Prüfungsschemata aus dem Zivil- Strafrecht und Öffentlichen Recht, Stuttgart, 2. Aufl. 2013.（关于语言参见第 53 页及以下内容）
Haft, Fritjof	Juristische Schreibschule, Anleitung zum strukturierten Schreiben, München, 2009.
Hildebrand, Tina	Juristischer Gutachtenstil, Ein Lehr- und Arbeitsbuch, Tübingen, 2014.
Hoffmann, Monika	Deutsch fürs Jurastudium, In 10 Lektionen zum Erfolg, Paaderborn, 2014.
Lippmann, Susan/Scholz, Lydia	Das BGB für ausländische Studierend-Übungen zu Rechtssprache und Methodik, Heidelberg u.a., 2014.（有很多实践练习，因此不推荐给外国学生阅读）
Mix, Christine	Schreiben im Jurastudium, Klaure, Hausarbeit, Themenarbeit, Stuttgart, 2011.
Schimmel, Roland	Juristische Klausuren und Hausarbeiten richtig formulieren, München, 11. Aufl. 2014.（附有大量有关表达的示例, Rn. 324ff.正确的用词）

---

[1]　参见 Schimmel，Rn.32。

Schmuck, Michael	Deutsch für Juristen, Von Schwulst zur klaren Formulierung, Köln, 3. Aufl. 2010.
Schnapp, Friedrich E.	Aktiv oder Passiv? Das Leiden an der Leideform, Jura 2004, 526; da hab ich einen Satz gemacht! Über Bildung und Missbildung von Sätzen, Jura 2004, 22; Substantivitis? Der richtige Umgang mit dem Nominalstil, Jura 2003, 173.
Staaden, Steffi	Rechtsschreibung und Zeichensetzung endlich beherschen, Regeln undÜbungen, Paderborn, 2015.
Tettinger, Peter J./ Mann, Thomas	Einführung in die juristische Arbeitstechnik, Klausuren, Haus- und Seminararbeiten, Dissertation, Müchen, 4. Aufl. 2009, Rn. 276ff.
Valerius, Brian	Einführung in den Gutachtenstil, Berlin, 3. Aufl. 2009,S.3ff.
Wagner, Marc	Deutsche Sprache-schwere Sprache, JA 2008,39.
Walter, Tonio	Kleine Stilkunde für Kuristen, 2. Aufl. 2009.
Wieduwilt, Hendrik	DieSprache für Gutachtens, JuS 2010, 288.
Zelikra, Nora	Juristendeutsch:Warum eine klare Ausdrucksweise wichtig ist, Der Wirtschaftsführer 2/2012, S. 55.
Zwickel, Martin/ Lohse, Eva Julia/ Schmid, Matthias	Kompetenztraining Jura, Leitfaden für eine juristische Kompentent-und Fehlerlehre, Berlin, 2014, S. 49ff. (鉴定式的写作)

八、家庭作业中案例分析的特点

家庭作业中案例分析的解答步骤和闭卷考试中的相同。和闭卷考试中的案例分析不同之处在于，文献和司法判例中的观点会在法定构成要件要素具体化过程中得到更加充分的论述。家庭作业中的案件分析一般会提供更多的机会，让学生研究有争议的法律问题并且对不同的法律观点进行讨论。因此，和闭卷考试相比，家庭分析中的案例分析更多涉及论证性的任务。

考虑到完成家庭作业需要进行详细的文献研究，在写作过程中存在的风险是会忘记法律规定，仅仅在文献的基础上完成论证过程。因此，**290** 您在完成家庭作业中的案例分析时要特别注意，论证要尽可能地从相应的法律规定出发。

> **示例**[1]：
>
> 　　支付因迟延而导致损失的义务是基于《民法典》第 280 条第 1 款、第 2 款和第 286 条的规定而不是 Palandt。
>
> 　　因此错误的表达为：K 有义务支付因迟延而导致的损失（脚注：Palandt-Grüneberg, BGB, 74. Aufl. 2015, § 286 Rn.1）。
>
> 　　正确的表达为：根据《民法典》第 286 条第 1 款、第 2 款和第 286 条规定，K 有义务支付因迟延而导致的损失。

　　就家庭作业的外部形式而言，多数情况下有关于格式和排版的具体要求，比如，关于页边距。考虑到格式、添加和整理脚注、制作大纲的问题，熟练掌握文字处理软件对完成学术作品来说是一项必不可少的技能。大学的电脑中心会提供相应的课程，在网络上、书里和教育杂志中也有大量的指导信息。[2] 同样，文献管理软件的使用对简化文献综述和引文的工作量也意义重大。[3]

　　我的课程"成功完成家庭作业"总结出来的重要的、必须要特别强调的一点就是：如何正确地引用文献。相关的规则比较复杂，因此，您从学习之初就一定要全面、正确地学习。正确地引用要求对引入进行标记。目前有用来检测抄袭痕迹的非常先进的软件。基于这个原因，通常规定家庭作业要以电子形式提交。

---

〔1〕　类似示例参见 Manfred Rehbinder, Einführung in die Rechtswissenschaft, Berlin u.a., 8. Aufl. 1995, S.237。

〔2〕　比如 www.studium-und-pc.de. Möllers, S.218（使用 Microsoft Word 2010 的 12 个步骤）；Bergmann/Schröder/Sturm, S.160ff.（Microsoft Word 2007 或 OpenOffice.org 3.1. Writer 的技术操作）；Sesink, S. 231 ff.（利用文本编辑程序完整手稿的步骤和因素），S. 263 ff.（文本格式）。有关适合阅读的字体参见 Kai Engelbrecht, Typografie für Juristen, ZJS 2011, 297。

〔3〕　参见 Martin Kienzler, Wissenschaftliches Arbeiten mit "Zotero"-Das Literaturverwaltungsprogramm auch für Juristen, JurPC Web-Dok. 212/2013, Abs.1-22。

表9-18　如何正确地引用

Bergmanno，Bernhard	Lern- und Arbeitstechniken für das Jurastudium, Stuttgart, 2013, S. 202ff.（引用规则）
Bergmann, Marcus/ Schröder, Christian/ Sturm, Michael	Richtiges Zitieren, Ein Leitfaden für Jurastudium und Rechtspraxis, München, 2010.
Byrd, B.Sharon/ Lehmann, Matthias	Zitierfibel für Juristen, München, 2007.
Höhne, Michael	Abkürzung in Fußnoteb, JA 2014, 737.
Möllers, Thomas M.J.	Richtiges Zitieren, JuS 2002, 828.
Möllers, Thomas M.J.	Juristische Arbeitstechnik und wissenschaftliches Arbeiten, Klaure, Hausarbeit, Seminararbeit, Studienarbeit, Staatsexamen, Dissertation, München, 7. Aufl. 2014, S.119ff. sowie S. 211.（最重要的引用规则概览）
Putzke, Holm	Juristische Arbeiten erfolgreich schreiben, München, 5. Aufl. 2014, S. 51ff.（怎样处理参考文献）
Rosenau, Henning	Hinweise zur Erstellung von Literaturverzeichnissen und zur Zitierweise von Literatur bei rechtswissenschagtlichen Hausarbeiten, abrufbar unter http://www. jura. uni-ausburg. de/fakultaet/ rosenau/downloads/hausarbeitliteraturzitier.pdf.
Schimmel, Roland	Von der hohen Kunst, ein Plagiat zu fertigen, Eine Anleitung in 10 Schritten, Münster u.a., 2011.
Stüber, Stephan	Zitieren in juristischen Arbeiten, abrufbar unter http://www. niederlemedia.de.
Wulf, Rüdiger	Wissenschatliches Schreiben über juristische Themen, Tübingen, 2014, S. 49ff.

　　如果资料的出处来自网络，要注意资料的质量、时效性和正确性通常是不能保证的。因此，必须核查信息的质量和价值以及信息的出处。还要注意的是，在学术任务中可以使用哪些资料以及文件引用的形式。[1]

---

〔1〕 这是网上获取的信息的主要问题，参见 Oliver Braun，Einführung in die juristische Internetrecherche，JuS 2004，360："对其正确性、完整性、客观性和实效性的考查非常困难。"

表 9-19　电子文件的引用

Basak, Denis/ Schimmel, Roland	Internet im Jurastudium-Plädozer für einen wohlüberlegten Einsatz des WWW, ZJS 2008, 435. (怎样有效使用网络)
Bergmann, Marcus/ Schröder, Christian/ Sturm, Michael	Richtiges Zitieren, Ein Leitladen für Jurastudium und Rechtspraxis, München, 2010, S. 28ff. (文献综述中的网络文章), S. 82ff. (脚注和附件中出自网络的文章) S.110f., (网络上的司法判例引用), S.130. (网络上的国际协议)
Möllers, Thomas M.J.	Juristische Arbeitstechnik und wissenschaftliches Arbeiten, Klaure, Hausarbeit, Seminararbeit, Studienarbeit, Staatsexamen, Dissertation,München, 7. Aufl. 2014, S.146ff. (网络文本的引用)
Schimmel, Roland	Wissenschaft mit Wikipedi-warum eigentlich nicht?, in: Jens Dammann/Wolfgang Crunsky/Thomas Pfeiler (Hrsg.), Gedächtnisschrift für Manfred Wolf, München, 2011, S. 725,736.

　　关于家庭作业中案例分析的细节（像程序、语法、文献综述、大纲、文献和司法判例的应用），您可以参考大量的文献。[1] 对家庭作业的要求的详细一览表您可以参见 Schimmel 的书。[2]

292　　　　　　　　　　表 9-20　家庭作业中的案例分析

Beacucamp/Guy Treder, Lutz	Methoden und Technik der Rechtsanwendung, Heidelberg, 2.Aufl. 2011. (边码 464 及以下:家庭作业中的法律适用技巧)
Kienzler, Martin	Wissenschaftliches Arbeiten mit „Zotero"- Das Literaturverwaltungsprogramm auch für Juristen, JurPCWeb-Dok 212/2013. Abs. 1~22.
Möllers, Thomas M.J.	Juristische Arbeitstechnik und wissenschaftliches Arbeiten, Klaure, Hausarbeit, Seminararbeit, Studienarbeit, Staatsexamen, Dissertation, München, 7. Aufl. 2014 (S.152ff.).

---

〔1〕　有关完成科研作品的文献见本书第十三章（课程论文和口试），边码 384。
〔2〕　Schimmel, Rn.571 ff.

Pense，Uwe	Klausur und Hausarbeit, Methodik der Fallbearbeitung für Studium und Examen, Münster 2003.（第 151 页及以下内容：家庭作业的程序；第 177 页及以下：家庭作业的写作，工作安排）
Pieroth，Bodo	Hausarbeit im Staatsrecht, Musterlösungen und Gestaltungsrichtlien für Grundstudium, Heidelberg, 2. Aufl. 2011.
Putzke，Holm	Juristische Arbeiten erfolgreich schreiben, München, 5. Aufl. 2014.
Schimmel，Roland	Juristische Arbeiten erfolgreich schreiben, Klausuren, Hausarbeiten, Seminare, Bachelor-und Masterarbeiten, München, 5. Aufl. 2014.
Schmalz，Dieter	Methodenlehre für das juristische Studium, Baden-Baden, 4. Aufl. 1998.（边码 476 及以下，程序和学术资料）
Schwerdtfeger，Gunther/ Schwerdtfeger，Angela	Öffentliches Recht in der Fallbearbeitung, München, 14. Aufl. 2012.（边码 840 及以下，关于家庭作业的程序）
Wohlers，Wolfgang/ Schuhr，Jan C/ Kudlich，Hans	Klausuren und Hausarbeitn im Strafrecht, Baden-Baden, 4. Aufl. 2014.
Wunsch，Gabriele	Wie gelingt meine BGB-Hausarbeit? abrufbar www. niederle-media-de/BGB-HA.pdf.
http://www. niederle-media. de/Kostenlos-jura-MP3-Skripte-Klausuren-Podcast-Mindmaps：不同大学对家庭作业的要求的链接	

第五节　时间分配

一、闭卷考试中的时间分配

闭卷考试中的时间分配取决于学科领域、考试范围和案件事实的复杂程度以及您的体力状况。您可以根据范围和复杂程度调整花在制作解题提纲上的时间。此外，还要考虑您的写作速度。总体建议是，考试中可支配时间的 1/3 过去后开始解题过程[1]，这个时间点仅仅是一个参

---

〔1〕 参见 Schwarke, S.140; Beaucamp/Treder, Rn.405; Schmalz, Rn.460; Gramm/Wolff, S.159。Gripl, Rn.34 建议至少计划 1/3 的可支配时间用在准备工作和解题提纲上。

考，您最终要从自己的经验出发调整。刑法闭卷考试中通常要考查很多犯罪行为的构成要件要素，写作的时间相对更长，因此您要花更多时间用在分析问题的表达上。考虑到这个因素，您在刑法闭卷考试中要为解题预留 2/3 多的时间。[1] 您必须始终清楚地认识到，只有写下来的版本是被打分的，如果您没有时间把鉴定结果写下来，只是把分析提纲中的认识转移到试卷上，再详细的分析提纲也毫无用处。就 2 个小时的刑法闭卷考试的时间分配而言，Rosenau 教授（奥格斯堡大学）有如下建议：阅读编者按（2 分钟），阅读案件事实（5 分钟），再次阅读案件事实并标记出想法（10 分钟），浏览刑法典的目录（2 分钟），制作鉴定的大纲（30 分钟），写下鉴定内容（70 分钟）。[2] 对 3 个小时的民法闭卷考试的建议：总结案件事实并且分析案例问题（10 分钟），制作分析提纲（45 分钟），确定重点（5 分钟），案例分析写作（接受 30 分钟的写作和思考速度自我管理章节的培训之后需要花费 120 分钟）。[3]

就那些对您来说比较困难的、在分析提纲时还存在不足的案例分析而言，为了不让自己陷入严重的时间危机中，即使在存在认识上的空白点的情况下也要开始写作。因为，有时候只有在写作时才会搞清楚一些事情。这样的话，您可以在写作时对案例分析的部分进行改进。有的时候，尤其是如果您经常陷入时间危机，建议您把相对简单的、可以分离出来的部分马上写下来。这种处理方式在考查胜诉可能性，即诉的合法性和正当性时尤其适用。与其在思考时间内快速标记出合法性的所有点，然后花费 1 个小时的时间思考实质（复杂）的问题，最后在写作阶段重新总结合法性的问题，不如把鉴定中诉的合法性的内容马上写下来。因为，通常这部分的表达和分析提纲差别不大，而重新考虑合法性的问题会让您浪费时间。有些作家建议把这个所谓的分层写作的方法用

---

〔1〕 有关刑法闭卷考试中的时间规划参见 Tiedemann，S.101f.。

〔2〕 Http：www. jura. uni-ausburg. de/fakultaet/lehrstuehle/rosenau/arbeitstipps _klausurtechnik. html；有关普通案例的考试技巧、时间分配。

〔3〕 Olivia Czerny/Tino Frieling，Meine erste Zivilrechts-Klausur：Die vier Phasen der Klausurerstellung，JuS 2012，877，880.

在第二次国家考试中，因为学生在这里要解决更多的写作任务。[1] 但是，也可以把这种方法用在第一次国家考试的案件事实情况中（有多个参与人，案件事实非常复杂）。这种处理方法的危险之处就是，要在第一部分的表达上花费太多时间。因为学生在这个阶段对案例分析的总体解题方案还没有概括的了解，只能把比较明确并且比较短的部分写下来，整个过程非常仓促。总体上，您也可以通过自我观察找到对您来说最好的处理方式和时间分配方法。

如果您在闭卷考试中陷入时间危机，那可能是您花费了太多的时间制作分析提纲，或者是写得太慢。如果不对分析提纲的制作设定一个"deadline"，并且之后不管分析提纲是否已经完整就直接开始写作的话，您就学不会怎样在更短的时间之内制作出分析提纲。建议您进行严格的自我观察，并且在下面的闭卷考试中准确记录您实际上是什么时候开始书面写作的。因为事后估计花费的时间和事实上用在写作上的时间存在很大差距。只有在制作分析提纲和表达方面积累实际的经验值，才能确定平均值并作出改变。如果您不能在平均花费的时间范围内顺利地制作出分析提纲，靠进一步缩短花在分析提纲上的时间也不能解决时间问题。出现这种情况，您只能强化训练语言表达能力，提高写作速度。

参加国家考试的闭卷考试练习时，要提前30分钟交卷的建议是不能一概遵守的。[2] 如果您的时间比较充裕的话，可以接受这个建议并争取更加顺利地写作以达到在真实的考试中得到多一点缓冲时间的目的。如果您在时间处理上有困难，遵守这个建议会让您承受更多压力并且对闭卷考试练习的成绩产生消极影响。这些问题会严重打击您备考的积极性。

二、家庭作业时间分配

每个人学习风格不同，就家庭作业的时间分配很难给出统一的意见。即使如此，在总工作时间过去一半，最晚2/3之后[3]，就应当开

---

〔1〕 Andreas Wimmer, Klausurtipps für das Assessorexmaen, München, 4. Aufl. 2009, S.25ff.
〔2〕 参见 Gramm/Wolff, S.159。
〔3〕 Schmalz, Rn.460.

始书面写作了。[1] 因为充分的论证、正确的语言表达和格式排版需要花费的时间也不少。家庭作业中论证和法律语言在最终评分中所占的比重要明显高于闭卷考试，您要为这两个因素预留足够的时间。[2] 首先写完可以分离的部分，完成这部分任务，对家庭作业的时间分配来说也适用。就算用整个停课阶段完成家庭作业，您也不应当预留超过 3 到 4 周时间。[3] 如果发现，总是很难开始真正的写作，那您可能遇到了广为流传的"写作困难"，就这个问题您可以找到很多附建议和鼓励的指导书籍。[4]

第六节　案例分析练习

295　　如果您不针对案例分析写作完成一定的练习，即使理论知识掌握得再好也不能取得好成绩。就算很好地理解了法律问题并且能够较好地完成口头讨论，也不能说明书面表达对您来说已经完全不成问题。完成成功的书面表达所要求的能力只有通过练习才能获得，比如，所有论点的排序或者每个论点之间的衔接。[5] 如果学校提供的闭卷考试不算多，您应当利用所有闭卷考试写作的机会。只有在闭卷考试写作过程中您才能训练迅速掌握阅读不熟悉的案件事实并且用合理方式进行分析的能力。您不但在口试中需要这种能力，而且在职业生涯中也离不了，比如，当您作为法官或者律师在参加的诉讼中突然出现新的事实时。除了学校提

---

〔1〕 有关时间分配参见 Wulf, S. 19ff.（区分十个工作步骤）和 Münchhausen/Püschel, S. 174ff.。

〔2〕 参见 Diederichsen/Wagner/Tholem S. 190，该书指出，在确定最终版本之前要把文本修改 5 到 6 次。

〔3〕 参见本书第四章（怎样制作具体的学习规划），边码 119。

〔4〕 比如，Otto Kruse, Keine Angst vor dem leeren Blatt, Ohne Schreibblockaden durchs Studium, Frankfurt/M., 12. Aufl. 2007; Brigitte Pyerin, Kreatives wissenschaftliches Schreiben, Tipps und Tricks gegen Schreibblockaden, Weinheim u. a., 4. Aufl. 2014; Albrecht Behmel/Thomas Hartwig/Ulrich A. Setzermann（Hrsg.）, Weg mit Schreibhemmungen! Know-How für erfolgreiches Studieren, Berlin, 2002, 还有 Wolf-Dieter Narr/Joachim Stary, Lust und Last des wissenschaftlichen Schreibens, Frankfurt/M., 2.Aufl.2000。

〔5〕 Beaucamp/Treder, Rn.398：" 法学写作的练习任何人都不例外。此处也适用于外语文本的写作。这对新生来说很难，但是熟能生巧。"

供的闭卷考试之外，您应该从学习之初就开始定期训练案例分析的表达，遗憾的是，只有很少的学生能够真正坚持下来。

为了不在表达方面花费太长时间，国家考试考生经常仅以关键词的形式对闭卷考试练习进行分析。教授也建议在国家考试之前仅制作出针对案件事实的分析提纲。这个建议只适合那些在表达上已经完全没有问题的学生。如果仅以关键词的形式分析，分析提纲应当非常详细。但是，很多学生直到参加国家考试时在分析内容的表达方面还存在很大困难。[1] 考虑到这种情况，从学习效果出发，案例分析写作"浪费时间"的理由并不成立。一方面，经常练习会让学生的案例分析能力越来越好，最后在闭卷考试中的这部分需要花费的时间就越来越少。[2] 另一方面，再详细的分析提纲也经常会在写作中出现另外需要分析的细节问题。此外，有时候只有在写作过程中才能发现，如果进一步挖掘案件事实之间的内部联系的话，要从一个完全不同的角度对提纲中的一点进行考查。综合这些原因，在国家考试备考阶段也认真完成闭卷考试的书面写作非常重要。[3] 所有的教学杂志[4]和大量的提供不同法学领域的（闭卷考试）**296**

---

〔1〕因为表达中的困难很少被提及导致很多学生根本不知道他们完成闭卷考试的真正难题是这方面。

〔2〕如果与其他的表达不相关，对这样"反复出现"的问题可以像文中所推荐的那样直接写下答案并记住，以此为其他的法律问题留下足够的时间。

〔3〕Burian/Schultze/Waldorf, S. 824 也强调了闭卷考试写作的重要性："经常被警告不要太晚开始练习闭卷考试写作，反思过去的经历证明我们应当更早开始练习。但是，人们经常会轻视怎样把学过的知识用在闭卷考试里的问题。"

〔4〕JuS 在案例分析标题之下有划分难度等级的闭卷考试练习。JuS-Tutorium-Die Fall-bearbeitungen（案例分析），从 2000 年开始根据难度等级和法律领域系列列出附有答案的闭卷考试题目，学生可以快速地找到合适的考试题目。JA 中有不同难度等级、不同学科交替出现的闭卷考试题目。比如 Julius Forschner, Klausur im Zivilrecht, Das Geschäft mit den Punkten in Flensburg, JA 2011, 579。JURA 每本都在 Methodik 之下有至少 3 个不同难度等级的案例分析。ZJS 也有闭卷考试练习，比如，Markus Bergmann, Übungsfall: Rempelei am Glühweinstand, ZJS 2015, 114。怎样选择参考书见 Jan Niederle, 500 Spezial-Tipps für Juristen-wie man geschickt durchs Studium und das Examen kommt, Münster, 11. Aufl.2014。他对不同法学杂志中对从第一到第六学期的闭卷考试、基础案例、小论文和有关基本知识的文章进行了列举和分类。

案例的案例汇编会定期提供案例分析实践的机会。[1] 在所有的案例分析汇编中，您应当学习案例汇编中的标准答案，"完美"的学生是怎样分析的。遗憾的是很多作者把传授知识和案例分析混杂在一起，他们提出案例仅仅是为了重复关于某个特定法律问题的重要的法律观点，而极少提到标准的案例分析是怎样完成的。这尤其让新生很难理解整个案例分析的结构。同样，有时候在案例分析中没有遵守鉴定格式。而在学习过程中，对问题进行讨论时遵守鉴定式是必要的。另一个问题就是，有些作者简化了涵摄过程，没有考虑到新生不了解这个体系，也不能理解每个分析步骤的思路。因此，如果您对理解案例汇编标准答案的结构存在困难时，可能是因为作者从自身较高的学习阶段出发对很多点进行了总结而导致表述不够详尽。

表 9-21　案例分析汇编（跨学科、民法、公法和刑法）

跨学科	
Coester-Waltjien, Dagmar/Ehlers, Dirk/ Ceppert, Klaus(Hrsg.)	JURA-Examensklausurenkurs, Zivilrecht, Öffentliches Recht, Strafrecht und ausgewählte Schwerpunktbereich, Berlin, 4. Aufl. 2011.
Preis, Ulrich/Prütting, Hans/ Sachs, Michael/ Weigend, Thomas	Die Examensklausur, München, 5.Aufl. 2013.（附有答案的闭卷考试真题和经验报告）
Schlüter, Wilfreid/ Niehaus, Holger/ Schröder, Jan Ulrich （Hrsg.）	Examensklaurenkurs im Zivil-, Staf- undÖffentlichen Recht, 22 Klaurefälle mit Musterlösungen,Heidelberg, 2. Aufl. 2015.
Valerius, Brian	Einführung in den Gutachtenstil, Berlin, 4. Aufl. 2009.
297 http://www.vhb.org：拜恩州虚拟大学（vhb）为注册用户提供参加模拟闭卷考试的机会。Vhb 的服务免费向拜恩州高校的学生开放	

---

　　〔1〕　几乎所有的法学出版社都有闭卷考试案例和案例汇编的系列书籍，比如 C.H. Beck 出版社的 Vahlen Klausurenkurs 系列（比如 Karl-Heinz Fezer, Klausurenkurs zum BGB Allgemeiner Teil, München, 9.Aufl.2013），C.F.Mülle 出版社的 Falltrainung 和 UNIREP Jura 系列，Nomos 出版社的 Klausurtraining 系列。另参见文中的文献综述。

http://lorenz.userweb.mwn.de/podcastklausur.htm：Stephan Lorenz 教授在 2012 年 11 月 28 日的特别课程 "Wir schreibe ich eine Klausur? Wie lerne ich".

http://www.jus.beck.de：Das JuS-Tutorium（快速链接）开发民法、刑法和公法领域的案例分析，并自 2000 年以来按照法学领域和主题进行分类，允许直接访问学习内容相应的闭卷考试。JuS 的用户可以下载 Das JuS-Tutorium 2013，可以在 http://www.gsk.de/uploads/media/JuS-Tutorium2013online.pdf 下载 Das JuS-Tutorium 2013.

http://www.iurratio.de/iurdb：有基础学习、高年级学生和国家考试备考阶段的大量案例分析的免费数据库

http://www.rauda-zenthoefer.de：Zenthöfer 博士和 Rauda 博士提供的免费的网络闭卷考试课程

http://www. niederle-media. de/Kostenlis-jura-MP3-Skripte-Klausuren-Podcast-Mindmaps：每个月更新的由大学提供的大量的闭卷考试链接汇编

http://casim.hhu.de：杜塞尔多夫大学的项目，学生可以分析模拟案例或者自己制作模拟案例

民法

Blazer, Peter/ Kröll, Stefan/ Scholl, Bernd	Die Schuldrechtsklaure, Kernprobleme der vertraglichen Schuldverhältnisse in de rFallbearbeitung, Berlin, 4. Aufl. 2015.
Bartels, Klaus	Klaurentraining Zivilrecht, Fälle und Lösungen zu den gesetzlichen Schuldverhältnissen, Baden-Baden, 2013.
Benner, Susanne A.	Klaurenkurs im Familien-und Erbrecht, Ein Fall-und Repetitionsbuch für Examenskandidaten, Heidelberg, 4. Aufl. 2013.
Brehm, Wolfgang	Fälle und Lösungen zum Allgemeinen Teil des BGB, Stuttgart, 3. Aufl. 2011.
Diederichsen, Uwe/ Wagner, Gerhard Thole, Christoph/	Die Zwischenprüfung im Bürgerlichen Recht, München, 4. Aufl. 2011.
Elzer, Oliver/ Brückmann, Bernhard/ Zivier, Ezra	Die ZPO in Fällen, Stuttgart, 2. Aufl. 2013.
Fezer, Karl Heinz	Klaurenkurs zum BGB Allgemeiner Teil, München, 9. Aufl. 2013. Klaurenkurs zum Schuldrecht Allgemeiner Teil, München, 8. Aufl. 2013; Klaurenkurs zum BGB Besonderer Teil, München, 9. Aufl. 2013; Klaurenkurs im Handelsrecht, Heidelberg, 6. Aufl. 2013.

Fritzsche，Jörg	Fälle zum BGB Allgemeiner Teil, München, 4. Aufl. 2014. Fälle zum Schuldrecht I, Vertragliche Schuldverhältnisse, München, 6. Aufl. 2014. Fälle zum Schuldrecht II, Gesetzliche Schuldverhäktnisse, München, 3. Aufl. 2015.
Gieseler，Dieter	Exaaminatorium Sachenrecht, Baden-Baden, 2014. （与考试相关的重点，借助 10 个案例为不同领域作出额外的、系统的准备）
Grigoleit，Hans Ch. Herrensthal，Karsten	BGB-Allgemeiner Teil, München, 3.Aufl. 2015. （闭卷考试案例）
Heinrich，Christian	Examensrepetitorium Zivilrecht, Die Examensklaur anhand von 22 originalgetreuen Klauren, München, 2014.
Junker，Abbo	Fälle zum Arbeitsrecht, Mit einer Anleitung zur Lösung arbeitsrechtlicher Aufgaben, München, 2015.
Klees，Andreas/ Keisenberg，Johanna	Klaurtraining Zivilrecht, Allgemeiner Teil und Schuldrecht, Baden-Baden, 2013.
Kkoch，Jens/ Löhnig，Martin	Fälle zum Sachenrecht, 4. Aufl. 2015.
Lettl.Tobias	Fälle zum Handelsrecht,München, 2. Aufl. 2013.
Löhnig，Martin/ Leiß，Martin	Fälle zum Familien-und Erbrecht,München, 3. Aufl. 2015.
Metzler-Müller，Karin	Wie löse ich einen Privatrechtsfall?, Aufbauschemata-Mustergutachten-Klausurschwerpunkte, Stuttgart, 6. Aufl. 2011. （为新生提供的 12 个来自总则、债法和动产物权法领域的详细的闭卷考试分析）
Oetker，Harmut	30 Klausuren aus dem Individualarbeitsrecht, München, 10. Aufl. 2015.
Oetker，Harmut	20 Klausuren aus dem kollektiven Arbeitsrecht, München, 9. Aufl. 2015.
Olzen，Dirk/ Wank，Rolf	Zivilrechtliche Klausurenlehre mit Fallrepetitorium, München, 7. Aufl. 2012 （为高年级学生和国家考试考生准备的贯穿整个民法典的标准和特别问题，案例附有答案和分析模板）.
Schwab，Dieter/ Löhnig，Martin	Falltraining im Zivilrecht 1, EinÜbungsbuch für Anfänger, Heidelderg, 5. Aufl. 2012. （新生水平案例练习和闭卷考试练习，均附有标准答案）

Timm, Wolfram/ Schöne, Torsten	Fälle zum Handels- und Gesellschaftsrecht, Band I, München, 9. Aufl. 2014.
Timm, Wolfram/ Schöne, Torsten	Fälle zum Handels- und Gesellschaftsrecht, Band II, München, 8. Aufl. 2014.
Werner, Olaf	Fälle mit Lösungen für Anfänger im Bürgerlichen Recht, Band I（涉及基础知识）, Köln, 13. Aufl. 2016.
Werner, Olaf/ Saenger, Ingo	Fälle für Fortgeschrittene im Bürgerlichen Recht, München, 5. Aufl. 2015.
Wörlen, Rainer/ Schindler, Sven	An leitung zur Lösung von Zivilrechtsfällen, Methoden Hinweise und 22 Musterklausuren（关于民法, 也包括商法和劳动法）, Köln, 9. Aufl. 2009.（来自民法总则、债法和物权法的案例, 主要面向新生）
公法	
Arndt, Hans-Wolfgang/ Fischer, kristian/ Fetzer, Thomas	Fälle zum Europarecht, Heidelberg, 8. Aufl. 2015.
Augsberg, Ingo/ Ausberg, Steffen/ Schwabenbauer, Thomas	Klausurentraining Verfassungsrecht, Grundstrukturen, Prüfungsschemata, Formulierungsvorschläge, Baden-Baden, 2012.
Brinktrine, Ralf/ Sarcevic, Edin	Fallsammlung zum Staatsrecht, Berlin, 2. Aufl. 2016.（16 个不同等级的闭卷考试, 特别有结构问题和闭卷考试战术的权衡）
Degenhart, Christoph	Klaurenkurs im Staatsrecht I, Ein Fall- und Repetitionsbuch für Anfänger, Heidelberg, 3. Aufl. 2013.
Degenhart, Christoph	Klausurenkurs im Staatsrecht II, Mit Bezügen zum Europarecht, Ein Fall- und Repetitionsbuch, Heidelberg, 7. Aufl. 2015.
Cornig, Gilbert-Hanno/Jahn, Ralf	Fälle zum Polizei- und Ordnungsrecht, München, 2014.
Gubelt, Manfred	Fälle zum öffentlichen Baurecht, München, 7. Aufl. 2014.
Heckmann, Dirk	Die Zwischenprüfung im Öffentlichen Recht, München, 2. Aufl. 2015.（12 个案例用来解释经常出现的错误渊源、考查模式及复习和强化问题, 没有完整的答案）
Heyen, Volkmar/Collien, Peter/Indra Spiecker gen. Döhmann	40 Klausuren aus dem Verwaltungsrecht, München, 11. Aufl. 2016.

299

Hummer, Waldemar/ Vedder, Christoph/ Lorenzmeier, Stefan	Europarecht in Fällen, Die Rechtsprechung des EuGH, des EuG und deutscher undösterreichischer Ferichte, Baden-Baden, 6. Aufl. 2014.
Krüger, Eimar	Die Anfängerklausren imÖffentlichen Recht, Beispiel: Verfassungsbescherde, JuS 2014, 790.
Muckel, Stefan	Fälle zum Besonderen Verwaltungsrecht, München, 5. Aufl. 2013.
Musil, Andreas/ Burchard, Daniel	Klausurenkurs im Europarecht, Ein Fall- und Repetitionsbuch für Pflichtfach und Schwerpunktbereich, Heidelberg, 3. Aufl. 2013.
Peine, Franz-Joseph	Klausurenkurs im Verwaltungsrecht, Ein Fall- und Repetitionsbuch zum Allgemeinen und Besonderen Verwaltungsrecht mit Verwaltungsprozessrecht, Heidelberg, 5. Aufl. 2013.
Stern, Klaus/ Blanke, Hermann-J	Verwaltungsprozessrecht in der Klausur, München, 9. Aufl. 2008.
Winkler, Markus	Klausurtraining Besonderes Verwaltungsrecht, Baden-Baden, 2012.

http://www.saarheim.de: 国家法和行政法领域大量的案例汇编，按照从新生到国家考试考生划分为 5 个难度等级，有详细的标准答案

刑法	
Beulke, Werner	Klausurenkurs im Strafrecht I, Ein Fall-und Repetitinsbuch für Anfänger, Heidelberg, 6. Aufl. 2013.
Beulke, Werner	Klausurenkurs im Strafrecht II, Ein Fall-und Repetitinsbuch für Fortgeschrittene, Heidelberg, 3. Aufl. 2014.
Beulke, Werner	Klausurenkurs im Strafrecht III, Ein Fall- und Repetitinsbuch für Examenskandidaten, Heidelberg, 3. Aufl. 2014. （15 个附有完整标准答案的案例）
Heinrich, Bernd/ Reinbacher, Tobias	Examinatorium Strafprozessrecht, Baden-Baden, 2014.
Hilgendorf, Eric	Klausurenkurs Teil 1, Fälle zum Strafrecht für Anfänger, 2. Aufl. 2013.
Hilgendorf, Eric	Klausurenkurs Teil 2, Fälle zum Strafrecht für Fortgeschrittene, 2. Aufl. 2014.
Hilgendorf, Eric	Fälle zum Strafrecht für Examenskandidaten, Klausurenkurs III, München, 2010.

Höffler, Katrin/Kasper, Johannes	Examinatorium im Schwerpunkt Strafrecht, München, 2014. (以刑法为重点领域的闭卷考试训练)
Kindhäuser, Urs/Schumann, Kay H./Lubig, Sebastian	Klausurtraining Strafrecht, Fälle und Lösungen, Baden-Baden, 2. Aufl. 2012.
Kudlich, Hans	Fälle mit Lösungen im Strafrecht, Allgemeiner Teil, München, 2. Aufl. 2014.
Otto, Harro/Bosch, Nikolaus	Übungen im Strafrecht, Berlin u.a., 7. Aufl. 2010. (新生、高年级和国家考试闭卷考试)
Putzke, Holm	Erfolg bei strafrechtlichen Klausuren durch Lernoptimierung, Jura Journal, 2014 (1), S.16.
Schwabe, Winfried	Strafrecht Allgemeiner Teil, Materielles Recht& Klausurenlehre, Stuttgart, 5. Aufl. 2014.
Wohlers, Wolfgang/Schuhr, Jan C./Kudlich, Hans	Klausuren und Hausarbeiten im Strafrecht, Baden-Baden, 4. Aufl. 2014.

300

第七节 在案例分析中对自身技能的考查

一、案例分析之后的自我监督

在学习法学的开始几个学期进行自我监督的一个好方法如下：在进行案例分析时，在页面的左侧留下空白并且每句都从新的一行开始写。案例分析写作完成之后，您在左边列出以下每个句子在案例分析中所属的具体步骤，即假设、前提条件、下位条件、定义、具体化、狭义上的涵摄、中期结果、最终结论或者总体结论。

表9-22 案例分析具体步骤练习实例

案例分析步骤	案例分析
假设	V 有权向 K 根据《民法典》第 433 条第 2 款规定请求支付 100 欧元的购买价款
前提条件 1	前提条件是，V 和 K 之间签订了有效的买卖合同

案例分析步骤	案例分析
定义/具体化	有效的买卖合同前提是两个达成一致的意思表示，即要约和承诺的一致
下位条件 1	K 向 V 提出要约
下位条件的定义	要约是一种需受领的意思表示，要约的内容必须是确定或可以确定的，以至于承诺可以通过简单的"是"作出
对下位条件 1 的涵摄（狭义上）	K 明确指出一个特定的花瓶，因此购买对象是确定的。问题是，价格是否确定。这里就涉及商店定价。商店定价可以通过简单的询问得知。因此，虽然购买价格不确定，但是可以确定的是 K 的表示中包含了重要的交易框架条件
中期结果	K 的要约是有效的
显然存在的下位条件 2	V 立刻接受了 K 的要约
前提条件 1 的中期结果	V 和 K 之间存在有效的买卖合同
最终结论	V 有权向 K 根据《民法典》第 433 条第 2 款的规定请求支付 100 欧元的购买价款

另一种方法就是，为了明确案例分析的每个步骤，用不同颜色的笔写作。大声朗读案例分析的内容也可以帮您确定表达是否正确或者是否

301 具有说服力。[1] 您可以借助下文的清单考查案例分析的结构是否正确。

民法案例分析结构考查清单

☑我是否提出了一个假设？

☑用这个假设来回答案例问题是否合适？

☑这个假设是否由谁、向谁、请求什么、依据什么四个要素构成？

☑"请求什么"这个要素是否表达得足够明确？

☑我是否列出了请求权规定的所有前提条件？

☑我是否遵守了请求权考查基本步骤（第一步：请求权是否存在；第二步：请求权是否灭失；第三步：请求权是否可执行)？

---

[1] 两个建议都来自 Wieduwilt, S. 292。

    ☑我是否把每个请求权前提条件都设为提纲要点？如果没有，我是否将多个请求权前提条件总结成一个提纲要点并且为阅卷老师明确指出？

    ☑那些没有被视为显然存在的提纲要点是否都由前提条件、定义或者具体化、涵摄和中期结果几个要素构成。

    ☑我是否针对每个前提条件/下位条件都得出一个合理的中期结果？

    ☑我是否对每个中期结果都提出了有关前提条件/下位条件的问题？

    ☑特定的请求权前提条件是否是显然存在的？

    ☑我的最终结论和假设是否一致？

    ☑我是否用口语方式对显然存在的事实作出解释（确定式）？

    ☑我是否在其他方面始终使用鉴定式？

    ☑我是否正确使用直陈式和虚拟式？

二、制作个人闭卷考试清单

虽然很多学生基本上至少听过一次在闭卷考试中尤其要注意哪些外部形式，但是大多数闭卷考试试卷都不能满足这个要求。[1] 只有对参加过的闭卷考试进行总结，发现弱点并且有目的地克服，您才能最大程度地完善自己的考试能力。下文的清单会为您提供帮助。[2]

---

    [1] 有关闭卷考试的外部构造和形式参见 Wörlen/Schindler, Rn.57-72。

    [2] 对此也可以参考 Hildebrand, S.48ff.，有关借助"鉴定式"清单对鉴定进行修改和"鉴定标准目标"以及 Zwickel/Lohse/Schmid, S.273 ff.，"闭卷考试中的误差分析"和"闭卷考试时刻表"。美茵河畔法兰克福大学大学辅导机构的阅卷指导附件中有经常出现的错误的列表，参见 http://www.jura.uni-frankfurt.de/49975716/KK-Korrekturleitfaden.pdf。

✏拿出您在练习课中完成过的、被修改过的闭卷考试试卷，分析您的优势和弱势。

✏回答下文中关于闭卷考试的问题，确认您"在闭卷考试的紧急情况下"是否能够遵守这些要点。

闭卷考试清单

☑我是否预留页面的 1/3 用作修改评注？

☑我是否只在纸张的单面写作？[1]

☑我是否标记页码？

☑我的分析是否条理清晰？段落间距是否足够明显？

☑我是否准确引用了所有的法律规定（即列出款、句、其他，比如，《民法典》第 433 条第 1 款第 1 句）。请注意检查闭卷考试中所有的法典引用。

☑我是否为案例分析选择了正确的结构（请参见前文关于民法案例分析结构的清单)？

☑我是否明确标记出结论？

☑我是否在闭卷考试的最后写出总体结论？

☑我是否回答了所有法律问题？

☑我的时间分配是否合理？

☑我是否采用了鉴定式？

☑表达和字迹是否都同样干净、有条理？如果不是，闭卷考试后半部分会不会因为时间不够而"更加潦草"？

☑针对案例分析的表述是否都切中要害？

☑我是否正确找到了任务的重点？

☑我是否在交卷之前再次通读考试内容？如果不是，是因为没有时间了吗？

---

〔1〕 单面写作的纸张在发现错误的时候可以更换。因为国家考试闭卷考试中使用的是画线的纸张，学生在之前就要开始练习，既不要用不画线的，也不要用方格纸。出版社提供特别的闭卷考试便条本。从 2015 年开始拜恩州在两次闭卷考试中都发放闭卷考试本，更换纸张已经不可能实现。

> 🖋 为了避免现在犯的错误将来再出现，请根据您的回答在一张分开的纸张上制作自己的私人清单。
>
> 🖋 拿到批改后的试卷，请根据考试情况对清单进行补充。
>
> 🖋 临近闭卷考试之前再次通读您的私人清单。

第八节 案例分析中的概念阐释和文献

一、"案例分析技术、涵摄技术、闭卷考试技巧、鉴定方法、鉴定式"的含义 303

如上文所述[1]，案例分析技术、涵摄技术、闭卷考试技巧、鉴定方法、鉴定式都是经常被使用的概念，但其具体含义却很少被提到。闭卷考试技巧的概念涵盖范围最广，涵盖范围窄一点的是案例分析技术，最窄的是涵摄技术。

鉴定式并不是一种语言风格，鉴定式是指制作鉴定意见时适用的一种特定的技巧（抛出问题并紧接着回答）。[2] 鉴定式和判决式是对结论进行表达的两种不同的方式。[3] 因此，把在制作鉴定意见时使用的思维方法（鉴定方法）称为鉴定式并不准确。[4] 有些作者错误地使用了这个概念，实际上他指的是涵摄技术。"与其说涵摄和鉴定'风格'，不如说是涵摄和鉴定'技巧'。"[5]

闭卷考试技巧或者工作技巧是指所有的对成功通过闭卷考试有益的

---

〔1〕 参见上文边码 247。

〔2〕 参见 v.Lübtow, Richtlinien für die Aanfertigung von Übungs- und Prüfungsarbeiten im Bügerlichen Recht sowie drei Lösungen praktischer Fälle, Berlin, 1961, S.14。另参见 Beaucamp/Treder, Rn.446。另见 Zwickel/Lohse/Schmid, S.25。

〔3〕 Schmimmel, Rn.15。

〔4〕 Lagodny/Mansdörder-Putzke, S.15, 精准的案例分析型的鉴定方法和表述式的鉴定式。Schwacke, S.181, 对鉴定技巧和答复技巧进行区分。

〔5〕 Germann, S.1。

技巧。除了完成案例分析所需的技能（案例分析技术和涵摄技术）之外，还包括那些与闭卷考试的外部因素和闭卷考试写作有关的技能。比如，闭卷考试的时间和地点，哪些辅助措施是允许的，可支配的考试时间，扉页的格式，闭卷考试中的时间分配等。[1]

案例分析技术是闭卷考试技巧的一部分，包括法学案例分析的整个过程，即概括提纲、制作分析提纲和案例分析的表达中用到的所有技能。

虽然涵摄技术仅仅是案例分析技术的一个片段，但是通常以其代指案例分析技术。提到涵摄[2]和涵摄技术的概念时，必须考虑这个概念所处的语境。广义上的涵摄技术指把（全部）案件事实和请求权基础（授权基础/犯罪构成要件要素）对应起来的技巧。如果将涵摄技术的概念在语境中和构成要件要素前提条件或者构成要件要素前提条件的组成部分联系在一起，可以称之为狭义的涵摄。狭义上的涵摄技术是对构成要件要素前提条件进行解释以及和案件事实进行对应需要完成的步骤。换句话说，涵摄技术要回答的问题是怎样对每个构成要件要素或者构成要件要素的组成部分进行考查（通过定义、涵摄、中期结果的方式）。狭义上的涵摄技术指的是在案例分析中对"最小的法学单元"的考查。

考虑到这些概念并没有统一的使用规则，您在阅读关于每种技巧的文献时要弄清楚作者谈论的是哪种技巧。使用"技巧"这个词尾会造成一种印象，即这个词语与一种手工技能有关。因为此处涉及非常复杂的、必须掌握的法学过程，在这些情况下应当使用"技巧"这个概念最本源的含义并用"学习一种技巧"来表达。[3]

二、有关案例分析方法的文献

下文中的文献说明是按照跨学科的、概括的指导及民法、刑法、公

---

[1] Beaucamp/Treder, Rn.395 将那些对闭卷考试备考、解答和写作有意义的规则称为闭卷考试技巧。

[2] 有关涵摄的概念参见本书边码 259。

[3] Wolfgang Pfeifer, Etymologisches Wörterbuch（词源学字典），Berlin, 2.Aufl.1993 中的关键词，Technik（nlat. Technica, 技巧）："实践艺术或者科学的指导。"

法领域案例分析的特殊指导划分的。

表 9-23 案例分析概括指导

Albrecht, Achim	Juristisch denken und argumentieren, Troiddorf, 2009. (第 141 页开始:怎样搞定闭卷考试?)
Beaucamp, Guy/Treder, Lutz	Methoden und Technik der Rechtanwendung, Heiderlberg, 2. Aufl. 2011. (边码 395 以下:闭卷考试中的案例分析技术和针对危机情形的建议)
Bringewat, Peter	Methodik der juristischen Fallbearbeitung, Mit Aufbau- und Prüfungsschemata aus dem Zivil- Strafrecht und Öffentlichen Recht, 2.Aufl. 2013. (民法从第 105 页开始;刑法从第 131 页开始;公法从第 169 页开始)
Chama, Oliver	Studienführer, Juristische Grundlagenfehler, Hamburg, 2015. (经常出现的闭卷考试错误汇编,附讲解)
Czerny, Olivia/Frieling, Tino	Meine erste Zivilrechts-Klausur: Die vier Phasen der Klausurerstellung, JuS 2012, 877.
Germann, Michael	Leisätze für die Subsumtionstechnik und ihre Didaktik, Was in der juristischen Lehreüber die Subsumtionstechnik zu sagen? 20. 2. 2010, http://wcms.itz.uni-halle.de/download.php? down = 14390&elem = 2783077.
Kramer, Ernst A.	Juristische Methodenlehre, Bern, 2013.
Lagodny, Otto	Gesetztexte suchen, verstehen und in der Klausur anwenden, Eine praxisorientierte Anleitung für rechtwissenschaftliches Arbeiten im Strafrecht, Öffentlichen Recht und Zivilrecht, Berlin, 2. Aufl. 2012.
Lagodny, Otto	Juristisches Begründen, Argumentations- und Prüfungstraining für ein zentrales Studienziel, Baden-Baden, 2013.
Lagodny, Otto/Mansdörfer, Marco/Putzke, Holm	Im Zweifel: Darstellung im Behauptungsstil, Thesen wider denüberflüssigen Gebrauch des Gutachtenstils, ZJS 2014, 157.
Möllers, Thomas M.J.	Juristische Arbeitstechnik und wissenschaftliches Arbeiten, Klausur, Hausarbeit, Seminararbeit, Studienarbeit, Staatsexman, Dissertation, München, 7. Aufl. 2014.
Schimmel, Roland	Juristische Klausuren und Hausarbeiten richtig formulieren, 11. Aufl. 2014. (边码 5 以下关于法学鉴定的结构)

Schmalz, Dieter	Methodenlehre für das jursitsche Studium, Baden-Baden, 4. Aufl. 1998. (边码455-677讨论案例分析技术的问题并采用非常详细、明白易懂的方式对法学案例分析进行描述，因此在法学学习的整个阶段都可以使用)
Schwacke, Peter	Juristische Methodik, Mit Technik der Fallbearbeitung, Stuttgart, 5. Aufl. 2011.
Tettinger, Peter J./ Mann, Thomas	Einführung in die juristische Arbeitstechnik, Klausuren, Haus- und Seminararbeiten, Dissertationen, München, 4. Aufl. 2009. (很多关于表达和学习技巧的建议)
Zwickel, Martin/ Lohse, Eva Julia/ Schmid, Matthias	Kompetenztraining Jura, Leitfaden für eine juristische Kompetenz- und Fehlerlehre, Berlin, 2014.

表9-24 民法领域案例分析

Bitter, Georg/ Rauhut, Tilman	Grundzüge zivilrechtlicher Methodik-Schlüssel zu einer gelungenen Fallbearbeitung, JuS 2009, 289.
Braun, Johann	Der Zivilrechtsfall, Klausurenlehre für Anfänger und Fortgeschrittene, München, 5. Aufl. 2012. (附有标准答案)
Czerny, Olivia/ Frieling, Tino	Meine erste Zivilrechts-Klausur: Die vier Phasen der Klausurerstellung, JuS 2012, 877.
Körber, Torsten	Zivilrechtliche Fallbearbeitung in Klausur und Praxis, JuS 2008, 289-296.(案例分析的20个规则)
Leenen, Detlef	Willenserklärung und Rechtsgeschäft-Dogmatik und Methodik der Fallbearbeitung, JURA2007, 721.
Metzler-Müller, Karin	Wie löse ich einen Privatrechtsfall? Aufbauschemata-Musterg-utachten-Klausurschwerpunkte, Stuttgart, 6. Aufl. 2011. (第23-42页为案例分析的导论)
Musielak, Hans-Joachim/ Hau, Wolfgang	Grundkurs BGB, München, 14. Aufl. 2015.(第1-16页为法学学习方法论的导论)
Olzen, Dirk/ Wank, Rolf	Zivilrechtliche Klausuenlehre mit Fallrepetitorium, Köln, 7. Aufl. 2012. (第1-77页为民法案例分析技术的详细导论)
Rocco, Jula	Fallsammlung zum Handelsrecht, Klausuren-Lösungen-Basiswissen, Berlin u. a., 2. Aufl. 2009, S. 1ff. (商法领域的案例分析)

Salie，Peter	Gutachyentechnik im Zivilrecht, Röllinghausen，2009.
Schwab，Dieter/ Löhig，Martin	Falltraning im Zivilrecht1，EinÜbungsbuch für Anfänger，Heidelberg，5. Aufl. 2012.(第 1 页开始为法学鉴定；第 4 页开始为法学案例分析)
Zippelius，Reinhold	Juristische Methodenlehre，München，11. Aufl. 2012. (有关案例分析的论述，附有分析建议的闭卷考试)

表 9-25 公法领域案例分析

Brühl，Raimund	Verwaltungsrecht für Fallbearbeitung. Praktische Anleitungen zum Erwerb prüfungsrelevanter Kenntnisse und Fertigkeiten，Stuttgart，8. Aufl. 2014.
Brunner，Michael	Die abstrakte Normenkontrolle vor den Bundesverfassungsgericht in der Fallbearbeitung，JA 2014，838.
Butzer，Hermann/ Epping，Volker	Arbeitstechnik imÖffentlichen Recht，Vom Sachverhalt zur Lösung，Methodik，Technik，Materialerschließung，Stuttgart u. a.，3. Aufl. 2006.
Graf von Kielmansegg，Sebastian	Die Begründetheisprüfung im Öffentlichen Recht，München，2. Aufl. 2015.
Heckmann，Dirk	Die Zwischenprüfung im Öffentlichen Recht，München，2. Aufl. 2015.
Hofmann，Ekkehard	Grundrechte als Herausforderung bei der Fallösung im Exman-Wie ist vorzugehen，wenn mehrere Grundrechte oder andere Verfassungsgüter herangezogen werden müssen，ZJS 2012，54.
Ralf Poscher/ Benjamin Rusteberg	Die Klausur im Polizeirecht，JuS 2011，888，984，1082，JuS 2012，26.
Schwedtfeger，Gunther/ Schwerdtfeger，Angela	Öffentliches Recht in der Fallbearbeitung，Grundfallsystematik，Methodik，Fehlerquellen，München，14. Aufl. 2012. (这本书对案例分析中的困难问题给出指导；本书特别面向处于学习中期、后期阶段的学生和国家考试考生)

表 9-26 刑法领域案例分析

Beulke，Werner	Klausurenkurs zum Strafrecht 1，Ein Fall-und Rpetitionsbuch für Anfänger，Heidelberg，6.Aufl. 2013. (从第 1 页开始，案例分析方法论)

Er, Derya/Erler, Johanna/Kreutz, Oliver	Probieren gehärt zum Studieren, Gut vorbereitet in die erste Strafrechtsklausur, JA 2014,749.
Fahl, Christian	10 Tipps zum Schreiben von (nicht nur) strafrechtlichen Klausuren und Hausarbeiten, JA 2008, 350.
Heinrich, Bernd/ Reinbacher, Tobias	Examinatorium Strafprozeerecht, Baden-Baden, 2014. (借助联邦最高法院的司法判例完成案例分析)
Hoven, Elisa	Der Rücktritt vom Versuch in der Fallbearbeitung, JuS 2013, 403.
Kampf, Henning	Die Bearbeitung von Strafrechtsklausuren für Anfänger, JuS 2012, 309.
Kindhäuser, Urs/ Schumann, Kay H./ Lubig, Sebastian	Klausurtraining Strafrecht, Fälle und Lösungen, Baden-Baden, 2. Aufl. 2012, S. 25ff.
Rengier, Rudolf	Strafrecht Allgemeiner Teil, München, 6. Aufl. 2014. (从第 57 页开始,刑法案例分析导论)
Schwind, Hans Dieter/ Nawratil.Georg/ Nawratil, Heinz	Strafrecht leicht gemacht-Der Strafrechtsschein, Allgemeiner und Besonderer Teil des StGB mit praktischen Fällen und Hinweisen für Klausur und Hausarbeit, Berlin, 18. Aufl. 2013.
Stiebig, Volker	Einführende Hinweise zur strafrechtlichen Klausurentechnik, JURA 2007, 908.
Tiedemann, Klaus	Die Anfängerübung im Strafrecht, München, 4. Aufl. 1999, S. 1ff. (刑法案例分析),S. 21ff. (经常出现的闭卷考试错误)
Wohlers, Wolfgang/ Schuhr, Jan C./ Kudlich, Hans	Klausuren und Hausarbeiten im Strafrecht, Baden-Baden, 4. Aufl. 2014.
Wörner, Liane	Zehn Gebote für die Strafrechtsklausur, ZJS 2012, 630.

第十章　学习小组

"您要成立自己的学习小组。"[1]

"学生自己组织的小组中的双向报告和倾听一直被证明是一种高效的学习方式。"[2]

第一节　概况和目标

调查显示，大多数在国家考试中取得的成绩超过平均成绩的法学学生都强调学习小组对平时学习和国家考试备考都是重要的辅助措施。[3]虽然很多学生不是在国家考试备考阶段才参加学习小组的，但是很多教学文献主要研究学习小组在国家考试备考阶段的影响，以致造成一种印象，即学习小组仅仅在国家考试备考阶段才有意义。实际上，这种学习方式在学习之初就可以用来调动学习积极性，帮助学生克服开始阶段的困难或者解决缺乏学习动力的问题。[4]

学习小组的主要优点：

---

[1]　Haft, Lernschule, S. 327.

[2]　Roxin, S. 10.

[3]　Ter Haar/Lutz/Wiedenfels, S. 53 认为学习小组是掌握学习内容最有效和最长远的手段。Annette Katharina Warringsholz, Der Fahrschein fürs Staatsexamen, JuS 2000, 311 也持同样的观点。Burian/Schultze/Waldorf, S. 822 提到，他们在没有参加辅导班的情况下以学习小组的形式准备国家考试并且分别以 10.48 分、11.51 分和 12.6 分的成绩通过考试。

[4]　Möllers, Rn. 65 和 Tettinger/Mann, Rn. 12 也建议在学习期间组织学习小组。具体参见 Stelle Conttrell, Studieren, Das Handbuch, Heidelberg, 2010, S.93ff.; Koeder, S.77ff.（有小组学习的规则）; Burchardt, S.77ff.; Schröder-Naef, S.56ff.。

☺ 练习法学内容的论证和口头表达[1]；

☺ 为口试做好准备；

☺ 练习主动倾听的能力（将来和客户的谈话中需要)[2]；

☺ 将学习内容结构化；

☺ 有乐趣、高效地学习[3]；

☺ 激发在学习小组中学习以及自学的动力；

☺ 认识到其他学生也会有理解上的问题；

☺ 互相鼓励；

☺ 互相监督，弥补学习过程中没有监督的缺陷；

☺ 更快辨认出不恰当的想法和思路；

☺ 安全感，尤其是在国家考试备考阶段；

☺ 和自学相比，在"不理想的"学习时间（比如下午或者晚上）更容易集中注意力；

☺ "枯燥的"学习内容可以在学习小组中生动起来；

☺ 日常学习的调剂；

☺ 通过任务分配的方式节省时间[4]，比如在寻找合适的案例时；

☺ 价格优惠，可以作为国家考试备考阶段的商业辅导课程的替代选项[5]；

☺ 学校辅导课程的补充。

学习小组可以培养对法学学生来说非常重要的、构成关键能力的技能：

---

〔1〕 和课程教学相比，学习小组可以为练习这些能力提供非常棒的机会。持同样观点的还有 Diederichsen/Wagner/Thole，S. 189。谈话方式的学习小组比起纯粹阅读教学材料的小组要有效率得多，Bernd Rüthers，JuS 2011，865，870 也持同样的观点。

〔2〕 Torsten Körber，JuS 2008，289，290（Fn. 5）.

〔3〕 Faust（Bucerius Law School 博锐思法学院的教授），S. 19："由 3 到 4 个人组成的学习小组是现有的最有效的学习方式。"

〔4〕 通过"小组会议"，参见 Klaner，S. 109f.。

〔5〕 Ehlert/Niehues/Bleckmann，S. 25 ff. 详细地论证了为什么学习小组在国家考试备考期间是代替辅导班的好选择。他们指出，大多数被他们采访的教授、科研人员和博士都利用学习小组的方式学习过。

☺ 辩论能力；

☺ 整合能力；

☺ 团队合作能力；

☺ 交流能力；

☺ 社交能力；

☺ 争议解决能力；

☺ 执行力。

这些能力在大律师事务所中尤其重要，因为在那里几乎只能通过团队协作完成任务。[1] 但是，第一次参加学习小组的尝试并不总是令人高兴的。通常，从寻找合适的成员开始就会遇到困难。寻找共同的时间就比想象中困难得多。克服这些困难之后，成员常常会发现，他们根本不知道打算通过学习小组做什么，每个步骤要怎么完成。对这样的障碍进行思考，就会产生这样的想法，尽管成员之间互相负有义务，但是不是所有的成员都为学习小组做好了充足的准备。没有做准备的成员不能作为势均力敌的讨论对象，只能依赖小组的提携和帮助。这种现象迟早会导致那些准备充分的成员的严重不满，甚至将其踢出小组。另一个经常造成学习小组运行不良的原因就是，没有规定清楚哪个成员负责带领哪一日的小组讨论，以致小组成员要花费比讨论法学知识更多的时间来解决小组运转程序的问题。这两个问题和其他可能遇到的困难（和若干令人沮丧的体验加一起）导致当被问及为什么不参加学习小组时，很多学生会立刻回答，他们认为自己学习更有效率。这在一定程度上是正确的，因为每个人必须独立学习。学习小组不应当代替个人学习，而是对个人学习进行补充。[2] 上文中提到的积极的效果和对关键技能的训练是为了证明学习小组是一种非常有意义的补充。

怎样成立运行良好、效率高的学习小组呢？和流行的说法"我不喜欢学习小组"或者"我不是参加学习小组的类型"相反，答案是准备和

---

〔1〕 Taylor Wessing 人力资源部门负责人 Robert Wethmar 在 Karrierewelt 23./26.4.2011, S.9 中进一步讲到，单打独斗是没有出路的。

〔2〕 Bergmans, S. 97 也明确指出。

执行，并且这两项都可以学习。因此，为了最迟在国家考试备考阶段能够参加小组学习，学生应当及早成立一个学习小组。接下来您将详细了解怎样成立一个运转良好的学习小组，答案就隐藏在 6 个问题中：多少？谁？什么？怎样做？哪里？什么时间？在回答这些问题的基础上，我将对两个方面发表意见，您在成立学习小组时应当注意什么，怎样改善现在的学习小组的运行状况。在网络时代，学习小组不仅可以通过面对面的讨论维持运转，成员还可以约在网上讨论或者直接成立网上学习小组。对此我也将进行简短说明。本章的目标是指导所有学习阶段的学生（即从新生到国家考试考生）成立成功运行的学习小组。

第二节　学习小组成员的数量

学习小组的成员数量应该在 2 到 5 人之间。一致认为，3 到 4 个是理想的成员数量。[1] 成员数量多或少都有各自的优势和劣势。

310　　约定时间对 2 人组来说是最简单的，而人数较多的组在时间上的灵活性就很小。但是，时间上较低的灵活性迫使成员遵守已经确定的日期，从而在规律性上体现出优势。相反地，虽然人数较少的小组在时间上有较大的灵活性，但可能会经常出现推迟约定日期的情况。

小组的规模越大，"成员落单"的风险就越高。规模较小的 2 人组或者 3 人组几乎不会出现因为"小群体活动"导致的一个成员落单现象，5 人组的内部分裂成更小的群体和出现"汽车的第五个轮子"的风险更大。

2 人组的"参与约束力"要比人员多的小组有保证，因为一个人毁约就可以导致小组讨论日期的取消。相反地，人员较多的小组成员总是可以自我安慰，即使自己不去其他人也会在场。当所有人都这样想时，

---

〔1〕　Bergmans, S. 97 也这样认为；Ter Haar/Lutz/Wiedenfels, S. 61, Burian/Schultze/Waldorf, S. 822, 和 Ehlert/Niehues/Bleckmann, L 33, m. w. N.；Schräder-Naef, S. 65 认为 3 到 5 个是最理想的小组大小，Möllers, Rn. 65 和 Tettinger/Mann, Rn. 12 也同样认为。

一个约定日期就落空了。

学习小组的成员数量越多，从其他人的知识储备中获益的可能性就越大。2 人组可能会有在问题中越陷越深的风险，而 3 人组一般可以成功找到问题的答案。[1] 而 5 人组在不同的解决方法中出现混乱的风险会增加。

3 人组的讨论可能会非常有成果，举个例子，2 个持相反观点的成员都会尝试从自己的角度说服第三个成员。相反地，2 人组更容易以达成一致而不是争辩结束讨论；而共同的学习主要体现在双向的知识传授上。[2]

就学习气氛而言，2 人组较好，3 人组更好。这些小组的成员始终都是发言人之一，他们必须时刻关注主题，而 4 人或者 5 人小组的有些成员会有"思想上暂停"[3] 的情况，必须在中断之后重新参与到讨论中去。

> ☞一个学习小组最好由 3 到 4 个成员组成。哪种规模对您来说最合适，取决于哪些优点对您来说最重要，哪些缺点对您来说是可以接受的。

第三节　哪些才是合适的成员

最感情化的前提条件是互相关注和尊重的感觉。当然，仅互相尊重并不是学习小组成功运行的保证。进一步的前提条件是，成员对于时间花费、准备工作和学习小组的学习内容有共同的想法，知识水平相

311

---

[1]　Ehlert/Niehues/Bleckmann, L 33 也同样认为。

[2]　Ehlert/Niehues/Bleckmann, L 33 也同样认为。

[3]　Ehlert/Niehues/Bleckmann, L 33.

当[1]并且"能够和其他人一起实事求是、专心地共同学习"[2]。如果您想要为国家考试备考成立学习小组，学习小组的所有成员应当在相同的日期参加考试并且就考试成绩有共同的目标，这样在研究一个主题时，小组成员在学习时间和强度上不会意见相左。

很多案例证明，和那些关系不是非常亲密的同学一起成立学习小组比较有优势。因为，和好朋友在一起时，需要很多精力和自制力克服讨论私事和一起喝咖啡的想法。[3]此外，还有一种风险是，一方会请求其他人考虑其个人感受。相反，如果小组成员之间的关系比较松散，就不会把私人问题带到学习小组中。就这一点而言，关系亲密的情侣在同一个学习小组会带来很多问题。双方的关系问题不仅会给学习小组带来负担，还会出现小群学习的风险。在同一个学习小组中，成员之间有"太多"好感或者反感的现象都要避免。如果觉得小组中一个人或者几个人"很烦人"的话，也应当寻找其他的学习小组，避免把太多精力花费在对其中一个人或者几个人发火上。

> ☞除了互相尊重之外，一个学习小组的成员也应当就时间花费、准备工作和学习小组的任务有共同的想法，成员之间能够约定小组学习时间，知识水平相当，能够和其他人一起实事求是、专心一起学习。如果打算为国家考试备考而成立学习小组的话，所有成员的考试日期应当相同，并且在考试成绩上有共同的目标。

第四节　怎样寻找合适的成员

在寻找合适的成员之前，学生应当首先搞清楚自己对一个好的学习

---

〔1〕　知识水平应当尽可能平均，Schräder-Naef，S.65；Burian/Schultze/Waldorf，S.822 也持同样观点。

〔2〕　Ehlert/Niehues/Bleckmann，L 34.

〔3〕　Ter Haar/Lutz/Wiedenfels，S.53："因为喝咖啡、吃蛋糕、踢足球或者和女朋友分手而组织的见面都不是学习小组见面！"

小组的设想，用以在寻找组员的过程中作为参考。您可以根据下文中的问题明确个人的设想：

- 我想通过学习小组做什么？[1]
- 我的学习小组的理想成员数量？
- 我的学习小组成员的知识掌握水平？
- 应当在第几个学期组织学习小组，争取约定哪个日期的国家 **312** 考试？
- 学习小组活动最好在哪里举行？
- 就学习小组的举办地点而言，我有哪些选择？
- 学习小组每周见面的频率和时长？
- 我期望的学习小组见面时间？
- 我在什么时候无论如何都不想参加学习小组？
- 我打算花多长时间完成学习小组的筹备事宜？
- 我去哪里寻找合适的学习小组成员？

很多学习小组直接是由亲密的朋友成立的，因为学生没有机会找到足够多的其他潜在的小组成员，也不知道怎样去寻找潜在的小组成员。[2]寻找合适的学习小组成员的一个办法就是在社交网络发布寻找小组成员的信息，或者像以前一样在黑板上贴纸条。有些大学的学生辅导中心、学生理事会或者学生会会提供（网络）板块，学生可以提交寻找小组成员的信息。[3] 明斯特大学法学院就有一个国家考试学校小组交易所（Examens-AG-Börse），为学生成立或者加入学习小组提供帮助。案例分析课程、辅导练习课、研讨课或者其他课程教学也为寻找合适的学习小组成员提供了极好的机会。因为，在这些课程中，学生可以先观察其他同学然后再考虑是否和他们一起学习。

---

〔1〕 参见边码312第五节以下内容。
〔2〕 有关学习小组成员具体参见 ter Haar/Lutz/Wiedenfels, S. 59ff.。
〔3〕 比如康斯坦茨大学学习咨询中心的学习合作伙伴交易所，弗莱堡大学的学习小组中介，类似的还有海德堡、科隆、维尔茨堡大学的机构。汉堡大学在国家考试框架下（HEX）为学习小组备考制订时间和学习计划提供支持。

> ☞学生可以在学习小组、案例分析课程、辅导练习课和研讨课中，通过黑板，必要的话通过学校的学习伙伴交易所寻找合适的学习小组成员。

第五节　学习小组的任务

学习小组的主要任务就是共同深入研究学习内容并且发现是否正确理解了这些内容。完成这个任务主要有两种方法：学生可以纯粹复习和深入研究学习内容（比如，使用索引卡片）或者可以一起分析案例。深入学习和案例分析都可以实现个人学习成果考查的目的。与系统地深入学习相比，案例分析的优势体现在，其可以考查学生是否有能力把学到的知识正确地应用在闭卷考试中。[1] 分析案例比纯粹地复习学习内容花费更长时间。因此，建议您在学习小组中同时使用这两种方法进行学习。除了深入研究学习内容之外，学生还可以通过在学习小组之内分配文献检索的任务来节省时间。学习小组并不适合用来一起初次学习一个新的法学领域。[2] 参加学习小组最起码的前提条件是，成员或者同时参加一个法学领域的课程、复习课程内容，或者通过教科书已经掌握了该法学领域的内容。[3] 学习小组的高效率源自于参与人共同行动。因此，如果仅依靠一个成员就讨论的领域做专题报告的形式不是很有好处。[4] 虽然做报告的成员能够从中受益，但是其他成员却再次处于听

313

---

〔1〕 Faust, S. 19建议："在学习小组中一起分析教学杂志上的案例非常有意义。"

〔2〕 除非其中一个成员准备得非常好并且在该法学领域的知识水平非常高，他到时可以直接为其他成员讲解这些内容。有关这种"传授"型学习小组的缺点参见 Ter Haar/Lutz/Wiedenfels, S. 56ff.。

〔3〕 具体关于掌握一个法学领域时要考虑到教科书和其他知识来源，参见本书第六章（系统掌握不同法学领域）。

〔4〕 一个（以报告形式运转的）主题小组，是为了满足其他目的而成立的。通常缺少案例分析的训练，学习小组更适合一起完成案例分析。

课状态。[1] 怎样在学习小组中利用各种方法深入学习一个法学领域？我将在下文中用学生 X、Y 和 Z 的例子说明。

X、Y 和 Z 都处于第三学期，打算在冬季学期的上课阶段通过学习小组的形式仔细研究非合同之债。为此，他们约定每周见面 3 个小时，在第一次学习小组会议之前每个人都制作一份关于非合同之债的概况并且标记出必须认真研究的主题。[2] 此外，每个人还应当为自己选择阅读的教科书的导论章节或者注释的引导性文章的内容制作一份简略概述。他们在第一次会议上对各自的成果进行对比：所有人都发现，非合同之债是由 3 个互不相关的领域组成的，即无因管理（GoA）、不当得利和侵权行为。接着，他们讨论要把这 3 个大的学习单元分成哪些主题。然后，他们一起找出那些认为特别重要的、打算通过学习小组一起掌握的主题。就无因管理领域，他们一致认为有 3 个在所有查阅的教科书中都出现的重点：正当的无因管理、不正当的无因管理和准无因管理。他们按照同样的步骤对其他 2 个学习单元进行划分。冬季学期的上课阶段为 16 周，就学习小组每周见面的机会[3]而言，除去第一次见面还有 15 次见面。通过查阅不同的教科书，他们发现无因管理的篇幅要比其他两种非合同债务关系短一些。因此，他们决定为无因管理安排 3 次学习小组会议，不当得利 5 次，侵权行为 6 次。他们从课程大纲推断出非合同之债的课程安排首先为侵权行为，然后是不当得利，最后是无因管理。**314** 因为 X 和 Y 打算上课，他们决定不按照法典中的顺序（无因管理、不当得利、侵权行为），而是遵照课程的顺序。X、Y 和 Z 一起制定了一个列表来尽可能具体地确定什么时间在学习小组中研究什么内容。他们通过对比不同教科书的目录、对标题进行标记的方式确定所有教科书都在讨论的内容。然后他们翻阅一整本教科书，标记出那些被强调的或者在他

---

[1] Schräder-Naef, S.67f.也认为："不是所有工作利用小组的形式都能完成得更好。"

[2] 怎样对一个法学领域有一个概括的了解，具体参见本书第六章（系统掌握不同法学领域）。

[3] 有关周课程表参见边码 138 及以下内容。

们看来特别重要的关键词。此外，他们会把课程大纲拿过来参考。[1]
在另一栏中，他们写上每次学习小组会议在谁那里举行，因为他们轮流
提供房子或者公寓作为学习小组的活动场所。

在第一次学习小组会议剩下的时间里，X、Y和Z一起制作了关于
侵权行为法律规定的概览。为此，他们一起阅读了《民法典》第823-
853条并一起思考每个法条的含义。[2] 他们把那些完全不明白其含义的
条款标记出来以备以后搞清楚。他们为所有接下来的学习小组会议制定
的目标是，在每次会议的结尾对这次会议的主题有概括了解、熟悉并理
解最重要的法律规定、了解这些法律规定和其他法律规定或者法律领域
之间的联系。此外，他们还打算分析每个主题的基础案例，为闭卷考试
打好基础。每个成员都要为会议的主题准备在自己看来最有效率的资
源。在这个过程中，学习小组筹备应当尽可能地不占用额外的时间，不
应在温习课程内容或者自学的时候完成。当X和Y去上课和复习课程内
容时，Z借助教科书、讲稿和杂志文章学习非合同之债。[3] 3个人都通
过索引卡片完成知识储备。[4] 制作索引卡片迫使他们提出特定的问题
并找到答案，之后他们可以在学习小组中讨论这些问题。每个成员的准
备方式不同，但是最终他们可以从所有不同的知识来源获益。Z可以知
道，特定主题是否是课程上的重点，X和Y可以从Z那里了解到Z研究
的知识来源特别强调的内容是什么。

315　　　X、Y和Z约定，在谁那边举办学习小组，谁就要负责主持本次学

---

〔1〕 在学期刚开始制作的列表可能既不能完整也不能正确地总结该法学领域。之后
您会发现忽略了重要的关键词，把不重要的内容当做重要的并且把有些关键词错误归类。
但是，这些并不会减少列表的功能。尽管可能有错误，但它们提供了方向性的指导，从自
己犯过的错误中学习效果最好。

〔2〕 本书第六章（系统掌握不同法学领域），边码207及以下内容中，您可以在学习
成果检查章节中找到使用法条学习的具体知识。

〔3〕 有关分配上课任务参见 Sesink, 7.Aufl.2007, S.24："你们可以通过分配任务来参
加重要的课程。或者每个人整个学期都为其他人参加特定的课程再分享成果，或者轮流上
同样的课程。" Bergmans, S.96 认为："不那么有帮助的课程可以轮流参加并且之后交换
笔记。"

〔4〕 参见本书第八章（使用索引卡片学习知识）。

习小组会议。他要保证实现本次学习活动的目标，要提醒成员首先掌握概况并逐条学习最重要的法律规定，然后才允许成员关注细节问题或者研究搁置的细节问题。会议主持人的主要任务之一就是引导讨论的进程，当讨论处于僵持状态时，再次把讨论集中到问题上来。他要介绍特别重要的司法判例。[1] 此外，他还要准备 1 到 2 个合适的基础案例（小案例）并且找到案例的标准答案，学习小组的其他成员借此确定自己是否能够把掌握的知识正确地应用在闭卷考试中。这意味着，学习小组的主持人要作出特别细致的准备。如果还有时间，其他的成员也可以拿出他们在准备过程中遇到的案例或其他的重要材料供大家一起讨论。

表 10-1　X、Y 和 Z 的 2016-2017 学年冬季学期非合同之债学习小组会议计划

学习小组	时间	地点	内容
1	周三，2016 年 10 月 19 日 16 点	X	侵权行为：侵权法概述，侵权法的调整目标，概念阐释（过错责任，减轻责任规定之可能，危险责任，侵权法的法律渊源）
2	周三，2016 年 10 月 26 日 15 点	Y	侵权行为：第 823 条第 1 款概况：结构，受保护的法益，责任成立因果关系，违法性，过错，责任赔偿因果关系
3	周三，2016 年 11 月 2 日 16 点	Z	侵权行为：第 823 条第 1 款中的损害赔偿，抚慰金和侵犯人格权，第 842-845 条
4	周三，2016 年 11 月 9 日 16 点	X	侵权行为：第 823 条第 2 款：结构，违反以保护他人为目的之法律，该规范的保护目的
5	周三，2016 年 11 月 16 日 15 点	Y	侵权行为：第 826 条：结构，有关善良风俗的案例，损害；第 831 条：结构，事务辅助人，免责情形
6	周三，2016 年 11 月 23 日 16 点	Z	侵权行为：产品责任，危险责任，多数人责任，竞合，总结

---

〔1〕　参见本书边码 325，"领导学习小组规则"。

学习小组	时间	地点	内容
7	周三，2016 年 12 月 7 日 16 点	X	不当得利：不当得利概述及其调整目标，概念阐释（给付，给付不当得利，权益侵害不当得利，追索型不当得利，支出费用不当得利）
8	周三，2016 年 12 月 14 日 16 点	Y	不当得利：给付不当得利的基本构成要件要素：结构，因给付而受益，无法律上的原因，请求权的范围
9	周三，2016 年 12 月 21 日 16 点	Z	不当得利：其他类型不当得利的基础构成要件要素：权益侵害不当得利，追索型不当得利，支出费用不当得利
10	周三，2017 年 1 月 4 日 16 点	X	不当得利：无权利人的处分：向无权利人作出的有偿、无偿的给付
11	周三，2017 年 1 月 11 日 16 点	Y	不当得利：不当得利请求权的范围，受益的对象和灭失，总结
12	周三，2017 年 1 月 18 日 16 点	Z	无因管理：无因管理概述，无因管理调整目标，概念阐释（正当的无因管理，不正当的无因管理，自己事务管理）；真正的无因管理：结构
13	周三，2017 年 1 月 25 日 16 点	X	无因管理：正当的无因管理：管理他人事务，管理他人事务的意思，无先前的事务管理法律关系，有权事务管理，法律后果
14	周三，2017 年 2 月 1 日 16 点	Y	无因管理：不正当的无因管理：结构，无管理义务，法律后果；自己事务管理：结构，误信的自己事务管理和合法的自己事务管理
15	周三，2017 年 2 月 8 日 16 点	Z	总复习，总结

316

一、小组案例分析建议

学生可以在学习小组见面时借助两种案例练习：闭卷考试范围内的案例（闭卷考试案例）和只有 1 到 2 个问题的小案例。原则上，出于练习的目的应当选择那些有标准答案的或者详细并有判决依据的法院判决。如果没有标准答案，学生不能检查自己的分析结果，会导致学生带着不安感完成知识储备过程。当再次在头脑中调取这些知识时，这样的感觉还会出现。学生可以在教科书、案例汇编和教学杂志中找到闭卷考试案例。[1]那些与闭卷考试相关的最新判决[2]也可以用作闭卷考试练习。有些案例汇编会讨论小案例。此外，学生还可以在特定主题的文章中找到合适的小案例。每个学习小组成员都应当根据案例的类别借助标准答案和其他的文献完成准备过程，以便在讨论中为其他成员提供帮助。

317

小案例。如果您决定在学习小组中分析小案例，负责主持和专家角色的成员就会从标准答案出发提前为小案例做好准备。由于其他成员在学习小组会议上才能拿到案例事实，所以他们有机会在没有准备的情况下，通过临场发挥的方式练习。[3]通过这种方式可以考查学生是否能够把学到的知识真正用在闭卷考试中。如果学生希望在学习小组中有目的地深入学习或者系统复习某些法学领域[4]，使用小案例也非常合适，因为它们占用时间少，可以穿插到对某一法学领域的系统讨论中去。

---

〔1〕 有关案例汇编的详细文献综述参见本书第九章（案例分析），有关教育杂志参见本书边码 295 下的脚注 1。为了复习和深入学习而呈现给其他学习小组成员的小案例可以在 C.H.Beck 出版社的系列书籍 Prüfe Dein Wissen 中找到。Kristian Kühl, Strafrecht, Allgemeiner Teil, München, 7.Aufl, 2012, 在其书中介绍了教科书、讲稿和杂志中的案例分析。针对学习小组也有一个高水平、可以节省很多查询工作的材料汇编。Werner Beulke, Klausurenkurs im Strafrecht 3, Heidelberg, 4.Aufl.2013, S.602ff. 是过去几年中在专业杂志刊登的国家考试闭卷考试和课程的论文。适合用来闭卷考试备考的是 Dieter Medicus/Jes Petersen, Bürgerliches Recht, Eine nach Anspruchsgrundlagen geordnet Darstellung zur Examensvorbereitung, München, 24.Aufl.2015, 该书借助司法判例中的案例对问题进行解释。C.H.Beck 出版社的系列书籍 "Juristische Falllösung" 或者 Müller 出版社的系列 "Fälle und Lösungen nach höchstrichterlichen Entscheidungen" 或者 UNIREP Jura 系列，比如 Peter Gottwald, Examens-Repetitirium BGB Allgemeiner Teil, Heidelberg, 3. Aufl. 2013; Petra Buckt, Exmanes-Repetitorium, Besonderes Schuldrecht/2, Gesetzliche Schuldverhältnisse, Heidelberg, 5. Aufl. 2015, Christian Jäger, Examens-Repetitorium Strafrecht Allgemeiner Teil, Heiderlberh, 7.Aufl. 2015。

〔2〕 在 JA, JuS, JURA 或者 RÜ（辅导机构 Alpmann Schmidt 的司法判例概览）。RÜ 每个月都会提供 "本月判决" 免费下载。

〔3〕 未经准备、即兴的案例分析同时也是进行国家考试口试备考的好方式。

〔4〕 和在本书边码 312 及以下中 X、Y 和 Z 针对非合同之债采取的措施一样。

闭卷考试案例。主持人应当提前把闭卷考试案例的案件事实发送给其他成员，让他们在家时就可以（至少）制作一份分析提纲。闭卷考试学习小组的主持人应当在每周的学习小组见面前一周选出闭卷考试案例，并且通过电子邮件或者在前一次会议中以纸质的形式发给其他成员。主持人应根据标准答案为会议上共同的讨论做好准备，对闭卷考试的结构和被提问的点进行分析。因为闭卷考试案例的分析经常需花费很长时间，以致学生很少有时间学习那些从标准答案中可以找到的内容概览并组织有关系统内部联系的讨论。因此，学生应当计划自己的学习小组时间。通常情况下，学校通过练习闭卷考试写作取得成绩的课程很少甚至没有，虽然会花费很多时间，但是通过学习小组的形式进行闭卷考试练习是值得推荐的。[1]

二、对有目的地深入学习和系统复习的建议

纯粹地内容复习。如果只想复习学习内容，建议您借助索引卡片复习特定法学领域的内容。学生可以约定一个学习小组见面时间，每个学生带上相应领域知识的索引卡片[2]或者上周课程内容的索引卡片。如果您的索引卡片是按照提问—回答的形式制作的，您可以就这些问题向其他成员提问，并且反过来由其他成员向您提问，即采用一种法学小测试的形式。这样，您自然会遇到一些不理解或者一知半解的知识点。依赖共同的才能和知识以及各种注释和教科书的帮助，您可以在学习小组中搞清楚这些知识点。这种方式的优势体现在，花费的准备时间少。反正不管怎样您都要为系统学习制作索引卡片，那么为学习小组做的准备仅限于选择合适的索引卡片。使用学习软件 cobocards，团队可以一起制作网上索引卡片。除学习小组见面以外，团队成员可以在网上互相提

---

〔1〕 只有这样才能消除闭卷考试中特别会出现的隐患，比如，没有注意案例提问或者搞混案件事实。Burian/Schultze/Waldorf, S.823 提到，"单在学习小组中就仔细研究了150个闭卷考试案例"。

〔2〕 怎样制作索引卡片并且制作哪些内容比较合适，参加本书第八章（使用索引卡片学习知识）。

问。[1] 如果您使用非提问形式的知识储存模式，在为学习小组做准备
时就要为其他成员思考可能出现的问题。

有目的地深入学习和系统复习。如果打算通过学习小组的形式一起学习、复习或者深入学习某些法学领域，没有所有成员的特别准备是不可能实现的。这样的学习小组的模式、每个步骤怎样进行，可以参考上文[2]中 X、Y 和 Z 的例子。这种学习小组形式的前提条件就是成员必须做好就学习某一法学领域非常具体的讨论、遵守学习小组的时间计划和承诺做好保持长期学习小组伙伴关系的准备。因为，和纯粹地复习学习内容不同，成员必须始终同意根据学习小组的情况调整自学的情况并且在下一次学习小组见面之前掌握每个主题。这种形式的学习会产生积极的时间压力。[3]

三、不同学习小组形式的组合

有目的地深入学习知识和系统复习的方法可以和分析小案例的方法很好地结合起来。一起深入学习和系统复习能够实现统一的知识水平，成员一致的知识水平在分析小案例时会带来更加深入的讨论。案例分析可以让纯粹的复习和深入学习变得生动活泼并且可从具体案例分析能力的角度对检查成果的方式进行补充。

而分析闭卷考试案例需要花费大量的时间，需要学习小组另外安排时间。在选择学习小组形式的时候，学生必须思考，是否要组织纯粹的闭卷考试学习小组，是否在学习知识或者复习学习内容之外还要安排额外的闭卷考试案例讨论的时间。考虑到学生为取得成绩证明和通过国家考试所学到的知识必须以闭卷考试的形式表现出来，案例分析练习无论

---

[1] http://www.cobocards.com.
[2] 边码 312 及以下。
[3] Ehlert/Niehues/Bleckmann, L 34，详细研究了为什么学习小组在国家考试备考阶段可以作为学校之外辅导机构的一种替代选择。

如何是不可缺少的。[1] 一种不错的组合方法就是把有目的地深入学习和系统复习的学习小组形式与小案例分析结合起来，并且偶尔为了进行闭卷考试练习而约定闭卷考试案例讨论的日期。[2]

国家考试备考阶段的学习小组主要用小案例来进行案例分析练习，理由是，分析较大的案例（比如，国家考试闭卷考试中的案例），"和对分析解决方法有系统的理解相比，更多要求根据特定的案件事实机械地记住每种分析的模板"[3]。确实有学生死记硬背分析方法而不去尝试理解分析方法背后的原理。但是，这样的情况在分析小案例时也会发生。这种错误的处理方法并不能通过使用"正确的"案例规模解决。在分析小案例和闭卷考试案例的时候都要提出的一个问题是，在闭卷考试中应当怎样对该案例进行分析，在分析过程中要进行哪些概括的法律考量。只有这样才能保证学生能够把学到的知识应用在每种案例事实情况中。[4] 即使在国家考试备考阶段，也要把小案例分析和闭卷考试案例分析结合起来。[5] 如果您在闭卷考试课程中有机会进行国家考试闭卷考试训练并且根据闭卷考试讨论能够制作出一份标准答案，在学习小组中重点研究小案例分析才更有意义。当学校提供的闭卷考试训练不足以满足需求时，在学习小组中也进行国家考试闭卷考试案例讨论就非常有必要。

---

〔1〕 联邦法学专业课代表团协会在联邦范围内进行毕业生调查的结果也支持这个观点，Abschlussbericht Hamburg 2014, S. 15, http://bundesfachschaft. de/wp-content/uploads/2014/07/Ergebnisbericht-Absolventenbefragung-BRF-e.V.pdf。

〔2〕 ter Haar/Lutz/Wiedenfels, S.57 持不同观点，其建议学习小组进行纯粹的案例分析训练。

〔3〕 Ehlert/Niehues/Bleckmann, L 35.

〔4〕 有关针对闭卷考试的学习和知识储备方式参见本书第八章（使用索引卡片学习知识）。

〔5〕 原则上已有引入小案例的考量，Ehlert/Niehues/Bleckmann, L 35 惊人地得出了同样的结论："建议在案例分析中，小案例和大案例至少要占同样的比重。" Christian Rollmann, Die Exmansvorbereitung, JuS 2008, 211 持不同观点，文中认为，尽管会花费大量的时间，学习小组的主要任务还是应该放在怎么解决国家考试中出现的问题上。

四、网上小组合作

"案例讨论不是在学校餐厅而是在 Facebook 上完成的"，2014 年夏季学期的杂志"freischuss"如此写道。[1] 小组成员必须见面吗？还是用虚拟的方式开展活动效果也一样好？学习小组的很多优势是以成员之间的口头交流为基础的。从这个方面来讲，只要口头上的交流是可能的，比如通过 Skype 会议或者 Voice-Chats 的形式，网上合作的学习小组与成员都在场的线下学习小组效果是相同的。就纯粹的网上学习小组而言，建议选择包括所有网上合作项目管理功能的软件。[2] 作为在场形式的学习小组的补充，成员之间可以通过网上聊天或者电子邮件交流完成正在筹备的活动。为此，大学的学习平台上和平台之外都有大量的不同的工具可以使用，比如共同使用可分享数据的应用软件或者都可以登录的网络文件夹。应用软件，比如 Trello，也可以用来收集问题，计划讨论主题，列出学习小组的学习计划。在 Trello 登记的信息是可以评论的，因此学生可以直接在应用软件上交流信息。

> **网上小组合作：**
> http://www.fu-berlin.de/sites/studienberatung/e-learing/lernmodule/studienverlauf/online_zusammenarbeit/index.html：柏林自由大学关于学生虚拟合作的方法、前提条件、目标和执行导论。

五、学习小组文献检索

不管您组织学习小组的主要目的是什么，选择哪种形式的学习小组，最终都要在学习小组中互相告知有趣的书目，分配花费很多时间的文件检索任务。学生之间可以这样约定，每个成员浏览特定的教科书，就这些书向其他成员做简短的介绍，如果可能的话，提出自己的意见。

---

〔1〕 O.V., Wie wollen wir morgen lernen?, freischuss SS 2014, S.6.
〔2〕 比如 Basecamp 软件。

此外，在一起学习某个法学领域之前，最好在学习小组中安排一定的时间观察并讨论该领域内的文献资料。在这个过程中，不能只满足于偶然在图书馆中发现的教科书而是要考查包括最新出版物在内的所有的教学文献。[1]这样的时间投资永远是值得的，因为一本让学生能够非常轻松并且深入理解学习内容的教科书会对学习积极性和学习速度产生积极的影响。

> ☞需要分析闭卷考试案例或者小案例及复习学习内容时，特别适合采取学习小组的形式。如果没有至少两个成员同时参加课程的话，学习小组不适合用来初次学习某个内容领域。学习小组并不十分适合采取报告的形式运行（为口试做准备的情况除外）。
>
> ☞最值得推荐的小组形式是把有目的地深入学习和采取小案例形式对各法学领域的系统复习结合起来，并完成闭卷考试训练，给大的闭卷考试案例分析安排额外的时间。

第六节　怎样管理学习小组

应当由某个成员始终主持学习小组，还是按照无领导的形式呢？应当为学习小组花费多长时间？应当为学习小组提前做多少准备？为学习小组寻找怎样的场地，去哪里寻找？如果把这些问题作为应当提前考虑的问题，这些问题已经得到回答。[2]因为运行一个学习小组最大的困难往往体现在每个成员都有自己的想法，他们把自己的想法带到学习小组中而不考虑其他成员可能会有其他的想法。如果成员之间有目的地就每个点进行讨论，很多困难都可以避免。在第九节的最后您可以找到一张"学习小组协议"清单，清单上列举了成员之间在学习小组成立之初就

---

〔1〕　怎样系统并且高效地完成，参见本书第六章（系统掌握不同法学领域）。
〔2〕　学习小组的组织和执行详见 ter Haar/Lutz/Wiefenfels, S.78., Deppner/Lehnert/Rusche/Wapler, S.44 ff.。

应当达成一致的所有要点。

学习小组的领导。就学习小组的主持必须达成协议。经验证，学习小组形式上和内容上的领导应当联系在一起。主持学习小组的成员，要为学习小组作出特别具体的准备并以专家的角色为其他成员提供帮助，如果在学习小组见面时要分析案例，领导者应当引导成员完成分析过程。因此，此处为主持人和辅导员任务的结合。如果这个角色轮流由每个成员担任，筹备所需的精力对每个人来说都可以控制在一定范围内。有关学习小组领导的明确协议在小组活动中始终有优先权，因为没有领导者就没有小组。因此，若没有明确的协议就会导致工作混乱。

时间花费。一次学习小组会议的平均时间花费约为 3 个小时。[1]如果学生打算通过共同完成案例分析仔细研究学习内容，就需要花费更长时间了。其他的参考数据，如在学习小组中讨论新生闭卷考试需要 2个小时（120 分钟），讨论国家考试闭卷考试至少需要 3 个小时，而且还是在每个成员已经提前制作出一个分析提纲的情况下。考虑到注意力逐渐下降的因素，超过 5 个小时的学习小组会议就意义不大了。相反，花1 个小时的时间（仅仅）自己借助索引卡片复习特定的内容领域就很有意义。此外，一个重要的前提条件就是，到达学习小组见面地点花费的时间要对所有成员来说都很短。除了在学习小组会议上花费的时间之外，也要把准备时间计划在内。如果要在学习小组活动中复习最新的课程内容，您可以在课程之后的复习时间为学习小组做准备。如果您要在学习小组会议上分析闭卷考试案例，意味着要制作详细的分析提纲，平均（额外）花费 2 个小时的时间。然而，虽然学习小组花费很多时间，但是您要意识到，即使没有学习小组您也必须在自学时间内分析闭卷考试案例。

小组见面的频率。小组成员见面的频率取决于需要共同掌握的学习内容的数量。如果国家考试备考阶段为 1 年，就要在这段时间内认真研

---

[1] Burian/Schultze/Waldorf, S.823, 每周见面 2 到 3 次，每次 3 到 4 个小时。另参见Deppner/Lehnert/Rusche/Wapler, S.113 ff.。

究全部与考试相关的内容；如果通过小案例的形式对理解状况进行检测，小组成员应当每周安排约 3 次见面机会，每次持续 3 到 5 个小时。在开始的几个学期和中间的几个学期，成员每周只有时间参加 1 次或者最多 2 次小组活动。小组成员必须决定每次小组讨论的主题，因为每周 1 次的小组见面只能覆盖部分领域的知识。

　　小组见面的频率不仅取决于需要共同掌握的学习内容的数量，还取决于学生在学习小组中的学习效果以及通过学习小组的固定日期调动学习动力的程度。如果您确定可以在自学时间里也能实现较好的学习效果，就可以把学习小组见面作为共同完成案例分析的机会。如果您属于那种很难克服内心怠惰的人，从第一学期开始就经常约定学习小组见面对您来说就很有意义。此外，学习小组对那些很少上课、主要靠教科书学习的学生来说也很重要。因为这些学生的时间分配极其有弹性，在这种情况下，经常和其他成员见面，复习并讨论在自学时间学到的内容就特别有意义。

322　　场地。任何您可以不受打扰地聊天、每个学习小组成员都有足够的空间做笔记并摊开自己的学习资料、成员们有足够的空间围成一圈坐下[1]的场地都可以作为学习小组场地。和大学里的场地相比，私人场地的优势体现在没有开门和关门时间的限制。但是，私人场地的缺点体现在，一般需要额外的交通时间才能到达，学生更倾向于转移到比较舒适的地方。除去开门和关门的时间限制外，学校场地更加适合作为学习小组见面场地。此外，在学校场地往往有机会将学习的内容可视化。[2]遗憾的是，在上课阶段不是经常能找到合适的场地。但是，坚持不懈的话，大多数情况下一定能够找到可定期使用的场地。[3]因为"对工作

---

　　〔1〕研究发现，在圆桌会议上展开对话和讨论，各方的贡献才能平衡，因为每个人都可以和其他人直接对话。平等和合作学习的氛围对学习小组取得成功是不可缺少的，不应当低估圆桌式座次的效果。Ehlert/Niehues/Bleckmann, L 34 也持同样观点。
　　〔2〕Ehlert/Niehues/Bleckmann, L 34 也持同样观点。
　　〔3〕很多学校图书馆都没有会议室。有些法学院可以为国家考试备考提供小组学习室，比如奥格斯堡大学的法学院。

场所的适应和清晰的学习进程能对持之以恒、专心的学习产生积极效果"[1]，寻找场地时要注意是否能够在较长的期间内使用该场地。

即使在私人场地见面，您也不应当放弃视觉技术，因为可视化一方面能促进学习内容的结构化，另一方面能提高知识掌握的程度。使用少量的辅助工具就能实现较好的可视化效果，比如，您可以把重要的关键词或者几个短句用挂纸板专用笔写在 A4 纸或者包装纸上并用 Tesa-Krepp（一个双面胶品牌）[2] 或者可拆卸的胶布贴在墙上、衣橱上或者类似的地方。如果您把每个要点单独写在一张图片上，就没有必要制作新的图片；如果您确定图片的顺序发生变化了（比如图表结构），可以把图片按照新的顺序挂起来。

☞经验证，学习小组形式上和专业上的领导要联系起来，由每个成员轮流承担责任。

☞学习小组的时间花费和小组的见面频率取决于，在哪个阶段要完成哪些学习任务以及学习小组的举办模式。

☞学习小组的场地应当按照会议规定采用圆桌的方式，以使每个成员之间的交流同样方便。理想的情况是，能够一直使用同一个场地，因为对学习场所的适应有利于专心学习。

第七节　学习小组的活动时间

学习小组的优点体现在，让学生在那些效率不是很高的时间段或者没有义务的限制就很难振作起来的时间段能够集中注意力完成一些事情。如果打算充分利用这个优点，就应当首先提出一个问题，学生希望在哪些时间段学习，但是从经验来看却克服不了内心的怠惰。对大多数

---

[1] Ehlert/Niehues/Bleckmann, L 34.

[2] Tesa-Krepp 一般可以很容易从附着物表面撕下来而不会损坏物品。同样合适的还有胶棒。

人来说，每天下午，尤其是上午已经做了一些事情的情况下，就很难自己组织学习。因此，下午开始的学习小组要特别注意在成员的午间困倦期之后开始。[1]虽然学习小组是一种克服缺乏学习动力非常棒的方法，但是能够战胜午间困倦的唯一办法就是休息。对晨型人来说，学习小组是一种保持从八点钟开始进入学习状态的重要辅助措施。对夜型人来说，晚上举办的学习小组最令人满意，因为他们在晚上还有足够的精力，但是晚上要自己再次坐在书桌前就非常困难。除此之外，晚上开展学习小组的优势体现在，除非必要的话，在学习小组之后不再需要恢复阶段，而是以学习小组的形式（圆满地）结束工作日。

> ☞学习小组的一个重要的优势是让学生在那些自学效率不是很高或者没有足够动力的时间段，有机会集中精力进行法学专业的学习。

第八节　在学习小组中遇到困难怎么办

一、小组成员准备得不够充分

学习小组的质量在很大程度上依赖于每个成员准备的情况。[2] 因此，尽快解决那些在为学习小组做准备时遇到的困难非常重要。在这里，要区分两种情况：单个成员准备得很差或者几乎所有成员准备得都很差。

（一）（几乎）所有的小组成员准备得都很差

如果（几乎）所有的小组成员准备得都很差，您就要检查你们为准备工作设定的目标是否现实。如果目标不现实，就算您预留出更多比每

---

〔1〕 有关效率低的进一步内容和怎样发现自己的效率曲线，参见本书第十二章（时间管理）。

〔2〕 Ehlert/Niehues/Bleckmann, L 26：“学习小组的基本运行原则就是利用已经掌握的知识一起工作。”“独立掌握基础知识是……学习小组活动必需的前提条件。”

个成员实际准备所需要的时间，而且在所有人都已经积极作出努力的情况下，也没有任何益处，因为小组成员注定会产生挫败感。但是，这种困难很好处理，您只要找时间在学习小组见面时列举过去（3 到 4 次） **324** 学习小组见面中设定的准备目标以及事实上的准备成果。通过这种方式，他们很快就会感觉到准备目标是否可行，并且清楚以后设定目标的标准。导致（几乎）所有成员都准备不足或者没有准备的原因也可能是缺少有约束力的协议。这样的话，您就要再次找时间和每个成员签订"学习小组协议"[1]，在协议中可以约定，成员要为准备工作花费多长时间，如果一个成员反复不遵守协议有什么后果。

(二) 单个成员不做准备（准备不足）

如果单个成员不为学习小组做准备或者准备不足，其他小组成员必须考虑清楚，是否愿意继续保留其成员身份，以及保留其成员身份是否会对学习小组的效率产生影响的问题。尽快讨论这些困难对保持学习小组的学习气氛非常重要。[2] 及早研究这个问题，相关的成员也有机会及时改正自己的错误行为。如果该成员在类似的对话之后也不愿意对自己的行为作出改变，其他成员不应该觉得难为情，应当建议该成员自己寻找其他时间花费比较少的学习小组。[3] 这在其中一个成员准备较差的理由可以理解、其他学习小组成员不能指责该成员的时候也适用。因为最终对学习小组的效率起决定作用的是所有人都做好准备，而非为什么某一个人不能做好准备。

二、成员仅仅不定期参加学习小组

对那些纯粹复习学习内容的学习小组来说，如果每次学习小组见面处理独立的主题并且每次见面有足够的成员参加，有的成员不定期参加学习小组也不构成大问题。但是，对那些有目地深入学习和系统复习的学习小组来说，不定期参加显然是有问题的，因为缺席的成员很快就

---

[1] 具体参见边码 326。

[2] 参见 Feedback-Regeln, S.326。

[3] 参见 Ehlert/Niehues/Bleckmann, L 35。

跟不上其他成员的思路，必须由其他成员再次向他们解释。出现这种情况时，学习小组成员必须要组织一次谈话[1]并且在谈话中根据学习小组协议要求缺席的成员定期参加。如果这些问题并没有在学习小组协议中论及[2]，可以借这个机会制定有约束力的协议。当不断出现类似的问题时，只能请求该成员寻找其他的学习小组并自己寻找合适的小组成员。

　　### 三、安排日程花费太多时间

需要制定在较长时间段之内的有约束力的日程安排时，这个问题可以并且应当从一开始就避免。日程安排最好在成立学习小组之初，或者学习一个特定法学领域的第一次学习小组见面时就以学习小组计划确定下来。学习小组的见面日期、地点和主题都应当写入这个计划中。[3]定期的、总是在同一时间开展的学习小组比时间上有弹性的学习小组花费的精力要少得多。通过这种方式，学习小组成为一个固定的组织。如果您从学期开始就得知所有人在什么时候通常在学校或者图书馆停留，出现临时变动时可以很快联系上所有成员。

四、学习小组管理不善

有天赋的人依靠直觉就知道领导一个小组要靠什么。但是，大多数人需要学习这一点。因此，学生应该把领导学习小组看成一个通过为其他成员提供支持而培养领导能力的机会。成功领导一个学习小组有两个前提条件：第一，所有的成员都对学习小组的管理方式达成一致。学习小组就是学习怎样把这样的认识转化为实践的训练场。第二，所有成员都了解反馈规则，担任领导角色的成员在每次学习小组见面之后都能得到建设性的反馈意见，并且通过这种方式了解将来如何改善自己的领导方式。

---

〔1〕　参见 Feedback-Regeln, S.326。
〔2〕　具体参见边码 323 标题（一）以下内容。
〔3〕　参见上文中 X、Y 和 Z 的学习小组计划，边码 315。

（一）学习小组管理规则

您可以在下文中阅读简单总结出来的有关学习小组管理规则的要点，即学习小组的领导者应当注意什么。需要明确的是，学习小组的领导者不仅在专业上担任指导人的角色，还要承担制造良好的学习氛围的任务。

领导学习小组规则

1. 领导者要注意让学习小组按时开始。

2. 您要确保让每个成员都有发言的机会，让"话痨"保持必要克制。

3. 您要注意实事求是地提出批评意见，禁止不中肯的评论。

4. 当小组内出现对立关系时，您要促成双方的谈话。

5. 当小组成员的注意力水平降低时，您要注意安排休息时间。

6. 领导者要比其他成员准备得更好，能够主导专业对话的开展。

7. 您要注意，让所有成员首先对此次学习小组会议的主题有概括了解。

8. 如果细节本身不重要，您要及时打断成员之间针对该细节的讨论。

9. 您要用合适的理解性问题和复习性问题或者小案例让陷入僵局的讨论重新活跃起来，必要的话，引入最重要的司法判例。

10. 您要及时告知其他成员提前准备哪些案件，并及时告知案件事实。

（二）学习小组内部的建设性反馈意见

反馈环节应当在学习小组的第一次见面和之后有需要的时候进行，建设性反馈意见比较适合在反馈环节以清单的方式呈现。针对领导者的反馈不仅要提出需要改善的部分，还要提出领导者做得好的地方。因为，积极的评论让领导者知道，哪些因素对其他成员产生了好的影响。

以下的反馈规则被证明是可行的。[1]

建设性反馈意见

作为提供反馈意见的人（反馈人），我要注意：

- 提出我的看法/建议的主语："我"而非"有人"；
- 直接和反馈意见涉及的小组成员商讨；
- 在评论之前，如果我对（被评论）的学习小组成员的表达或者行为的意义不确定，可以直接询问；
- 先讲积极的评价再讲消极的评价；
- 给出有建设性并且实事求是的评论；
- 评论时尽量和具体的情境结合起来；
- 不要使用概括的语言（例如，"你从来没有实现目标"）；
- 提供解决建议；
- 公开并且诚恳地评论。

作为收到反馈意见的人（接收人），我要注意：

- 倾听并且对建设性的评论持开放态度；
- 如果想要更清楚地了解某事，可以直接询问；
- 不要辩解（其他人的评论不一定是正确的）；
- 必要的话说"这就够了"；
- 决定怎样处理积极和消极的评论。

建设性反馈意见在任何出现对话困难或者讨论困难的情境中，或者观点意见不一致时都可以使用。在这些情境中，反馈是互相交流的基本规则，为实事求是、建设性地讨论提供保证。保证成员遵守这些规则是学习小组领导者的任务。为其他人提供建设性反馈意见的能力也是一项非常重要的关键技能，将来可能非常重要。

---

[1] 详见 Ruth Cohn, Von der Psychoanalyse zur themenzentrierten Interaktion, Von der Behandlung einzelner zu einer Pädagogik für alle, Stuttgat, 16.Aufl.2009, S.123ff. 为各种形式的小组活动发展而来的"辅助规则"。

第九节 学习小组协议的内容

一、学习小组协议的优势

在学习小组成立之初，最晚在出现问题时[1]，学习小组成员之间要签订一份"学习小组协议"，在协议中，小组成员至少要就小组的行动方式和目标达成一致。[2] 虽然这份协议并不是法律意义上的协议，因为当出现不履行的情况时，并不会出现具有法律约束力的义务和相应的法律后果；但是称之为协议还是有很多优势。因为用这种表达方式能使所有的成员都意识到，这里涉及的是有约束力的（虽然不是法律上的约束力）协议。除了对约束力的认识之外，"学习小组协议"还有其他的优势。如果在学习小组成立之初就签订协议，学生可以在"协议协商"过程中确定，互相之间能否并且在多大程度上就学习小组的设想达成一致。因此，学生可以马上就不同的设想寻找都认可的妥协方式。如果在学习小组成立之初不能达成妥协，借助"学习小组协议"至少可以很快知道最好继续寻找其他的和自己的理念相符的学习小组。此外，当学习小组内部出现问题时，如果"学习小组协议"已经就特定问题的解答给出解决办法（比如，一个小组成员经常准备不充分的情况），更容易就问题组织讨论。

二、"学习小组协议"清单

为简化对学习小组形式的协商过程，我制作了下文中的清单。[3] 如果您按照这个清单一步一步进行，就可以保证组织一个学习小组需要口头达成一致的最重要的点都能得到讨论。为了保证所有的成员能够在

〔1〕 参见上文边码323。
〔2〕 参见 Schräder-Naef, S.66。
〔3〕 参见 ter Haar/Lutz/Wiedenfels, S.64。

不受打扰的情况下核查所有的协议，一个成员（作为记录员）填写完这张清单并交给其他成员过目。这样，在不浪费过多时间的情况下，成员之间能够达成共同的"学习小组协议"。如果您把"学习小组领导规则"也收录到"学习小组协议"中，当出现问题时，那些克制谨慎的成员也有权参与到处理问题的过程中。

"学习小组协议"清单

☑学习小组成员是谁？

☑该学习小组应当有几个成员？

☑失去一个学习小组成员会带来哪些后果？

☑学习小组举办地点在哪？

☑我们需要哪种形式[1]的学习小组？

☑学习小组的共同目标是什么？

☑什么时候达成这个目标？

☑学习小组每周的见面频率？

☑每次学习小组会议的时长？

☑每个学习小组成员应当花费多少准备时间？

☑每个成员应当怎样为学习小组做准备？

☑谁承担学习小组的领导责任（特定的一个人或者轮流)？

☑领导人员有哪些"权利和义务"？

第十节　总结和认识

328　　对那些就成立学习小组还不够坚定的学生来说，可以"从小做起"，首先成立一个短期的、有目标限制的学习小组，比如，为了准备下次闭卷考试或者为在教学杂志和案例汇编中寻找与教学内容相匹配的案例分析进行任务分工。首先约定（6个星期或者1个学期）的运行期对您来

---

〔1〕　参见边码312及以下内容。

说会有帮助。很多参加我的课程教学的学生接着成立了学习小组，来自他们的大量反馈证明，共同的学习小组目标和确定的学习小组计划是学习小组运行良好的重要前提条件。

> ☞学习小组有很多优势，可以培养很多学生在职业生涯中需要的技能。
>
> ☞一个成功的学习小组有明确的小组目标、非常机构化的工作计划、良好的学习环境和有约束力的小组协议。
>
> ☞协议或者学习小组合同由对成员有约束力的协议构成，能够预防很多问题。
>
> ☞经证明，把学习小组形式上的领导和专业上的领导结合起来，由每个成员轮流承担责任是非常有效的。
>
> ☞定期开展收集有建设性意见的反馈环节并且讨论相应的问题非常有意义。
>
> ☞为练习案例分析而成立学习小组可以解决因缺少闭卷考试训练带来的劣势。

表 10-2　法学学习中的学习小组

Bergmans, Bernard	Lern- und Arbeitstechnik für das Jurastudium, Stuttgart, 2013, S.96f.
Deppner, Thorsten/ Lehnert, Mathias/ Rusche, Philip/ Walpler, Frederike	Examen ohne Repetitor, Leitfaden für eine selbstbestimmte und erfolgreiche Exmansvorbereitung, Baden-Baden, 3. Aufl. 2011. （从第 44 页开始，共同学习—学习小组，第 167 页开始，学习计划）
Lange, Barbara	Mit der privaten Arbeitsgemeinschaft zum Erfolg, Der Wirtschaftsführer, 2. 2012, 2ff.
Ter Haar, Philipp/ Lutz, Carsten/ Wiedenfels, Matthias	Prädikatsexamen, Der selbständige Weg zum erfolgreichen Examen, Baden-Baden, 2.Aufl. 2012. （第 106 页开始关于学习阶段的学习小组，与辅导课程同时开展的学习小组，第 167 页开始，第一次国家考试学习小组计划模板）
http://www. fu-berlin. de/sites/studienberatung/e-learning/lernmodule/studienverlauf/lernen _in_arneitsgruppen/index.html：柏林自由大学关于学习小组中学习开展的多个视频	

第十一章　学会学习

329　　"当今律师应当具备哪些能力，法学学生在受教育阶段应当注意什么呢? 最重要的是：学生必须学会怎么有计划地持续学习，因为当今所有法律职业都必须具备每天掌握新知识的能力。"[1]

第一节　概况和目标

　　法律人必须终生学习，好的法律人必须有良好的学习能力。在学习专业内容之前，还有"学会怎样学习"的问题，但是这一方面经常不受重视。[2] 很多新生认为大学里的学习和中小学里熟悉的记忆式学习相同。记忆式学习通常不够深入，学生会很快忘记所学内容。生动一点的解释就是，那些仅仅靠死记硬背方式学到的知识不能在大脑中长期占用内存。而法学的学习阶段只有在能够积极重现学习到的内容并且将其应用在不熟悉的案例架构上时，才算圆满完成。[3] 目前已经有一些文章和书籍讨论法学学生怎样"学会学习"的问题。[4] 此外，教科书也会

---

〔1〕　Stefanie Assmann（Boorberg 出版社 Der Wirtschaftsführer 杂志的编辑）在 Der Wirtschaftsführer 1/2014，S. 2，3 上发表的对 Benno Heussen 教授的采访。

〔2〕　参见 Koeder，VII（前言）："学习过程中最难的就是'学会学习'。"

〔3〕　1983 年出版的书（Fritjof Haft，Einführung in das juristische Lernen，Bielefeld，1983）和 1992 年创刊的 JURA 杂志的针对新生如何学习的特刊也这样认为。Haft 的书 2015 年又再版。

〔4〕　比如 Bergmans，Haft，Klaner 和 Grüning。更多文献参见本章第三节文献综述部分。

简短地对学习发表引导性的讨论。[1] 有些大学为新生提供关于学习的具体帮助。[2] 学生经常辩解道，（在法学学习中）学习才能是必不可少的。但是，法学并不是完全取决于才能的学科，因为法学学习才能是可以掌握的，和某些才能如艺术才能并不相同。[3] 反过来说，在一门学科具有的才能并不是自动产生的，学生也必须高效地学习。以下的引文展示了关于学习的知识是何等重要。

> 因此，所有的知识曲线都是指数型的：把第一批线索联系起来非常困难，但是慢慢地就不那么艰难了，然后慢慢地可以忍受，并且某个时刻开始，学习变得有乐趣。大多数中小学生在学校安排的很多课程中都没有体验过这个时刻真正的快乐，因为他们会错误地认为，继续学习一定会像学习曲线开始时那样辛苦……[4]

为了让您在学习过程中尽快体验到真正快乐的时刻，我将会讲解关于在法学学习过程中的学习和把学习付诸实践的方法的几个重要认识（第二节）。接着，您可以通过几个调查问卷发现自己的学习偏好，并据此形成自己的个人学习技巧和学习策略（第三节）。使用思维导图对学习会非常有帮助。虽然大多数学生在中小学就知道思维导图了，但是很多人没有认识到可以把思维导图用在法学学习中。因此，我要引入思维导图（第四节），除了说明其优势之外，主要阐述其在法学学习过程中的使用方法。本章结尾对最重要的认识进行总结（第五节）。

---

〔1〕 参见 Diederichsen/Wagner/Thole, S.1ff.（对高效学习的若干建议）；Möllers, Rn. 57 ff.（学习技巧）；Gröpl, Rn.1ff.（有关法学学习的导论）；Schwab/Löhnig, S.12 ff.（学习和激励），Tiedemann, S.6 ff.（学习和辅助工具）；Schmalz, S.239 ff.（正确的学习）；Kilian/Eiselstein, S.20ff.（有关工作和学习的几个建议）；Münchhausen/Püschel, S.32ff.（高效利用大脑学习的 10 个规则），S.137 ff.（学习心理学）；ter Haar/Lutz/Wiedenfels, S.122 ff.（学习和复习）；Koeder, S.257ff.（利用清单让学习更有效率）；Burchardt, S.26 ff.（有关学习、专注和记忆）。
〔2〕 比如比勒费尔德大学（richtig einstigen）、雷根斯堡大学（REGINA 项目）、埃朗根-纽伦堡大学、汉堡大学、科隆大学。
〔3〕 Roxin, S. 6 也这样认为：“虽然法学并不是简单的学科，但是通过勤奋和激励还是可以比那些特定的才华起决定性作用的学科走得更远。”
〔4〕 Birkenbihl, S. 78. 学习并不是匀速进行的，另见 Schräder-Naef, S. 54 f.。

第二节　学习心理学和神经科学的研究成果在法学学习中的应用

"我们不能经济地使用最重要的资源做出成绩：我们使用自己的大脑，却不了解它的功能！"[1]

学习过程是怎么进行的呢？法学学习要怎样开展呢？近代的教育学家、（学习）心理学家和神经科学家都对第一个问题进行了回答。[2] 简单地说，神经科学可以通过成像方式观察大脑的各个分区并且在屏幕中追踪大脑的工作进程。"大学和学习"主题让这种研究非常流行。配合大脑工作状态开展学习的建议到处可以见到。很多这方面的认识并不是新的，而是经学习心理学和教育学证实的结论。[3] 但是，现代的神经科学证实，某些因素确实可以提高学习成果。学生应当了解这些因素并在学习过程中加以注意。下文中我将对如何掌握学习内容进行阐述：（1）复习的过程；（2）固化和详细说明；（3）最后的检索和应用所学内容。

---

〔1〕　Spitzer in：Caspary，S.23，33.

〔2〕　有关介绍见 Manfred Spitzer，Lernen，Gehirnforschung und die Schule des Lebens，München，2007；Ralf Caspary（Hrsg.），Lernen und Gehirn，Der Weg zu einer neuen Pädagogik，Freiburg（Br.），7.Aufl.2012；ders.，Nur wer Fehler macht，kommt weriter，Wege zu einer neuen Lernkultur，Freiburg（Br.），2008；Mirjana Matic，Mögliche Beiträge der Neurobiologie zur Lehr-/Lernforschung und Didaktik，Marburg，2014；Sarah-Jayne Blakemore/Uta Frith，Wie wir lernen，was stimmt? Die wichtigsten Antworten，Freiburg（Br.），2007；Gerharf Roth，Aus Sicht des Gehirns，Frankfurt/M.，2009；ders.，Bildung braucht Persönlichkeit，Wie Lernen gelingt，Stuttgart，2011；Karl R.Gegenfurtner，Gehirn und Wahrnehmung，Eine Einführung，Frankfurt/M.，2011. Gabriele Kautzmann/Gaby Miketta（Hrsg.），Das Wunder im Kopf，Intelligenz，Gedächnis und Gefühle verstehen und optimal nutzen，München，1999. 书中非常形象地描述大脑运行。Rita Carter，Das Gehirn，Anatomie，Sinneswahrnehmung，Gedächtnis，Bewusstsein，Störungen，2010 中有 1000 张彩色照片和电脑断层扫描片，并附有明白易懂的解说。引人入胜的书 Erich Kandel，auf der Suche nach dem Gedächtnis，Die Entstehung einer neuen Wissenschaft des Geistes，München，2015 是最有影响力的记忆力研究人员的自传，同时也有对 100 年来大脑研究的详细描述。

〔3〕　神经科学的研究对教育学的重要性参见 Norbert M.Seel/Ulrike，Hanke，Erziehungswissenschaft，Berlin，2015，S.329 ff.。

一、理解并掌握学习内容

获得长期知识。知识是怎样到达大脑并且在大脑中固定下来的呢？人类大脑由大约 1000 亿个神经细胞（神经元）构成，神经元之间 100 万亿个连接对学习来说至关重要。一直以来，信息在大脑中的存储被描述为从超短记忆（也被称为感觉记忆）经短期记忆转化成长期记忆的过程。[1] 事实上，信息的存储是从超短记忆最终成为长期记忆的循序渐进的过程，信息的存储过程有时候可以有各种不同的方式，目前并没有定论。超短记忆将刺激以感官体验的方式记录下来。如果没有对该刺激予以关注，这种感官感觉在几秒钟之后就会被删除。如果把特定的意义和这种刺激联系起来，被联系起来的信息就会被称为短期记忆。在短期记忆或者工作记忆中都是一些暂时储存的信息。信息在短期记忆中保留的时长取决于具体的信息以及学习者自身的情况。[2] 如果短期记忆没有在可预见的时间内转化为长期记忆，信息就会丢失。可以这样说，短期记忆中的信息就像是在一台电脑缓存中的数据，可以在短期内检索到，但不能保存任意长的时间。只有接下来对这些信息予以关注并且和已有的信息联系起来，该信息才能固定为长期记忆。[3] 而长期记忆中的信息好比储存在硬盘中的信息。在长期记忆中，信息以强化存储内容的方式长期储存，也就是说，已经形成新的神经细胞连接（突触）。学习内容整理、复习和架构做得越好，短期记忆就越容易转化为长期记忆。能够结构化地与基础知识联系起来的信息更容易被整合并且可以从被整合的地方再次检索出来。

332

秩序和结构。这两个词对学习而言有什么意义呢？当您面对完全不熟悉的内容时（这种情况从法学学习开始就一直出现），如果不能与基

---

〔1〕 有关大脑的运行方法参见 Bergmans, S.60 ff., 和 Hofmann/Löhle, S.14 ff.。所谓的 3 种存储模式见 Haft, Lernschule, S.125 ff.; Koeder, S.57 ff.。其他的模式，在此处不做过多介绍，可参见 Roth, S. 102 ff.。

〔2〕 广泛认同的是 1 到 5 分钟的时段。

〔3〕 怎样建立已有信息和新信息之间的联系或者增加联系，参见 Birkenbihl, S. 43 ff.。

础知识联系上，这些内容根本不能或者很难被储存起来。因为信息是以新的神经细胞连接（突触）的形式被储存起来的，新的法学信息是否有秩序、机构化非常重要。因此，学生应把法学学习的重点放在掌握规则、合法性和内部联系上。[1] 基础知识的学习要在细节知识的学习之前完成，这样大脑才会有连接的可能性。这个问题会导致什么后果呢，其中一个例子就是，原则的遗忘速度要比细节知识慢一点。[2] 这就意味着，当您和法典以及教科书打交道时，在学习细节知识之前，要首先对其内容有概括的了解并且搞清楚大概的内部联系。[3] 当掌握一个法学领域时，在学习之前要先就法律规定和最重要的主题制作一个一览表。[4] 通过思维导图或者所谓的 Cluster 进行进一步可视化处理，可以提高记忆率。在上课过程中，讲师的演讲越结构化，学生掌握的基础知识或者连接点就越多，学习成果就越好。[5] 如果您在课程上提问"老师在讲什么?"或者"这是什么问题?"，就可能表明您当时没有跟上思路或者您可能掌握的基础知识太少了。您的大脑不能对听到的内容分类，因此不能建立联系。这就解释了在没有预习和复习的情况下，"随便听"一门课程的时候一般不会有收获。

基础知识。学习知识的重要前提条件是激活基础知识。在课程开始之前进行准备，可能仅仅是在阶梯教室前和同学就上 1 个小时的内容进行简短的讨论，就可以激活您的基础知识，让您的大脑为新信息做准备。

─────────────

[1] 怎样在法学学习中认识或者制造内在联系和横向联系，参见本书第六章（系统掌握不同法学领域）。

[2] 因此比起散文，诗歌更容易让人记住（有关诗句形式的判决：ArbG Detmold, NJW 2008, 782, 或者 LG Frankfurt NJW 1982, 650)。

[3] 有关有效阅读专业文献和选择合适的专业书籍参见本书第五章（阅读能力）。

[4] 有关不同法学领域的概况和结构参见本书第六章（系统掌握不同法学领域）。

[5] Roth 在 Caspary, S. 55, 57 中形象地描写道："如果在听众或者读者的大脑中没有出现特定的基础知识和特定的重要性语境，就不可能构建重要性体系。"

☞对学习内容关注越多，学习效果越好。

☞学习的内容越有条理和结构化，记忆率就越高。

☞已经掌握的知识对新知识的结构化、归类和固定有所帮助。[1]

☞知道得越多，把新内容和已经掌握的知识联系起来就越容易。

☞只有理解了新的学习内容，也就是在大脑中将其与已经掌握的内容建立联系，才能形成长期记忆。那些表面上学到的、死记硬背但是没有理解的内容会很快被忘记，因为它们不能在大脑中固定下来。

学习气氛。大脑研究证明："不能低估情绪在学习过程中的重要性。"[2]学习过程中的情绪为取得良好学习效果发挥重要的角色。当带着好奇心和兴趣学习新内容时，大脑会释放信息增强记忆能力。当带着压力和抗拒学习新内容时，大脑会释放应激激素导致出现思维阻滞，从而使新内容与现有的思考内容建立联系更加困难。应激激素也是导致有些人不能回忆起事故情形的诱因。此外，学习内容也会根据情绪状态被储存在大脑的不同区域。举个例子，如果一个学生在课程教学中因为没有预料到的问题而备受压力并且认为这种压力是消极的，会和其他任何消极情绪状态一样导致该学习内容转化成长期记忆时受到阻滞。如果讲师的行为或者讲课风格让学生觉得不愉快，知识被掌握和形成长期记忆的比例就会很低。[3]如果学生在（自己制造或者第三人引起的）消极压力中学习或者对学习内容有强烈的抗拒，同样的事情也会发生在自学过程中。这并不是说，学生只能在感觉非常愉快的时候学习。轻微的、刺激性的压力对学习有促进作用，因为大脑会释放神经递质多巴胺，而多巴胺会让大脑准备接受信息。如果压力被视为积极的刺激，学习过程就

---

〔1〕　参见 Spitzer in：Caspary，S.23，31。

〔2〕　Spitzer in：Caspary，S.23，28。

〔3〕　有关选择或者放弃一门课程参见本书第六章（系统掌握不同法学领域），边码174。

会运转良好。[1]

感受渠道和记忆。[2] 您也是那些在课后经常自问记住什么或者学到什么的学生吗？以下的数据表明，记忆的比例和学生是否同时运用多种感官相关。[3] 当然，这些数据是平均值。[4] 我们使用不同感官的，记忆率见下表。

表 11-1　不同感官的记忆率

听	20%
看	30%
听+看	50%
自己讲	70%
自己做	90%

通过上表的数据可以确定：

> ☞（同时）发挥作用的感受渠道越多，学习者越积极，知识的记忆率越高。

塞内卡早就认识到"自己做"对学习有很大的促进作用。他称之为"因教而学"。如果"自己做"能达到90%这个最好记忆率，那么，学生应该怎样把"自己做"尽可能多地融入自己的学习中。一种非常有效率的方法就是，把学到的内容讲给同学听并且积极和他们一起分析案例。这些主要在学习小组中完成。[5] 如果您所在的学院有辅导组织，

---

〔1〕　Roth in：Caspary，S.55，64.

〔2〕　Haft，Lernschule，S.110 ff.

〔3〕　Josef Kraus，Was hat Bildung mit Gehirnforschung zu tun? Schule zwischen neurobiologischer Vision und bodenständiger Pädagogik，in：Caspary，S.142，151.

〔4〕　Maike Looß，Lerntypen，Ein pädagogisches Konstrukt auf dem Prüfstand，Die Deutsche Schule 2001，186，187 对该数据持批判态度。下载地址 http://www.ifdn.tu-bs.de/didaktikbio/mitarbeiter/looss/loss Lerntypen.pdf。

〔5〕　关于学习小组参见本书第十章（学习小组）。

承担（专业）辅导老师的任务就是一个好机会。[1] 因为作为辅导老师，您必须全面学习要教授的内容。在实习中，如果您分析案例并和其他人讨论，也有积极将所学知识进行转化应用的机会。

您怎样才能在课程教学中从多种感受渠道获益呢？"自己做"可以通过询问讲师的方式实现。在只有少量参与者的课程教学中，如研讨课，学生可以经常参与或者做报告。在案例分析课程或者学习小组中也可以通过理解案例分析并以演讲的方式自己学习。在大课中，学生通常只能"听"和"看"。而"自己讲"只能在一定程度上实现，也就是当讲师向听众提问、请求合作时[2]，这时候积极地倾听更加重要。积极地倾听意味着学生要在内心和讲师对话，自己提问并且思考最重要的内部联系和中心思想。[3] 如果学生把内容之间的联系和最重要的内容以课程笔记的形式记录下来，除了"自己讲"和内心对话之外，听到的内容也变得可视化。通过积极倾听和制作课堂笔记[4]可以使用额外的感受渠道并且提高记忆率。大学应努力提高大课上老师和学生之间的交流。[5] 引入 Clicker 或者 ipads，学生可以借此用勾选 a、b、c 的方式回答讲师的问题或者完成直接打分的随堂测验。[6] 有的教科书也鼓励这种内心对话，比如 Vahlen 出版社的 "lernen im Dialog" 系列书籍。

335

二、通过精心计划复习和巩固学习内容

记忆率主要取决于在多长时间内把大脑中掌握的知识重新激活并且

---

〔1〕寻找辅导教师职位可联系学院的院办公室、修业咨询、学术院长或者大学生代表处。

〔2〕虽然人会倾向于回避那些让自己备感压力的活动，但是您应当有目的地选择这样的活动。在所有课程教学上都要注意怎样有方法地应对，是否应当加强交互式教学方式的应用。

〔3〕有关积极地倾听参见 Chevalier, S.146 ff.; Koeder, S.36 ff.; Schräder-Naef, S.152 f.。

〔4〕有关制作课堂笔记具体参见本书第七章（课堂笔记和摘录）。

〔5〕参见 Hanke/Winandy 有关促进学习的课程教学设置。

〔6〕诺贝尔奖获得者 Carl Wiemann 的研究证实，大课上的教学效果在师生进行积极的合作时（多选测试、抢答题）能够显著提高。另参见 Christian Weber, Mit Diskussion und Klingelknopf, Nach interaktiven Vorlesungen sind Stundenten erfolgreicher, SZ v. 13.5.2011, S. 18 mit Bezug auf Science, 2011, Bd.332, S.862。

通过激活的方式加以巩固。遗忘曲线在前三天下降最快，而3天之内的前24小时最剧烈。因此，在2到3天之内复习学过的新内容比1周之后复习效率高得多。1周之后，所掌握的大部分知识已经丢失，必须重新学习。相反地，在第一次学习之后短期内完成第二次学习刺激能够保证更多学到的知识转化为长期记忆。〔1〕 这里的复习是积极扼要重述的意思，在这个过程中，学生"不仅是再次（消极地）阅读内容，还是借助问题或者转化训练对材料（积极地）深入研究"〔2〕。复习意味着通过认真思考、结构化、究根问底、反思、使用和领悟的方式对所学知识进行巩固。得出结论、建立横向联系和用自己的语言对所学内容进行表达都是复习的范畴。复习单元的规划越积极越好。研究证明，学习的内容应当至少复习3次，因为新的感觉印象作为"记忆中继站"的信号出现的频率越高，长期记忆的储存就越持久。〔3〕 经验法则证明，需要长期储存的信息必需在不断增长的时间间隔之内复习（所谓的重复间隔）。在长期学习过程中，建议您第一次在48小时内，第二次在大约1周之后，第三次在大约1个月之后。〔4〕 如果在闭卷考试之前只有1周的学习时间，时间间隔要进行相应的调整，比如，1天之后复习1次，3天之后复习1次，6天之后复习1次。研究证明，作为长期记忆的信息转化是在特定的睡眠阶段进行的。〔5〕 考虑到这个原因，第一次复习应当最早在下一天进行。很多学生并不复习和巩固所学内容，而是为了赶进度而连续几个星期学习新内容。原因是他们认为纯粹的复习太无聊。但是，利用在第六章中所讲述的方法，复习也可以有计划并且非常多变。学生可以通过把所有记忆中跟学习内容有关的信息都写在一张空白的纸上

336

---

〔1〕 比照 Chevalier, S.138。

〔2〕 参见 Lammers, S.290。

〔3〕 Gabriele Kautzmann/Gaby Miketta（Hrsg.）, Das Wunder im Kopf, Intelligenz, Gedächtnis und Gefühle verstehen und optimal nutzen, München, 1999, S.91.

〔4〕 Roth, S.306 f.

〔5〕 对此有图宾根大学 Jan Born 教授做的睡眠研究。

（所谓的测试法）来激活知识。[1] 为了对知识的掌握和复习状况有概括了解，学生可以把掌握该内容的时间和 3 次复习该内容的时间记录下来。记录可以通过把即时贴贴在教科书上或者制作索引卡片上的方式完成（关键词为掌握时间……；第一次复习时间……；第二次复习时间……；第三次复习时间……）。私人辅导机构有时候承担这样的学习管理任务，学生会收到具体的指示，在什么时间应当学习和复习哪些内容。[2] 然而，没有辅导机构的指导，学生也可以制作私人的学习和复习计划。一本学习日记本可以帮助很多学生每天（或者每周）记录学习了哪些内容，复习了哪些内容，还没有理解的部分和还必须强化学习的内容。针对还没有彻底掌握的学习单元的记录可以作为未掌握内容的一览表。否则，学生会从某个时间开始对学习的事情变得心虚并且不断推迟越滚越多的未完成的学习任务，直到开始学习新的法学领域。学生可以利用索引卡片体系有效完成深入学习和复习的任务。[3] 特殊的软件也可以在此期间帮助学生优化复习时间和复习模式。[4]

> 🖊请把您将来进行学习和复习管理的计划写下来。

三、已经掌握知识的提取和思维阻滞

只要信息已经被永久储存，提取已经掌握的知识就是可能的。信息固定的层次越多，在使用的时候越能有针对性、有目的地进行转化。但是，也会出现暂行性找不到已经储存信息的情况。每个学生肯定都了解

---

〔1〕 Frank Fischer, Nicht zu viel grübeln, SZ v. 6.5.2014, R 4.另参见慕尼黑大学心理学家的访谈 Frank Fischer, Wer richtig lernt, kann sehr viel erreichen, 6.2.2014, http://www.uni-muenchen.de/aktuelles/spotlight/2014_meldungen/richtig_lernenfischer.html。

〔2〕 复习文件夹对复习管理会有所帮助。周一到周五完成 2 个即时贴任务，一个针对 48 小时复习，一个针对每周的复习：Grüning/Hemmer/Wüst, Wiederholungsmappe, Würzburg, 2007，书中有所有法学领域的目录、说明书、简短的讲稿和思维导图。

〔3〕 关于索引卡片参见本书第八章（使用索引卡片学习知识）。

〔4〕 详见 Thomas Kahn, Spaced Repetition Software im Jurastudium, JurPC Web-Dok. 180/2014, Abs.1-107，书中有大量案例，并为 Spaced Repetition Programm Anki 制作了特别的法学模板。

这个场景：考试时，突然完全什么都想不出来了。怎么回事呢？在压力
极大的情况下，传送器[1]的分发过程会受到应激激素的干扰，而传送
器在正常情况下是负责神经细胞之间多样化连接的。[2] 对知识进行重
现时，因为"硬件"出现问题而导致互相关联的连接不再运行，这时候
就出现了思维阻滞现象。此时我们就会经历"大脑短路"，大脑就像被
清空一样。学生应当怎样在压力状态或者考试时放松下来呢？放松的能
力（包括在压力状态之下）是可以学习的。[3]如果您及早学到放松的能
力，也可以将其应用在学习阶段，比如当您在闭卷考试之前因为学习情
况或者时间紧迫而感到有压力时。

☞专注、动力、兴趣、结构化、秩序和多次复习都能促进法学学
习内容储存过程的完成。如果您在学习过程中引入促进学习的因素，
学习成果会显著增加。

☞只有和已有的思考内容或者难忘的经历联系起来的信息才能从超
短记忆转化为短期记忆并且进一步成为长期记忆。要想（"一般有趣"）
信息转化成长期记忆，必须给予关注，信息本身必须结构化、有秩序，
并且能够和现有的知识联系起来。

☞通常大脑对难忘的经历一次接受，就可以形成长期的储存。

---

〔1〕 神经递质是生物化学信息素，在化学神经键之间传递信息。详见 Ulrich Pontes,
Neurotransmitter, Botenmoleküle im Gehirn, Das Gehirn.info, 16.4.2012, http://www.dasgehirn.
info/entdecken/kommunikation-der-ellen/neurotransmitter-2013-botenmolekuele-im-gehirn-5880。

〔2〕 应激激素会激发快速逃避反射并且限制那些非直接用于逃避的思维过程。

〔3〕 参见 Ellen J.Langer, Mindfulness, Das Prinzip Achtsamkeit, Die Anti-Burn-out Strate-
gie, München, 2015; Ruth Hellmich, Stressbewältigung für Juristen, München, 2014; Diana
Drexler, Gelassen im Stress, Bausteine für ein achtsames Leben, Stuttgart, 2010; Marko Roeske,
Die besten Entspannungstechniken, Die effizientesten Übungen und Techniken für zwischendurch,
München, 2011; Hofmann/Löhle, S.97 ff. (短暂放松的技巧); Andreas Klaner, Stressbewältigung
im Studium, Mit 20 praktischen Übungen zum erfolgreichen Stressabbau, Berlin, 1998。自体训
练、冥想或者跟随 Jacobsen 的渐进式放松都被证实为有效的减压手段。用 3 个球抛接也可
以放松，并且通过抛和接的协调活动还同时能够提高专注能力。附有 34 次练习指导，参见
http://www.jonglier-fix.de。

> ☞ 在学习过程中，学生通常不会通过经历的方式而是通过阅读或者听课的方式掌握学习内容。因此，学习内容必须被多次领悟和复习才能形成长期记忆。
>
> ☞ 最好在放松状态下提取学到的知识。

第三节　个人学习偏好和促进学习因素的确定

一、学习类型、学习风格和促进学习的因素

学习成果不仅取决于上文中所讲的笼统有效的因素，而且取决于学习者主观的条件。有关学习的研究证明，大约有三种学习类型及其混合形式：视觉型（看）、听觉型（听）、触觉型（感觉）和言辞型（对话）。划分是以在掌握学习内容时的感觉和接收渠道的偏好为标准的。按照这个标准划分学习类型的目的是为了可以对教师进行特殊的培训，让他们有能力为所有学习类型的学生上课并且显著提高教学效果。当然，进一步的调查表明，很多其他的因素同样会对学习成果产生深刻影响。这些因素是学习内容的种类、学习环境、个人对学习总体上或者特定的学习内容的联想、个人对植物性神经的反应、当时的情绪和习惯。这些认识催生出一种想法，即教师并不能创造出理想的学习气氛，学生必须自己发现有哪些学习偏好、哪些因素能够促进个人对学习内容的理解和记忆。[1] 从学习心理学的角度出发并不能得出根据个人学习偏好

---

〔1〕 ter Haar/Lutz/Wiedenfels, S.31 ff.中可以找到如何确定学习偏好的小问卷。您可以在 http://www.netschool.de/ler/lerzit16.htm （不同领域的学习风格测试），http://www.cogni.net/titel/lerntrainer/ （简短的），http://arbeitsblaetter.stangl-taller.at/TEST/HALB/Test.shtml （比较长的）找到辨认个人学习特征的网上测试。

的整体情况就归类学习类型的结论。[1]学习类型并不是指学习类型中的一种分类，而是指个人的学习性格。[2]对学生来说，尽早在学习过程中思考哪些因素对个人学习和记忆有促进或者阻碍作用。因为，在该方面每个人都是不同的。比如，有些学生在学习时需要绝对的安静。而其他学生在有轻微的声响或者音乐作为背景时比在绝对的安静状态下学习效果更好，因为声响会为他们带来安全的感觉并且因此为吸收学习内容创造积极的激素状态。

　　成功毕业生的问卷调查结果显示，"重要的是，自己探索应当怎样有效率地学习并制订自己的计划。您必须尝试并且诚实地评估什么会对您有好处"。[3] 为了反思自己的学习偏好，您可以利用填写文中问卷[4]的机会思考什么会给您带来良好的学习效果，什么会带来不良影响。

339

---

　　[1] 参见 Nicole, Becker, Professorin für Allgemeine Erziehungswissenschaft an der Pädagogischen Hochschule Freiburg, zur Frage "Gibt es verschiedene Lerntypen?", https://www.dasgehirn.info/aktuelle/frage-an-das-gehirn/gibt-es-verschiedene-lerntypen。Becker 认为，目前一致认为，认知风格或者学习风格，也就是因人而异的为了解决问题或者处理信息的个人策略。对此学习类型持批判态度的是 Lammers, JuS 2015, 289, 290。有关批判态度另参见 Maike Looß, Lerntypen, Ein pädagogisches Konstrukt auf dem Prüfstand, Die Deutsche Schule 2001, 186, 下载地址 http://www.ifdn.tu-bs.de/didaktikbio/mitarbeiter/looss/looss_Lerntypen.pdf。

　　[2] Sabine Grotehusmann, Der Prüfungserfolg, Offenbach, 2008, S.8ff.中使用了个人学习性格的概念。

　　[3] Sanders/Dauner-Lieb, S.380 问卷显示，毕业生的成功归功于完全不同的学习策略。Frank Bleckmann 对来自巴登-符腾堡州的优秀毕业生的访谈也证明了这一点。参见 Bleckmann, passim。

　　[4] 除了自己提出的问题之外，问卷中还有 Vesters 测试"Wie kann ich mein Lernverhalten kennen lernen?", S. 201 ff.。该调查问卷中放弃了通过添加引号标记引用的语句的方式，目的是为了避免读者把引号中的内容误解为重点，在回答问题过程中注意力被分散。Vester 测试中的问题 1、4-14、16、18-26、28、34-38、50-52、55、57、58、60、76-80、83 部分被直接原文用在问卷中，部分被稍微修改后采用。对 Vester 的批评主要是其把学生直接归到特定的学习类型中。在这里测试中的问题被用于反思。学生可以把这些问题作为自我反思的好机会。

二、确定个人学习促进因素的问卷

（1）关于处理方法

在填写调查问卷时，您要本能地，即在不经过长时间思考的情况下回答问卷中的问题。因为，调查问卷是为了回答自己的问题，而不像测试一样有正确或者错误的答案。回答问题并不以您已经学习一段时间为前提。当被问到学习经验的问题时，您可以根据在中小学阶段多年的学习经验回答问题。不需要对所有调查问卷的每个部分都仔细研究。如果您在每个调查问卷评估和确定结论之后安排休息时间，从中收获会更多。

（2）关于调查问卷的评估

填完调查问卷之后，就要开始分析从特定回答中可能得出的认识和结论。但是，本书无法做到对理论上可以想象到的所有答案组合和认识进行讨论，因此可能出现在本书中找不到某些答案相应的评估的情况。举个例子，本书中有对"如果您对问题1、2、4和7的答案是否定的并且对3、5和6的答案是肯定的……"的评估，当您的回答并不是和这种情况完全对应时，如您在所引用的例子中对问题4和7的回答并非是肯定的而是否定的，但是阅读书中给出的评估对您来说是有价值的。因为就算您的情况和评估并不能精确对应起来，您仍然能够通过阅读评估得到就您学习倾向和学习行为的建议。原则上，我的建议是，就算问题的回答并不是针对您的，也要阅读完全部的评估。在评估的提示中，我主要关注促进学习的方法。因此，如果从您的回答中我可能确定一种因素对您来说没有促进学习的效果，在对调查问卷评估的建议中我就不对该回答做出深入探讨。举个例子，问题"在学习过程中放音乐，您的学习效果会特别好吗？"的答案是否定时，这种情况在针对评估给出建议的过程中就不会被考虑在内，因为否定回答可能代表音乐对学习者不产生任何效果，或者音乐会打扰学习者。代替评估的是进一步的问题："当您不被噪音打扰时，学习效果会特别好吗？"

在针对每个调查问卷评估结果给出建议的最后，您会发现一个任务栏，建议您在该任务栏中把您的结果记录下来。在回答和评估完整个调查问卷之后，您会得到一个针对个人（法学）学习的想法集合。当您的学习让您感到无聊时，可以回看这些想法集合。您可以参考一下，哪些（已经忘记的）建议可以尝试或者在学习过程中可以轮流使用哪种学习和复习的方式。

（3）关于调查问卷的目标

最重要的目标是对学习偏好的自我反思。在填完调查问卷之后和同学讨论并就不同的学习方式进行交流非常有益。您可以有目的地和同学就以下调查问卷的评估约定类似的交流机会。在讨论过程中，您要注意对每个调查问卷用提问的方式单独进行评估：填写这个调查问卷之后能从答案中得出什么结论呢？在什么时间、采用何种形式、和谁在一起并且在哪种情景之下学习效果比较好？您要了解：对一个人来说有促进学习作用的因素，对其他人可能会产生相反的效果，即对学习有阻碍的作用。因此，并没有普遍适用的规则，您必须自己发现对您自己来说最佳的学习条件是什么，偏向哪种学习风格。通过和同学进行双向的经验交流，您可以额外收获有价值的建议或者让学习更有效率的新点子。[1]

（一）您在学习新知识时倾向于选择哪些接受渠道

> 🖊请您在未经长时间思考的情况下回答下文中的调查问卷。

表 11-2　有关偏好的感知渠道调查问卷[2]

	问题	是	否
1	比起单纯观察，您是否在接触一个物品时能够更好对其进行描述呢？	☐	☐
2	"只有当自己折一个纸飞机的时候，我才学会怎么做纸飞机。单靠观察我学不会。"这样的情况是否适用于您？	☐	☐

---

[1] 这样的经验交流是我推行的、被很多学生认为非常有价值并且有用的能力训练的一部分。参见 Lange, Studierkompetenz, S.376, 386f.。您也可以在学习小组中完成经验交流。

[2] 问题 2 和 5 是 Vester 测试中的问题，参见边码 338 下的脚注 4。

	问题	是	否
3	您通过阅读和倾听机器的使用说明或者试验，比自己操作机器或者进行试验记住的信息更多吗？	☐	☐
4	比起亲自分解真实的花朵或者叶子，您能够通过观察书中花朵或者叶子的插图更理解其结构吗？	☐	☐
5	相比听到的信息，您能够更好地回忆起阅读过的信息吗？	☐	☐
6	如果可以通过上课或者阅读教科书来掌握新知识，您会选择上课吗？	☐	☐

关于评估：

如果您对问题1、2和6的回答是否定的并且对问题3、4和5的回答是肯定的，说明您可以通过眼睛，即观察和阅读接受信息。您极有可能通过教科书较好掌握法学知识。您可以利用那些可视化效果较好的教科书，尤其是通过阅读一览表、图示或者模板学习。[1] 学习内容的可

341

---

〔1〕 附有一览表、重点提示、绘图和图标的教科书如：Thomas Zerres，Bürgerliches Recht-Ein einführendes Lehrbuch in das Zivil-und Zivilprozessrecht，Berlin u.a.，7.Aufl.2013；Rainer Wörlen/Karin Metzler-Müller，BGB AT，Einführung in das Recht und Allgemeiner Teil des BGB，München，13. Aufl. 2014；dies.，Schuldrecht AT，Lernbuch，Strukturen，Übersichten，München，12.Aufl.2015；Christoph Hirsch，Der Allgemeine Teil des BGB，Baden-Baden，4.Aufl. 2014（有流程图）；Eric Hilgendorf，dtv-Atlas Recht，Bd.1，Grundlagen Staatsrecht，Strafrecht，München，2003；ders.，dtv-Atlas Recht，Bd.2，Verwaltungsrecht，Zivilrecht，München，2008；Dietmar Reichold，Einführung in das Bürgerliche Recht，Berlin，5. Aufl. 2015；Jörn Axel Kämmerer，Staatsorganisationsrecht，München，2.Aufl.2012；Knut Werner Lange，Basiswissen Ziviles Wirtschaftsrecht，München，7.Aufl.2015；Mario Martini，Verwaltungsprozessrecht，Systematische Darstellung in Grafik-Text-Kombination，München，6. Aufl. 2015；Steffen Detterbeck，Öffentliches Recht，Ein Basislehrbuch zum Staatsrecht，Verwaltungsrecht und Europarecht mit Übungsfällen，München，10. Aufl. 2015；Thorsten Ingo Schmidt，Kommunalrecht，Tübingen，2. Aufl，2014；Reiner Stein，Grundzüge des Allgemeinen Verwaltungsrechts und des Verwaltungsprozessrechts auf einen Blick，Wiesbaden，2. Aufl. 2015；Artur Teichmann，Handelsrecht，Baden-Baden，3.Aufl.2013（有图表）；Werner Unger/Simon Hellerm Workbook BGB，München，2.Aufl. 2012.C.F.Müller 出版社的系列书籍"JURIQ Erfolgstraning"中也有（部分）漫画，在页面边有学习建议，也有用不同颜色强调的图表，看起来非常吸引人，比如 Ralph Westerhoff，Schuldrecht Besonderer Teil IV，Bereicherungsrecht- und Deliktsrecht，Heidelberg，2010，另参见 Henry Fiebig，Kompendium des Wirtschaftsprivatrechts，Bürgerliches Recht，Handels-，Gesellschafts- Wettbewerbs- Wertpapier-，Prozess- und Insolvenzrecht in Schaubildern，Ein Handbuch für den Wissensspeicher，Herzogenrath，7.Aufl.2014。

视化程度在过去的 10 年中已经大大增加。[1] 如果您制作一览表、思维导图[2]或者提纲并且在阅读中对文本进行标记或者添加符号，就能够提高学习效果。

如果您对问题 3 和 6 的回答是肯定的并且对问题 1、2 和 5 的回答是否定的，您可以通过听的方式更好地接受信息。上课对您来说是非常合适的学习方式。多次听不同讲师的课程对您来说尤其有意义。如果您在课程中特别注意积极听课并且制作优良的课堂笔记，单独通过上课就可以实现较好的学习效果。另一种通过听来学习的方法就是访问法学类的 juristische PodCasts、MOOC 网络教学课程或者其他电子音频媒体。[3] 利用电子可移动存储设备（智能手机、MP3、口述录音机等）也是一种非常好的学习方法。就这点我将在检测学习效果的调查问卷的评估中详细地介绍。

如果对问题 1 和 2 的回答是肯定的并且对问题 3 和 4 的回答是否定的，您可以通过自己（通过动手）亲自做的方式接收信息。您喜欢在学习的时候行动起来。对您来说，利用那些尽可能经常要求协作或者回答问题的教科书更好。Vahlen 出版社设计了 "Lernen im Dialog" 系列的书籍。作者采用教学对话的方式带领您一步一步地学习书中内容。交互式的学习项目也可以满足您的爱好。如果利用教科书学习总体上对您来说很难，您可以使用每个法学领域中附答案的简单闭卷考试降低理解学习内容的难度。通过特定的案件事实，您可以激发自己对学习内容的好奇心。此外，那些在内容的解释之前加上实践案例的书也适合您。也有一

〔1〕 有关采用生动表达方式的教科书的调研参见 Klaus F.Röhl/Stefan Ulbrich, Recht anschaulich, Visualisierung in der Juristenausbildung, Köln, 2007。有关法学的可视化另参见 Bernhard Bergmans, Visualisierungen in Rechtslehre und Rechtswissenschaft, Ein Beitrag yur Rechtsvisualiesierung, Berlin, 2009。另参见 http://www.uniturn.de/magazin/lerntipps/die-besten-lernvideos-fuer-jura-675 和 www.telejura.de 法学视频的链接汇编。

〔2〕 有关思维导图参见第三节（思维导图也是可视化教学和工作技巧的例子）。

〔3〕 参见本书第六章。有关法学 PodCasts 参见 http://www.jurawiki.de/PodCast 下的链接汇编。其他的还有 Hemmer 国家考试辅导机构关于所有法学领域的 Audiocards（采用提问回答体系），同样的还有 hemmer-app。在 Jurafunk 中有律师所讨论的对判决 "更轻松的演示"，http://www.jurafunk.de。

些学习材料以游戏的方式传授法学知识。[1] 如果学校的课程有交互式的学习形式并且讲师会开展教学对话，上课对您来说才很有帮助。对有些人来说，像散步一类的运动会显著提高专注能力并加速学习进程。虽然儿童时期"坐着学习"的警告是善意的，但是可能并不适用于您，如果您在图书馆学习，可以偶尔站起来活动一下。您也可以在散步过程中完成复习的任务。

如果您对大多数问题的回答都是否定的，可能是您通过阅读和倾听的学习效果与通过自己自学和模仿的效果一样好。这表示，优先采取哪种学习方式对您来说都没有太大意义。您有非常灵活且没有偏好的学习方式，可以任意选择学习知识的方式。

> ✐（1）请您标记出偏好的一种或者几种接受途径。
>
> ✐（2）请您写下在接下来的学习中打算实施的想法。

（二）您更喜欢学习内容的哪种表现方式

下文中设置的调查问卷是为了查明您更喜欢哪种学习内容的表现方式。下文中的很多问题和有关接受渠道偏好的调查问卷相同。但是，这里提出这些问题的目的是发现采用哪种表达方式能够让您更好地理解学习内容。

> ✐请您在未经长时间思考的情况下回答下文中的调查问卷。

表 11-3　内容表达方式的调查问卷[2]

	问题	是	否
1	如果把学习内容以陈述的方式表现出来（比如，大课或者研讨课），您能较好理解学习内容吗？	□	□

---

〔1〕　比如 Recht clever, Strafrecht AT, Heidelberg, 2006 中刑法方面的 454 个问题卡，这些问题以 Kühl 的教科书为依据。另参见 Schwintowski 在 www.juraquiz.de 上的法学测试，www.juraduell.de 上的在线多人测试或者维尔茨堡大学法学院的案例训练，地方自治法的 CaseTrain 案例或者民法基础课程的 CaseTrain。

〔2〕　问题 1 和问题 4 取自 Vester 测试，参见边码 338 下的脚注 4。

	问题	是	否
2	您认为上课是一项令人烦恼的、耽搁真正学习的义务吗？	☐	☐
3	如果向您展示相关概要或者图解，您能够较好地理解学习内容吗？	☐	☐
4	当您自己制作相关的概要或者图解时，您能较好地理解学习内容吗？	☐	☐
5	您阅读专业书籍时喜欢把图标和表格略去不读吗？	☐	☐
6	当按照自己的想法选择好的教科书时，您能较好理解学习内容吗？	☐	☐
7	当参加学习小组或者案例分析课程时，您能较好地理解学习内容吗？	☐	☐
8	当参加学习小组时，您能够较好地理解学习内容吗？	☐	☐
9	当通读自己制作的资料（课堂毕业、书籍摘录等）时，您能较好地理解学习内容吗？	☐	☐
10	您是否更喜欢自己在不受打扰的情况下全面地学习？	☐	☐

关于评估：

问题 1 和 2 问到的是口头表达方式，问题 3、4 和 5 是利用概要以及图解对学习内容进行呈现的表达方式，问题 6 是法学教科书的表达方式，问题 7 和 8 是就具有高度自主性的学习及学习小组的表达方式进行提问，问题 9 是就通过自己制作的书面材料的表达方式进行提问。只有对极少的学生来说所有种类的表达或者呈现方式都能带来同样好的理解效果。评估的目的是让您能够采用提高自己理解能力的表达方式学习。

对问题 1 做出肯定回答的学生可以依靠上课就取得显著的学习成果。对其他学生来说，可以对比上一个调查问卷评估的内容。[1] 对问题 2 作出肯定回答的学生选择上课之外的其他替代方案，考虑到在上课期间因为内心的拒绝态度而必然出现的"消极激素水平"，期望获得较多的收获是不可能的。

---

〔1〕 参见边码 340。

如果您喜欢利用概要和图解学习（问题3、4、5），建议您有目的地寻找包含很多概要和图解的教科书。[1] 更好的办法是，您自己将学习内容制作成概要、思维导图和图标。[2]

喜欢通过参加学校安排的学习小组或者案例分析课程的方式学习的学生（问题7），应当在没有必修课程时尽量多参加小组活动或者案例课程。考虑到讲师会讲解不同的案例，您甚至可以参加同一内容领域的2个学习小组或者参加其他导师就上一学期内容组成的学习小组（只要学院允许的话）。如果您喜欢在学习小组中学习知识（问题8），应当在学习过程中尽早成立学习小组。[3]

如果您可以使用自己制作的书面资料（课堂笔记、摘录、索引卡片）较好学习（问题9），可以从第一学期就开始花时间制作这些材料，存在的风险就是，您之后可能还要完善这些材料。[4]

如果您对问题10的回答是肯定的，对您来说最重要的是按照自己的学习速度进行。就此，您可以考虑为自学安排足够时间。但是参加课程教学时，学习速度应当大致和讲解速度相符。这个问题您可以通过积极倾听解决。[5]

> ✏️（1）请写下能够为您带来较好学习效果的学习内容呈现方式的种类。
>
> ✏️（2）请写下您打算在学习过程中实施的建议和想法。

（三）怎样整理学习内容

设置下文中调查问卷的目的是查清楚怎样对学习内容进行整理

---

[1] 参见边码340脚注1中的文献综述。

[2] 有关思维导图参见本章第四节（思维导图作为一种可视化学习和工作技巧的范例）。

[3] 有关学习小组详见本书第十章（学习小组）。

[4] 索引卡片是知识存储的方式，可以利用其非常简单地完善并补充知识。参见本书第八章（使用索引卡片学习知识）。

[5] 参见上文边码217。

（比如，复杂一点或者首先简单一点的），才能让您取得较好的学习效果。

> ✏️请您在未经长时间思考的情况下回答下文中的调查问卷。

表11-4　学习内容种类的调查问卷

	问题[1]	是	否
1	首先讲比较容易的内容，您能较好地理解吗？	☐	☐
2	如果直接讲解有难度的内容，您能较好地理解吗？	☐	☐
3	首先讲解学习内容的总体联系，你能较好地理解吗？	☐	☐
4	如果添加很多细节，您能较好地理解吗？	☐	☐
5	如果学习内容不是由很多单个信息组成，您能较好地理解吗？	☐	☐
6	以下描述与您的情况是否吻合：只有采用一种方法讲解时，我才能比较好地理解学习内容；如果再用其他方法讲解，我就搞混了。	☐	☐
7	如果采用幽默有趣的方式讲解，您能较好地理解吗？	☐	☐
8	如果和真实的事件联系起来，您能够较好地理解吗？	☐	☐
9	如果和您自己真实的经历联系起来，您能够较好地理解吗？	☐	☐
10	如果您已经掌握一定的基础知识，您能够较好地理解吗？	☐	☐

关于评估：

如果您对问题1的回答是肯定的并且对问题2的回答是否定的，通常不建议您在新内容领域入门阶段就给自己提出过高的要求，直接使用一本内容表达非常复杂并且有相当篇幅的教科书。在这种情况下，使用那些内容表达非常简短并且极其清晰的教科书带来的学习效果也许会好得多。[2] 相反地，如果您对问题1的回答是否定的并且对问题2的回

---

　　〔1〕　问题1，3到5，7到10取自Vester测试，参见边码338下的脚注4。
　　〔2〕　Vahlen出版社的系列书籍"Lernen im Dialog"，比如Metzler-Müller的书既明白易懂又生动形象，适合作为入门书籍。系列书籍"Grundrisse des Rechts"（C.H.Beck出版社）或者"Schwerpunkte Pflichtfach"（C.F.Müller出版社）。Springer出版社的系列书籍"Recht Schnell erfasst"，比如Peter Katko, Bürgerliches Recht-Schnell erfasst, Berlin u.a., 6. Aufl. 2006，有图像表达，也非常适合作为入门书籍。

答是肯定的，您就属于那种使用简单的教科书会有很大的问题的小范围学生，因为简单的教科书存在明显的漏洞。给您的建议是，直接使用内容丰富的教科书。[1] 您在选择这两种教科书时都要注意书籍的结构是否良好。

如果您对问题 3 和 5 的回答是肯定的并且对问题 4 的回答是否定的，首先对内容领域有概括了解并且在这个过程中不被多余的信息分散注意力对您来说极其重要。您适合使用那些仅限于对特定内容领域作出概括介绍并且展示其总体联系的教科书，或者使细节问题能从印刷图中（用小字打印）和其他内容鲜明区分出来的教科书。如果您有勇气在第一次通读时有目的地跳过细节内容并将注意力放在学习内部联系上，您将会发现，比起在第一轮阅读中就开始学习细节内容，您掌握整个内容领域的速度要快得多。在选择课程时同样适用。如果您对该内容领域并不熟悉，去听喜欢深入讲解细节问题的讲师的课不会有很大收获。相反地，那些讲师把重点放在阐明内部联系并且展示概括内容的课程教学能够为您提供学习一门内容领域的良好入门机会。为了提高您对所讲解内容的理解水平，请不要有顾虑直接在课上和课间向老师提出问题。

如果您对问题 4 的回答是肯定的并且对问题 3 和 5 的回答是否定的，为了理解所学内容，从一开始就既需要概要也需要细节信息。在选择教科书和课程时都要考量，您对细节信息的需求是否能够得到满足。

346

如果您对问题 6 的回答是肯定的，您可能就知道了为什么看到从另一个视角对同一个法律问题的解释之后偶尔会感到迷惑。在这种情况下，您在学习开始的时候只使用一本书就非常有意义。如果您对问题 6 的回答是否定的，您可以同时阅读不同的教科书。

---

〔1〕 比如 Karl Larenz/Manfred Wolf, Allgemeiner Teil des deutschen Bürgerlichen Rechts, München, 10. Aufl. 2012；Wilhelm, Jan, Sachenrecht, Berlin, 4. Aufl. 2010；内容丰富的教科书有 Dieter Medicus, Allgemeiner Teil des BGB, Heidelberg, 10. Aufl. 2010；ders./Lorenz, Schuldrecht I Allgemeiner Teil, München, 21. Aufl. 2014；ders./Lorenz, Schuldrecht II Besonderer Teil, München, 17. Aufl. 2014.

如果您对问题 7 的回答是肯定的，在选择教科书和课程时都要加以考虑。[1]

如果您对问题 8 的回答是肯定的，就正在学习的内容领域查阅并研究相关的判例对您来说应该特别有效，尤其是案件事实可能有很大的娱乐价值。

如果您对问题 9 的回答是肯定的，接下来要回答的问题就是和哪种类型的个人经历联系起来。如果您在学习期间不断提问这个问题在多大程度上与您、您的家人或者朋友相关，可能会显著提高您对一个内容领域的学习热情。

估计所有的阅读者都会对问题 10 作出肯定回答，因为大脑在储存信息时会寻找连接点，必须与已经掌握的知识联系起来。但是您肯定会问，当您刚刚学会一个法学领域时，应当怎样和"基础知识"联系起来。在您阅读一本教科书或者相应的课程之前首先提出以下问题并且采用书面形式回答：我对该内容领域已经了解哪些？这里（大概）对什么作出规定？（大概）在哪里进行规定？我在多大程度上已经有意或者无意地与之产生联系？您会吃惊地发现，您在多数情况下已经有一定的基础知识，尽管这些知识都是碎片式的、非专业的。在积极倾听和阅读一本专业书籍时提出类似的问题是一种有名并被证明有效的办法。

> ✎(1) 请您写下，为了实现好的学习效果，您应当怎样整理学习内容。
>
> ✎(2) 请您写下您打算采用的建议和想法。

（四）为了取得学习成果，您必须对学习内容进行怎样的处理

上面的调查问题帮助您找出自己偏好的接受渠道、内容表达方式和对学习内容的整理方式，下文中的调查问卷是您要对学习内容进行怎样的处理，以达到让学习更加容易的目的。就像所说的，自己动手能够实

---

[1] für Dummies（傻瓜书）系列讲稿有自成风格的幽默感，比如 André Niedostadek，BGB für Dummies，Weinheim，3.Aufl.2015。

现最好的学习效果。

> ✏️请您在未经长时间思考的情况下回答下文中的调查问卷。

表 11-5　自己处理学习内容的方式的调查问卷[1]

	问题	是	否
1	如果您自己制作笔记或者写总结，能够更好地理解并掌握学习内容吗？	☐	☐
2	如果您用自己的语言对学习内容重新表述，能够更好地理解并掌握学习内容吗？	☐	☐
3	如果您按照总体联系对学习内容进行归类，能够更好地理解并掌握学习内容吗？	☐	☐
4	如果您就同一主题阅读不同来源的资料，能够更好地理解并掌握学习内容吗？	☐	☐
5	如果您大声朗读、轻声朗读或者和别人讨论，能够更好地理解并掌握学习内容吗？	☐	☐
6	如果您学习的目的是为了马上传授给其他人，能够更好地理解并掌握学习内容吗？	☐	☐

关于评估：

问题 1 和问题 2 的区别只体现在范围上（笔记/总结或者详细的课堂笔记/摘录）。如果您对两个问题或者问题之一的答案是肯定的，就应该不惜花费时间和精力用自己的语言对学习内容进行表达。既可以用补充性的摘录或者课堂笔记的形式，也可以用索引卡片的形式表现。学生经常会有的顾虑是，这种重述的方法太浪费时间以致没有时间学习整个内容领域。但是，如果您花时间建立一个在笔记中随时可以翻看的体系，您同时就拥有了一套非常出色的复习材料，也可以利用这些材料非常有效地完成深入学习和复习任务。此外，您还可以在写作的同时检查自己的学习成果。因为，通常在自己进行表达的时候就能发现哪些内容

---

[1]　问题 1 和问题 4 取自 Vester 测试，参见边码 338 下的脚注 4。

还没有理解。其他人可能在闭卷考试中才能发现这些情况。总体来说，从达到长远的学习成果的角度来看，使用这种方法肯定不会浪费时间。

如果您对问题 3 的回答是肯定的，通过制作一个概要并且用一览表、思维导图或者图表的形式记录下来可能会为您带来最好的学习效果。首先阅读并且对比 1 本或者 2 本教科书的目录或大纲，这个任务不会花费太多时间。借助大纲，您不仅可以了解内容，而且可以明确单个内容之间是怎样联系起来的。花费相当少的时间，您就会对整个领域有较好的概括了解。总的来说，把注意力放在内部联系上的学生能够实现较好的学习效果。[1] 对这个问题作出否定回答的学生可以借此机会训练这种处理学习内容的方法。[2]

如果您对问题 4 的回答是肯定的，就要着手就学习内容查阅多本教科书。有时，教育杂志中会有就一个主题非常精彩的阐述。[3] 教育杂志中文章的优势体现在，可以对某一确定的主题进行充分的讨论并在此过程中仅限于与闭卷考试相关的要点。因此，和阅读教科书的一个章节相比，在阅读完一篇相应的文章后会有"搞定了、解决了什么"这样的感觉。您也可以在阅读教科书时产生这样的感觉。为此，您必须从一开始就只通读书中的一个特定章节并且把该章节视为一个统一的整体。

如果您对问题 5 的回答是肯定的，参加那些因为成员数量比较少而使讲师和学生之间的深度对话成为可能的课程特别合适（比如，学习小组或者案例分析，尤其是研讨课）。当您不能完全理解某些内容时，要鼓起勇气和讲师讨论。高年级的学生可以作为谈话对象。如果您经常在家大声朗读或者背诵学习内容，可以有意识地使用这种学习方式。

如果对问题 6 的回答是肯定的，您可以参与到像学习小组之类的活动中，为所有人做有益的事情。[4] 在有些大学中也有学生为学生提供

---

〔1〕 本书第六章（系统掌握不同法学领域）中，在边码 213 及以下内容中，讲解了如何辨认内部联系和横向联系。

〔2〕 如何对一个法学领域有概括的了解详见本书第六章（系统掌握不同法学领域），边码 189 及以下内容。

〔3〕 本书第六章（系统掌握不同法学领域）的例子，参见边码 442 以下内容。

〔4〕 有关学习小组详见本书第十章（学习小组）。

的辅导课程，您可以报名成为辅导员。从经验来看，辅导课给辅导员带来的收获和接受辅导的成员的收获一样多。

> ✐（1）请记录，为了实现良好的学习效果您必须对学习内容进行怎样的处理。
>
> ✐（2）请写下您在学习过程中要实施的建议和想法。

（五）您在什么样的学习气氛中学习最轻松

下文中的调查问卷是为了确定，实现良好的学习效果您要营造出怎样的学习气氛。

> ✐请您在未经长时间思考的情况下回答下文中的调查问卷。

表 11-6　学习气氛的调查问卷[1]

	问题	是	否
1	如果您在学习时放音乐，能够实现较好的学习效果吗？	☐	☐
2	如果不被噪音打扰，您能够实现较好的学习效果吗？	☐	☐
3	如果您独处，能够实现较好的学习效果吗？	☐	☐
4	如果您不独处，能够实现较好的学习效果吗？[2]	☐	☐
5	如果与其他人在一起学习，您能够实现较好的学习效果吗？	☐	☐
6	如果有陌生人在周围（咖啡馆中的气氛），您能够实现较好的学习效果吗？	☐	☐
7	如果您在学习过程中吃东西，能够实现较好的学习效果吗？	☐	☐
8	当您心情好或者兴高采烈时，能够实现较好的学习效果吗？	☐	☐
9	当您期待学习之后要做的事情时，能够实现较好的学习效果吗？	☐	☐
10	当您在不寻常的时间段（晚上、周末），能够实现较好的学习效果吗？	☐	☐

349

----

〔1〕　问题1到3和问题6到9取自 Vester 测试，参见边码338下的脚注4。
〔2〕　问题3和4并不互相排斥：对一个问题作出肯定回答并不意味着必须对另一个问题作出否定回答。

关于评估：

如果您对问题 1 的回答是肯定的并且对问题 2 的回答是否定的，也可以戴着耳机（如果被允许的）在图书馆听音乐。[1] 如果您对问题 1 的回答是否定并且对问题 2 的回答是肯定的，对您来说排除噪音的影响很重要，必要的话可以用耳塞。在这种情况下，只有当图书馆十分安静时，才建议您将其作为学习之所。

如果您对问题 3 的回答是肯定的并且对问题 4、5、6 的回答是否定的，就算不考虑背景噪音，图书馆也不是您自学的合适地点。此时，建议您在家创造一个足够大并且配置最必要设施的学习场所。[2] 相反，如果您对问题 3 的回答是否定的并且对问题 4 的回答是否定的，在学习中感觉自己不是在独处对您来说可能很重要。您肯定会提出这个问题，为了可以较好地学习，应当让谁在您的周围呢？如果您对问题 3 和问题 4 的回答都是否定的，在学习过程中是否有其他人在您周围对学习效果来说影响不大。如果您对问题 5 的回答也是肯定的，整体学习氛围极有可能是实现良好学习效果的主要因素。图书馆对您来说就是一个非常适合学习的地方。如果您因为其他原因不能在图书馆学习，您可以询问（相处得好的）同学是否有兴趣和您一起自学。这种情况的优势是，在自学阶段结束之后可以一起详细讨论特定问题。这种形式的学习以一定的自律能力为前提，但是如果成功，可以营造出非常好的学习氛围。

如果您对问题 6 的回答是肯定的，可以尝试在一个咖啡馆阅读法学杂志时的学习效果如何。

如果您对问题 7 的回答是肯定的，在学习时吃点或者喝点东西能够提高您的注意力，或者至少让您对学习感兴趣。因此，您应当在学习中安排几次吃（健康的）小点心的机会。不管您对问题 7 作出怎样的回答，"肚子饱了不能学"总是适用的，当然，还要补上"肚子饿了也不能"。因为，在吃完大餐之后至少安排休息时间是非常有益的。

---

〔1〕 Hellermann/Pelhn-Hellermann, Leichter lernen, Münster, 2007, S. 75 和 Münchhausen/Püschel, S.234 列出了典型的"对大脑有益"的音乐，听这些音乐能够提高接受能力。

〔2〕 对学习场所的最佳布置参见 Klaner, S. 71 ff.；Schräder-Naef, S. 100 ff.。

如果您对问题8的回答是肯定的，发现哪些因素让您情绪平和非常重要。这样您就再次营造曾经让您感到平和的若干情境。这些情境的共同点是什么？哪些会带来平和情绪的因素是您在学习之前可以准备好的呢？

如果您对问题9的回答是肯定的，应当在学习之前就有目的地安排好之后要做的愉快的事情。学习心理学将这种学习方式称为"操作性条件反射"。依据这个理论，一个行为（此处为学习）的发生概率取决于行为后果或者强化历史。积极的强化提高该行为重复的可能性。[1]如果学习内容对您来说很无趣，您可以通过规律性的"奖赏"积极影响您学习的意愿。

如果您是夜型人，即"夜猫子"，而对问题10作出肯定回答，那您就不属于喜欢早起的"百灵鸟"[2]。如果可以对自己的时间规划作出相应的调整，您可以晚点开始一天的学习并且在晚上也安排一个学习时间段。进行这样的时间规划时，为了不至于早上起床晚并且晚上和百灵鸟们一起休息，您必须具备相当高的自律能力。如果您是因为喜欢在周末学习而对问题10作出肯定回答，意识到您喜欢非周期性的学习方式并且在具备必要自律能力的情况下对自己的时间规划进行非周期性的调整非常重要。

✐（1）请写下，为实现良好的学习效果，您必须营造什么样的学习气氛。

✐（2）为了制造出这样的学习氛围，您可以做哪些事情。

（六）哪种检查学习成果的方式让您感觉最有趣

学习过程中的学习心理学包括几个不同的阶段：掌握、储存和回忆。在掌握和储存阶段，您可以从上文的调查问卷中确定，通过使用适

---

〔1〕 参见 Guy R. Lefrancois, Psychologie des Lernens, Berlin, 5.Aufl.2014, S.27 f.。另参见 Klaner, S.152 f.。
〔2〕 这个概念参见本书第十二章（时间管理），边码374。

合您的学习内容类型和表达方式学习并且在其过程中采用偏好的接受渠道。

回忆阶段是用来考查学生是否理解了学到的内容并可以自由地检索提取。为了实现这个目标，中小学阶段会定期组织测试和闭卷考试。但是，法学学习中的定期学习成果检查很少。[1] 因此，自己思考怎样持之以恒地开展个人的学习成果检查更重要。

351 　　在学习成果检查领域原则上要区分两个主题。其中一个主题要处理的问题是哪些自愿进行学习成果检查的方法能够让学习者在拥有最大热情并且花费最少时间的情况下判断自己的学习进步情况，并且能够发现知识上的漏洞和理解上的问题。这里首先要确定的是，哪种检查方法总体上适合法学学习，哪些已经被使用并且哪些可以尝试。

另一个主题要处理的问题是怎样应对考试状态，在考试状态下，学生一般只能对"是否"（闭卷考试必须参加）施加有限的影响，对"怎样"的问题则完全不能产生影响。只有那些及时意识到应对考试状态有困难（比如，考试恐惧症、脑闭塞）的人才有足够的时间考虑怎样解决这些问题。

🖊请您在未经长时间思考的情况下回答下文中的调查问卷。

表 11-7　学习检查的调查问卷[2]

	问题	是	否
1	您喜欢为了练习的目的而参加闭卷考试吗？	☐	☐
2	如果为了获得成绩证明，您喜欢参加闭卷考试吗？	☐	☐
3	您喜欢参加小测试吗？	☐	☐
4	您经常进行较长的旅行吗？在此期间用移动数据存储设备听过学习内容吗？	☐	☐

---

[1] 详见本书第二章（学习成绩要求、修读学科和总结），S.54 ff.。
[2] 问题 8, 9, 11 到 15 取自 Vester 测试，参见边码 338 下的脚注 4。

	问题	是	否
5	老师提出的（好）问题是否让您感觉受到鼓励而从单纯的倾听转为共同思考呢？	☐	☐
6	您喜欢和其他人一起讨论自己刚刚掌握的学习内容吗？	☐	☐
7	您喜欢向朋友或者家庭成员讲述刚学过的知识吗？	☐	☐
8	如果您之前曾经大声朗读过可能的答案，可以更好地对学习内容进行重述吗？	☐	☐
9	如果您在几个小时之后还知道学过的内容，就会牢固掌握并且以后非常容易检索应用吗？	☐	☐
10	尽管经常会有良好的愿望，但是您也只因为一门迫在眉睫的考试才会学习吗？	☐	☐
11	您能够在考试中较好地思考吗？	☐	☐
12	在考试中，您学过的知识经常会像被风吹走一样消失吗？	☐	☐
13	您会经常很快忘记为了考试而学习的知识吗？	☐	☐
14	您"讨厌"考试吗？	☐	☐
15	您会牢固地记住并且长期储存很多信息，但是在适当的时刻经常想不起来吗？	☐	☐

关于评估：

如果您刚好对问题 1 和问题 2 的回答都是肯定的，大概可以确定，闭卷考试是一种非常好的考查知识掌握情况和理解水平的工具。如果您对问题 1 和问题 2 的回答都是否定的，应当考虑一下参加闭卷考试的好处。只有通过闭卷考试才能发现学生是否能够转化课堂或者教科书中学到的知识，也就是说，把学到的知识用在考试报告中正确的位置。[1] 闭卷考试的另一优势就是学生可以借助标准答案马上排除知识漏洞。就此，有针对不同水平（新生、高年级学生、国家考试考生）附有标准答案的案例汇编；此外，每一期教学杂志中也有闭卷考试练习。[2] 如果

〔1〕 本书第六章（系统掌握不同法学领域）、第八章（使用索引卡片学习知识）和第九章（案例分析）详细研究了掌握的内容如何用在闭卷考试中的问题。

〔2〕 有关教学杂志中的闭卷考试参见边码 295 脚注 2。具体的建议和示例参见本书第九章（案例分析），边码 295。

您对问题 1 的回答是肯定的并且对问题 2 的回答是否定的，您主要是想避免考试状态。考虑到学校提供的闭卷考试数量本来就很少，就算您已经通过一门考试并且拿到成绩证明，也应当利用每次机会参加所有以考试形式出现的闭卷考试，珍惜（免费！）批改试卷的机会。为国家考试考生开设的闭卷考试课程取得的成绩是学生是否达到"国家考试水平"的重要标准。因此，闭卷考试课程的所有考试都要参加！就算在参加一个闭卷考试时从一开始就知道不可能通过，原因可能是您还没有深入研究某个特定的内容领域。您可以在考试中学到些重要的知识，而且考试成绩并不像想象的那么差的情况也不少见。您将会学习形成自己的思考并且为通过闭卷考试不断努力。就算没有报名参加辅导，辅导课程也会提供有批改服务的闭卷考试课程。如果有可能，您应当在能让自己较好地集中注意力的环境下完成闭卷考试。

如果您对问题 3 的回答是肯定的，可以利用以前记录问题或者小案例的索引卡片复习已经忘记的学习内容。[1] 索引卡片的优点就是，因为构造的原因，答案在卡片的背面，所以学生不能（也不能不经意地）同时看到答案。除了索引卡片之外，附有问题和解答的书也合适，比如 C. H. Beck 出版社的 "Prüfe Dein Wissen" 系列的书籍。[2]

如果您刚好对问题 4 和问题 8 的回答都是肯定的，把已经掌握并理解的知识放在移动数据存储设备上听是一种非常好的复习和检查学习成果的方法。比较适合这种方式的包括特定领域最重要的内容或者对某个问题进行生动的演示及其答案。特别要注意的是，您要用自己的语言对学习内容进行重新表述而不是照本宣读。只有这样，您才能实现两个重要的学习效果：一是锻炼自己的法学表达能力。二是，如果不能用自己的语言表达，说明您还没有（完全）理解该内容。另一个优点体现在，您用这种方式可以很快地回忆起学过的知识。因为，您的表述能够和大脑中该内容的部分对应起来。当您几个月之后再次听到这些句子时，可

353

---

〔1〕 有关索引卡片参见本书第八章（使用索引卡片学习知识）。

〔2〕 大量的文献提示参见本书第六章（系统掌握不同法学领域），边码 212。

以很快回忆起这些内容。如果就该内容构思出一个合适的问题并且说出问题和答案，您可以在倾听的同时实现深入学习的效果，还可以检查自己的学习成果。

如果对问题 5 的回答是肯定的，您可以通过一方面在课堂上积极合作，另一方面把问题和答案放在移动存储设备上以此提高自己再次处理学习内容的积极性。此外，如果要把相应的内容用摘录、读书笔记或者索引卡片等书面方式进行总结而时间太紧迫，这种方法也特别适用。

如果对问题 6 的回答是肯定的，您可以有目的地和同学进行讨论来考查对知识的理解程度。此外，参加一个组织良好的学习小组也是一个很好的选择。但是，在没有计划和目标的前提下和同学见面讨论问题是不可行的。[1] 这种对话会让您有一种已经在"不管用什么方法"理解学习内容的错误感受，尤其是，当知识漏洞需要引入辅助措施填补的时候。

如果对问题 7 的回答是肯定的，您可以通过请一个比较要好的朋友或者家庭成员向您提问的方式让当下或者其他的复习及学习成果考查阶段更加轻松。在这种情况下，可以使用正面为问题或案例、背面为答案的索引卡片（对照问题 3）。这样，即使是法学门外汉也可以检查您是否能够重述所有重要的论点以及正确的答案。在更倾向于自己学习并且找不到其他同学一起通过学习小组的方式共同复习学习内容的阶段，这是一种调剂自学的好方法。此外，这种方法还能够训练既兼备法学式精确，又能让普通人理解的表达能力。

问题 9 要指出的是，从哪个时刻开始您可以确定已经牢固掌握了学习内容。如果您对问题 9 的回答是否定的，像大多数学生一样：为了把学到的知识在大脑中规定下来并且随时引用，您要进行多次复习。如您所知，在不断增长的时间间隔之内多次复习学习内容。不复习的话，就会在短期内忘记所学的大部分内容而导致您必须重新学习一遍。特别是在考试将近的阶段，学生经常会忽视这一点。这带来的后果就是，时间

----

〔1〕 大量的如何有效组织学习小组的方法见本书第十章（学习小组）。

本来就已经非常紧迫了却不能正确利用。在这里，经典的座右铭也适用：少（更少新内容和更多的深入学习）就是多（知识）。

如果您对问题 10 的回答是肯定的，有一定的时间压力会让您更有动力自学。这就要求您自己确定固定的期限并且在您的备忘录中标记出来。[1] 如果有效地遵守自己制定的期限对您来说很难，参加学习小组可以提供必要的时间压力，前提是在掌握特定内容领域之前就约定有约束力的日期。这种以时间压力来激发学习动力的方式仅在不牺牲学习质量的前提下推荐，也就是说，即使您在有时间压力的情况下也能牢固掌握所学的知识。如果时间压力对您的影响和考试压力（问题 13）对所学知识的储存产生的影响一样消极，应当考虑其他提高学习动力的形式，比如通过看电影的方式奖励自己。[2] 如果既不能通过自己制造时间压力又不能通过约定时间和其他人一起自学的方式激励自己，不禁要提出的一个问题就是，您的学习动力究竟是出了什么问题。[3]

如果您对问题 11 的回答是肯定的，考试对您来说大概完全不成问题。您甚至可以在自学时间内创造类似考试的情景，比如通过自己进行测试的方式达到高度集中注意力的目的。对您来说，对建议的实施，即尽可能参加学院组织的所有闭卷考试，应当很容易。

如果您对问题 12 的回答是肯定的，可能是考试压力导致您出现思维停滞。[4] 在这种情况下，您要考虑学习一些在考试中能够让您平静下来的放松技巧。[5]

如果您对问题 14 的回答是肯定的，原因可能是多方面的。因为考试对大多数人来说都不是很愉快的事情。对考试的反感会导致考试成绩较差。鉴于国家考试要在几天之内考查整个学习阶段所有内容，这个问

---

〔1〕 参见本书第十二章（时间管理），边码 378 及以下内容。
〔2〕 相关建议见 Klaner, S.121 ff.。
〔3〕 详见本书第十二章（时间管理）。
〔4〕 具体原因参见边码 333。
〔5〕 见上文边码 336 下的脚注 3。Klaner, S.182 f. 建议冥想、自生训练、运动和短时间放松。

题会导致出现灾难性的后果。[1] 如果因为对考试有巨大的反感而苦恼，并且因为苦恼而产生的压力在国家考试备考阶段变得难以忍受，建议您尽早着手处理。就考试恐惧症有大量的指导信息可以参考。[2] 多数情况下，大学的中心机构、大学生服务中心或者业余大学都会就这个主题安排课程。您也可以从大学的一般咨询处或者大学生服务中心获得个性化的帮助。

如果在关键时刻想不起来所学的内容（问题15），也不一定是因为神经激素、压力而引起的思维阻滞（问题12）。原因可能是，您只通过特定的形式和方法或者在特定背景之下掌握了该学习内容。以致该学习内容仅仅和其他思想内容通过少量的联想联系起来，只有触发此关联时才能检索到信息。在这种情况下，您可以通过复习和在回忆阶段使用不同的学习方法提高自己的学习成果。仅仅把教科书中的学习内容联系起来并且复习这些内容是远远不够的。只有当您理解了知识在闭卷考试中被应用在哪里并且您具体要在哪里对掌握的问题进行论证，才是真正地掌握了该学习内容。因此，将闭卷考试作为检查学习成果的方式非常有意义。[3]

> ✎（1）请写下，采用哪种形式非常好并且容易考查自己的学习成果。
>
> ✎（2）请写下，将来要怎样优化学习成果考查的方法。

这个调查问卷给您思考自己的学习行为和尝试不同方法的机会。现

---

〔1〕 Constantin Körner, Blckout: Was tun bei Prüfungsangst?, justament 2/2008, S.30 中提到"参加第一次国家考试需要满足的条件会以特殊的方式引发考试焦虑"。

〔2〕 Jörg Abromeit, Prüfungsangst und Lampenfieber besiegen, Freiburg/Br., 2014; Holger Walther, Werner Metzig/Martin Schuster, Prüfungsangst und Lampenfieber, Bewertungssituationen vorbereiten und meistern, Verhaltenstipps für Prüfungssituationen, Berlin, 4. Aufl. 2009; Arinae Charbel, Top vorbereite in die mündliche Prüfung, Nürnberg, 2.Aufl.2005. Klaner, S.191 ff.深入讨论了"考试焦虑那些事"并且给出了国家考试备考的建议；Koeder, S. 169 f.。另参见 Alexandra Gögl, Der Teufelskreis der Angst, Blockaden überweinen, JuS-Magazin 2/2008, S.10。

〔3〕 有关学习成果检查参见本书第六章（系统掌握不同法学领域），见边码212。

在您变得更有洞见，可以思考将来怎样塑造自己的学习行为。更多的想法和建议您可以参考以学习为主题的文献综述。

表 11-8 法学教育中的学习

Bergmans, Bernhard	Lern- und Arbeitsrechniken für das Jurastudium, Ein Ratgeber für den Studienerfolh, Stuttgart, 2013. （第 55 页及以下内容，法学学习）
Bergmans, Bernhard	Studierkonpetenz steigern und effizient nutzen, Der Wirtschaftsführer 1/2014, S. 5f.
Broemel, Roland/ Stadler, Lena	Lernstragtegiern im Jurastudium, JURA 2014, 1209.
Bundesverband rechtswissenschaftlicher Fachschaften	Lerntipps, http://bundesfachschaft. de/wp-content/uploads/2013/10/BRF-Lerntipps.pdf.
Dauner-Lieb, Barbara Sanders, Anne	Lernluast statt Exmaenfrust, Strategien und Tipps erfolgreicher Absolventen, JuS 2013, 380.
Flossner, Silke	Blinder Eifer schadet nur, Lernverhalten und Lernstrategien, JuS-Magazin 5/06, S. 22.
Grüning, Christian	Garantiert erfolgreich lernen, Wie Sie Ihre Lese- und Lernfähigkeit steigern, Nördlingen, 2013.
Haft, Fritjof	Einführun in das juristische Lernen, Unternhemen Jurastudium, München, 7. Aufl. 2015.
Haft, Fritjof	Juristische Lernschule, Anleitung zum strukturierten Jurastudium, München, 2010.
Haft, Fritjof	Juristische Methodenschule, IT-geschützres Training juristischer Fertigkeiten, München, 2014.
Haft, Fritjof/ Kulow, Arnd Christian	Lernen mit dem Kopf-Trainieren mit dem Computer, Die effiziente juristische Lernmethode, Stuttgart, 2007.
Hellermann, Klaus/ Plehn-Hellermann, Heidi	Leichter lernen, Lern- und Arbeitstools für Juristen, Münster, 2007.
Kulow, Arnd-Christian	Jura mit Gefühl, Stuttgart, 2004.
Lammers, Lutz	Lernen in Juratstudium und in der Examensvorbereitung-Non scholae, sed vitae discimus, JuS 2015, 289.
Laun, Vera	Lernen zu lernen, JuS-Magazin 2/2007, S.16.

Linderkamp, Jörn/ Kreke, Dominik	Motivations- und Lerntipps für das Jurastudium, in 3 teilen, Jura 2015, Jura info.
Steffahn, Volker	Lerntipps für das Jurastudium, in: Wolf/Muckel (Hrsg.), JA-Sonderhaft für Erstsemester, München, 2011, S. 87.

表 11-9　学会学习之概论

Arbinger, Roland/ Jäger, Reinhold S.	Lernen lernen, Ein Lern-und Arbeitsbuch, Landau, 2006.
Zentrale Studienberatung der Universität Bielefel (Hrsg.)	Tipps zu Studientechniken und Lernmethoden, Bielefeld, 2011 (可下载的手册), http://www. uni-bielefeld. de/Universitaet/ Einrichtungen/ZSB/studientechniken.html.
Birkenbihl, Vera F.	Stroh im Kopf? Vom Gehirnbesitzer yum Gehirnbenutzner,München, 52. Aufl. 2013.
Blakemore, Sarah-Jayne/ Firth, Uta	Wie wir lenen, Was die Gehirnforschung darüber weiß, München, 2006.
Cary, Benedict	Neues lernen, Warum Faulheit und Ablekung dabei helfen, Re- inbek, 2015, Studieren, Das Handbuch, Heidelberg. 2010.
Cottrell, Stella	Studieren, Das Handbuch, Heidelberg, 2010.
Buzan, Tony	Power brain, Ihr Weg zu einem phähnomenalen Gedächtenis, 3. Aufl. 2006.
Buzan, Tony	Gedächtnis ohne Grenzen, Schärfer denken, besser merhken, länger erinnern, München, 2009.
Crotehusman, Sabine	Der Prüfungserfolg, Die optimal Prüfungsvorbereitung für jeden Lerntzp, Offenbach, 2008.
Hartelt, Susanne	Lern-und Arbeitstechniken, Berlin, 2013.
Heister, Werner	Studieren mit Erfolg: Effizientes Lernen und Selbstmanagment in Bachelor-, Master und Diplomstudierengängen, Stuttgart, 2. Aufl. 2009.
Hofmann, Eberhard/ Löhne, Monika	Erfolgrecih Lernen, Effiziente Lern- und Arbeitsstrategien für Schule,Studium und Beruf, Göttingen, 2. Aufl.2012. (附有测 试和考试)
Kossak, Hans-Christian	Lernen leicht gemacht, Gut vorbereitet und ohne Prüfungsangst zum Erfolg, Für Schule, Studium und Beruf, Heidelberg, 2. Aufl. 2008.

Klenke，Kira	Studieren kann man lernen，Mit weniger Mühe zu mehr Erfolg，Wiesbaden，3.Aufl. 2015.
Kregnel，Martin	Bestnote：Lernerfolg verdoppeln，Prüfungsangst halbieren，Lauchhammer，2012.
Lefrancois，Guy R.	Psychologie des Lernens，Berlin，5. Aufl. 2014.（传统和新的学习心理学方法，在实践和日常生活中有广泛的应用范围）
Lehner，Martin	Viel Stoff-schnell gelernt，Prüfung optimal vorbereiten，Tübingen，2015.
Medina，John	Gehiern und Erfolg，12 Regeln für Schule，Beruf und Alltag，Heidelberg，2009.
Metzig，Werner/Schuster，Martin	Lernen zu lernen，Lernstrategiern，wirkungsvoll einsetzen，Berlin，8. Aufl. 2009.
Pukas，Dietrich	Lernmanagement，Einführung in Lern-und Arbeitstechniken，Rinteln，3. Aufl. 2008.
Reinhaus，David	Lerntechniken，Freiburg（Br.），2. Aufl. 2014.
Schott，Franz	Lernen，verstehen，Prüfung meistern，Stuttgart，2015.
Sschräder-Naef，Regula	Rationeller Lernen lernen，Ratschläge und Übungen für alle Wissbegierigen，Ausburg，21. Aufl. 2007.（特别是涉及学生的情形）
Spitzer，Manfred/Bertran，Wulf	Braintertainment，Expeditionen in die Welt von Geist und Gehirn，Frankfurt/M.，2008.（一本有关大脑研究的娱乐性的书）
Steiner，Verena	Erfolgreich lernen heisst…Die besten Lernstraregien für Studium und Kariere，Zürich，2002.
Walther-Dumschat，Sabine	Mehr Erfolg bei Prüfungen und Klausuren，Was für ein Lerntzp bin ich？Wie gehe ich mit Prüfungsangst und Lampenfieber um？Zeitmanagment：Planen Sie Ihren Erfolg！，Heidenau，2. Aufl. 2006.

http：//www.stangl-taller.at/ARBEITSBLATTER/LERNEN/Lernstrategien.html：有关学习策略和学习材料的详细内容

357

了解全局的能力、对重要内容的理解和内在联系的把握能力在法学学习中扮演着重要角色，所谓的创新学习技巧非常有用。[1] 作为适合法学习习并且带来很多乐趣的创新性学习技巧的示例之一，我将在下文中介绍思维导图法。[2]

第四节　思维导图作为一种可视化学习和工作技巧的范例

学生习惯选择读书笔记、随堂笔记、想法集合或者摘录这样的线性表达，也就是说，学生常写下前后相连的句子或者制作连续写下要点的列表。这种表达方式让对内部联系的认识更加困难，因为在各个要点之间建立图像式的联系很困难。这种表达方式的另一个缺点是，之后在线性表达中添加遗漏的观点也很困难。思维导图是一种对信息进行图像化的表达。为了让您有初步的了解，在边码 358 中您将会看到第四节提纲的思维导图。即使这种方法起初在您看来并不那么一目了然，也建议您尝试几次使用这种方法，很多学生都在最初怀疑之后变成这种方法热情的拥护者。如果您在中小学就知道这种方法并且认为这种方法不适合您，原因可能是您并未正确地解读或者将其用于不合适的目的。在实践中，思维导图多年前就被企业应用，近年来走进了律师事务所。虽然法学思维导图还非常少见，但现在已有关于法学内容的免费和商业的思维导图，您在本节的最后可以了解相关信息。

358

一、什么是思维导图

思维导图法是一种对信息，特别是内部联系和结构进行表达的可视

---

〔1〕 美国心理学家 Csikszentmihaly 是创新研究领域最著名的研究人员之一，导论参见 Mihaly Csikszentmihaly, Flow, Das Geheimnis des Glücks, Stuttgart, 17. Aufl.2014。进一步的信息参见 Michael Knieß, Kreativitätstechniken, Methoden und Übungen, München, 2006; Matthias Nöllke, Kreativitätstechniken, Freiburg (Br.), 7.Aufl.2015; Hendrik Backerra/Christian Malorny, Kreativitätstechniken, München u.a., 3.Aulf.2007; Karten Noack, Kreativitätstechniken, Bielefeld, 3. Aufl.2012。

〔2〕 其他的创新技巧，如头脑风暴、聚类分析、记忆技巧详见 Klaner, S. 132 ff.，还有自由写作，参见 AndréNiedostadek, Legal Tribune ONLINE, 17. 3. 2015。

化的学习、思考和工作技巧。它之所以取这样的名字，是因为，正如您在示例中看到的，它是一种类似于地图的表达方式。对一个中心论点的看法会在页面上以特定的图画形式彼此连接起来。

这个概念最初来自英国人 Tony Buzan，他说："我曾经像很多学生一样，学术任务越来越重，我的大脑承受巨大的学习压力，要进行太多的思考、创新、回忆、解决问题、分析和写作，都快要崩溃了。"[1] Buzan 因此开始开发思维导图。[2] 思维导图的功能为利用思维导图制作出来的图像展示了思维导航或者利用思维导图法对自己产生了影响。

二、背后的想法

一张图所讲述的内容比 1000 个字都要多。[3]

(Ein Bild sagt mehr als tausend Worte.)

这种方法的出发点就是对人类大脑运行方式的认识。根据相关理论，大脑的左半边和右半边完成的任务不同：左脑主要是负责逻辑、分析、数字、语言、运算、规则、法律、线性关系、细节和结构，而右脑主要负责形式、颜色、图像、想象力、空间关系、直觉、好奇心和音乐。传统的通过纯粹接受知识完成学习的过程主要依靠左脑，而图像式思考被忽略。很多信息只能通过关联的图像进行处理，不能通过概念式的思考检索到。思维导图有目的地在学习过程中使用经常被忽略的右脑，通过语言和图像记忆的合作能够改善记忆率。思维导图法的支持者认为，左脑和右脑的组合像一支"不可战胜的团队"[4]，因为其记录的过程和大脑思考的过程相符。

---

〔1〕 Tony Buzan，引用自 Eberhardt Hofmann/Monika Löhle, Erfolgreich lenren, Göttingen, 2.Aufl.2012, S.51。
〔2〕 Tony Buzan, An Encyclopedia of the Brain and its use, 1971.
〔3〕 古老的中国智慧。
〔4〕 Eipper, S.8.

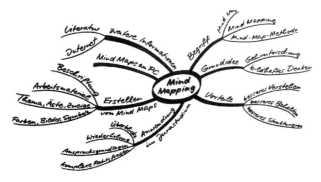

图 11-1　思维导图

三、思维导图有哪些优点

很多学习者都会问："为了让自己更有效率、更快地掌握知识，我怎样开发自己大脑的巨大可能性呢？怎样尽快从中检索信息呢？"[1]思维导图的支持者的回答是：思维导图法能够充分利用您的大脑，增强记忆力并且让您更有创造性和动力。思维导图的优点可以简短总结：更容易学习、更容易理解，图像式而非线性的表达让信息更加容易储存。具体而言，学生可以利用思维导图[2]：

☺ 迅速对观点和想法进行总结并且可以灵活补充；

☺ 快速并且明确地写下或者记录听到的内容；

☺ 显著提高记忆力，思维导图可以通过在大脑中的联想更好地记住信息；

☺ 更好地理解学习内容；

☺ 更快获得概括了解；

☺ 更容易辨认和记住一个主题的关键词；

☺ 让想法更加清晰并且可视化；

---

〔1〕　Peter Capek, Mind Mapping, Besser strukturieren, schneller protokollieren, deutlicher visualisieren, Frankfut/M., 2.Aufl.2004, S.6.

〔2〕　对各优点的比较参见 Chevalier, S.114 ff.; Eipper, S.68 f; Schräder-Naef, S.30。

☺ 更好地在结构化的基础上对主题进行处理；

☺ 将复杂的内部联系清晰地展现出来；

☺ 避免在细节上花费太多时间；

☺ 提高创造力和思维多样化水平；

☺ 通过这些优点节省时间；

☺ 通过这些对大脑有益的学习制造更多乐趣。

四、在法学学习中的使用机会

怎样把思维导图的这些优点具体应用在法学学习中呢？答案就是：对于那些您在法学学习中到目前为止都采用线性方法记录的信息，如课堂笔记、摘录、家庭作业的草稿，甚至是闭卷考试的解题大纲、研讨课论文的问题汇编、专题报告手稿，都可以尝试采用思维导图法记录。具体而言，您可以利用思维导图：

- 制作法学领域（部分）的概要[1]；

- 对一个主题进行系统的学习和结构化[2]；

- 制作一份关于观点争论的概要；

361

- 把书或者文章的内容总结在一页纸上；

- 将复杂的法律问题概括地呈现出来；

- 快速学习法学领域（或者其部分内容）；

- 快速复习法学学科中的某些领域；

- 阐述一个法学学科最重要的法律规定；

- 对一个特定学科的请求权基础进行概括性表达（主干代表请求权基础，分支代表其各自的前提条件）；

- 在上课期间边听边记；

---

〔1〕 Matzy, JA 2003, 398, 399：“用这种方式可以将全部法学领域进行可视化处理并对法学问题用可视化的方式解决。”

〔2〕 Möllers, Rn. 88 也认为：“法学学生可以用思维导图把这些方面形象地呈现出来并系统化，并通过这种方式把思想结构化。”

- 准备专题报告和演讲[1]；
- 对家庭作业中的法律问题进行概括表达[2]；
- 将学习小组的讨论展示并记录下来；
- 通过对必要活动的总览将计划具体化；
- 为学习制定待办事件。

此外，您也可以在日常生活中利用思维导图完成以下事情：

- 做笔记，也可以制作电话簿；
- 记录或者规划私人事情（旅行日记，庆典筹备）；
- 在一张纸上对较大的项目进行阐述；
- 让问题解决过程视觉化；
- 记录成果；
- 快速作出困难的决定；
- 收集、筛选、管理或者掌握信息；
- 通过收集必要的活动制作活动列表。

五、怎样制作思维导图

在介绍了这么多优点和用途之后，您一定想知道怎样制作思维导图。

纸张选材。纸张应当不带横格并且至少有 A4 纸大小。您应当为打孔预留一个窄边。如果需要制作的概要内容较为广泛，比较适合用 A3 纸。为了更好地利用纸面上的空间，可以把纸张横向放置。此外，还要放弃在纵向格式列表时习惯的层级结构。

主题、主干、分支。主题，即思维导图的基本思想，应当写在纸张的中央并且圈出来。从这个圈开始引出（主要的）枝干。这些主干不必是直线，而应当看起来像树的枝干一样。在主干上要写主题的基本原则、中心思想或者关键词。主干的长度取决于相应的关键词。主干上可

---

[1] 详见 Eipper, S. 38 ff.。
[2] 参见 Wulf, S. 25 f.。

以分出与主干有关的特定主题的分支和旁支。根据不同的应用方法，学生可以首先标记出所有的主干、分支和旁支（依次写出第 2、3 和 4 概念等级），或者可以像头脑风暴一样完成写作过程，也就是说，按照每个想法出现的方式写下来。对那些不能归类到任何一个主干的想法来说，可以将其作为一个特别的主干"其他"的分支在思维导图中记录下来。

标记。标记的基本规则通常被称为"一字规则"。其含义是，每个主干或者分支上只能写 1 到 2 个字，因为每个字就可以引发很多联想。要注意的是，绝对不能写上整个句子，因为句子会影响思维发散和条理性。[1] 但有时不可避免要用 3 个字或者要用简短的问题表达，比如"为什么？"应当使用大写还是大写加小写取决于哪种写作形式更容易让您记住。最后，您可以对主干标号并且将该思维导图作为大纲的草稿或者（活动）列表的草稿使用。

颜色、图画、符号。为主干和分支添加不同的颜色可以让概览更加容易并且刺激记忆。图画和符号为大脑中的过程提供支持。如果您想确定主干和/或分支之间的联系，可以通过箭头让这些联系可视化。

六、怎样制作电子版思维导图

大量的电脑程序都可以用来制作电子版思维导图。[2]建议您首先利用提供的测试版本练习。但是不要忘记，在掌握一个法学领域时，手绘的思维导图更能够发挥思维导图的优势，因为自己绘制的过程更能够激发大脑的功能并引发更多联想。相反地，电脑制作出来的思维导图（您以前也用手绘制过）更适合用于演讲（比如，专题报告）、复习和时间规划。

---

〔1〕 线性笔记中 60%~90%的词语都是不必要的，参见 Eipper, S. 15。

〔2〕 免费商业程序的链接列表见 http://www.jurawiki.de/MindMapping#Mind_Maps_mit_dem_Computer_erstellen。对软件相关建议的页面 http://en.wikipedia.or/wiki/list_of_mind_mapping_software。

七、从哪里了解到更多关于思维导图的信息

表 11-10　思维导图

Buzan, Tony	Das kleine Mind-Map-Buch, Die Denkhilfe, die Ihr Leben verändert, München, 5. Aufl. 2014.
Buzan, Tony/ Buzan, Barry	Das Mind-Map-Buch, Die beste Methode zur Steigerung Ihres geistigen Potentials, Landsberg a. L., 7. Aufl. 2011.
Capek, Peter	Mind Mapping, Besser strukturieren, schneller protokollieren, deutlich visualisieren, Frankfurt/M., 2. Aufl. 2004.
Eipper, Martina	Sehen, Erkennen, Wissen, Arbeitstechniken rund um Mind Mapping, Renningen-Malmsheim, 2. Aufl. 2001.
Hertlein, Margit	Mind Mapping, Die kreative Arbeitstechnik, Spielerisch lernen und organisieren, Reinbek, 6. Aufl. 2010.
Kirckhoff, Mogens	Mind Mapping, Einführung in eine kreative Arbeitsmethode, Offenbach, 12. Aufl. 2004. (怎样制作思维导图；思维导图的实践应用，思维导图在日常生活中的应用，最新的大脑研究)
Krüger, Frank	Mind mapping, Kreativ und erfolgreich im Beruf, München, 2. Aufl. 2004.
Müller, Horst	Mind Mapping, Freiburg (Br.), 3. Aufl. 2008.
Nückles, Matthias	Mind Maps und Concept Maps, Visualisieren, Organisieren, Komm-unizieren, München, 2004.
Reibold, Helmut F.	Mindmapping mit Free Mind, Besser lernen, verstehen und entscheiden mit dem Open-Source-Mibdmapping Programm, Saarbrücken, 2. Aufl. 2009.
Schmelzerm Sabine	Mindmapping, Göttingen, 2005.
Seiwert, Lothar J./ Müller, Horst/ Labaek-Noeller, Anette	30 Minuten-Zeitmanagement für Chaoten, Offenbach, 14. Aufl. 2012. (把思维导图和时间规划联系起来)
Svantesson, Ingemar	Mind Mapping und Gedächtnistraining, Übersichtloch strukturieren, kreativ arbeiten, sich mehr merken, Offenbach, 2010 (E-Book).

表 11-11　思维导图在法学学习中的应用

Albrecht，Achim von.	Juristische denken und argumentieren，Troisdorf，2009，S.129ff.（创新技术和思维导图）
Djawadi，Mahdad Mir	Jura effizienter lernen（2），Jura Journal 1/2012，27.
Grüning，Christian/ Hemmer，Karl E./ Wüst，Achim	Wiederholungsmappe，Würzburg，2007（附有关于思维导图的简短讲稿和所有法学领域的 50 张思维导图）
Matzky，Ralph	Die Mindmapping-Technik in der juristischen Wissensbewältigung，JA 2003，398.（基本原理的导论；以刑法中的盗窃罪为例制作的思维导图）
Matzky，Ralph	Die Map am Computer，JA 2004，167.
Möllers，Thomas M.J.	Juristische Arbeitstechnik und wissenschaftliches Arbeiten，München，7. Aufl. 2014，S. 26ff.，190.
Musumeci，Lukas Schmidt，Mareike	Lernen durch Visualisierung：Ein Erfahrungsbericht aus der Lehre，in：Vereinigung Deutscher Rechtslehrender（Hrsg.），Rechtslehre，Jahrbuch der Rechtsdidaktik 2011，Berlin 2012，S.169.
Niedostadek，André	Schreibend lernen mit Cluster，Mind-Maps und Co.，Legal Tribune ONLINE，17. 3. 2015，http://www. lto. de/persistent/a＿id/14964.
Sauerwald，Markus J.	Mind Mapping in Jurastudium und Referendariat：Wissen aufnehmen，einordnen und dauerhaft verankern!，Köln u.a.，2003.
Sauerwald，Markus J.	Mind Mapping für Anwälte：Kreativ planen，beraten，entscheiden und handeln!：Mind Maps für die anwaltliche Praxis，Köln u. a.，2003.
Sauerwald，Markus J.	Den Gedanken Wege weisen，Komplexität beherrschen，Mindmapping im Lehr-und Lernalltag，ZDRW 1/2015，74.
Unger，Werner	Ansichtssache Recht-Concept Maps für juristisches Lernen und Lehren，in Vereinigung Deutscher Rechtslehrender（Hrsg.），Rechtslehre，Jahrbuch der Rechtsdidaktik 2011，Berlin 2012，S.175ff.

表 11-12　针对法学学生的与专业相关的思维导图

http://www.juralib.de/#/1：涉及多个法学领域的超过 900 张与专业相关的思维导图
http://www.panorama-strafrecht.de：转自 http://www.iuravista.com（刑法思维导图，由慕尼黑大学 Klaus Volk 教席的工作人员制作）

| http://www.niderle/media.de/Kostenlis/jura/MP3/Skripte/Klausuren/Podcast/Mindmaps：免费的法学思维导图. |
| http://www.cfmucller/campus.de（由 Aiman Khalil 制作的关于刑法的思维导图） |

✎（1）您要思考思维导图可以为法学教育中的学习提供怎样的帮助。您可以为了练习制作一个关于您正在阅读的教科书的思维导图，或者您正在参加的一门课程或正在学习的一个刑事犯罪的大纲的思维导图。

✎（2）使用没有划横线的 A4 纸、圆珠笔、荧光笔或者彩色铅笔。

第五节　认识

从学习心理学中得到的最重要的认识

☞在理解了学习内容，而不是（在不理解的情况下）仅机械学习的情况下，学习内容的掌握情况会显著改善。

☞感兴趣的接受渠道越多，记忆率就越高。

☞只有那些能够和现有的思考内容联系起来或者和印象深刻的经历联系起来的信息才能转化为长期记忆。

☞有深刻的经历时，往往一次接受信息就可以转化为长期记忆。在法学学习中，学生一般都不会亲身经历所学内容，只是阅读过或者听说过。为了将新信息和现有的记忆内容联系起来，学生必须多次复习并耐心研究所学内容。

☞只有在第一次接触学习内容的 48 小时之后，1 周之后和 1 个月之后再次复习并研究所学内容，才能实现好的学习效果。

☞要掌握的内容越有条理、结构化，记忆率就越高。

☞只有在无压力的情况下，学习才能有效率和成果。应激激素会阻碍蛋白质的形成，并因此阻碍长期记忆的储存。

☞同样，学到的内容在放松的状态下最容易提取出来。

☞如果能找出并且确定自己的学习偏好，发现那些影响学习内容的理解和对记忆有促进作用的因素，可以更有效地开展学习。

☞思维导图法作为一种创新技术，可以帮助您更好地利用大脑的容量。它尤其可以应用在辨认内部联系、更好地掌握核心思想和主要信息中，从而为学生提供帮助。它促使学生专心于重要内容并且帮助他们将学习内容结构化。

第十二章　时间管理

"没有明确的目标和规划，人只能发挥真实潜力的 40%。时间管理　**365**
意味着对个人的时间资本进行有意思的规划，有助于在没有压力的情况
下实现目标并且赢得休闲和创新的自由空间。"[1]

第一节　概况和目标

本书第一部分的内容描述如何对法学学习进行有效规划并且说明规
划的优势。[2] 本章讲的是良好时间管理的一般规则。有效的时间管理
是在国家考试中取得好成绩以及培养应用于任何职业的关键技能的基
础。时间管理的意思是掌控自己的时间而不要被时间控制。但是，时间
管理不是过度规划。有些同学担心时间管理会影响自己作为学生的自由
是没有道理的。作为自我管理的一部分，时间管理是按照自己的想法、
生活状况、资源和要求安排自己生活的艺术。良好的时间管理和资源管
理并不仅仅是领导人员应当具备的重要技能。

就像职场人士需要在工作和生活之间实现平衡一样，学习和生活的
平衡对学生来说也意义重大。一所英国大学在针对新生的指导中对学习
和生活的平衡的定义是[3]，"学习和生活的平衡意味着为学术任务投入
足够精力的同时也能花时间享受作为学生在社交、运动和文化方面的乐

---

[1]　Seiwert, S. 14.
[2]　本书第一章（进行学习规划的重要性），边码 10。
[3]　http://www.worcester.ac.uk/your-home/study/life-balance.html.

趣"。专业的自我管理以其对专业因素的了解和使用为基础，即目标设定、规划、优先性、缓冲时间和休息。具体付诸实施的情况取决于每个人的决定，因为人们安排的风格有很大差别。自我观察有助于重新考虑自己的决定是否正确。时间管理并不是万能药。仅在 2014 年就有 3 本针对律师的时间管理的书出版，以及大量针对法学学生的时间管理的文章发表，由此可看出时间管理对法律职业的重要性。[1]

第二节　您的个人时间管理出了什么问题

通过完成下文中的调查问卷您能够发现自己是否掌握了时间管理的基本规则，是否还要学习这些规则。请在未经长时间思考的情况下回答问题。

表 12-1　管理时间的能力的调查问卷

	问题	是	否
1	您是否经常在一天之内安排太多任务？	☐	☐
2	您是否经常感觉负担过重或者有压力？	☐	☐
3	您是否感觉没有足够的可自由支配的时间？	☐	☐
4	您只在有时间压力的时候才遵守时间计划？	☐	☐
5	您是否缺乏完成已经安排好的任务的必要自制力？	☐	☐
6	当您想要学习时而其他人需要占用您的时间，拒绝别人对你来说困难吗？	☐	☐
7	在家时，您会被没有预先安排的来访者、家庭成员、工作电话妨碍吗？	☐	☐
8	在开始学习之前，您喜欢首先做一些（有点着急的）小事吗？	☐	☐
9	您一般都是在最后一刻才完成家庭作业吗？	☐	☐
10	您每天都做哪些让您开心的事情呢？	☐	☐

---

〔1〕这些书是 Heussen，Theurer 和 Zach 编写的，参见本章最后的文献列表。文章有 Benno Heussen，Projektmanagement，Beck'scher Studienführer Jura 2014，S 28。对学生的简单提示参见 Klaner，S. 45 ff.（时间管理）和 Münchhausen/Püschel，S. 120 ff.（时间管理）。

	问题	是	否
11	您知道自己的学习效率曲线吗?	☐	☐
12	您会在学习中安排固定的休息时间并且督促自己遵守这样的安排吗?	☐	☐
13	您会制订天计划吗?	☐	☐
14	您会制订周计划吗?	☐	☐
15	您会制订学期计划吗?	☐	☐
16	您会制作书面计划吗?	☐	☐
17	您是否已经对自己的学习进程作出规划?	☐	☐
18	您是否有鼓励自己完成法学学习的具体目标?	☐	☐

如果您对问题 1 到 9 的回答是否定的并且对问题 10 到 18 的回答是肯定的，表明您已经可以很好地规划自己的时间。您在阅读本章的内容时，可以抱着"有则改之，无则加勉"的态度。如果您对问题 1 到 9 的全部或者部分回答是肯定的并且对问题 10 到 18 中的全部或者部分是否定的，表明您可以通过阅读本章改善自己的时间管理能力。

一、分析实际情况

如果您的问题是不知道自己把时间花在哪里了，真正的最重要的任务都没有做，花几天的时间（最好是 1 周）进行自我观察对您来说会很有帮助。[1] 为此，建议您打印一些考勤表，每天填写一张。您要详细地写上自己在什么时间做了什么，比如，睡觉、洗澡、吃早餐、赶去学校、讲座课、打电话、食堂、每次（咖啡）休息、跑步、阅读（内容）、拜访等。[2] 这个练习的意义就是在观察期的最后计算出在特定类别的活动中（如赶路、上课、吃饭、睡觉、清洁等）实际花费了多长时间。这种细致的分析很重要，因为在多数情况下，实际花费的时间和主观估算的时间会有很大出入。

367

---

〔1〕 参见 Schräder-Naef, S. 128 ff. 关于制作每日汇报及其评定。

〔2〕 详见 Schräder-Naef, S.126 ff.。

为了完成评估，必须把每项活动归类（考勤表的第 4 列）。当您要填写每天的时间分配时，您可以在每天的结尾或者评估期间的末尾，完成这项任务。针对学习的重要分类是学校课程和自学。此外，对于纯粹赶路的时间，比如对不能直接用于阅读或者学习的路上时间的评估也很有趣。如果因为较远的路程导致几乎没有自学时间，您可以考虑是否在学校所在地或者至少可以换乘公共交通工具的地方找房子。对休闲时间内的活动进行不同的分类也很有好处：这样可以发现您在睡觉、吃饭、浏览社交媒体、看电视、打电话、和朋友相处、兴趣爱好、家务和无所事事等方面到底花费了多长时间。当然，本文中列举的项并不完整，您还必须根据自己的情况进行补充或者修改。

表 12-2　考勤表

姓名：	，考勤日期：		
时间	活动	时长	分类
注：下载地址 www.vahlen.de。搜索关键词"Jurastudium erfolgreich"，"Online-Materialien"板块。			

经验显示，让人们把实际的时间分配写上去并不容易。如果因为花费太多时间在不重要的事情上而感到内疚，人们就会羞于把事情用白纸黑字记录下来。但是，评估可能会证明您的主观估计过于消极了。另一种可能就是，评估显示您的主观估计是正确的，休闲活动在您的时间分配中占据很高的比重。成功的时间管理并不意味着您必须减少休闲时间，而是让您找到最让您满意的方案。如果认为休闲活动对您来说如此重要，以至于宁愿延长学习年限，您可以自觉接受这样的方案并因此避免将来会内心不安。

表 12-3　评估表　　368

日期:							
分类	周一	周二	周三	周四	周五	周六	周日	总计

注：下载地址 www.vahlen.de。搜索关键词"Jurastudium erfolgreich""Online-Materialien"板块。

二、常见的"时间小偷"

几个无意中导致时间浪费的因素，也就是所谓的"时间小偷"[1]，对您来说肯定很熟悉，比如，计划外的谈话或者来访者、太长的咖啡休息时间、私人聊天、WhatsApp、Facebook 或者其他的社交网络。很多学生认为，网络和智能手机是导致在学习中分神的主要原因。无障碍地接触、使用网络和缺乏拒绝能力，一起成为学习阶段的最大干扰。通常只有关闭手机并放在一边，或者在离线状态工作会有所帮助。[2] 缺少在这方面自律能力的人，可以使用相应的软件在特定时间内断开网络或者屏蔽选定的网络。[3] 即使是复印、借书、买东西或者浇花这样的小事，如果在非常懒散的时候去做，也可能成为消耗很多时间的因素。[4] 如果住在学生宿舍，当室友在意料之外的情况下敲门时，遵守自学时间的想法可能就很难实现。这时，在门外挂一块写着"下午 6 点之前是学习时间，请勿打扰"或者"下次咖啡休息时间为 15：30~16：00"。很多因

---

〔1〕 Seiwert, S.14 ff.（附有自我检测"时间小偷"的问卷）

〔2〕 怎样不和外界保持联系，即离线工作状态，参见 Miriam Meckel, Das Glück der Unerreichbarkeit, Wege aus der Kommunikationsfalle, München, 2009；Christoph Koch, Ich bin dann mal offline：ein Selbstversuch.Leben ohne Internet und Handy, München, 2012；Alex Rühle, Ohne Netz, Mein halbes Iahr offline, Köln, 2011。

〔3〕 相应的程序，比如 MacFreedom, Rescue Time oder Anti-Social。

〔4〕 背后隐藏的原因通常是没有学习动力。参见下文中第三节的内容。此类事情可以在注意力不集中的时间做，这样的时间段可以根据个人效率曲线找出来，参见下文边码 373 及以下内容。关于"内心的破坏者"带来的干扰（像"反正我也看不懂"）参见 Münchhausen/Püschel, S.150 f.。

素之所以会浪费时间，仅仅是因为人们没有拒绝的能力或者没有计划，以致不明白在当下休息、打较长的电话或者拜访是非常不妙的。[1] 有一个附有休息时间的学习计划，就可以把这些"干扰因素"放在下一个较长的休息时间完成。在学校里，如果不是有目的地安排休息时间，就很容易虚度。计划也可以帮助您拒绝别人。因为对有些人来说，援引计划比直截了当地说没有时间更有说服力。在学习中，参加只用来消磨时间而不专心听讲的课程是常见的时间消耗因素。如果您确定从特定的课程教学中明显不会有所收获，就应当放弃参加这门课程并且选择借助其他资料学习该内容领域。[2] 但一些小事，比如没有组织性、分类混乱的材料、写字台上堆成山的文件、没有登记的文件夹等都会花费很多寻找的时间。拖延症也会打乱学习组织性。有些人计划太多导致完成不了，最终使计划有头无尾，不了了之。在这里，批判性的自我观察和反馈是自助的第一步。

第三节　目标即是动力

成功做好时间管理最重要的前提条件之一就是明确自己的目标。因为，只有眼前有目标、知道自己为什么学习的人，才有足够的动力毫不犹豫地坚持走完所有艰难的路。[3] 相反，那些没有目标的人，很难继续坚持，会将努力之路看作负担。[4] 因此，时间管理的"第一戒律"就是：

☞设定目标！

经证实，成功人士和普通人的区别体现在两个方面：一方面，成功

---

〔1〕 Klaner, S.99 ff.怎样战胜大大小小的"时间小偷"，比如来电或者来访造成的干扰。

〔2〕 在本书第十一章（学会学习）中您能够借助调查问卷发现通过哪种方式能够较好地学习。上课的优点和缺点参见上文边码 132。

〔3〕 参见边码 366 表 12-1 的问题 18，边码 365。

〔4〕 参见本书第一章（进行学习规划的重要性），边码 7。

人士有一个希望达成的明确目标，并且他们清楚要通过哪些步骤实现目标；另一方面，他们不像其他人那样被实现目标道路上的挫折吓退，他们忍受挫折的能力更强。但这并不意味着成功人士不会修正他们的目标。相反地，新的认识会促使他们修改自己的目标。首要的事项是，他们眼前有值得为之努力的目标。之后才会有机会认识到是否必须修改自己的路线甚至寻找一个全新的目标。

一、找到职业目标

很多学生就像示例中的 A[1] 一样，学习法律时没有想过之后要做什么。他们学习法律是因为没有合意的专业，或者没有机会选择自己喜欢的专业（"第二志愿"），或者父母希望他们学习法律，又或者他们认为学习法律最容易找到工作。这些都是可接受的学习法律的理由。但是，如果不知道学习法律究竟要实现什么目标，与有清晰职业目标的同学相比，就会产生更严重的动机困难。

请书面回答以下问题并用积极的方式表达自己的目标（比如， **370** "我想成为一名法官"而不是"除了法律，我都可以接受"）：

✎1. 没有"如果"和"但是"的话，我想从事什么职业呢？我的理想职业目标是什么？

✎2. 我可以通过法学学习实现这个理想目标吗？

✎3. 是否还有其他对我来说通过学习法学可以实现的目标？

如果您能够回答问题 1 并且对问题 2 的回答是肯定的，当您在学习中遇到困难时就可以通过回想自己的理想职业来获得继续努力的动力。如果您对问题 1 和 2 或者至少对问题 2 的回答是否定的，要在法学学习中获得足够的动力，至少对问题 3 要有确定的答案。如果您对问题 3（目前还）没有成熟的考虑，可以直接"梦想"一下，想象您通过法学

---

〔1〕 参见本书第一章（进行学习规划的重要性），边码 5 及以下内容。

学习可以从事的职业。没有"如果"和"但是",也不要考虑成绩因素,你将来想要成为什么?在这一点上,很多学生会辩解说,因为对法学职业领域还不够了解,不能确定自己将来想从事哪个方向的工作。关于法学职业前景的书籍可以解决信息不足的问题。[1]而且法学学生成功涉足非法学职业领域的也有很多,比如政治家、媒体工作人员、演员或者法制节目主持人。您会发现,学习法学并不为职业范围设定限制。[2] 如果您学会让梦想为自己"服务",就能拥有在艰难的学习状态下保持梦想的体验。建立在个人猜想基础上的目标可能是错的,但是并不能改变其作为激励因素极有可能实现的事实。因此,不必在完全认清职业前景的前提下才将其作为目标。重要的是,您对将来的职业有想法,这个想法很有趣并且能够为您带来快乐,而法学学习对该职业有用处或者至少可能有用处。

☞请设定一个(临时的)职业目标或者考虑您通过法学学习可以从事的职业方向!

表 12-4 职业形象和职业定位

Adler, Fank	Anwaltsrecht Teil 2, Tätigkeitsfelder der anwaltlichen Praxis, Stuttgart u.a.,4.Aufl.2008.(描述律师从事民法和继承法、民事诉讼、劳动法和经济法领域调解人和仲裁员的工作)
Becker-Toussaint, Hildegard	Berufsorientierung und Karriereplanung, Informationen und Tipps für junge Juristinnen, Baden-Baden, 2000.
Brauner, Detlef J. / Lauterbach. Andrea(Hrsg.)	Berufsziel Stuerberater/Wirtschaftsprüfer, Berufsexamina, Tätigkeitsbereiche, Perspektiven, Sternfels, 7.Aufl.2008.

371

---

〔1〕 斯图加特 Boorberg 出版社的《工商界领袖对年轻法律人的寄语》可以在书店免费拿,其中有很多公司介绍的汇编和法律从业者介绍其职业的短文章。

〔2〕 也可以参见 Birgit Fritz, Erfolg in der Nische, Ein Studium, zwei Karrieren: Für Juristen gibt es viele Betätigungsfelder, wenn sie Spezielwissen mitbringen, SZ Nr.137 v.14:/15.6. 2008, V 13。Andrea Abele/Christine Heismann, Juraabsolvetinnen und-absolventen auf dem Weg vom Examen in den Beruf-Ergebnisse einer Langzeitstudie, JURA 2007, 902 ff.中也有相关建议。

Fisseler, Frank/ Hartenstein, Martin	Juristen in der Wirtschaft, Berufsstart und Jobprofile in Unternehmen und Kanzleien, München, 2003.
Cramm, Christof/Wolff, Heinrich Amadeus	Jura-erfolgreich studieren: für Schüler und Studenten, München, 7. Aufl. 2014, S. 22ff. (最重要的职业形象), S. 28f. (从事法律职业的女性)
Crosch, Olaf	Studienführer Jura, Eibelstadt, 6. Aufl. 2010, S. 194ff. (法学学生的典型职业形象)
Hof, Susanne/ Lorenz, Jörg-Christian	Nischen für Juristen, Der Wirtschaftsführer für junge Juristen, 1/2014, S. 14.
Köbler, Gerhard	Wie werde ich Jurist, München, 5. Aufl. 2007.
Kunkel, Andreas	Karrieren unter der Lupe: Juristen, Würzburg, 2001.
Lemke, Peter	Nischen auf dem juristischen Arbeitsmarkt, Chancen und Wege für den beruflichen Erfolg, Neuwied u. a., 2. Aufl. 2000.
Menden, Stefan/ Seyffert, Jonas	Das Insider-Dossier, Karriere in der Wirtschafts- und Großkanzlei, Bewebung, Einstieg, Aufstieg, München, 4. Aufl. 2015.
Muthorst, Olaf	Einführung in die Rechtswissenschaft, München, 2011, S. 30ff. (法学学生的职业领域)
Müller-Graff, Peter-Christian/ Roth, Herbert(Hrsg.)	Die Praxis des Richterberufs, Berlin, 2000.
Niedostadek, André/ Lorenz, JörgChristian	Der erfolgreiche berufseintieg für Juristen, Orientieren, Qualifizieren, Bewerben, Ein Leitfaden, Frankfurt/M., 2004. (本书也讲解了司法、审判和管理领域三个典型领域之外的职业)
Raff, Roland/ Brauner, Detlef J. (Hrsg.)	Berufsziel Unternehmensberater, Berufszugang, Tätigkeitsbereiche, Perspektiven, Sternenfels, 4. Aufl. 2006.
Rottmann, Verena S.	Karriereplanung für Juristen, Berlin u. a., 2005.
Schönheid, Dorothee	60 Berufschancen für Juristen, so finden Sie den Job, der zu Ihnen passt, Frankfurt/M., 2004.
Spreng, Norman M./ Dietrich, Stefan	Studien-und Karriere-Ratgeber für Juristen: Studium, Referendariat, Beruf, Berlin u. a., 2006.
Streck, Michael	Beruf Anwalt Anwältin, München, 2. Aufl. 2011.
Trimborn von Landenberg, Dieter	Erfolgreich starten als Rechtsanwalt, Bonn, 5. Aufl. 2013.

Vehslage，Thorsten/ Bergmann，Stefanie/ Kähler，Svenia/ Zabel，Matthias	JuS-Referendarführer，Referendariat und Berufseinstieg，München，2.Aufl. 2007，S.145ff.（法学学生的从业机会：律师、法官、检察官、公证人、行政法务、企业法律、法学教师、政客）
Boorberg 出版社的 Beck'scher Studienführer、Beck'scher Referendarführer 和 Wirtschaftsführer 杂志有很多关于职业领域和职业规划的文章	
http：www. boorberg. de/sixcms/detail. php? id = 61733：Boorberg 出版社的 Wirtschaftsführer für junge Juristen 的链接，上面有大量的公司简介汇编。也有免费提供公司和律所简介的应用程序 Wifü-App	
www.nomos-shop.de：Karriere im Recht und Stujur 杂志有很多关于职业领域的信息	
https://www.justiz.bayern.de/justiz/berufe-und-stellen/；对司法领域职业的描述	

372

表 12-5　职业规划

Bolles，Richard N.	Durchstarten zum Traumjob，Das Workbook（求职指南），Frankfurt/M.，4. Aufl. 2014.
Bolles，Richard N./ Hölsken，Nicole	Durchstarten zum Traumjob，Das ultimative Handbuch für Ein-，Um-und Aufsteiger，Frankfurt/M.，2012.（帮助别人不限于某个具体的职业领域，从个人的愿望和能力出发更好作出判断）
e-fellows，net（Hrsg.）	Perspektiven für Jursiten 2015，Das Expertenbuch zum Einstieg，Berufsbilder，Bewerbung，Karrierewege，Expertentipos，München，6. Aufl. 2014.
Ciesen，Birgit（Hrsg.）	Top-Arbeitsgeber für Juristen 2015，Der Insider Guide für Ein-steiger，Köln，4. Aufl. 2014.
Heussen，Benno	Interssante Zeiten，Reportagen aus der Innenwelt des Rechts，Stuttgart，2013（29 篇从律师角度制作的报告）；dazu ders.，Für fähige und engagierte Anwälte wird imme rgenug Arbeit da sein，Der Wirtschaftsführer 1/2014，S. 2ff.
Kilian，Matthias	Die Junge Anwaltschaft，Ausbildung，Berufseinstieg und Berufskar-rieren，Eine empirische Untersuchung der Zulassungsjahrgänge 2004 bis 2010，Bonn，2014.
Kilian，Matthias	Rechtsanwälte als Spezialisten und Generalisten，Die Anwaltschaft jenseits der Fachanwaltschaften，Bonn，2013.

Krehaus, Lisa	Wer bin ich-wer will ich sein? Ein Arbeitsbuch zur Selbstanalyse und Zukunftsgestaltung, München, 2006.
Proft, Marion	Blog: LYP-Durchblick für juristische Berufseinsteiger, www.legalzoungrofession.de.
Röwekamp, Marion	Die ersten deutschen Juristinnen, Eine Geschichte ihrer Professionlaiserung und Emanzipation (1900–1945), Köln u.a., 2011.
Ruhten-Murray, Patrick	Was soll ich studieren? Alle Antworten für die richtige Studienwahl, Göttingen, 2. Aufl. 2015.
Sher, Barbara	Witschaft, Wie ich bekomme, was ich wirklich will, München, 2010.
Silvers, Bettina	Berufliche Orientierung, Wie finde ich die richtige Aufgabe für mich?, Beck'scher Referendarführer 2008, 83ff. (rsw.beck.de/rsw/upload/JuS/Silvers.pdf).

转变一下视角，想象您已经成功完成法学专业的学习并且打算找工作的情景可以提供学习动力。反思一下雇主们期待您具备的、您自己也想拥有的能力，也可以激励自己规划学习。[1] 当您在描述自己的职业目标遇到困难时也不要马上丧失勇气。确定目标是一个非常复杂的过程，在这里无法展开深入的讨论。[2] 如果您长期都不能找到学习法律追求的目标，就要问自己决定学习法律的选择是不是正确的。您必须有一个对自己来说非常重要的职业愿景。请您考虑是否一定要实现这个愿望。所有经验证明，当人从事感兴趣的事情的时候才会成功。慕尼黑大学的刑法学教授对此作出准确的表达："我建议那些在 4 个学期之后仍然对法学不感兴趣并且成绩很不好的学生改专业。因为拥有职业幸福感最重要的前提条件就是在工作中发挥其所能。"[3]

373

---

[1]　劳动市场对律师的期待，参见 Dieter Trimborn von Landenberg, Die erfolgreiche Bewerbung als Rechtsanwalt, Bonn, 3.Aufl.2012。
[2]　有关这个主题更多简短的建议，参见 Koeder, S.95ff.详细的内容参见 Joseph O'Connor/John Seymour, Neurolinguistisches Programmieren, Gelungene Kommunikation und persönliche Entfaltung, Kirschzerten b.Freiburg (Br.), 21.Aufl.2013。
[3]　Roxin, S.3.

二、确定法学学习的目标

如果您已经搞清楚了要不要学习法律的问题，建议您为自己的学习制定一个数量和质量框架。您想花多长时间学习法律？几个学期？想要拿到怎样的考试成绩？这些目标对您学期的规划意义重大，该主题在本书第四章的个人学习规划中已有详细介绍。[1]

三、确定个人领域的目标

职业领域和私人领域同样重要。在此安静地思考在学习期间和学习结束之后必须要实现的目标很有意义。建议您将这些目标用积极的、采用第一人称的方式书面记录下来。

第四节　时间管理规则

解决很多因为时间处理而产生的问题需要用到的基础知识，就是几个典型的时间管理规则。

一、关注个人的效率曲线

大多数人在下午 1 点到 3 点钟之间会有持续大约半个小时的效率低下时段。[2] 调查显示，在这段时间内人的注意力达到最低水平，会发生很多意外事件。因此，劳动心理学家主张给雇员安排较短的午觉时间。这样一方面可以降低出现意外和错误的风险；另一方面，"小憩"之后可以显著提高工作能力，接下来较好的工作状态甚至会超额补偿睡觉的

---

〔1〕 边码 106 及以下内容。Gramm/Wolff 的学习指南见附件中，边码 201 及以下，动机和目标测试同样可以鼓励思考法学学习的目标。

〔2〕 研究证明，身体运转和所处的时段直接相关。Kalner, S. 57 f.，从表格中可以看出，哪些身体运转在哪个时间段会达到高峰期或者进入低潮期。详见 Jennifer Ackermann, 24 Stunden: Ein Tag im Leben deines Körpers, Reinvek, 2009。

时间。[1]

如果您知道自己的效率曲线，观察自己的学习情况很有必要，因为个人的效率曲线可能和平均水平差别很大。几天之后您就可以确定，哪些时间段学习效率特别高，哪些时间段学习效率特别低。

> ✎个人效率曲线表格下载地址 www. vahlen. de。搜索关键词"Jurastudium erfolgreich"，在"Online-Materialien"板块下载地址。您可以打印 3 份个人效率曲线的表格并且连续 3 天每个小时记录您估算的学习能力百分比。

很多人在上午效率比较高。如果您属于这种晨型人（也被称为"百灵鸟"），就应当把主要学习时间安排在上午。如果在晚上继续学习，百灵鸟们将不能平静下来。因此，所有的经验证明，百灵鸟们既没有精力也有没有动力在晚上学习重要的内容。如果您的主要学习时间在下午较晚的时候或者晚上，您就是夜型人；这种类型也被称为夜猫子。早上八九点钟的讲座课对您来说相对困难，因为这段时间您还不太情愿起床。只有当一门课程对您来说很重要很好的时候，您才有足够的动力挑战自己的生物钟，早起参加这门课程。如果您不愿意这样做，在学习效率比较高的时候通过读书来掌握相关的教学内容对您来说就更好。如果您确定学习效果特别好，就不要羞于在不寻常的时间段学习。[2] 为了让那些喜欢在深夜学习的学生有机会在图书馆学习，有些法学图书馆会全天或者开放到午夜。

> ☞在进行学习规划时要注意您的个人学习效率曲线！

---

〔1〕 详见 Jürgen Zulley/Barbare Knab, Unsere innere Uhr, Frankfurt/M., 2014, S.129 ff.（午休——通过午睡，身体在生物学上得到修复）

〔2〕 Peter Spork, Das Schlafbuch, Warum wir schlafen und wie es uns am besten gelingt, Köln, 2011, S.283 ff.提供了一个自我分析的测试"Welcher Schlaftyp sind Sie？"。

二、把休息时间计划在内

经验证明，如果一开始不把休息时间计划在内，就会导致实际休息时间在压力大时持续太短而比较放松时又过长。这两种情形都会对学习效果产生消极影响，因为这两种情形会对专注力产生消极影响。

大量的研究证明，专注力在大约 45 分钟之后就会显著下降。[1] 在学习 45~60 分钟之后安排一次最长 10 分钟的休息，专注力就可以在较长时间内保持在非常高的水平。花 2~3 分钟站起来舒展一下身体、从窗子里远眺一下放松双眼或者喝点什么，通常也会起到休息效果。[2] 可以确定的是，比起连续几个小时不间断学习，安排极短或者较短的休息阶段让学习效率更高。[3] 此外，仅仅像远眺这样的短暂休息也可以再次快速提高专注力。通过安排超短休息或者短休息时间的方式，可以在需要较长的休息时间之前有效地连续开展 2 个、3 个甚至 4 个工作阶段。此外，如果在极短或者较短的休息后不会出现非常疲倦的情况，就可以在较长休息时间内更快地恢复精力。完成 2 个学习阶段的时候，您应当更换主题，因为大脑不能连续接受太多相似的内容。在完成 2 个学习阶段更换主题时，可以安排较长的休息时间（20~30 分钟）。即使不安排极短的休息时间，人也会自行进行隐性休息（伪装或者掩饰的休息时间[4]），比如，自顾自地走神或者观察图书馆里的其他人。完成三至四个 45 分钟的学习单元之后安排一个较长的，持续 60~70 分钟的休息时间用来放松身心和让大脑得以好好休息非常重要。每天能够完成六至七个 45 分钟的高强度学习单元就够了。通常情况下，再多的信息大脑也

---

〔1〕 Seiwert, S. 64.

〔2〕 有关休息时间的设置、休息技巧和时间练习参见 ter Haar/Wiedenfels, S. 149 ff., 有关 5 分钟休息的 5 个建议参见 Tina Groll, Effektive Minipausen, http://www.karriere.de/kariere/effektive-minipausen-164035/。

〔3〕 参见 Schräder-Naef, S.98 插图。有关有效的休息时间另参见 Hella Dahmer/Jürgen Dahmer, Effektives Lernen, Anleitung zu Selbststudium, Gruppenarbeit und Exmamensvorbereitung, Stuttgart u.a., 4. Aufl.1998, S.190 ff.。

〔4〕 Schräder-Naef, S.98.

无法处理了。

> ☞大约 45 分钟之后注意力就会显著下降。
> ☞在完成 45~60 分钟的学习单元之后安排一个极短或者较短的休息时间能够让注意力长期保持在较高水平上。
> ☞极短或者较短休息的放松效果在 10 分钟之后会下降。
> ☞正确安排短暂休息时间的人，总体上需要更少的时间放松身心。

遗憾的是，虽然从教学法的角度非常有意义，并且因为氧气消耗的原因非常有必要，但是很多讲师在 90 分钟的课程中通常不安排休息时间。[1] 学生也通常更倾向于不间断地"忍受下来"。在坚持的过程中，学生在第二个 45 分钟学到的内容明显减少。因此，如果有需求，约定较短的休息时间很有必要。在自学时间内，学生可以自行安排休息时间。在为复习课程安排的 1 个半小时内，可以像学生 B 那样[2]，学习 45 分钟后安排 5 分钟的休息时间，接着学习 40 分钟。

> ☞一定要休息！
> ☞一定要在学习中间安排休息时间！

三、安排缓冲时间

时间管理书籍推荐，只将 50%~60% 的时间做好安排。因此，从经验出发，人们要把剩余工作时间的 20% 用于处理意料之外的干扰，20% 用于突发的事件和/或者社会活动。[3] 要安排多少缓冲时间？和意外的干扰相比，是否要在学习过程中为突发事件和社会活动安排更多时间？这需要学生自己搞清楚。缓冲时间在日常规划中非常重要。此处建议您，每天安排 1 个小时的缓冲时间。只要始终对可支配时间的 60%~

376

---

〔1〕 比如慕尼黑大学通过"优化教学，课程设置指导"的指南引入了 5 分钟休息制度，参见 http://www.edu.lum.de/fachpaed/fachschaft/aufgaben/prolehre/leitfadendidaktik.pdf。
〔2〕 参见本书第一章（进行学习规划的重要性），边码 21 及以下内容。
〔3〕 Seiwert, S. 42.

80%进行妥善的安排就足以有备无患，无须事事做好万全准备。[1] 如果对太多的时间都作出安排，就会导致大多数日子里无法实现目标。这种现象持续时间久了容易让人非常沮丧。[2] 这个规则不仅适用于日常规划，也适用于较大项目和整个学习阶段的规划。[3]

> ☞务必安排缓冲时间！
> ☞只有切合实际的计划才有激励效果，务必作出切合实际的安排！

四、设置优先级

如果您能够支配的时间有限而要处理的事情太多，就要设置优先级。但是在现实中，很多学生倾向于先处理所有小事情，希望这些搞定之后可以更轻松地坐在书桌前。这种处理方式导致的后果就是，学生遭遇时间上的瓶颈，无法为重要的事情预留足够的时间。因此总有学生不能及时提交家庭作业，因为他们在处理无关紧要的事情上花费了太长时间。[4] 在闭卷考试和国家考试准备阶段这种情况也经常出现，导致学生太晚才开始准备考试并且在成绩上直接体现出来。

通常有效的做法是，把事件分成三个等级，并采用以下方法进行描述[5]：

A（或者1）代表重要和紧急的活动；

B（或者2）代表同样重要但是不那么紧急的活动；

C（或者2）代表不重要但是紧急的活动。

重要性则按照具体的（天、周或者月）目标作出衡量。当要制作天计划或者活动列表时，将每个任务或者活动按照这样的优先等级归类。

---

〔1〕 详见本书第四章（怎样制作具体的学习规划）。

〔2〕 参见边码366"管理时间的能力调查"中的问题1–3。

〔3〕 怎样把这项原则应用在法学学习中，已经在第一章（进行学习规划的重要性）学生B和C的例子中解释过，边码18以下内容；也参见本书第四章（怎样制作具体的学习规划），边码138及以下内容。

〔4〕 参见"管理时间的能力调查"的问题4，边码366。

〔5〕 参见Seiwert, S. 51 ff.。

学习过程中的目标是，在内容上有进展。因此，等级 A 的任务应当尽可能地完成。等级 C 中的紧急任务应当安排在等级 A 的活动之前或之后，在"不好"的学习时间或者午间困倦的时候完成。

☞务必设置优先级！

五、帕累托原则

意大利经济学家维弗雷多·帕累托在 19 世纪提出了"二八法则"，根据这个法则，20%的付出会带来 80%的成果。相反地，为了拿到剩下的 20%的成果则需要用付出总量的 80%，也就是说，从比例来看作出过量的付出。[1]

☞20%的时间花费带来 80%的成果。

要把这个法则应用在法学学习中，就要找到花费 20%的时间能够实现 80%的学习成果的办法。因此，您要搞清楚，实际上是否总是在效率高的时间学习。很多学生会为了在下午一身轻松而午饭之后马上开始学习，这就导致他们在学习中感到非常疲劳。原因是人体在这段时间忙于消化食物，而且正处于午间疲劳期。这就导致他们在下午几乎不能在学习上取得任何进展。为何不趁机完成级别 C 中的任务，或者有意识地安排休息使下午深入并有效率地学习呢？

就算能够从中学到的东西很少，有些学生也要参加一门课程。而这段时间本可以用于自学。就算在自学时，主动寻找成功要素的现象也不是特别常见。很多学生通过阅读教科书的方式学习，即使他们确定这些方式并不能学到多少东西。而且，此时利用哪些学习方法可以实现较好的学习成果，用哪种学习成果检查方式才比较乐意学习，更适应哪种形式的学习小组，用哪个索引卡片系统能够更好地记住和复习知识点等，

---

[1] 参见 Werner Heister, Studieren mit Erfolg, Stuttgart, 2.Aufl.2009, S.55。

就显得尤为重要。[1]

在学习内容方面，帕累托原则也适用。在开始掌握或者深入学习一个主题之前要问自己：教科书中与考试和实务特别相关的 20% 的知识是哪些？[2] 或者从优先级方面考虑：您应为这 20% 设置最高优先级并首先学习这些内容。这种处理方式要求您具备区分重要内容和非重要内容的能力。这种能力显然也是一个优秀的法律工作者最重要的能力之一。

☞找到您的个人成功要素！

☞搞清楚在哪些时间段学习效果特别好，并且一定要在这些时间段内学习。

☞为获益很多的 20% 的课程设置最高优先级。

☞搞清楚您在自学时采用哪种学习方法最轻松。

☞搞清楚教科书中哪些 20% 的内容是必须学习的，并且首先学会这些内容。把精力放在对内容体系和内部联系的理解上。

第五节　活动列表和计划

不管您认为哪些计划有意义，在进行计划时要遵守以下原则：

☞制作书面计划。

☞把计划过程中得到的认识记录下来。

只有把不期望出现的结果用白纸黑字呈现在眼前，才能不自欺欺人。如果已经进行过上文建议的自我观察，这些体验您肯定有过。

---

〔1〕　细节详见本书第八章（使用索引卡片学习知识）、第十章（学习小组）和第十一章（学会学习）。

〔2〕　如何找出重要的主题详见本书第六章（系统掌握不同法学领域），边码 195 以下内容。

一、活动列表

制作有效时间规划的前提就是把计划时间范围内的所有活动列出来，估计每项活动需要的时间并设置优先级。此外，还应当写下每项活动应当什么时候开始，什么时候完成。另外还需添加两列，记录这些活动实际上开始和结束的时间。

表 12-6　活动列表

日期：							
优先级	事项	时长	人员	计划完成		实际完成	
				开始	结束	开始	结束

注：下载地址：www. vahlen. de。搜索关键词"Jurastudium erfolgreich""Online-Materialien"板块。

增加实际完成数据的两列被证明非常有用，数据将被用于稍后的规划分析中。这些数据展示了哪些活动的开展按照计划，哪些活动的开展无法遵守既定的规划。经验证明，要至少准备两个活动列表：一个私人活动列表和一个学习活动列表。一项多次推迟的活动可以放在一个新的活动列表中或者彻底取消。因为如果有些活动经常被推迟，实际上能否完成它也不是特别重要。

在第一章中展示[1]并在第四章详细讲解的总体学习计划，和一个为学习制作的按照时间顺序整理的活动列表并无本质区别。

二、天计划

如果需要每天协调不同的活动和日程，天计划就显得尤为重要。在法学学习中，当某一天的流程和周课程表有所不同时，天计划可以发挥很大作用。比如，当您必须同时处理很多事情或者一个闭卷考试让周计

---

〔1〕 参见边码 15 和边码 19。

379 划变得非常混乱时。[1] 时间管理书籍特别推荐引入天计划，因为一天是一个体系化的时间规划中最小但可回顾的一个单元，如果当天的规划不成功，可以在第二天重新计划。[2] 从外部形式来说，A5 纸张就可以。目前有些非常好的时间管理系统提供天计划表格。日历笔记本为每天留有一页空间，缺点是您在冬季学期的时候因为跨年的原因必须同时使用两个日历笔记本。绝大多数时间管理系统的优点是可以利用其活页夹系统自主决定使用哪些日历视图。也就是说，不必随身带全年的天计划。和日历笔记本相比，时间管理系统能够更好地配合学习节奏。天计划一般有一个标题，标题中有周几，日期，第几周，可能还有一个月历。

表 12-7　天计划

2016 年……天计划，第……周							
🕐		日程		☎	✉	联系	完成
07 _							
08 _							
09 _							
10 _							
11 _							
12 _				优先级	时长	任务	完成
13 _							
14 _							
15 _							
16 _							
17 _							
18 _							
19 _							
20 _						目标	
21 _							

---

〔1〕　参见本书第一章（进行学习规划的重要性）B 的每日计划，边码 31；本书第四章（怎样制作具体的学习规划），边码 142。

〔2〕　Seiwert, S. 38.

制作有效的天计划非常重要的步骤就是，天计划要有两列，并且对任务列和日程列进行区分。简单的日程日历只有日程列。在右边的列中可以记入联系信息、当天任务和当天目标。任务要标记优先级和预计花费的时间。任务列完成后才开始填写左边的日程列，日程列在此实际上相当于当天的课程表。制作天计划过程中要考虑到时间管理规则，并首先记入足够的休息和缓冲时间。确定把最高优先级的任务放在效率高的时间段，把优先级转低的任务放在剩余的时间段。制定明确的当天目标好处多多，比如写上当天晚上必须完成 2 个最高优先级的任务。

天计划对避免"时间小偷"也非常有帮助。如果您把一整天都规划好，并在之后的实际进程中做标记，几天之后就能够确定哪些干扰事项和中断事由会让您的计划变得混乱。天计划应当在前一天晚上制作好。这样明天一早就清楚，除了重要的事项或者学习内容之外还要做什么，而不必将对大多数人来说都非常宝贵的上午时间用来考虑要做什么。当天晚上要考查所有的事务是否已经完成。如果出现不能完成的事情，可以将剩下的事情放在下一个天计划中，或者在活动列表上添加一个新的日程。这种自我监督的方式让人能够逐渐学会制订切合实际的天计划。

三、周计划，学期计划，日历

制作周课程表和学期计划对学习来说尤为重要。出于学习目标的考虑，建议计划涵盖较长的时间范围（8 点到 22 点），以 30 分钟为一个时间单元。本书第一章[1]以学生 B 和学生 C 为例证明了哪种周计划看起来更理想。在第四章[2]中，您可以找到为了学习目的怎样制作这些计划的详细说明。

---

〔1〕 参见本书边码 23、25、26、28、29。
〔2〕 参见本书边码 132 及以下。

表 12-8　周课程表

	周一	周二	周三	周四	周五	周六	周日
08.00							
08.30							
……							
22.00							

注：下载地址：www.vahlen.de。搜索关键词"Jurastudium erfolgreich""Online-Materialien"板块。

381　　制作一个可行的学习计划还需要一个能够使这个学期的流程一目了然的日历（包括上课阶段和停课阶段）。[1]

活动列表和计划都是做好时间规划的重要工具。但是它们也只是辅助工具。更重要的是，在制作每天完美的天计划时要时刻注意时间规划的基本规则。当然帕累托原则在此处也适用：即使只制作适合自己的所有计划的20%，也能够显著提高对个人时间分配的满意度。就像其他的事情一样，时间管理也需要练习。您在制作计划时获得的经验越多，在制作可行的时间规划方面感觉就越好。

第六节　文献

表 12-9　法律工作者的自我管理和时间管理

Fedtke, Eberhard	Zeitmanagement, Der richtige Ungang des Anwalt mit der Zeit, Berlin, 2001.
Grünig, Christian	Zeitmanagement, 2011.
Heussen, Benno	Time-Management für Anwälte, Selbstorganisation und Arbeitstechniken, München, 4. Aufl. 2014.
Heussen, Benno	Projektmanagement für Jura-Studium, Beck'scher studienführer Jura 2014, S.14.

---

〔1〕　详见本书第四章（怎样制作具体的学习规划），边码131。

Holzer, Johannes	Zeitmanagement für Studenten und Rechtsreferndare, Zeit einteilen und sinnvoll nutzen, JuS-Magazin, 5/06, 7.
Lange, Barbare	Freizeit ohne Reue-mit professionelle Selbstmanagement, Der Wirtschaftsführer 1, 2015, S. 60.
Seiwert, Lothar J./ Buschel, Hans	Zeitmanagement für Rechtsanwälte, Bonn, 3. Aufl.1998.
Sikora, Markus	Keine Arbeitsmethodik für Juristen, München, 2012 (insbesondere Teil B).
Theuer, Jochen	Zweitmanagement für Rechtsanwälte, Steuerberater und Wirtschaftsprüfer, Weniger Stress-mehr Effizienz- mehr freie Zeit, Wiesbaden, 2014.
Zach, Davis	Zeitmanagement für Rechtsanwälte, Nürnberg, 2014

表 12-10　自我管理和时间管理概论

Becher, Stephan	Schnell und erfolgreich studieren, Organisation, Zeitmanagement, Arbeitstechniken, Eibelstadt, 4.Aufl. 2010. (尤其针对学生的组织和时间管理提出容易执行的建议)
Bischof, Anita/ Bischof, Klaus/ Müller, Horst	Selbstmanagement, Freiburg (Br.), 3. Aufl. 2014.
Borstnar, Nils/ Köhrmann, Gesa	Selbstmanagement mit System, Kiel, 3. Aufl. 2010.
Brohm, Michaela	Motiviert Studieren, Paderborn, 2015.
Cichowski, Rolf Rüdigar	Ihr Weg zum Erfolg, Selbstmanagement, Kommunikation, Qualifikation, Straregien, Mit 144 Checklisten und Remindern, Erlangen, 2002.
Covey, Stephen R/ Merrill, Roger A/ Merrill, Rebecca	Der Weg zum Wesentlichen, Der Klassiker des Zeitmanagements, Frankfurt/M., 7. Aufl. 2014.
Dodd, Pamela/ Sundheim, Doug	25 Tools für gutes Zeitmanagement, Weinheim, 2010.
Hansen, Katrin	Zeit- und Selbstmanagement, Berlin, 2. Aufl. 2004.
Hatzelmann, Elmar/ Heid, Martin	Vom Zeitmanagement zur Zeitkompetenz, 2010.

382

Huhn, Gerhard/ Backerra, Hendrik	Selbstmotivation, FLOW-Statt Stress oder Langeweile, München, 9. Aufl. 2008.
Jäger, Roland	Selbtsmanagement und persönliche Arbeitsmethoden, Gießen, 4. Aufl. 2007.
Krengel, Martin	Der Studi-Survival-Guide, Erfolgreich und gelassen durchs Studium!, Berlin, 4. Aufl. 2012.
Langer, Ellen J.	Mindfulness: Das Prinzip Achtsamkeit. Die Anti-Burn-out Strategie, München, 2015.
Malik, Fredmund	Führen-Leisten-Leben, Wirksames Management für eine neue Zeit, Frankfurt/M., 2013. (有关目标寻找,组织和学习方法)
Meier, Harald/ Engelmayer, Eva	Selbstmanagement, Grundlagen, Methoden und Techniken, Offenbach, 2010.
Neumann, Birgit/ Echterhoff, Gerald	Projekt- und Zeitmanagement, Strategien für ein erfolgreiches Studium, Prüfungen, Referate, Hausarbeiten, Praktika, Stuttgart, 2006.
Seiwert, Lothar J.	30 Minuten Zeitmanagement, Offenbach, 18. Aufl. 2012. (有大量的清单、建议和练习)
Seiwert, Lothar J.	Das 1×1 des Zeitmanagement, München, 36. Aufl. 2014.
Seiwert, Lothar J./ Künstenmacher, Werner Tiki	Simplify your time, Einfach Zeit haben, München, 2013.

http://www.studienstrategie.de: Martin Krengel 时间管理导师的建议

http://www.fu-berlin.de/sites/studienberatung/e-learning/lernmodule/index.html:柏林自由大学修业咨询处的大量网上学习模块。为发现哪些学习模块对学生更加有帮助,设有一个以调查为目的定位调查问卷

http://www.fu-berlin.de/sites/studienberatung/e-learning/lernmodule/index.html:柏林自由大学的修业咨询处提供的大量服务项目, 内有采用多媒体展示的, 包括学习信息经常出现的咨询话题的学习模块, 比如, 时间管理或者有技巧、有效率学习的主题。学习模块由一个演讲和一个展示视频组成

www.psy.uni-muenster.de/Prokrastinationsambulanz/Angebote_Test.html:有关拖延症的自我测试以及大量的链接

第十三章　课程论文和口试

在大学考试框架之下完成课程论文以及课业论文都是学生能够胜任 **383**
研究工作的证据。法学学习中有关科研工作基础知识的文献太多，以致
在较短的篇幅内很难进行完整的研究。因此，第一节将主要给出进一步
的参考文献信息。

除了国家考试中的口试之外，大学考试中也设有一次口试。

> 到目前为止口语表达在学习中无足轻重。在国家考试的口
> 试之前，很多学生和教授完全没有语言上的交流……在研讨课
> 上，大多数教授提前再三提醒学生不要照着文本念他们的专题
> 报告，但是这样的现象还是经常出现……在讨论中，有些学生
> 很少提出问题或者完全沉默，因为他们不了解该研讨课主题或
> 者害怕在教授和同学面前讲话。[1]

如果在学习期间只有很少或者完全没有口试形式的学习成果检查方
式，就意味着您为了国家考试必须在学习期间自行安排并自行准备。[2]
目前有几本为口试提供建议的书已出版，因此我在第二节会给出几条提
示和参考文献信息。

---

[1]　Roswitaha Lindemann, Verhandeln als Schlüsselqualifikation, JuS 2003, 724.
[2]　相关的课程教学参见本书第二章（学习成绩要求、修读学科和总结），边码
100。

第一节　国家考试或者大学考试的主题研究论文

　　　　科研论文就是不断针对自己的理论和结构提出问题，并且就像由 1000 块碎片组成的拼图，要不断地修改直到每一块拼图都在正确的位置。您在拼到第 900 块时放弃也就是失败了。[1]

　　主题研究论文是为了证明学生不仅能够完成闭卷考试而且能够从事法学研究。[2]大多数联邦州都规定提交一篇主题研究论文作为大学考试的一部分。论文成绩也是总成绩的一部分。在其他的联邦州，研究论文以研讨课论文的形式作为取得参加国家考试许可证明的前提条件之一。为了避免出现典型的低级错误，要及早掌握研究论文写作的基本规则。如果您的学校在安排作为大学考试的毕业论文之前没有提供必修的研讨课论文，您应当考虑，出于练习的目的自愿提前完成一篇研讨课论文。

384　这样做的优势是，您在完成考试论文时已经积累了经验。有关研究论文入门的书籍，Wulf 的书籍和 Möllers 出版的内容广泛并且新颖的书籍非常适合。

表 13-1　研究论文（法学）

Bänsch, Axel	Wissenschaftliches Arbeiten Seminar- und Diplomarbeiten, München, 11. Aufl. 2013.
Beaucamp, Guy/ Treder Lutz	Methoden und Technik der Rechtsanwendung, Heidelberg, 2. Aufl. 2011. (Rn. 522ff.: 主题论文中的法律适用技巧，附有时间管理的建议)
Beyerbach, Hannes	Die juristische Doktorarbeit, Eine Anleitung zum wissenschaftlichen Schreiben und Zitieren, München, 2015.
Brandt, Edmund	Rationeller Schreiben Lernen, Hilfestellung zur Anfertigung wissenschaftlicher (Abschluss-) Arbeiten, Baden-Baden, 4. Aufl. 2013.

---

〔1〕　Möllers, Vorwort.

〔2〕　Thomas, Lobinger, Verleiht Flügel-Über die Notwendigkeit eines wirtschaftlichen Geistes für das Studium des Rechts, StuZR 2015, 141ff.

Butzer, Hermann/ Epping, Volker	Arbeitstechnik im Öffentlichen Recht, vom Sachverhalt zur Lösung, Methodik, Technik, Materialerschließung, Stuttgart u. a. 3. Aufl. 2006, S.97ff.关于公法领域研讨课论文和课程论文（主题论文）
Eco, Umberto	Wie man eine wissenschaftliche Abschlussarbeit schreibt, Stuttgart, 13. Aufl.2010.
Engelbrecht, Kai	Typografie für Juristen, ZJS 2011, 297.（指出适合阅读的排版和经常出现的错误根源）
Esselborn-Krumbiegel, Helga	Von der Idee zum Text, Eine Anleitung zum wissenschaftlichen Schreiben, Paderborn, 4. Aufl. 2014.
Franck, Norbert/ Stary, Joachim	Die Technik wissenschaftlichen Arbeitens, Eine praktische Anleitung, Paderborn, 17. Aufl. 2013.
Jele, Harald	Wissenschaftliches Arbeiten：Zitieren, Stuttgart, 3. Aufl. 2012.
Haft, Fritjof	Juristische Schreibschule, Anleitung zum strukturierten Schreiben, München, 2010.
Hoffmann, Monika	Deutsch fürs Jurastudium, In 10 Lektionen zum Erfolg, Paderborn, 2014.
Kienzler, Martin	Wissenschaftliches Arbeiten mit „Zetero"-Das Literaturverwaltungsprogramm auch für Juristen, JurPC Web-Dok 212/2013, Abs.1-22.
Krämer, Walter	Wie schreibe ich eine Seminar- oder Examenarbeit?, Frankfurt/ M, 3. Aufl. 2009.
Krajewski, Markus	Lesen Schreiben Denken, Zur wissenschaftlichen Abschlussarbeit in 7 Schritten, Köln, 2. Aufl. 2015.
Krüper, Julian	Die Sache, nicht die Schaaten-Der Fall zu Guttenberg, die Jurisprudenz als Wissenschaft und die Anforderungen an juristische Prüfungsarbeiten, ZJS 2013,198.
Lahnsteiner, Eva	Seminar-und Abschlussarbeiten effektiv und erfolgreich schreiben, JURA 2011, 580.
Lenz, Michael	Wissenschaftlichen Texte mit Word gestalten, Ein Leitfaden fürs Studieren und Publizieren, Bad Heilbrunn, 2014.
Lück, Wolfgang/ Henke, Michael	Technik wissenschaftlichen Arbeitens, Seminararbeit, Diplomarbeit, Disseration, München,10. Aufl. 2009.
Mayer, Philipp	300 Tips fürs wissenschaftlichen Schreiben, Paderborn, 2015.

	Mix，Christine	Schreiben im Jurastudium，Klausur，Hausarbeit，Themenarbeit，Stuttgart，2011.
385	Möllers，Thomas M.J.	Juristische Arbeitstechnik und wissenschaftliche Arbeitn，München，7Aufl.2014，Rn. 252ff.（研究论文的结构），Rn. 428ff.（正确引用、外部形式和其他的前提条件——正确地写作）
	Möllers，Thomas M.J.	Qualität und Zeitmanagement einer wissenschaftlichen Arbeit，Al. 2014，386.
	Schub，Renate	Häusliche Arbeit：Tipps zur praktische Herangehensweise，zur Fehlervermeidung und Kristenbekämpfung，ZJS 2009，637.
	Schimmel，Roland/Weinert，Mirko/Basak，Denis	Juristische Themenarbeiten，Anleitung für Klausre und Hausarbeit im Schwerpunktbereich，Seminararbeit，Bachelor- und Masterthesis，Heidelberg，2. Aufl. 2011.
	Schimmel，Roland	Juritische Klausuren und Themenarbeiten richtig formulieren，München，11. Aufl. 2014.
	Schimmel，Roland	Von der hohen Kunst，ein Plagiat zu fertigen，Eine Anleitung in 10 Schritten，Münster u.a. 2011.
	Schmidt，Thorsten Ingo	Grundlagen rechtswissenschaftlichen Arbeitens，JuS 2003，551（Ⅰ），649（Ⅱ）.
	Schwintowski，Hans-Peter	Promovieren für Juristen，E-Book，Frankfurt/M，2015.
	Sesink，Werner	Einführung in das wissenschaftliche Arbeiten，mit Internet，Textverarbeitung，Präsentation，E-Learning，Web 2.0，München，6. Aufl. 2015，S. 290 ff.（专题报告、研讨课报告和演示），S. 293 f.（研讨课报告的规则）（理论论文和信息论文的规则），S. 313 f.（幻灯片演示的规则）.
	Stein，Ekkehart	Die rechtswissenschaftliche Arbeit，Methodisch Grundlehung und praktsche Tipps，Tübingen，2000.（从第100页开始是完成法学论文的建议）
	Stock，Steffen/Schneider，Patricia/Peper，Elisabeth/Molitor，Eva（Hrsg.）	Erfolgreich promovieren，Ein Ratgeber von Promovirten für Provierende，Berlin，3.Aufl. 2014.（针对课程论文见计划和组织章节 S.103 页及以下内容，关于写作过程见第 135 页及以下内容，就克服危机见第 177 页及以下内容）
	Tettinger，Peter J./Mann，Thomas	Einführung in die juristische Arbeitstechnik，Klausuren，Haus- und Seminararbeiten，Dissertationen，München，4. Aufl. 2009，S.206ff.（法学主题论文）

Theisen, Manuel René	Wissenschaftliches Arbeiten, Technik, Methodik, Form, München, 16. Aufl. 2013.
Vollmer, Hans Ulrich/ Brauner, Detlef Jürgen	Erfolgreiches wissenschaftliches Arbeiten, Sternenfels, 3.Aufl. 2008.
Wiltinger, Angelika/ Wiltinger, Kai	Wissenschaftliches Arbeiten, Praxisleitfaden für Studierenden, Göttingen, 2014.
Wördenweder, Martin	Leitfaden für Praktikumarbeiten, Haus- und Seminararbeiten, Bachelor- und Masterarbeiten sowie Dissertationen, Büren, 2014.
Woitke, Birgit	Wie schreibt man heute eigentlich? 25 Antworten auf die alltäglichen Fragen rund um Rechtschreibung, Sprachstil und Korrespondenz, Norderstedt, 2014.
Wulf Rüdiger	Wissenschaftliches Schreiben über juristische Themen, Ein Leitfaden für Seminar-, Studien-, Masterarbeiten und Dissertationen, Tübingen, 2014, nur online https: www.jura.uni-tuebingen.de/professorenunddoz enten/wulf/Wissenschaftliches%20Schreiben/LeitfadenJuristisches Schreiben.pdf.
Wymann, Christian	Der Schreibzeitplan, Zeitmanagement für Schreibende, Opladen, 2015.

https://www.jura.uni-wuerzburg.de/lehrstuehle/scherer/onlinevhbkurse/: 巴伐利亚州虚拟大学的"Wissenschaftliches juristisches Arbeiten"课程

http://pruefungsamt.jura.uni-halle.de/downloads:有关研究论文的信息和链接

第二节　口试作为国家考试和大学考试的一部分

您在学习的最后阶段要通过两次口试，一次作为国家考试的一部分，一次作为大学考试的一部分。最好的准备方法就是尽量多参加法学主题的讨论以及完成口头的案例分析。为此，您可以通过在课上与讲师和同学交换想法来练习，但是很多同学对这种方式并不感兴趣。因此，学习小组就成为准备口试的最好方法。一种准备方法就是用提问和回答的方式模拟口试场景。有复习题和小案例的书籍适合用来进行考试对话的练习。[1]可以在法学教学杂志或者法学学报中找到最新的主题来完成研究性的讨论。如果您的学校有安排准备口试的特别课程或者提供模拟考试的机会，您一定要参加。除此之外，您可以参加关键技能课程范畴下的培养交流能力的活动，比如辩论活动。口试中也会考查语言和非语言的交流能力。州法学考试办公室对此给出提示。比如，萨克森-安哈尔特州口试中针对演讲和个人谈话的评估表中的注释[2]：

- 语言交流，尤其是语言表达/考生的论文写作技巧：

考生的语言表达是否明确易懂，简洁清晰，熟练，流畅而专业。面对倾听的考官是否能够用尽可能自如的语言进行清楚易懂的表达。

- 非语言交流，尤其表现在：

考生是否能用表情和手势支持自己的语言？是否和考官保持眼神交流？

除了下文中针对口试提到的文献之外，您还可以从本书第15章中找到关于改善修辞学和交流能力的进一步提示。

表 13-2　口试

Ausberg, Stehffen/ Büßer, Janko	Der Kurzvortrag im Ersten-Zivilrecht. München, 2. Aufl. 2011.
Ausgberg, Steffen/ Burkiczak, Christian	Der Kurzvortrag im Ersten Examen-Öffentliches Rechts, München, 2. Aufl. 2012.
Ausberg, Steffen/ Mittler, Barbara	Der Kurzvortrag im Ersten Exmaen, Strafrecht, München, 2. Aufl. 2013.
Behmel, Albrecht/ Hartwig, Thomas/ Setzermann, Ulrich A. (Hrsg.)	Mündliche Prüfungen, Know-how für erfolgreiches Studieren, Stuttgart, 2001.（怎样做好最好的准备，要避免哪些典型的失误）

[1] 问题形式的书籍参见本书第六章（系统掌握不同法学领域），边码212。
[2] 对国家必修课考试口试中报告和单独对话的评分表的解析，2014年6月版，www.ljpa.sachsen-anhalt.de/fileadmin/Bibliothek/Politik_und_Verwaltung/MJ/MJ/Lpja/ssp-bew-bogen-erl.pdf。

Bergmans, Bernhard	Lern- und Arbeitstechniken für das Jurastudium, Stuttgart, 2013, S.229ff. （演讲和表演）
Bickel, Nell(Hrsg.)	Examiniertes Examen Das Erste Juristische Staatsexamen-Interviews mit Prüflingen durch einen Prüfer und andere Texte, Norderstedt, 2004.
Charbel, Ariane	Top verbereitet in die mündliche Prüfung, Prüfungsanst überwinden-Lernstrategien entwickeln-Selbstdarstellung tranieren, Nürnberg, 2. Auf. 2005.
Chevalier, Brigitte	Fit für Examen, Von der Vorlesung bis zur Abschlussprüfung, Schritliche Arbeiten und mündliche Prüfungen bewältigen, Frankfurt/M., 2002.
Herrmann.Markus	Schlüsselkomptenz Argumentation, Paderborn, 2.Aufl.2012.
Kaiser, Torsten/ Bannch, Thomas	Prüfungswissen Jura für die mündliche Prüfung, 1.und 2. Staatsexamen, München, 2.Aufl.2015.
Kipp, Onni T./ Kummer, Pierre	Ein Fallbeispiel zum Vortrag zum Ersten Juristischen Staatsexamen-Zivilrecht, JURA 2007, 414.
Malkus, Martin	Trainieren für die mündliche Prüfung, Trainingsphasen, -tipps und material, JuS 2011, 296 mit weiteren Nachweisen zu Online-Ressouren.
Meister, Nina	Die mündliche Prüfung meistern, Paderborn, 2015.
Möllers,Thomas M.J.	Juristische Arbeitstechnik und wissenschaftliches Arbeiten, München, 7.Aufl.2014, Rn.513ff. （演讲和口试的辩论能力）
Pabst-Weinschenck, Marita	Reden im Studium, Ein Trainingsprogramm, Alpen, 2009.
Posch, Claudia	Argumentieren, aber richtig, Praxisbuch für Studierende, Marburg, 2014.
Pagenkopf, Martin/ Rossenthal, Axel/ Rosenthal, Anuschka	Der Vortrag im 1. Juristischen Examen, 30 Prüfungsvorträge aus dem Zivilrecht, Strafrecht und Öffentlichen Recht für die staatliche Pflichtfachprüfung, Stuttgart, 2007.
Petersen, Jens	Die mündliche Prüfung im ersten juristischen Staatsexmaen, Zivilrechtliche Prüfungsgespräche, Berlin, 3. Aufl. 2016.
Pötters, Stephan/ Werkmeister, Christoph	Basiswissen Jura für die mündlichen Prüfungen, Berlin, 4.Aufl.2015.

Vollkommer, Gregor/ Becker, Peter	Das öffentlich-rechtliche Prüfingsgespräch in den juristischen Staatsprüfungen, JuS 2010, 346.
Würdinger, Markus	Spielregeln der mündlichen juristischen Prüfung, Jura Journal 2013(2), 10, http://www.juramond.de/de/juramond-studium.php? id=16.

www.ljpa.sachsen-anhalt.de/fileadmin/Bibliothek/Politik und Verwaltung/MJ/MJ/Lpja/ssp-bew-bogen.pdf：萨克森-安哈尔特州法学考试办公室针对国家考试口试中演讲和个人谈话的调查问卷

www.ljpa.sachsen-anhalt.de/fileadmin/Bibliothek/Politik und Verwaltung/MJ/MJ/Lpja/ssp-bew-bogen-erl.pdf：关于萨克森-安哈尔特州法学考试办公室针对国家考试口试中演讲和个人谈话的调查问卷的解释，2014年6月版

www.alpmann-schmidt.de/pdf/InfoVortrag.pdf：国家考试口试中的演讲

第十四章　法律咨询和法律关系形成

学习内容的安排应当从律师的角度，即"法律咨询实务"的角度出发（《德国法官法》第5a条第3款）。因此，第一次国家考试中也包括了律师闭卷考试和有关法律关系形成的问题设置。[1] 这不是通过增加考试内容实现的，而是通过律师闭卷考试的方式，与教学不同的处理方法，并采用不同方法论解决问题。与案例分析的"事后性"相比，对案件事实的观察是"事前的"。考虑到事实或者法律上的进展，法律咨询人员要具备一种前瞻性的解决问题的能力。[2] 合同起草、遗嘱或者公法中的章程都是对未来生活关系的构建。法律咨询和合同起草都要求掌握有条理地解决问题的能力。和案例分析相比，为了能够采取具有前瞻性的举动，考虑可选择的行为方式并衡量不同的法律后果，法律咨询工作还需要理解、创新和想象力。[3] 目前德国有大约16万名律师，而法官只有大约2万名。[4] 法律咨询和建立法律关系的能力对工作来说越发重要。几个大学已经设立了律师法研究所，比如，科隆大学、莱比锡大学和埃尔兰根–纽伦堡大学。为了能够对律师闭卷考试和有关法律关系形

---

〔1〕 Heino Schöbel, Bedeutung von Methodik und Rechtsgestaltung für die Erste Juristische Staatsprüfung, in: Hagen Hof/Peter Götz von Olenhusen（Hrsg.）, Rechtsgestaltung-Rechtskritik-Konkurenz von Rechtsordnungen, Neue Akzente für die Juristenausbildung, Baden-Baden, 2012, S. 82 ff.。

〔2〕 Kathrin Brei, Möglichkeiten einer „anwaltsorientierten" Aufgabenstellung und ihrer Lösung im Studium, JURA 2007, 648, 653.

〔3〕 Heino Schöbel, Das Gesetz zur Reform der Juristenausbildung-Ein Zwischenbericht, JuS 2004, 847, 851.

〔4〕 参见联邦司法部（www.bmjv.de）就法官数量的统计表和联邦律师协会（www.brak.de）有关律师数量的统计表。

成的问题有所准备，可以在必修课程以后参加有关法律咨询的课程教学。除了选择的重点领域之外，您还必须参加法律关系形成导论的课程教学，因为合同起草是律师执业生涯中不可缺少的内容。目前，很多大学都安排了法律咨询和法律关系形成的课程教学。比如，近几年之内的几个课程：Blockkurs zivilrectliche Nebengebiete mit Kautelarrechtlichen Bezügen（慕尼黑大学），Prozesspraxis Mandantengespräch（慕尼黑大学），Prozessvorbereitung aus der Anwaltsperspektive（慕尼黑大学），anwaltsorientierter Moot Court im Bürgerlichen Recht（海德堡大学）[1]，Das Anwaltsmandat und sein Management（康斯坦茨大学），Vertragsgestaltung（哈勒－维滕贝格大学）。海德堡大学也开设了律师工作学习小组来模拟客户谈话和合同谈判的环节，讨论合同起草的问题。除此之外，还有"律师实务"系列讲座课。实务人员在讲座课设置的特别学时执教，从实务的特殊角度讲解不同的主题。最新的调查显示，学生和见习律师掌握的知识和技能仍然非常有限。[2]

对学生来说，另一个练习法律咨询的方式是在法律诊所工作。自从《法律服务法》改革之后，在德国也开始采纳盎格鲁—撒克逊体系内的通行做法，即在完全法律人的指导和监督下，学生可以向寻求法律咨询的人提供免费的法律咨询服务。这些学生法律咨询点有的是由学校组织的，有的是以协会的形式存在，像海德堡大学的 Pro Bono 协会，就由学生提供民法和难民法领域的法律咨询服务。[3] 联邦学生法律咨询协会（BSRB）就是由数量众多的学生法律咨询点组成。[4] 2014 年起，协会

---

〔1〕 该课程从 2001 年开始由以律师为目标的法学教育机构提供（www.anwaltsorientierung.uni-hd.de）。

〔2〕 参见 Matthias Kilian, Zehn Jahre Anwaltsorientierung in der Juristenausbildung, nur geringe Effekte aus Sicht von Ausbildern und Arbeitsgeberm, AnwBL 2014, 709。

〔3〕 比如，柏林洪堡大学的基本法和人权法、消费者保护法和网络法的法律诊所或者慕尼黑法学学生的难民法法律诊所。汉堡大学的媒体法法律诊所。参见 Nina Himmer, Law Clinics, Jurastudenten machen sich nützlich, FAZ v. 17.9.2014, http://www.faz.net/aktuell/berufschance/campus/law-clinics-13148661.html。

〔4〕 有关法律咨询点的进一步信息和链接参见 www.b-s-r-b.de。

出版了实践法学杂志（ZPR）/德国法学教育杂志（GJLE）。[1]

下文中的文献能够帮助学生在学习期间更加深入地了解法律咨询、法律关系形成和合同起草的问题。

表 14-1　法律咨询、法律关系形成和合同起草

Aderhold, Lutz/ Koch, Raphael/ Lenkaitis, Karlheinz	Vertragsgestaltung, Baden-Baden, 2. Aufl. 2015. (买卖法和公司领域中与实践紧密相关的合同起草情形)
Barton, Stephan/ Hähnchen, Susanne/ Jost, Fritz (Hrsg.)	Praktische Jurisprudenz, Clinical Legal Education und Anwaltsorientierung im Studium, Hamburg, 2011.
Barton, Stephan/ Jost, Fritz (Hrsg.)	Anwalrsorientierung im rechtswissenschaftlichen Studium / Fälle und Lösungen in Ausbildung und Prüfung, Hamburg, 2002.
Braun, Johann	Der Zivilrechtsfall, Klausurenlehre für Anfänger und Fortgeschrittene, München, 5. Aufl. 2012. (从律师的角度制作的案例汇编)
Brei, Kathrin	Möglichkeiten einer „ anwaltsorientierten " Aufgabenstellung und ihrer Lösung im Studium, JURA 2007, 648.
Däubler, Wolfgang	Verhandeln und Gestalten, Der Kern der neuen Schlüsselqualifikationen, München, 3. Aufl. 2008.
Eckert, Frank/ Everts, Anne/ Wicke, Hartmut	Fälle zur Vertragsgestaltung, München, 2. Aufl. 2010
Eiden, Joachim	Vertragsgestaltung in Klausur und Praxis-Beispiel "Tiersorgevertrag", JuS 2014, 496.
Grziwotz, Herbert	Vertragsgestaltung im Öffentlichen Reht, München, 2002.
Hannemann, Jan-Gero/ Mertes, Phlipp	Praktische Jurisprudent, Ein Fünf-Punkte-Plan zur Ergänzung des akademischen Curriculums, ZPR (Zeitschrift für praktische Rechtswissenschaft) 2014,148.
Hof, Hagen/ Götz v. Olenhusen, Peter (Hrsg.)	Rechtsgestaltung-Rectskritik-Konkurenz von Rechtsordnungen, Neue Akzente für die Jursitenausbildung, Baden-Baden, 2012.

390

---

〔1〕 第一版下载地址 http://b-s-r-b. de/wp-content/uploads/German-Journal-of-Legal-Education.pdf。

Junker, Abbo/ Kamanabron, Sudabeh	Vertragsgestaltung, München, 4. Aufl. 2014.
Langenfeld, Gerrit	Grundlagen der Vertragsgestaltung, München, 2. Aufl. 2010.
v. Lewinski, Kai (Hrsg.)	Öffentlich-rechtliche Berater-und Anwaltsklausuren um Studium. Köln, 2007. (16套闭卷考试题目)
v. Lewinski, Kai	Berater-und Anwaltsklausuren：Eine Einführung, JA 2007, 845.
Michalski, Lutz	Erbrecht, Heidelberg u.a., 4. Aufl. 2010. (边码1142及以下, 继承法中的法律关系构建)
Ramm, Joachim H.	Die Vertragsgestaltung im Examen, Jura 2011, 408.
Rittershaus, Gerald/ Teichmann, Chirstoph	Anwaltliche Vertragsgestaltung, Methodische Anleitung zur Fall-bearbeitung im Studium, Heidelberg, 2. Aufl. 2003. (有大量的案例)
Scharpf, Christian	Vertragsgestaltung im Zivilrecht：Die Wahl des sicheren Weges bei der Vertragsgestaltung, JuS 2002, 878.
Shmittat, Kar O.	Einführung in die Vertragsgestaltung, München, 3. Aufl. 2008.
Sikora, Markus/ Mayer, Andreas	Kautelarjuristische Klausuren im Zivilrecht, München, 4. Aufl. 2015.
Singbartl. Jan/ Zintl, Josef	Falllösungstechnik Kautelarrecht, JuS 2015,15.
Staufenbiel, Peter/ Neurer, Nils	Anwalt-Beruf oder Berufung? Die Vorbereitung auf den Anwalts-beruf in Studium und Referendariat, JA 2006, 649.
Teichmann, Christoph	Vertragsgestaltung durch den Rechtsanwalt-Grundzüge einer Methodik der zivilrechtlichen Fallbearbeitung, JuS 2001, 870ff., 973ff., 1078ff., 1181ff., JuS 2002, 40ff.
Teichmann, Christoph/ Mattheus, Daniela/ Kainer, Friedemann	Zivilrechtliche Anwaltsfälle in Studium und Examen, München, 2007.
Ulrici, Bernhard	Fallsammlung zur Rechtsgestaltung, Berlin, 2010. (国家考试中的法律关系构建, 第3页起；案例分析中的法律关系构建, 第7页起；典型闭卷考试案例中的法律关系构建, 第25页起)
Wolf, Christian	Die Anwaltsklausur gestalten (durch Gestaltungsrechte), JA 2006, 476.
Wreesmann, Ann-Kathrin	Clinical legal education-unentgeltliche Rechtsberatung durch Stu-denten in den USA und Deutschland, Hamburg, 2010.

第十五章　掌握关键技能

您的专业知识是执业的"入场券"，关键技能才是拥有成功事业的
保证……关键技能很快会暴露一个人性格上的弱点，是在涉及分配
职位、赋予职权和升职时的决定性因素。[1]

专业知识是进入企业的门票，关键技能是事业成功的保证。关键技
能对职业生涯来说是不可或缺的。对法律职业者来说，从《德国法官
法》第5a条第3款规定来看，除了提高外语能力之外，法学教育中关
键技能的含义[2]是，"谈判管理，对话开展，修辞学，争议解决，调
解，审问技巧和交流能力"。根据第5d条第1款第1句的规定，国家和
学校的考试应该考虑对这些技能的考查。然而，该法中提到的关键技能
只是实践中所需技能的一部分。潜在的雇主（企业、律所和国家）经常
会提出更多要求，如所谓的"软技能"。因此，实践中达成的共识就是，
法典中列举的并不完整，还应当教授并考查其他职业相关的关键技能。
关键技能不但对将来的职业生涯非常重要，而且在满足法学学习中的各
种要求上也非常实用。此外，掌握关键技能对性格发展也有帮助。很多
学生不了解关键技能对学习和职业的重要意义，因为在学习过程中掌握
专业知识占据更重要的地位。很多毕业生认为，在学习和实习期间对关
键技能的训练太少了。[3]

---

〔1〕　Birgit Gaim-Marsoner, Soft Skills, Key Skills zum Erfolg, Beck'scher Referendarführer,
2007, S.34 ff.（强调不是原版）

〔2〕　博洛尼亚进程范畴下的关键技能参见 Jürgen Kohler, Schlüsselkompetenzen und „
employability" im Bologna-Prozess, in: Stifterverband Schlüsselkompetenzen, S.5 ff.。

〔3〕　Wissenschaftsrat, S.22.

本章的目标是解释清楚关键技能的概念，并且介绍当今哪些关键技能被认为特别重要（第一节）。在第二节中，我将就在上课之余如何培养并训练关键技能给出具体的建议。为了让您能够在提到的领域中独立培养自己的知识和技能，我在第三节中给出了进一步的文献信息，其中包括含练习和训练建议的书和与法学教育相结合的书。

第一节　什么是关键技能、有哪些关键技能

392　　关键技能是指跨学科的与职业相关的能力。关键技能对学习专业知识、解决问题和掌握新的能力都非常有益。[1] 关键技能是掌握迅速变化的专业知识的"钥匙"。选择"技能"这个词，是因为技能指可以考查的（客观上可以衡量的）知识和技巧。而能力是指单个的（主观的）心理上和身体上的能力。因为传授关键技能是为了培养个人的能力，关键能力的用法更加合适。关键能力是指与专业相关的知识和能力之外（专业能力或者专长）跨学科的能力，是"硬实力"之外的"软能力"。

　　关键能力通常被分为三个能力领域：自我能力（性格能力、心理能力、个人能力），社会能力和方法应用能力。自我能力被描述为与自我相处的能力的集合，社会能力是与其他人相处的能力的集合，方法应用能力是选择有效的方法完成事情的能力的集合。很明显，对能力的分类并不是强制的，而是取决于每个人的观点。其转换也非常流畅，尤其是从自我能力到方法应用能力。例如，阅读技巧既可以理解为自我能力也可以作为方法应用能力。因此下文中的列表仅仅作为一般关键能力的概述，其中，对法学学习非常重要并且与法学专业知识相关的能力在列表

---

　　〔1〕 Jürgen Kohler, Schlüsselkompetenzen und employability im Bologna-Prozess, in: Schlüsselkompetenzen, S.10: "总体来说，关键技能是指那些专业知识和具体专业方法之外一般意义上必需的、为了成功地完成科研工作并且把专业知识有效应用在社会和经济实践中应该具备的能力。"

中被标记出来。[1]

表 15-1　一般关键能力

自我能力	社会能力	方法应用能力
（与自己相处）	（与其他人相处）	（处理任务）
自我激励	团队能力	组织能力
自律	交流能力	规划
灵活性	对话开展	目标设定
专注能力	批判能力	时间管理
承受能力/耐力	合作意识	表演技巧
放松能力	身体语言	决策
责任感	共情能力	调解
自信	争议解决能力	创新
自我学习能力	冲突解决能力	组织能力
独立	管理能力	危机管理
抗压能力	社交能力	阅读能力
语言能力		知识管理
反省能力		信息收集能力
		媒体能力

393

　　从上文中的概念可以得出，《德国法官法》中提到的关键技能并不
是真正意义上的能力。争议解决和调解既不是资质也不是能力，而是解
决问题的特定程序。2012 年 7 月 26 日德国第一部《调解法》生效，成
为庭外和法庭上通过调解形式解决争议的法律依据。这部法律的目的是
推动和解并为之提供可靠的框架。[2] 因此，与这个法律依据相关的问
题和关键能力无关，而是属于特定的专业法律知识。[3] 但是，调解的
开展需要德国法官法中提到的其他能力，如交流能力，对话开展，提问

---

〔1〕　分类方式还有很多，此处不再展开，参见 Dietmar Chur, Schlüsselkompetenzen-Herausforderung für die（Aus-）Bildungsqualität an Hochschulen, in: Stifterverband Schlüsselkompetenten, S.16 ff.。

〔2〕　参见 Dazu Martin Ahrens, Mediationsgesetz und Güterrichter-Neue gesetzliche Regelungen der gerichtlichen und außergerichtlichen Mediation, NJW 2012, 2465ff.。

〔3〕　哈勒-维滕贝格大学从 2015/2016 冬季学期开始提供四个学期的调解证书课程。

技巧，谈判管理和斡旋技巧。这些能力都是交流能力的一部分，也是社会能力的一部分。把这些概念纳入法学教育的目标是强化法学学生在两个领域的能力：修辞学和谈判战略。谈判是法律人典型的工作任务之一，因此，掌握谈判方法和谈判技巧及有效开展对话的能力在所有领域的职业实践中都非常重要。对所有工作领域的法律工作人员来说，辩论能力都是必要的。就法官这一职业而言，《德国法官法》第 9 条还明确要求具备社会能力。将德国法官法中提到的技能添加进来，可以得到以下的关键能力（请忽视前后不统一之处）。

表 15-2　关键能力[1]

自我能力 （与自己相处）	社会能力 （与其他人相处）	方法应用能力 （处理任务）
自我激励	团队能力	组织能力
自律	交流能力	规划
灵活性	对话开展	目标设定
专注能力	批判能力	时间管理
承受能力/耐力	合作意识	表演技巧
放松能力	身体语言	决策
责任感	共情能力	调解
自信	争议解决能力	创新
自我学习能力	冲突解决能力	组织能力
独立	管理能力	危机管理
抗压能力	社交能力	阅读能力
语言能力		知识管理
反省能力		信息收集能力
审问技巧		媒体能力
	谈判管理	
	调解	
	争议调解	
	修辞学	

394

---

[1] 包括《德国法官法》第 5a 条第 3 款和第 9 款中的能力在内。

从表格中可以看出，德国法官法中提到的关键技能仅仅是关键技能领域内的一个小片段。[1] 在接下来的学习过程中，您可以把这张表格作为重要关键技能的清单，我在第三节中会再讲到这部分。

第二节 怎样在法律学习中掌握关键技能

将关键能力作为教学内容的目的是让您在专业知识和专业能力之外掌握跨学科的技能，从而能够满足将来职业生涯的要求，特别是成为一个在全球化世界中执业的律师，能够认真负责地承担未知领域的任务，为所有的参与人拿到令人满意的结果。关键技能无法从书中学到，只能通过积极的训练培养。[2] 参加每学期 2 个学时的课程教学或者一次性的集中课程并不足以掌握这些技能。软技能不能通过一门课程教学获得，因为在课程教学中自主活动和个人训练只扮演次要角色。[3] 但是，这些课程作为这方面的入门却非常有用。如果您的时间安排允许，我建议您在参加必修课程以外（一般每学期 2 个学时）自愿参加进一步的活动。

一、参加教授关键能力的入门课程

（一）有关一般关键能力的课程

学院或者学校中心机构为了培养学生的关键能力会提供入门课程。有关一般关键能力的课程教学，如：创新科技研讨课（慕尼黑大学），时间管理（慕尼黑大学），演示/小型报告（哈勒-维滕贝格大学），信

395

---

〔1〕 Gramm/Wolf, S. 189：“我们认为这些技能虽然重要，但是仔细琢磨还是显得略有欠缺。”

〔2〕 Niedostadek/Lorenz, Der erfolgreiche Berufseinstiege für Juristen, Orientieren, Qualifizieren, Bewerbrn, Ein Leitfaden, Fankfurt/M., 2004, S.203.

〔3〕 参见 Christian Seger, Soft Skills im Rahmen der universitären Ausbildung, Iurratio 2011, S.116, 117：“只在理论上讨论一个软技能主题的单个研讨会效率比较低。以辩论为主题的周末研讨会虽然能让学生对这个主题有所了解，但是没有机会转化成演讲或者谈判情景下的练习。”就这一点，Seger 称之为软技能拼图。

息检索技能（汉诺威大学），多媒体演示技巧（汉诺威大学），演示和报
告技巧（汉堡大学），法律德语（基尔大学），写作训练（图宾根大
学），全球系统和跨文化能力（维尔茨堡大学）。[1] 对法学学生和法律
人来说，学习能力是一种非常重要的个人能力。像其他学科一样，随着
全球化、国际化和欧盟一体化的进程快速变化，法学的专业知识的终生
学习成为必要。进一步说，法律人的职业性质要求其除了具备专业化知
识以外，还必须成为一个兴趣广泛的人并且随时都能很快了解并熟悉未
知领域。在基础学习阶段，对（个人）学习能力的强化培养并没有作为
必要的教学内容被所有的学校认可。目前来看，仅有几所大学安排值得
一提的课程。多数情况下，有关学习安排或者工作组织的建议不外乎入
学周、新生日、迎新日的提示。[2] 只有明斯特大学承诺给予这个主题
更多的分量。明斯特大学把"学习和工作技巧"作为法学学生的核心能
力明确规定在教学条例中。[3] 在有关自我学习能力训练的特殊课程上，
高年级的学生在使用过课程教材后也承认，没有在制定自己的学习策略
和工作安排上花费足够的时间和精力。[4] 有关怎样完善自己的学习和
工作能力的建议您可以在下文找到。法学学习中的一个非常重要的方法
能力就是规划、目标设定和时间管理。有些学校的法学院目前也安排了
这方面的关键技能课程，比如，法学学生必须掌握的学习和高效时间管理

---

〔1〕 有机会获得证书。进一步的信息参见 http://www.gsik.de。

〔2〕 前两个学期对整个学习阶段的成功与否起着决定性的作用，因此，在入学阶段
就投入精力非常有意义，这种观点非常盛行。有些学校已经采取了非常好的措施。进一步
的信息参见 Volker Steffahn/Helga Wessel, Einführungskurs in die Rechtswissenschaft,
Propädeutikum an der Bucerius Law School Hamburg und Krickenbecker Modell, ZDRW 1/2015,
57。

〔3〕 明斯特大学《学习条例》第 18 条第 1 款。参见 Thomas Hoeren, Willkommen in
Münster-erste Hinweise für Erstsemester, http://www. uni-muenster. de/Jura. itm/hoeren/INHALTE/
lehre/leitfaden1.pdf, S.9f.，法学学习技巧。

〔4〕 比如，图宾根大学和哈勒-维滕贝格大学的能力培训。该课程的目的是训练个
性、社会和方法能力。详细的课程描述见 http://www. jura. uni-tuebingen. de/studium/
schluessel-qualifikation/, 针对法学学生的能力训练，参见 Barbara Lange, Stärkung der Stud-
ierkompetenz, in der Studieneingangsphase, in: Brockmann/Pilniok, Studieneingangsphase,
Baden-Baden, 2014, S.376, 379ff. and Barbara Lange, in: Bleckmann。

的技巧（科隆大学），或者成功规划和职业目标设定（汉堡大学）。

除了学院安排的课程之外，多数情况下也能找到软技能的跨学科的课程。这些课程由学校的中心机构提供，如关键技能中心（弗莱堡大学、帕绍大学）或者事业中心（图宾根大学），这些机构主要为了本科生的职业生涯规划设立的。除此之外，学生也有机会参加正当基金会提供的培训、业余大学、商会或者继续教育机构提供的课程。

（二）有关《德国法官法》第5a条第3款意义上的法学家关键能力的课程

就法官法中提到的关键技能，学院会提供种类繁多，内容丰富的课程。[1] 有些大学，像美茵河畔法兰克福大学就成立了自己的关键技能专业研究中心。[2] 其他一些法学院有由单个教席成立的系或者研究中心来深入研究关键技能，比如，CENTRAL-国际法研究中心（Berger 教授，科隆大学），或者 2000 年成立的谈判和调解中心（CVM，Eidenmüller 教授，慕尼黑大学）。目前，几乎所有的法学院都安排了关于辩论、谈判管理或者调解的课程。很多学校的学生可以参加模拟法庭谈判（Moot Courts）。[3] 最著名的国家级别的比赛有 VIS Moot 和 Jessup Moot。有些大学为此成立专门的谈判厅。[4] 下文中提到的课程在过去几年间都开展过，可以作为了解之用：修辞学课程（波鸿大学），法律人沟通实践（哈勒-维滕贝格大学），谈判开展（哈勒-维滕贝格大学），谈判和比较（美茵河畔法兰克福大学），如何有效开展对话和谈判（科

---

[1] 参见联邦范围内学术交流会针对大学法学教育的报告和成果：《德国法官法中关键技能的十年》，下载地址 http://www.uni-regensburg.de/rechtswissenschaft/fakultaet/medien/regina/bericht_symposium_10_jahre_sq_im_drig_regensburg.pdf。此外，大学的法学院在德国法官法提到的关键技能之外总共提供大约 260 种课程。学术交流会对这种广义的解释持批判态度，参见 ebd。

[2] http://www.jura.uni-frankfurt.de/zentrum_slq/index.htm。

[3] 参见 Stefan Lorenzmeier/Manuel Indlkofer, Moot Courts in der juristischen Ausbildung, ZJS 2010, S.574，对不同形式的模拟法庭进行讲解。公法领域的模拟法庭，如曼海姆行政法院举办的行政模拟法庭或者联邦财政法法院税法方向的模拟法庭。

[4] 此外还在海德堡、波鸿和图宾根，参见 Rüdiger Wulfm Akademische Gerichts-und Verhandlungssäle：Neue Orte für juristische Rhetorik, Der Wirtschaftsführer 2011/2, S.2 ff.。

隆大学），管理实务中的交流、调解和争议解决（康斯坦茨大学），法律咨询和庭外争议调解（康斯坦茨大学），如何成功地促成对话/谈判（明斯特大学），如何解决团体内部争议（明斯特大学）。除了参加相应的课程教学以外，有些学校还设置了进一步的、可以拿到硕士学位的专业方向，比如，争议解决硕士（奥德河畔法兰克福大学），调解硕士（哈根远程大学），或者是和学业并行开展的调解培训（慕尼黑大学）。

二、学习过程中不间断的个人训练

关键技能的掌握在很大程度上依赖于个人的反省和对学习的安

397 排。[1] 要培养良好的性格，就要利用好所有能够锻炼关键技能的场景。倘若您已经有明确的职业目标，及早考虑哪些能力对实现该目标特别有用、特别必要，就非常有意义。下一步是详尽地分析自己的优点和弱点：哪些对我来说很容易？哪些还需要培养？[2] 为此，您可以准备一份关键能力一览表，并且把您需要训练的能力标记出来。具体的分析您可以在文献、网上的调查问卷、清单和测试中找到。[3] 思考自己的优点和弱点是一个非常重要的步骤，因为这个问题在将来面试中也必然会被提到。很多雇主希望了解申请人的优势在哪里，如何处理自己的弱点。通过对自己的优点和弱点的分析，您可以认真考虑应当采取什么措施培养自己的软技能。对话开展在日常生活中的所有场景都可以锻炼。培养关键技能的机会可以是做小型报告，对一个话题进行自由讨论，在讲座课上提问，在学习小组上通过双方及时反馈的方式讨论，角色扮演，和其他学生参加视频培训，参加辩论赛[4] 及成为辩论俱乐部的成

---

〔1〕 另参见 Gramm/Wolff, S. 188 ff. (怎样掌握关键技能)

〔2〕 学生们在我的专题研讨会上以自我批判的态度分析自身的优点和弱点并对完善自己的技能的建议持开放态度。

〔3〕 大量的测试见 Stefan Mühleisen/Nadine Oberhuber, Karrierefaktor Soft Skills, Trainieren Sie Ihre Schlüsselqualifikationen, Mit CD-ROM, Freiburg (Br.), 2005。

〔4〕 参见 Dazt DAnnemarie Dlugosch, Die Kunst des Redens-erster Tübinger Rechtsrhetorik-Cup, Der Wirtschaftsführer 2011/2, S.8 f.。

员。[1] 社交能力主要通过在协会中的义务工作中锻炼，比如，参加青年政治组织，法学院学生会或者联邦法律科学学生联合会（BRF）[2]，兄弟会，ELSA（欧洲法学学生协会)[3]，或者在小范围的学习小组中练习。[4] 在法律诊所工作也能锻炼社交能力。海德堡大学的学生每年都有机会参加模拟联合国（National Model United Nations-NMUN）活动。[5] 有些大的律师事务所也会提供辅导项目，为学生提供学习软技能的研讨会。[6] 您也可以在学习小组中开展培养关键能力的练习活动，互相当对方的教练。[7] 如何在日常学习生活中利用书中提出的建议完善您的能力，见下文的一览表。

表 15-3　关键能力的个性化培训

能力	措施	建议
主动性	学习目标、职业目标、学习小组	第 2、4、6、10、12 章
自律	目标、计划、优先级	第 1-4 章、第 12 章
灵活性	时间管理、缓冲时间	第 4、12 章
专注力	学会学习、休息、目标	第 6、11、12 章
承受力/耐力	规划、协商	第 4、10、12 章
独立性	自主学习	第 6、11 章
自信	学习小组、报告、演讲	第 4、10、13 章
良好的学习能力	个人学习策略	第 6、11 章
学习/工作安排	学习目标、内容、复习	第 6、11、12 章

---

〔1〕 http://www.debattierclubs.de.第一个辩论俱乐部于 1991 年在图宾根大学成立。

〔2〕 http://www.bundesfachschaft.de.

〔3〕 http://www.elsa-germany.org.

〔4〕 在一个协会中的工作可以成为个人社交网络的基础。参见 Johannes Fridrich，Netzwerke für Juristen，Wirtschaftsführer für junge Juristen，2011/2（46.Ausgabe），S.10 ff.。

〔5〕 http://www.heidelberg-law-nmun.de.

〔6〕 比如，麦肯锡的职业指导计划。

〔7〕 Matheiu Klos，Fit für den Arbeitsalltag，Juristen müssen mehr können als nur Jura，azur 2004/1，S.32.

能 力	措 施	建 议
表达能力	练习（写作、讲话）	第 4、9、13 章
自我管理	有整体意识地系统学习	第 6、11、12 章
团队能力	成为学习小组成员、模拟法庭	第 10 章
交流能力	学习小组、积极参加教学活动	第 10、13 章
对话开展	学习小组、领导学习小组	第 10、13、15 章
批判能力	学习小组、建设性的反馈	第 10、13、15 章
身体语言	报告、演讲	第 4、13 章
争议解决能力	学习小组、学习小组协议	第 10、13、15 章
时间管理	时间管理规则	第 12 章
规划能力	学习规划、学期计划等	第 1-4 章、第 12 章
目标设定	整个学习阶段目标、学期目标、单个任务学习目标	第 1-4 章、第 6、12 章
创新	学习策略、学习小组	第 10、11、12 章
组织能力	学习小组、参加不同机构活动	第 10、12 章
危机管理	对重要任务的认识、优先级	第 3、6、8、12 章
阅读技巧	练习、SQR3 阅读法	第 5 章
知识管理	笔记、索引卡片	第 6、7、8 章
信息能力	处理不同来源信息	第 6、8 章

本节的小结：在职业生涯开始之前，突击迅速掌握关键能力是不可能的，您应当在大学阶段于日常学习生活中锻炼自己的关键能力，并且因为掌握这些技能在学习中受益。

第三节　进一步的文献有哪些

作为入门，您可以通过以下图书对德国法官法中提到的法学家的关键技能有概括的了解。

表 15-4　图书相关内容的情况

Ponschab，Reiner / Schweizer，Adrian （Hrsg.）	Schlüsselqualifikationen： Kommunikation-Mediation-Rhetorik-Verhandlung-Vernehmung，Köln，2008.（交流和对话开展，第 7 页及以下；修辞学，第 67 页及以下；审问理论，第 115 页及以下；谈判开展，第 147 页及以下；调解，第 191 页及以下；实务或者律师的日常沟通和修辞学，第 249 页及以下）

表 15-5　关键技能（笼统）

Brinktrine，Ralf/ Schneider，Hendrik	Juristische Schlüsselqualifikationen，Einsatzbereiche，Examensrelevanz，Examenstraining，Berlin，2008.
Deutsche Manager-Verband. V（Hrsg.）	Handbuch Soft Skills，Bd.1：Soziale Kompetenz，Zürich，2003（有关于交流、修辞学、谈判技巧、身体语言、争议管理、调解、团队合作主题的学习模块，也分别设有学习目标和考核问题）.
Deutsche Manager-Verband. V（Hrsg.）	Handbuch Soft Skills，Bd. 2：Psychologische Kompetenz，Zürich，2004.（有关于激励、专注、学习技巧、阅读技巧、创新、思考技巧和思维习惯主题的学习模块）
Deutsche Manager-Verband. V（Hrsg.）	Handbuch Soft Skills，Bd.3：Soziale Kompetenz，Zürich，2004.（有关时间管理、目标规划、问题解决、达成决定、项目管理、演讲还有主持主题的学习模块）
Crosch，Olaf	Studienführer Jura，Eibelstadt，6. Aufl. 2010.（第 209 页及以下内容：开始职业生涯应当具备的能力）
Jocham，Ursula/ Natzke，Wolfgang	Arbeitsbuch Soft Skills，Berlin，2012.
Jocham，Ursula/ Natzke，Wolfgang	Soft Skills trainieren，Handlungsfelder für die Kompetenzentwicklung，Berlin，2012.
Kilian，Matthias	Das anwaltliche Mandat，Schlüsselqualifikationen，Berufspraxis，München，2008.
Meiners，Susanne	Was Hänschen lernt，kann Hans，Welches Rüstzeug-über das juristische Wissen hinaus-ist notwendig，um unter dem verschiedenen Aspekten des Berufslebens erfolgreich zu sein，JuS 8/2012，XXXII.
Moritz，André/ Rimbach，Felix	Soft Skills für Young Professionals，Stuttgart，2006.

399

Römermann，Volker/ Paulus，Christoph （Hrsg.）	Schlüsselqualifikationen für Jurastudium，Examen und Beruf，München，2003.（在理论性的导论中有关于关键技能的单个段落及其对职业生涯的意义）
Schlieffen，Katharina/ Gräfin von/Ponschad， Reiner/Rüssel，Ulrike	Mediation und Streibeilegung，Verhandlungstechnik und Rhetorik，Berlin，2006.

以下的学校提供很多关于关键技能的项目：雷根斯堡大学（Projekt REGINA），科隆大学（Projekt Recht Aktiv），帕绍大学，汉堡大学和美茵河畔法兰克福大学。

表 15-6　修辞学和交流能力

Bartsch，Tim Ch./ Hoppmann，Michael/ Rex，Bernd F./ Vergeest，Markus	Trainingsbuch Rhetorik，Paderborn，3. Aufl. 2012（mit zahlreichen Einzel und Gruppenübungen zum regelmäβigen Training für Studierende）.
Bartsch，Tim Ch./ Rex，Bernd F.	Rede im Studium！Eine Einführung，Paderborn，2008.
Behmel，Albrecht	Der Uni-Ratgeber，Akademische Rhetorik，Berlin，2012.
Behmel，Albrecht	Der Uni-Ratgeber，Akademisches Vortragen，Berlin，2012.
Birkenbihl，Vera F.	Rhetorik，Redetraining für jeden Anlass，München，2010.
Fricke，Wolfgang	Frei Reden-Das praxisorientierte Trainingsprogramm，Frankfurt/M.，4. Aufl. 2000.
Cast，Wolfgang	Juristische Rhetorik，Heidelberg，5. Aufl. 2014.
Haft，Fritjof	Juristische Rhetorik，Freiburg（Br.）u. a.，8. Aufl. 2009.
Leopold-Wildburger， Ulrike/ Schulze，Jörg	Verfassen und Vortragen，Wissenschaftliche Arbeiten und Vorträge leicht gemacht，Berlin u. a.，2. Aufl. 2010.
Mandelartz，Herbert	Recht und Kommunikation in der Praxis，JuS-Magazin 6/2009，4.
Mayer，Heike	Rhetorische Kompetenz，Grundlagen und Anwendungen，Mit Beispielen von Ahmadinedschad nos Juli Zeh，Paderborn，2007.
Mentzel，Wolfgang/ Flume，Peter	Rhetorik，Freiburg，3. Aufl. 2015.
Möllers，Thomas M. J	Rhetorische Fähigkeiten der Juristen-der Vortrag，JA 2006，156.
Müntzer，Holger	Handbuch der Rhetorik，Vom Handwerk der Redekunst，http://www.rhetorik-netz.de/rhetorik/index.html（2014 年添加）.
Walter，Tonio	Kleine Rhetorik für Juristen，München，2009.

表 15-7　谈判管理、对话开展和论证

Alt，Jürgen August	Richtig argumentieren oder wie man in Diskussionen Recht behält, München, 6. Aufl. 2004.
Birkenbihl，Vera	Psycho-logisch richtig verhandeln, Professionelle Verhandlungstechniken mit Experimenten und Übungen, Heidelberg, 20. Aufl. 2014
Fisher，Roger/ Ury，William L./ Patton，Bruce	Das Harvard-Konzept, Die ungeschlagene Methode für beste Verhandlungsergebnisse, Frankfurt/M., 25. Aufl. 2015. (适合入门者)
Herrmann，Markus	Schlüsselkompetenz Argumentation, Paderborn, 2. Aufl. 2012.
Heussen，Benno (Hrsg.)	Handbuch Vertragsverhandlung und Vertragsmanagement, Planung, Verhandlung, Design und Durchführung von Verträgen, Köln, 4. Aufl. 2014.
Posch，Claudia	Argumentieren, aber richtig, Praxisbuch für Studierende, Marburg, 2014.
Ponschab，Reiner/ Schweizer，Adrian	Kooperation statt Konfrontation, Neue Wege anwaltlichen Verhandelns, Köln, 2. Aufl. 2010.
Schulz v. Thun，Friedemann	Miteinander Rede, 1–3, 3 Bde., Neuauflage 2011.
Weisbach，Christian-Reiner/ Sonne-Neubacher，Petra	Professionelle Gesprächführung, Ein praxisnahes Lese-und Übung-sbuch, München, 8. Aufl. 2013.

表 15-8　模拟法庭

Griebel，Jörn/ Sabanogulari，Levent	Moot Courts, Eine Praxisanleitung für Teilnehmer und Veranstalter, Baden-Baden, 2011.
Hannemann，Jan Gero Alexander	Praxisleitfachen Moot Court, Tipps und Tricks zur erfolgreichen Teilnahme, Berlin, 2015.
Henking，Tanja/ Maurer，Andreas	Mock Trails, Prozesssimulationen als Lehrveranstaltung, Baden-Baden, 2013.
Lorenzmeier，Stefan/ Indlkofer，Manuel	Moot Courts in der juristischen Ausbildung, ZJS 2010, 574.

| Risse, Jörg (Hrsg.) | The Complete Guide tot he Willem C. Vis International Commercial Arbitration Moot, München, 2. Aufl. 2014. |
| Siefert, Michael | Moot Courts in der britischen und deutschen Juristenausbildung, Hamburg, 2014. (2013 年度博士论文) |

<h3 style="text-align:center">表 15-9　争议解决和调解</h3>

Eidenmüller, Horst/ Wagner, Horst	Mediationsrecht, Köln, 2015.
Eckstein, Daniel	Mediation und weitere alternative Konfliktlösungsinstrumente, JuS 2014, 698.
Groß, Michael	Der Mediatorvertrag, Frankfurt/M, 2013.
Haft, Frithof/ v.Schließen, Katharina	Handbuch Mediation, Methoden und Technik, Rechtsgrundlagen, Einsatzgebiete, München, 4. Aufl. 2015.
Hohls, Astrid	Mediation-Dafür braucht der Jurist (k) eine Ausbildung, JuS Magazin 2/2007, 8ff.
Hopt, Klaus/ Steffek, Felix	Mediation, Tübingen, 2008.
Horstmeier, Gerrit	Das neue Mediationsgesetz, München, 2013.
Köstler, Anja	Mediation, Stuttgart, 2010.
Niedostadek, André	Praxishandbuch Mediation, Ansatzpunkte und Impulse für den öffentlichen Bereich, Stuttgart, 2010.
Schulte, Günter/ Rüssel, Ulrike	Alternative Konfliktbeilegung durch Verhandlung, Mediation, Schlichtung, Köln, 2014.
Rabe, Christine/ Wobe, Martin	Mediation, Grundlagen, Methoden, rechtlicher Rahmen, Berlin, 2015.
Risse, Jörg	Wirtschaftsmediation, München, 2. Aufl. 2011.
Röthemeyer, Peter	Mediation, Grundlagen, Recht, Markt, Stuttgart, 2015.
Rudkowski, Lena	Einführung in das Schiedsverfahrenrecht, JuS 2013, 398.
Weiler, Eva/ Schlickum, Gunter	Praxis Mediation, Falldomentationen und Methodik zur Konfliktlösung, München, 2. Aufl. 2012.

401

表 15-10　法学外语能力

Byrd, Sharon B.	Einführung in die anglo-anmerikanische Rechtssprache, Band 1, München, 3. Aufl. 2011.
Byrd, Sharon B.	Einführung in die anglo-anmerikanische Rechtssprache, Band 2: Privatrecht, München, 2. Aufl. 2010.
Cavagnoli, Stefania/ Toniolo, Silivia/ Voltmer, Leonhard	Einführung in die italienische Rechtssprache, Berlin, 2014.
Daum, Ulrich/ Ledesma, Maria J./ Bueno, Isabel M.	Einführung in die spanische Rechtssprache, München, 2. Aufl. 2004.
Heidinger, Franz J.	Angloamerikanische Rechtssprache, Wien, 5. Aufl. 2013.
Köbler, Gerhard	Rechtschinesisch, Deutsch-chinesisches und chinesisch-deutsches Rechtswörterbuch für jedermann, München, 2012.
Köbler, Gerhard	Rechtspolnisch, Deutsch-polnisches und polnisch-deutsches Rechtswörterbuch für jedermann, München, 2012.
Köbler, Gerhard	Rechtschechisch, Deutsch-tschechisches und tschechish-deutsches Rechtswörterbuch für jedermann, München, 2014.
Köbler, Gerhard	Rechtsitlienisch, Deutsch-italienisches und italinisch-deutsches Rechtswörterbuch für jedermann, München, 2. Aufl. 2004.
Linhart, Karin/ Fabry	Einglische Rechtsprache, München, 3. Aufl. 2014.
Linhart, Karin	Wörterbuch Recht, Englisch-Deutsch, Deutsch-Englisch, München, 2015.
Linhart, Karin	Rechtsenglisch, Let's excrcise, Law and language, Würzburg, 2015.
Tuora-Schwierskott, Eva/Malicka, Agnieszka	Übungen in deutscher und polnischer Rechtssprache, Ein akademisches Lehrbuch für Juristen und Übersetzer, Regensburg, 2014.

第十六章　高效学习法律的要领

402　　我写本书的目标是为您的学习规划提供建议，传授与学习相关的重要能力和法学工作技巧。我衷心希望您已经掌握了这些技能。当然您要先验证这些建议适不适合您。但是，遵守某些行为方式肯定会帮您在成功通过国家考试的路上更进一步。这些行为方式是在法学学习中取得成功的要领（实质上必要的要领）。反之，忽视这些要领会在学习中出现典型的错误。这些要领被以命令式的方式表达出来。我认为，要成功实现法学学习的目标，这些要领是必不可少的。我建议您，把这些要领用第一人称写下来，作为目标并挂在显眼的地方。

高效学习法律的要领

☑您要设定清晰的目标（职业目标、学习目标、天目标、周目标、学期目标）。

☑您要认真选择学习材料。花时间寻找好的学习材料是值得的。请不要再参加只能坐在那里消磨时间的课程。您不必在这方面花时间。

☑您要准确地阅读法律规定并且准确地引用。您要把所学知识和法条联系起来，把法条随时带在身边。

☑首先您要学习基本结构，当掌握了基本结构和内在联系之后，您才能理解并掌握单个的知识点和细节问题。

☑学习新知识之前您要先确认，是否已经对学到的知识有足够的理解并复习了。少即是多（少一点新内容，多复习）。

☑您要及早并深入学习案例分析的方法。您在学习中期对民法典

总则和债法总则的掌握就几乎达到"国家考试程度"，这意味着，您要不断学习、复习、深入研究这些法律领域，达到随时使用的程度。这两个法学领域至少占民法闭卷考试的 60%，也是民法领域所有活动的基础。关于公法的基本权利和一般行政法的学习，您在第三学期后就几乎要达到"国家考试程度"。

&学习新内容时，要达到理解它并能够应用在闭卷考试的案例上的程度。那些您不理解的法学知识，既不能用在案例分析中，将来也不能用在实务中。

&练习通过案例的方式把所学知识学以致用。从现在开始每周参加（至少）1 次闭卷考试练习。闭卷考试写作水平只有通过定期训练才能提高。

&您要有效利用时间。只学习 15 分钟也比完全不学习好得多！

&成立一个学习小组。学习小组能够激励您主动学习，提高学习内容的掌握率，训练关键能力，让您为演讲、报告和口试做好准备。

&您要尽早熟悉基础课程。从中您会得到很多关于其他法学领域的认识。

&尽早学习科研作品写作的基本规则。

&在学习过程中锻炼将来执业所需的关键技能。

有一个未知来源的格言，内容为：

一只善良的猴子把鱼轻轻地放在树上说："让我把你从水里救出来吧，否则你会淹死的。"（"Lass Dir aus dem Wasser helfen oder Du wirst ertrinken"，sprach der freundliche Affe und setzte den Fisch sicher auf einen Baum）

在法学学习中，很多学生扮演着善良的猴子的角色。请您不要犯糊涂。自己决定（在可靠的基础上），在什么时候、和谁一起、为了实现什么目标、采取哪种方式、学习什么。我衷心祝愿您取得成功！

引用文献缩写目录

Beuucamp, Guy/ Treder, Lutz	Methoden und Technik der Rechtsanwendung, Heidelberg, 2. Aufl. 2011
Bergmann, Marcus /Schröder, Christian/ Sturm, Michael	Richtiges Zitieren, Ein Leitfaden für Jurastudium und Rechtspraxis, München, 2010.
Bergmans, Bernhard	Lern-und Arbeitsrechniken für das Jurastudium, Ein Ratgeber für den Studienerfolh, Stuttgart, 2013.
Birkenbihl, Vera F.	Stroh im Kopf? Vom Gehirnbesitzer yum Gehirnbenutzner, München, 52. Aufl. 2013.
Bleckmann, Frank (Hrsg.)	Selbstlernkonpetenz, Bedeutung, Praxis, Perspektiven, Stuttgart, 2015.
Braun, Johann	Der Zivilrechtsfall, Klausurenlehre für Anfänger und Fortgeschrittene, München, 5. Aufl. 2012.
Brockmann, Judith/ Pilniok, Arne	Studieneingangsphase in der Rechtswissenschaft, Baden-Baden, 2014.
Burchardt, Michael	Leichter studieren, Wegweiser für effektives wissenshcaftliches Arbeiten, Berlin, 4. Aufl. 2006.
Burian, Michael/ Schultze, Michaele/ Waldorf, Dirk	Prädikatsexmaen ohne Repetitor, JA 1997, 822−824.
Butzer, Hermann/ Epping, Volker	Arbeitstechnik imÖffentlichen Recht, Stuttgart u.a.,3. Aufl: 2006.
Buzan, Tony/ Buzan, Barry	Das Mind-Map-Buch, Die beste Methode zur Steigerung Ihres geistigen Potentials, Landsberg am Lech, 7. Aufl. 2011.
Caspary, Ralf (Hrsg.)	Lernen und Gehirn, Der Weg zu einer neuen Pädagogik, Freiburg (Br.) u.a., 7. Aufl. 2012.
Chevalier, Brigitte	Effektiv lessen, Die eigenen Fähigkeiten erkennen, Textverständnis und Lesekapazität erhöhen, Nutzen aus einer Vorlesung ziehen, Arbeitsorganisation, Schriftliche Arbeiten und mündliche Prüfungen bewältigen, Frankfurt/M. 1999.

Deppner , Thorsten/ Lehnert , Matthias/ Rusche , Philip/ Walper. Friederike	Examen ohne Repetitor: Leitfaden für eine selbstbestimmte und erfolgreiche Examensvorbereitung, Baden-Baden, 3.Aufl.2011.
Diederichsen , Uwe/ Wagner , Gerhard/ Thole , Christoph	Die Zwischenprüfung im Bürgerlichen Recht, München, 4. Aufl. 2011. (引用为:Diederichsen/Wagner/Thole)
Ehlert , Percy/ Niehues , Hendrik/ Bleckmann , Frank	Vorbereitung auf das Erste Staatsexmen in privater Arbeitsgemeinschaft, JuS 1995, L 25-27, L 33-36.
Eipper , Martina	Sehen, Erkennen, Wissen, Arbeitstechniken rund um Mind Maping, Renningen-Malmsheim, 2. Aufl. 2001.
Faust Florian	Bürgerliches Gesetzbuch Allgemeiner Teil, Baden-Baden, 4. Aufl. 2014.
Germann , Michael	Leitsätze für die Subsumtionstecnike und ihre Didaktik, Was ist in der juristischen Lehre über die Subsumtionstechnik zu sagen, 20.2.2010。下载地址:http://wcms.itz.uni-halle.de/download.php? dowm=14390&elem=2783077
Gramm , Christof/ Wolff , Heinrich Amadeus	Jura erfolgreich studien, Für Schüler und Studenten, München, 7. Aufl. 2015.
Griebel , Jörn/ Gröblinghoff , Florian (Hrsg.)	Von der juristischen Lehre, Baden-Baden, 2012.
Gröpl , Christoph	Staatsrecht I, Staatsgrundlagen, Staatsorganisation mit Einführung in das juristische Lernen, München, 6. Aufl. 2014.
Grosch , Olaf	Studienführer Jura, Eibelstadt, 6. Aufl. 2010.
Haft Fritjof	Einführung in das juristische Lernen, Unternehmen Jurastudium, München, 7. Aufl. (引用为:Haft, Unternehmen Jurastudium)
	Juristische Lernschule, Anleitung yum strukturierten Jurastudium, München, 2010 (引用为:Hft, Lernschule).
Hanke , Ulrike/ Winandy , Samatha	Lehrveranstaltungen lernförderlich gestalten, Tübinger Beiträge zur Hochshuldidaktik Bd. 10(2), 2014。下载地址为:http://hdl.handle.net/10900/53782.

Heckmann, Dirk	Die Zwischenprüfung im Öffentlichen Recht, München, 2. Aufl. 2014.
Heckmann, Dirk/ Seidl, Alexander/ Pfeifer, Monika/ Koch, Tobias	c.t., compliant teamwork, Teamorientiertes Lernen in den Rechtswissenschaften, Berlin, 2015.
Hildebrand, Tina	Juristischer Gutachtenstil, Ein Lehr-und Arbeitsbuch, Tübingen, 2014.
Hofmann, Eberhardt/ Löhle, Monika	Erfolgreich Lernen, Effiziente Lern-und Arbeitsstrategien für Schule, Studium und Beruf, Göttingen, 2. Aufl. 2012.
JuS-Redaktion (Hrsg.)	Studienführer (JuS-Sonderheft), München, 4. Aufl. 1997.
Hufen, Friedhelm	Selbst Denken-Ein Grundprinzip für Staat und Studium, JuS 2013, 1–7.
Kilian, Michael/ Eiselstein, Claus	Grundfälle im Staatsrecht, Heidelberg, 5. Aufl. 2012.
Klaner, Andreas	Richtiges Lernen für Jurastudenten und Rechtsreferendare, Berlin, 5. Aufl. 2014.
Koeder, Kurt W.	Studienmethodik: Selbstmanagement für Studienanfänger, München, 5. Aufl. 2012.
Körber, Torsten	Zivilrechtliche Fallbearbeitung in Klausur und Praxis, JuS 2008, 289–296.
Kramer, Urs/ Kuhn, Tomas/ Putzke, Holm (Hrsg.)	Fehler im Jurastudium, Ausbildung und Prüfung, Stuttgart, 2012.
Kuhn, Thomas	Was im Examen wirlich geprüft wird, Anforderungsanalyse anhand einer zivilrechtlichen Originalklausur, JuS 2011, 1066–1072, JuS 2012, 970–974.
Lagodny, Otto	Gesetztexte suchen, verstehen und in der Klausur anwenden, Ein praxisorientierte Anleitung für rechtswissenschaftliches Arbeiten im Strafrecht, Öffentlichen Recht und Zivilrecht, Berlin u.a., 2. Aufl. 2012.
Lagodny, Otto/ Mansdörfer, Marco/ Putzke, Holm	Im Zweifel: Darstellung im Behauptungsstil, Thesen wider denüberflüssigen Gebrauch des Gutachtenssil, ZJS 2014, 157–164.

Lange，Barbara	Stärkung der Studierkompetenz in der Studieneingangsphase-Werkstattbericht über das Kompetenztraining für Studierende und den Fachdidaktik-Workshop Gut lehren und lernen für AG-Leiter, in Brockmann/Pilniok（s. dort），S. 376-406.
Lange，Barbara	Ein Plädoyer für Blockveranstaltungen zur Förderung von Selbstlernkompetenzen im Jurastudium, in: Frank Bleckmann（Hrsg.），Selbstlernkompetenzen，Bedeutung，Praxis，Perspektiven，Stuttgart，2015，S. 147-168.
Lange，Barbare/ Hanke，Ulrike	Lernförderlich lehren in großen Vorlesungen, in: Patrick Warto（Hrsg.），Rechtsdidaktik-Pflicht oder Kür?，Baden-Baden，2017.
Leenen，Detlef	BGB Allgemeiner Teil，Rechtsgeschäftslehre，Berlin，2. Aufl. 2015.
Medicus，Dieter/ Petersen，Jens	Grundwissen zum Bürgerlichen Recht-Ein Basisbuch zu den Anspruchgrundlagen，München，10.Aufl. 2014.
Möllers，Thomas M. J.	Juristische Arbeitstechnik und wissenschaftliches Arbeiten，Klausur，Hausarbeit，Seminararbeit，Studienarbeit，Staatsexmen，Dissertation，München，7. Aufl. 2014.
Münch，Joachim （Hrsg.）	Die neue Juristenausbildung，Chancen，Perspektiven und Risiken，Stuttgart u.a.，2004.
v. Münchhausen，Marco/ Püschel，Ingo P.	Lernprofi Jura，Wie sie Jura richtig lernen，Lerntechnik，Klausurtechnik，Hausarbeitstechnik，Lernmotivation，Exmansmanagement，München，2002.
Muthorst，Olaf	Grundlagen der Rechtswissenschaft，Methode，Begriff，System，München，2011.
Niedostadek，André/ Lorenz，Jörg Christian	Jura Professionell，Karrierewege für Juristen，Authentische Erfahrungsberichte，Frankfurt/M.，2006.
Olzen，Dirk/ Wank，Rolf	Zivilrechtlieche Klausurenlehre mit Fallrepetitorium，München，7. Aufl. 2012.
Preis，Ulrich/ Prütting，Hanns/ Sachs，Michael/ Weigend，Thomas	Die Exmansklausur，Originalfälle-Musterlösungen-Hinweise，München，5. Aufl. 2013.
Putzke，Holm	Juristische Arbeiten erfolgreich schreiben，Klausuren，Hausarbeiten，Seminare，Bachelor-und Masterarbeiten，München，5. Aufl. 2014.

Roth, Gerhard	Möglichkeiten und Grenzen von Wissensvermittlung und Wissenserwerb, Erklärungsansätze aus Lernpsychologie und Hirnforschung, in: Caspary（s. dort）, 54-59.（引用为：Roth, in Caspary）
Roth, Gerhard	Bildung braucht Persönlichkeit, Wie Lernen gelingt, Stuttgart, 2011.（引用为：Roth）
Roxin, Claus	Vom Beruf des Juristen und vom Studium des Rechts, Vortrag vom 17.1.202, www.jurawelt.com/aufsaetze/methodik/8691.
Rüthers, Bernd/ Fischer, Christian/ Birk, Axel	Rechtstheorie mit juristischer Methodenlehre, München, 8. Aufl. 2015.
Rüthers, Bernd	Wozu auch noch Methodenlehre? Die Grundlagenlücken im Jurastudium, JuS 2011, 865-870.
Sanders, Anne Dauner-Lieb, Barbara	Lernlust statt Examensfrust, Straregien und Tipps erfolgreicher Absolvebten, JuS 2013, 380-384.
Schimmel Roland	Juristische Klausuren und Hausarbeiten richtig formulieren, München, 11. Aufl. 2014.
Schmalz, Dieter	Methodenlehre für das juristische Studium, Baden-Baden, 4. Aufl. 1998.
Schräder-Naef, Regula	Rationeller Lernen lernen, Ratschläge undÜbungen für alle Wissbegiergen, Ausburg, 21. Aufl. 2007.
Schwab, Dieter/ Lönig, MARTIN	Falltranining im Zivilrecht 1, Heidelberg, 5. Aufl. 2012.
Schwacke, Peter	Juristische Methodik mit Technik der Fallbearbeitung, Stuttgart, 5. Aufl. 2011.
Schwerdtfeger, Gunther/ Schwerdtfeger Angela	Öffentliches Recht in der Fallbearbeitung, Grundfallsystematik, Methodik, Fehlerquellen, München, 14. Aufl. 2012.
Seiwert, Lothar J.	30 Minuten optimales Zeitmanagement, Offenbach, 18. Aufl. 2012.
Sesink, Werner	Einführung in das wissenschftliche Arbeiten, mit Internet, Texeverarbeitung, Präsentation, München u.a., 6. Aufl. 2015.
Spitzer, Manfred	Medizin für die Schule, Pläoyer für eine evidenzbasierte Pädagogik, in: Casparz（s. dort）, 23-35.

Stifterverband für die Deutsche Wissenschaft e. V. (Hrsg.)	Schlüsselkompetenzen und Beschäftigungsfähigkeit, Konzepte für die Vermittlung überfachlicher Qualifikationen an Hochschulen, Positionen, Essem, 2004. (引用为:Stifterverband Schlüsselkompetenzen)
Tettinger, Peter J./ Mann, Thomas	Einführung in die juristische Arbeitstechnik, Klausuren, Haus- und Seminararbeiten, Diessertation, München, 4. Aufl. 2009. (引用为:Tettinger/Mann)
Tiedemann, Klaus	Die Anfängerübung im Strafrecht, München, 4. Aufl. 1999.
Timm, Wolfram/ Schöne, Thorsten	Handels-und Wirtschaftsrecht Band I, Ein Arbeitsbuch: Pflichtfachstoff, München, 7. Aufl. 2008.
Vester, Frederic	Denken, Lernen, Vergessen, Was geht in unserem Kopf vor, wie lernt das Gehirn, und wann läßt es uns im Stich?, München, 35. Aufl. 2012.
Wieduwilt, Hendrik	Die Spreche des Gutachtens, JuS 2010, 288–292.
Wissenschaftsrat (Hrsg.)	Perspektiven der Rechtswissenschaft in Deutschland, Situation, Analysen, Empfehlungen, Drs. 2558-12, Hamburg, 2012.
Wohlers, Wolfgang/ Schuhr, Jan C./ Kudlich, Hans	Klauren und Hausarbeiten im Strafrecht, Baden-Baden, 4. Aufl. 2014.
Wörlen, Rainer/ Schindler, Sven	Anleitung zur Lösung von Zivilrechtsfällen, Köln, u. a., 9 Aufl. 2009.
Wulf, Rüdiger	Wissenschaftliches Schreibenüber juristische Themen, Tübingen, 2014, http://www.jura-uni-tuebingen.de-professoren_und_dozenten/wulf/Wissenschaftliches% 20Schreiben/LeitfadenJuristischesSchreiben.pdf.
Zwickel, Martin/ Lohse, Eva Julia/ Schmid, Matthias	Kompetenztraining Jura, Leitfaden für eine juristische Kompetenz- und Fehlerlehre, Berlin, 2014.

清单与问题、 调查问卷、 图表和
特殊文献一览表^[1]

清单与问题[2]

案例分析具体步骤练习实例 ………………………… 300

闭卷考试清单 ……………………………………… 302

高效阅读专业书籍指南 …………………………… 166

关键技能 …………………………………………… 392

核查是否掌握法律体系和整体背景的问题 ………… 207

建设性反馈意见 …………………………………… 326

领导学习小组规则 ………………………………… 325

民法案例分析结构考查清单 ……………………… 301

判断学校备考辅导课程质量清单 ………………… 148

完成书面家庭论文的建议时间段与评论 …………… 115

选择书籍的决定依据 ……………………………… 168

学习成果检查的三步法 …………………………… 207

"学习小组协议"清单 ……………………………… 327

支持选择私人辅导机构的理由与评论 …………… 145

重点领域学习规划的问题 ………………………… 114

准备和进行国外学习的 40 个问题 ……………… 154

调查问卷

管理时间的能力的调查问卷 ……………………… 366

内容表达方式的调查问卷 ………………………… 343

---

〔1〕 该列表中的页码均为原书页码（即本书边码）。——译者注
〔2〕 以下具体主题，有的仅是对相应正文内容的概括。——译者注

学习检查的调查问卷 ·················· 351

学习内容种类的调查问卷 ·············· 344

学习气氛的调查问卷 ················· 348

有关偏好的感知渠道调查问卷 ··········· 340

自己处理学习内容的方式的调查问卷 ······· 347

图表

案例分析步骤表 ··················· 260

案例分析具体步骤表 ················· 261

关键能力的个性化培训 ··············· 398

涵摄概念释义图 ··················· 259

思维导图 ······················ 359

天计划 ······················· 379

统计范例：每学期的周课时 ············· 124

X、Y 和 Z 的 2016—2017 学年冬季学期非合同之债学习小组计划 ···

············ 315

学生 B 第三学期的日程表 ·············· 21

学生 B 第三学期的天计划 ·············· 31

学生 B 第三学期的学期计划 ············· 19

学生 B 第三学期上课阶段修改后的周课程表 ···· 25

学生 B 对停课阶段可利用时间的规划 ········ 16

学生 B 停课阶段的周课程表 ············· 28

学生 B 在第三学期上课阶段的第一个周课程表 ··· 23

学生 B 总学习计划的片段（第三学期） ······· 15

学生 C 上课阶段的周课程表 ············· 26

学生 C 停课阶段的周学习计划 ············ 29

学习模式一览表 ··················· 110

正在使用的专业术语一览表 ············· 37

特殊文献

案例分析概括指导 ·················· 304

案例分析汇编（跨学科、民法、公法和刑法） ·········· 296

案例分析写作的语言和用词 ·········· 289

电子文件的引用 ·················· 291

对争议问题的表达 ················ 284

法律工作者的自我管理和时间管理 ···· 381

法律咨询、法律关系形成和合同起草 ·· 389

法学教育中的学习 ················ 355

法学论证 ························ 268

法学普通数据库链接清单 ·········· 188

法学外语能力 ···················· 401

法学学习（要求和学习内容） ······· 83

法学学习中的学习小组 ············ 328

公法案例分析的结构 ·············· 257

公法领域案例分析 ················ 306

规划国外学习的详细信息 ·········· 155

家庭作业中的案例分析 ············ 292

考查请求权基础的顺序 ············ 255

口试 ···························· 386

民法领域案例分析 ················ 305

民法请求权基础 ·················· 254

模拟法庭 ························ 400

如何正确地引用 ·················· 290

思维导图 ························ 362

谈判管理、对话开展和论证 ········· 400

无辅导机构备考 ·················· 149

刑法案例分析的结构 ·············· 256

刑法领域案例分析 ················ 306

修辞学和交流能力 ·················· 399

学会学习之概论 ·················· 356

研究论文（法学） ·················· 384

研究文献一览表 ·················· 177

阅读技巧和阅读速度 ·················· 172

找到与考试相关的主题 ·················· 198

职业形象和职业定位 ·················· 370

附：在 http://www.vahlen.de。关键词"Jurastudium erfolgreich"，"Online-Materialien"板块可下载的文件：

活动列表

第二章的任务分配

时间统计表的评分表

停课阶段可支配时间的计算

整个学习阶段每学期周课时的计算

国家考试备考阶段的总计划

学生 B 整个学习阶段的总计划

总计划/学期计划

个人活动列表

内容领域的主题库

效率曲线

学习过程中的学习效率

周课程表

时间统计表

法律人进阶译丛

⊙**法学启蒙**

《法律研习的方法：作业、考试和论文写作（第9版）》，

　　〔德〕托马斯·M.J.默勒斯著，2019年出版

《如何高效学习法律（第8版）》，〔德〕芭芭拉·朗格著，2020年出版

《如何解答法律题：解题三段论、正确的表达和格式（第11版增补本）》，

　　〔德〕罗兰德·史梅尔著，2019年出版

《法律职业成长：训练机构、机遇与申请（第2版增补本）》，

　　〔德〕托尔斯滕·维斯拉格 等著，2021年出版

《法学之门：学会思考与说理（第4版）》，〔日〕道垣内正人著，2021年出版

⊙**法学基础**

《民法学入门：民法总则讲义·序论（第2版增订本）》，〔日〕河上正二著，

　　2019年出版

《法律解释（第6版）》，〔德〕罗尔夫·旺克著，2020年出版

《民法的基本概念（第2版）》，〔德〕汉斯·哈腾豪尔著

《民法总论》，〔意〕弗朗切斯科·桑多罗·帕萨雷里著

《物权法（第32版）》，〔德〕曼弗雷德·沃尔夫、马尼拉·威伦霍夫著

《债法各论（第12版）》，〔德〕迪尔克·罗歇尔德斯著

《刑法分则I：针对财产的犯罪（第21版）》，〔德〕鲁道夫·伦吉尔著

《刑法分则II：针对人身与国家的犯罪（第20版）》，

　　〔德〕鲁道夫·伦吉尔著

《基本权利（第6版）》，〔德〕福尔克尔·埃平著

《德国民法总论（第41版）》，〔德〕赫尔穆特·科勒著

⊙ 法学拓展

《奥地利民法概论：与德国法相比较》，

　　〔奥〕伽布里菈·库齐奥、海尔穆特·库齐奥著，2019年出版

《民事诉讼法（第4版）》，〔德〕彼得拉·波尔曼著

《所有权危机：数字经济时代的个人财产权保护》，

　　〔美〕亚伦·普赞诺斯基、杰森·舒尔茨著

《消费者保护法》，〔德〕克里斯蒂安·亚历山大著

《日本典型担保法》，〔日〕道垣内弘人著

《日本非典型担保法》，〔日〕道垣内弘人著

⊙ 案例研习

《德国大学刑法案例辅导（新生卷·第三版）》，〔德〕埃里克·希尔根多夫著，2019年出版

《德国大学刑法案例辅导（进阶卷·第二版）》，〔德〕埃里克·希尔根多夫著，2019年出版

《德国大学刑法案例辅导（司法考试备考卷·第二版）》

　　〔德〕埃里克·希尔根多夫著，2019年出版

《德国民法总则案例研习（第5版）》，〔德〕约尔格·弗里茨舍著

《德国法定之债案例研习（第3版）》，〔德〕约尔格·弗里茨舍著

《德国意定之债案例研习（第6版）》，〔德〕约尔格·弗里茨舍著

《德国物权法案例研习（第4版）》，〔德〕延斯·科赫、马丁·洛尼希著，2020年出版

《德国劳动法案例研习（第4版）》，〔德〕阿博·容克尔著

《德国商法案例研习（第3版）》，〔德〕托比亚斯·勒特著

⊙ 经典阅读

《法学中的体系思维和体系概念》，〔德〕卡纳里斯著

《法律漏洞的发现（第2版）》，〔德〕克劳斯-威廉·卡纳里斯著

《欧洲民法的一般原则》，〔德〕诺伯特·赖希著

《欧洲合同法（第2版）》，〔德〕海因·克茨著

《民法总论（第4版）》，〔德〕莱因哈德·博克著

《法学方法论》，〔德〕托马斯·M. J. 默勒斯著

《日本新债法总论（上下卷）》，〔日〕潮见佳男著